Hohenheim

Klaus Behling

Kundschafter a. D.

Das Ende der DDR-Spionage

Hohenheim Verlag
Stuttgart · Leipzig

Mitarbeit: Andrea Behling

Die Deutsche Bibliothek – CIP Einheitsaufnahme
Ein Titeldatensatz für diese Publikation ist bei der
Deutschen Bibliothek erhältlich

Satz: Satz & mehr, Besigheim
Druck: Henkel-Druck, Stuttgart
Bindearbeiten: E. Riethmüller, Stuttgart
Printed in Germany
ISBN 3-89850-098-5

Inhaltsverzeichnis

Prolog
Ein Tag im November

Es ist Punkt fünf Uhr, als der Wecker klingelt. Im Haus Nummer 4 in der Waldsiedlung Wandlitz geht das Licht an. Egon Krenz schlüpft in seine Sportsachen. Seit knapp drei Wochen ist der 52jährige Generalsekretär der Sozialistischen Einheitspartei Deutschlands, am 24. Oktober 1989 hat er auch noch die Posten des Staatsratsvorsitzenden und des Chefs des Nationalen Verteidigungsrats der DDR übernommen.

Bei seinen Nachbarn Horst Sindermann und Günter Kleiber ist noch alles ruhig. Nur von Ferne kläfft ein Hund. Es könnte „Klecksi“ sein. Erich Honeckers Cockerspaniel. Ein tückischer Wadenbeißer. Doch seit die einstige „Nummer Eins“ der DDR „aus gesundheitlichen Gründen“ zurückgetreten ist, haben nicht einmal mehr die Bediensteten von der Stasi Respekt vor dem Köter.

Sturmwirbel „Xanthippe“ hat aus England milde Meeresluft mitgebracht. Es sind immerhin drei Grad über null, aber die Luft ist feucht, als Egon Krenz um 5.20 Uhr in der von Stasi-Posten abgeschotteten Wohnsiedlung der DDR-Führung seine Jogging-Runden dreht.

Ihm geht sein Tagesprogramm durch den Kopf. Wieder steht eine Marathon-Sitzung im Zentralkomitee der SED auf dem Programm. Am Nachmittag kommt dann auch noch West-Besuch. Johannes Rau, SPD-Ministerpräsident in Nordrhein-Westfalen, hat sich angesagt. Er bringt Wolfgang Clement mit, den Chef seiner Staatskanzlei.

Egon Krenz will den Tag nutzen, um im ZK endlich Einigkeit über das neue Reisegesetz für die revoltierenden DDR-Bürger zu erzielen.

Einen ersten Entwurf dazu gibt es seit dem 31. Oktober. Als er am 6. November veröffentlicht wurde, löste er nur einen Proteststurm aus. Die Menschen im Land sind selbstbewußt geworden, wollen sich nicht mehr reglementieren lassen. Und besonders nicht beim Reisen. „Visafrei bis Hawaii“ steht auf ihren Transparenten bei den Montagsdemonstrationen in Leipzig.

Noch vor sieben Uhr rollt der Dienst-Volvo des Parteichefs mit Fahrer und Leibwächter durch das Wandlitzer Gittertor Richtung Berlin. Die Posten stehen stramm und salutieren.

Obwohl seit dem 19. Oktober die Ampeln auf der Klement-Gottwald-Allee und der Greifswalder Straße nicht mehr, wie von Geisterhand geschaltet, auf grün springen, geht die Fahrt flott. Die Sonne ist um 7.18 Uhr aufgegangen, aber es ist trotzdem noch schummrig, als Egon Krenz um Viertel vor acht in seinem Arbeitszimmer in der zweiten Etage des ZK-Gebäudes am Werderschen Markt eintrifft.

Auf dem Schreibtisch liegen Hunderte von Briefen und Telegrammen. Auch Berichte zur Lage im Land, wo es an allen Ecken und Enden kracht, sind wieder reichlich eingegangen. Und dann sind da noch die Anfragen besorgter Bürger. Sie wollen wissen, wie es weitergeht.

Das weiß Egon Krenz auch nicht.

Ganz oben auf dem Stapel liegt das SED-Zentralorgan „Neues Deutschland“. „Für unser Land“ heißt die Schlagzeile, und Egon Krenz liest einen Aufruf der Schriftstellerin Christa Wolf: „Wir alle sind tief beunruhigt. Wir sehen die Tausende, die täglich unser Land verlassen. Wir wissen, daß eine verfehlte Politik bis in die letzten Tage hinein ihr Mißtrauen in die Erneuerung dieses Gemeinwesens bestärkt hat.“ (1)

Bürgerrechtler wie Bärbel Bohley und Gerhard Poppe haben den Aufruf unterschrieben, aber auch die Creme der DDR-Künstler ist dabei: Kurt Masur, Stefan Heym, Ruth Berghaus und viele andere.

Egon Krenz grübelt: „Wieso haben wir über Jahre keine gemeinsame Sprache mit Kritikern unserer Gesellschaft gefunden, die keine Feinde der DDR sind? Es ist wohl eine Kombination aus Unsicherheit und Arroganz ...“ (2)

Wenigstens ein bißchen mehr Bewegungsfreiheit muß her.

Um 9.30 Uhr geht der Generalsekretär in den Tagungssaal des Zentralkomitees. „Was macht die Reiseverordnung?“ fragt er seinen Ministerpräsidenten Willi Stoph. „Wie ich dir sage, du erhältst sie am Nachmittag“(3), kommt die müde Antwort.

Etwa zur gleichen Zeit in London. Frau Dr. Leinfelder frühstückt. Sie ist auf Dienstreise in der britischen Metropole. Und weil die Regierungsdirektorin beim Bundesnachrichtendienst in Pullach bei München arbeitet, geht das nur mit einem Decknamen. In Wirklichkeit heißt die Frau Gabriele Gast.

Sie ist zu einer Lagebesprechung mit dem englischen Partnerdienst MI 6 angereist. Natürlich trägt auch der für die Leute aus dem „Camp Nikolaus" in Pullach einen Decknamen, schließlich ist man beim Geheimdienst. Deshalb handelt es sich offiziell um einen Besuch von Frau Dr. Leinfelder bei „Aster".

Zu ihm und der britischen Spionageabwehr MI 5, Deckname „Farn", hat der BND traditionell gute Beziehungen. Die Deutschen sind besonders bei der Beschaffung von Dokumenten für britische Agenten behilflich. Auf die Arbeiten aus der Fälscherwerkstatt des BND im Objekt „Alpina", abgedeckt durch eine Tarnfirma in Trabing bei Tutzing, können sich die Verbündeten hundertprozentig verlassen.

Doch diesmal hat Frau Dr. Leinfelder mehr im Gepäck. Seit die Grenze zwischen Österreich und Ungarn offen ist, sprudeln zahlreiche Informationsquellen. Die BND-Spezialistin für den Sowjetblock: „Pullach ließ sich nicht lange bitten. Schon längst hatte es die Gunst der Stunde genutzt und seine Mitarbeiter auf die andere Seite des ‚Eisernen Vorhangs' entsandt. Vor allem in Ungarn, von Wien aus leicht zu erreichen, wie ich aus eigener Erfahrung wußte, hatten sich bislang ungekannte hochwertige Quellenzugänge eröffnet; ich schöpfte hieraus die wichtigsten Informationen über die blockinterne Lageentwicklung." (4)

Daß die Regierungsdirektorin Gabriele Gast als „Gisela" darüber auch brühwarm der Hauptabteilung Aufklärung (HVA) des Staatssicherheitsdienstes der DDR berichtet, ahnt im Westen niemand.

In deren Hauptquartier in der Ost-Berliner Ruschestraße ist der 9. November schon längst kein ganz normaler Arbeitstag mehr. Die Genossen sind verunsichert. Dauernd diese Demonstrationen, das Volk gehorcht nicht mehr aufs Wort, was soll daraus bloß werden? Niemand weiß, was eigentlich los ist, aber irgendwie spüren die Stasi-Offiziere, daß sie anders angesehen werden, wenn sie morgens an der Magdalenenstraße aus der U-Bahn steigen.

„Selbstbewußt waren die Leute schon immer, aber jetzt schienen uns die Blicke zu durchbohren. Das war keine verlorengegangene Angst oder so etwas. Das war eher eine Art von Mitleid. Wir krempeln den Laden hier um und ihr müßt weiter kuschen – so in dieser Richtung habe ich das empfunden", erinnert sich ein HVA-Offizier. (5)

Wie immer ist er 15 Minuten vor Arbeitsbeginn an seinem Schreibtisch. Das SED-Zentralorgan „Neues Deutschland" muß gelesen sein, bevor der Dienst beginnt.

„Was können wir Ihnen versprechen?" fragt dort heute auf Seite eins Christa Wolf: „Keinen schnellen Wohlstand, aber Mitwirkung an großen Veränderungen." (6)

Ob das die Leute überhaupt noch wollen? Der Offizier in Zivil springt auf und nimmt Haltung an, als sein Abteilungsleiter das Zimmer betritt. In diesem Moment ist es wieder ein bißchen so, wie es immer war.

Seit 1986 ist Generaloberst Werner Großmann der Chef der DDR-Spionage. Für ihn sind die Leute, die für die DDR im Westen die Augen und Ohren offenhalten, keine simplen Spione. Solche Typen werden nur vom Klassenfeind eingesetzt, um den sozialistischen Aufbau im Arbeiter- und Bauernstaat zu stören. Nein, wer für den Fortschritt arbeitet, ist „Kundschafter". Kundschafter an der unsichtbaren Front. So wie „Gisela". Eine Spitzenquelle, die Werner Großmann von seinem Vorgänger Markus Wolf übernommen hat.

Der hat an diesem 9. November 1989 überhaupt keine Eile. Erst am Abend muß der Rentner in Potsdam sein. Eine Lesung aus seinem Buch „Die Troika" im Club der Kulturschaffenden steht auf dem Programm. Viele Menschen sehen in dem Buch ein Plädoyer für Glasnost und Perestroika in der DDR. Das gefällt Markus Wolf. Er als Reformer, die Rolle mag er. Doch nicht alle kaufen sie ihm ab. Noch immer gellen dem Generaloberst im Ruhestand die Pfiffe im Ohr, die er vor fünf Tagen auf dem Alex geerntet hat. Eine Millionen Menschen waren freiwillig zu einer Demonstration gekommen. Das hatte es in der DDR bisher nicht gegeben. Der Blick auf die träge dahinfließende Spree aus dem Fenster seiner noblen Wohnung im Nikolai-Viertel beruhigt ihn ein wenig.

Vierhundert Meter weiter, im ZK-Gebäude, wird derweil über die neue Freiheit in den DDR-Medien gestritten. Jeder schreibt, was er denkt und für richtig hält. Auch das ist eine Sensation in der DDR. Etliche Genossen empört der neue Stil und was über die permanent tagenden Sitzungen der SED-Führung erscheint, macht auch Egon Krenz sauer. Mißmutig faßt er seine Kritik zusammen: „Wir brauchen den Aufbruch der Partei, nicht ihren Zusammenbruch." (7)

Frau Dr. Leinfelder ist derweil längst mit ihrem Frühstück fertig. Der Himmel bleibt grau, hin und wieder ein kleiner Schauer. Typisch London eben.

Generaloberst Werner Großmann hat ganz andere Sorgen. Seine Leute sind verunsichert, wollen wissen, was wird. Per 31. Oktober 1989 zählen die Hauptverwaltung Aufklärung und die mit Spionage befaßten Abteilungen XV in den 15 Stasi-Bezirksverwaltungen der DDR 4744 offizielle Mitarbeiter. Dazu kommen noch die Aufklärungs-Offiziere aus den Kreisdienststellen.

Doch das ist lange noch nicht alles. Fast 2400 Leute von der Stasi-Hauptabteilung III hören Telefongespräche im Westen ab. Die Kaderabteilung der HVA kümmert sich um den Nachwuchs und die Finanzverwaltung ums Geld. Rund 10 000 Stasi-Genossen verdienen mit dem aktiven „Kampf gegen den Klassenfeind" ihre Brötchen.

Für noch einmal so viele inoffizielle Mitarbeiter ist es ein Zubrot – allein im Spionagebereich des Ministeriums für Staatssicherheit! (8) Werner Großmann ist für alle verantwortlich. Die Leute sind unruhig, viele habe Angst vor der Zukunft.

Und dann sind da auch noch die Kundschafter. Nicht einmal Werner Großmann kennt sie alle mit Namen. Bei der Stasi herrschen die eisernen Regeln der Konspiration. Jeder darf nur so viel wissen, wie für die Lösung seiner Aufgaben unbedingt nötig ist. An „Claus Reuter" denkt deshalb an diesem Morgen des 9. November in der Ruschestraße kein Mensch.

Claus Reuter heißt in Wirklichkeit Karl Gebauer und wohnt im Einfamilienhaus seiner Lebensgefährtin Aline Kühnl im Ostfriesenweg in Rahrdum, einem Ortsteil von Jever.

Als Sicherheitsbeauftragter der Firma IBM Sondersysteme hat er zwischen 1975 und 1980 rund 35 000 Blatt Geheimpapiere an die Stasi geliefert. Doch das ist längst Vergangenheit. Nicht einmal seine neue Freundin Aline ahnt etwas davon.

Karl Gebauer hat sich in ihrer Garage eine kleine Werkstatt eingerichtet, wo er Fliesen bemalt und Figuren und Vasen aus Ton anfertigt. Das bringt ein paar Mark zusätzlich ein, denn ihm geht es nicht besonders.

Für seine Spionage hatte sich „Claus Reuter" nicht bezahlen lassen, und nachdem er am 29. März 1980 seinen Job bei IBM beendet hatte, war er auch für die Stasi nicht mehr interessant. In der Ost-Berliner Normannenstraße lagerte zwar noch der konspirativ zum 50. Geburtstag verliehene „Kampforden für Verdienste um Volk und Vaterland" in Bronze, aber die Akte wurde am 30. August 1985 geschlossen.

Karl Gebauer schlägt sich mit ein paar ABM-Stellen durch. Als er sich beim Malern im Schloß durch einen Sturz von der Leiter den Fuß mehrfach bricht, verliert er auch diese Arbeit. Nun bekommt er nur noch rund 1 500 Mark Krankengeld im Monat und verdient sich mit seinem Nippes ein wenig dazu.

Daß er sich fünf Jahre später mit seiner Fingerfertigkeit beim Tonkneten als Freigänger der Justizvollzugsanstalt Meppen ein wenig den Gefängnisalltag aufhellen wird, fällt Karl Gebauer an diesem Novembervormittag nicht im Traume ein. Woher soll er auch wissen, daß er am 21. Januar 1994 wegen Spionage zu zwölf Jahren Haft verurteilt werden wird und diese Strafe bis zum 18. Mai 1998 absitzen muß? Die DDR ist weit weg von Ostfriesland, und Gott sei Dank steht eine Mauer dazwischen! (9)

Die Mauer. Achtundzwanzig Jahre haben die Leute sie ertragen. Doch jetzt scheint die Geduld verbraucht zu sein. In Ungarn ist der Eiserne Vorhang gefallen, warum gibt's dann eigentlich noch das Affentheater an der DDR-Grenze? Das muß sich ändern, und immerhin hat die neue SED-Führung ja auch ein neues Reisegesetz versprochen. Viele DDR-Bürger wollen nicht länger darauf warten. Zehntausende packen jeden Tag schon so ihre Koffer und fahren mit dem Trabi über Ungarn Richtung Westen.

Egon Krenz weiß, daß die Zeit drängt. Kurz vor zwölf schiebt ihm sein Sicherheitschef Wolfgang Herger im ZK einen Zettel mit dem Entwurf der neuen Reiseverordnung zu. Die meisten Genossen sind bereits aus dem Saal. Der Generalsekretär versucht noch, sie aufzuhalten: „Ich will prüfen, ob darin alle notwendigen Entscheidungen enthalten sind und lese den im Präsidium noch anwesenden Genossen des Politbüros den Entwurf vor." (10)

Es gibt nur ein paar stilistische Änderungen. Bis zur für 14 Uhr angesetzten Mittagspause soll Wolfgang Herger sie mit Willi Stoph abstimmen.

Das Mittagessen in aller Ruhe genießen, natürlich mit einem Bierchen dazu und einem dreistöckigen Wodka zur Verdauung, kann derweil ein beleibter, gemütlich wirkender Mann in einem gediegenen Einfamilienhaus im Ost-Berliner Nobelviertel Karolinenhof. Hier wohnen ein paar Fernseh-Promis, und „Professor Dr. Helmut Jochen Fischer" scheint ganz gut dazu zu passen.

Niemand der Nachbarn ahnt, daß die wissenschaftliche Karriere des Mannes Anfang der Fünfzig gerade einmal 15 Monate lang währt. Im Mai 1988 hat er an der Humboldt-Universität über die „Abwehrarbeit der Ämter für Verfassungsschutz in der Bundesrepublik Deutschland" mit „magna cum laude" promoviert. Die Dissertation – „kein Produkt hochwissenschaftlicher Forschung, aber sie war eine eingehende, systematische Schilderung aller Facetten nachrichtendienstlicher Tätigkeit in der Spionageabwehr der Bundesrepublik", so der frischgebackene Doktor über sein Werk (11) – ist geheime Verschlußsache.

Nur gefeiert wurde öffentlich. Der Abend im Restaurant „Moskau" auf der Karl-Marx-Allee kostete Dr. Fischer, der eigentlich Hansjoachim Tiedge heißt, genau 1384,16 Mark der DDR. Ohne Trinkgeld. (12)

Bis 1985 hatte er im Westen als Verfassungsschützer DDR-Spione gejagt. Dann ist er wegen seiner Alkoholprobleme und Schulden zur Stasi übergelaufen. Die hat ihn gründlich „abgeschöpft" und dankbar mit Haus, Frau und Auto versorgt.

Die Entwicklungen im wirren Wende-Herbst in der DDR verfolgt Hansjoachim Tiedge gelassen. „Wir sind das Volk" rufen die Leute in Leipzig, und als es bald darauf „Wir sind ein Volk" heißt, schüttelt er nur mit dem Kopf. So schnell schießen die Preußen nicht, meint der Dicke, und im übrigen ist er ja auch bereit, „notfalls bis hinter den Ural zu laufen, um nicht in die

Hände der Bundesrepublik zu fallen". (13) Dort wird er nämlich immer noch mit Haftbefehl gesucht.

Dem Feind in die Hände fallen. Genau das ist es, was Generaloberst Werner Großmann Sorgen macht. Nein, er denkt nicht an sich und seine Offiziere. Aber allein seine HVA hat gut 1500 Agenten im Westen. Mindestens noch einmal so viele arbeiten für andere Stasi-Abteilungen als „Kundschafter an der unsichtbaren Front". (14) Natürlich sind das nicht alles Spitzenleute, aber immerhin hat die HVA 449 Spione in Ministerien, Parteizentralen, den Nachrichtendiensten und wichtigen Verbänden plaziert. Dazu kommen 133 inoffizielle Mitarbeiter, die arglose Leute in wichtigen Positionen als „Abschöpfquellen" aushorchen und 66 „Einflußagenten". Deren Job ist es, im Auftrag der Stasi Informationen in Zeitungsredaktionen, den Parteigremien oder bei Politikern zu lancieren, um so die öffentliche Meinung im Sinne der DDR zu beeinflussen.

Diese insgesamt etwa 650 Personen bilden den Kernbestand des Spionagenetzes der HVA im Westen. (15)

Auch ohne Kenntnis des genauen Textes der neuen Reiseverordnung weiß Werner Großmann, daß sie in jedem Fall auf eine Öffnung der Grenzen hinauslaufen würde. Und dann wären seine Leute im Westen in Gefahr. Viele leben dort mit falschen Identitäten, andere haben Freunde und Bekannte hinter der Mauer zurückgelassen, als sie angeblich „republikflüchtig" in den Westen gingen. Was passiert, wenn dort auf einmal unerwartet Besucher aus dem Osten vor der Tür stehen?

Werner Großmann grübelt. Was kann er für die Sicherheit seiner Leute tun. Der Morgen würde klüger als der Abend sein. Er beschließt, wenigstens an diesem 9. November einmal pünktlich Feierabend zu machen. Doch bis dahin sind es noch einige Stunden.

Um 14 Uhr ist im ZK Mittagspause. Sie ist bis 15.30 Uhr geplant. Egon Krenz drängt darauf, daß sie pünktlich beginnt. Zeit zum Essen hat er ohnehin nicht, denn Johannes Rau ist extra nach Berlin gekommen, um ihn zu treffen.

Der Generalsekretär eilt in den Amtssitz des Staatsrats am Marx-Engels-Platz und begrüßt den Gast in seinem dortigen Arbeitszimmer. Die Zeit ist knapp, deshalb stellt der SPD-Politiker aus dem Westen nur vier Fragen. Eine davon lautet: „Wie sehen die Reisemöglichkeiten aus?“ (16)

Egon Krenz weicht aus. In der Nachmittagssitzung des ZK will er von seinen Genossen bestätigen lassen, daß am 10. November die Grenzen geöffnet werden sollen. Es wird kaum Gegenstimmen geben, denn der DDR steht das Wasser bis zum Hals. Trotzdem wird er nicht konkret: „Ich befürchte, daß er nach dieser vertraulichen Information sofort seinen Parteivorsitzenden in Bonn anrufen wird. Was würde es wieder für Eifersüchteleien bei Kohl geben, wenn die SPD früher Bescheid weiß, als die regierende CDU?“ (17)

Bundeskanzler Helmut Kohl ist in diesen Minuten auf Staatsbesuch in Polen. Weder seine Berater noch die Spezialisten vom Bundesnachrichtendienst hatten ihm für den 9. November dramatische Ereignisse vorausgesagt. Deshalb konnte er unbesorgt Bonn verlassen.

So bleibt die Ausbeute an Informationen für Johannes Rau mager. Egon Krenz schwafelt noch ein bißchen über das viele Geld, das die neue Reisefreiheit kosten würde, und hält sich ansonsten bedeckt.

Er hat noch einen Grund, seinen Gast über seine Pläne im unklaren zu lassen: Der Generalsekretär persönlich will seinem Volk die frohe Botschaft verkünden. Das soll nicht durch die Tagesschau im West-Fernsehen erfolgen. Die Gefahr wäre jedoch gegeben, wenn die West-Gäste Genaueres erführen.

Für Oberstleutnant Harald Jäger steht an diesem Tag eine ganz normale Schicht am Grenzübergang Bornholmer Straße in Berlin bevor. Er ist der diensthabende Chef an der Brücke zwischen Prenzlauer Berg und Wedding, die nicht nur zwei Berliner Stadtbezirke, sondern Welten trennt. Nachts ist es dort immer sehr ruhig. Außerdem ist Harald Jäger ein alter Hase und hat alles im Griff.

Gemeinsam mit Kulturminister Hans-Joachim Hoffmann eilt Egon Krenz vom Staatsrat zurück ins ZK-Gebäude. Es ist wolkig, gerade einmal acht Grad. Die beiden müssen sich beeilen, um rechtzeitig zur Nachmittagssitzung um 15.30 Uhr anzukommen. Unterwegs sprechen sie von der Reiseverordnung. Der Kulturminister bemängelt, daß von „zeitweilig“ die Rede ist: „Wir werden statt Ruhe wiederum nur Unruhe erzeugen, weil die Leute glauben werden, wir machen nur zeitweilige Zugeständnisse." (18)

Egon Krenz rät ihm, seine Bedenken in der Diskussion anzubringen. Hoffmann nickt. „Zeitweilig" muß weg. Das Volk glaubt einfach nicht mehr an seine Regierung und die allmächtige SED.

Rainer Rupp in Brüssel beobachtet das schon seit langem. Als „Topas" spioniert er im NATO-Hauptquartier seit Jahren für die Stasi. Für seine kritische Sicht auf die Entwicklung in der DDR haben die Genossen dort allerdings kein Ohr. Rainer Rupp erinnert sich: „Bereits 1984 warnte ich meinen HVA-Instrukteur bei einem Treffen in Antwerpen das erste Mal, daß die innere Entwicklung im gesamten sozialistischen Lager existenzbedrohend würde. Ohne Demokratie und die freie Entfaltung der Persönlichkeit innerhalb sozialistischer Rahmenbedingungen sah ich den historischen Sozialismusversuch zum Scheitern verurteilt – und das als Ergebnis einer marxistischen Analyse." (19)

Jetzt, fünf Jahre später, ist das Kind in den Brunnen gefallen, und Egon Krenz soll retten, was noch zu retten ist.

Wie am Morgen versprochen, schiebt ihm Willi Stoph den Entwurf der neuen Reiseverordnung zu. Dann eröffnet Egon Krenz die Nachmittagssitzung des Zentralkomitees, und während Kombinatsdirektor Rudolf Winkler aus Karl-Marx-Stadt seine Rede hält, liest er ihn sich durch.

Eigentlich ist das Ganze Sache der Regierung, aber noch ist die SED oberste Macht in der DDR, und Egon Krenz will deshalb das neue Gesetz erst von seinen Genossen bestätigen lassen.

Es ist gegen 16 Uhr, als er aufsteht und sich das Mikrofon richtet: „Ich muß noch einmal von der Tagesordnung abweichen. Euch ist ja bekannt, daß es ein Problem gibt, das uns alle belastet ..." (20) Dann liest er den „Beschluß zur Veränderung der Situation der ständigen Ausreise von DDR-Bürgern nach der BRD über die CSSR" vor.

Der Titel ist irreführend, denn in dem Papier geht es nicht nur um „ständige Ausreisen" und auch nicht darum, dies „über die CSSR" zu vollziehen. Das steht auch deutlich in Punkt 2 des Papiers: „Ab sofort treten folgende zeitweilige Übergangsregelungen für Reisen und ständige Ausreisen aus der DDR in das Ausland in Kraft: a) Privatreisen nach dem Ausland können ohne Vorliegen von Voraussetzungen (Reiseanlässe und Verwandtschaftsverhältnisse) beantragt werden. Die Genehmigungen werden kurzfristig erteilt. Versagungsgründe werden nur in besonderen Ausnahmefällen angewandt..." (21)

Gleichzeitig liest Egon Krenz den Entwurf der Pressemitteilung vor, mit der am 10. November die neue Reiseverordnung bekanntgegeben werden soll.

In der DDR schreiben nämlich nicht Journalisten solch wichtige Nachrichten, sondern SED-Funktionäre. Die Presse bekommt nur noch einen bestätigten Text, der dann – ohne jegliche Veränderung – abzudrucken ist. Wann, steht auf der Meldung unter dem Stichwort „Sperrfrist" mit Datum und Uhrzeit.

So ist es auch bei der Meldung über die Reiseverordnung. Am 10. November soll sie dem Volk zum Frühstück serviert werden.

Sofort meldet sich Kulturminister Hans-Joachim Hoffmann und bringt seine Bedenken gegen das Wort „zeitweilig" an. Man einigt sich schließlich auf die Formulierung „bis zum Inkrafttreten des Reisegesetzes". So sind die anstößigen Wörter „zeitweilig" und „Übergangsregelung" vermieden.

Innenminister Friedrich Dickel sieht in der Umformulierung keine Schwierigkeiten. Auch er hat noch einen Vorschlag anzubringen. Die Regelung sollte nicht vom Innenministerium, sondern vom Presseamt des Ministerrats veröffentlicht werden, denn schließlich handelt es sich ja um eine Verlautbarung des Ministerpräsidenten.

Egon Krenz ist einverstanden und sagt: „Ich würde vorschlagen, daß das der Regierungssprecher gleich macht." (22)

Niemand denkt in diesen Minuten daran, daß bei einer solchen vorgezogenen Verkündung dann natürlich das Datum „10. November" zu nennen wäre. Für diesen Tag sind die entsprechenden Befehle an die Grenztruppen vorbereitet.

Noch während der Sitzung weist der Generalsekretär an, die neue Reiseregelung den Bezirks- und Kreisleitungen der SED zur Vorab-Information zu übermitteln. Sie sind über Richtfunk direkt mit der Parteizentrale in Berlin verbunden. Gegen 17 Uhr gehen die Fernschreiben raus.

Günter Schabowski, für die Medien verantwortlich, ist zu dieser Zeit nicht im Sitzungssaal. Er redet mit Journalisten vor der Tür. Sie sollen über die Tagung zwar berichten, dürfen selbst aber nicht hinein.

Kurz vor 18 Uhr meldet er sich bei seinem Chef, Egon Krenz, ab. Er muß zur Pressekonferenz ins Internationale Pressezentrum in der Mohrenstraße. Dort wollen Journalisten aus aller Welt wissen, wie die SED die DDR wieder in den Griff bekommen will.

Bevor er geht, drückt ihm Egon Krenz sein Exemplar der Reiseregelung in die Hand: „Du mußt unbedingt über den Reisebeschluß informieren. Das ist eine Weltnachricht.“ (23)

In dieser Sekunde ist die SED dabei, sich an der Arroganz ihrer Macht zu verschlucken. Nach der Zustimmung im Politbüro und im Zentralkomitee sollen eigentlich die Regierungsmitglieder die Verordnung im Umlaufverfahren verabschieden. Erst dann wäre sie ab 10. November gültig gewesen, doch mit demokratischen Abläufen nimmt man es in der DDR seit jeher nicht so genau. Günter Schabowski: „Ich hatte also einen vom Kabinett noch nicht bestätigten Beschluß in der Hand und wußte es nicht.“ (24)

Er hält ihn auch gar nicht für so wichtig und ermüdet die wartenden Journalisten zunächst mit dem Bericht über die ZK-Tagung.

Um 18.53 Uhr wird er gefragt, wie weit denn eigentlich die Diskussion um die neue Reiseregelung gediehen sei.

Günter Schabowski wühlt in seinen Papieren: „Mir ist eben mitgeteilt worden, der Ministerrat hat beschlossen ...“ (25) Dann liest er den Text der Verordnung vor. Niemand versteht das Kauderwelsch so richtig, und natürlich wird sofort nachgefragt, ab wann denn das alles gelten soll.

Schabowski zögert, sieht auf dem Zettel nach und sagt: „Wenn ich richtig informiert bin, nach meiner Kenntnis unverzüglich.“ (26)

Am Werderschen Markt läuft derweil die ZK-Sitzung weiter. Niemand sieht die Live-Übertragung der Pressekonferenz. Günter Schabowski fährt danach nach Wandlitz und will Feierabend machen.

Eigentlich sollte die Sitzung des Zentralkomitees um 18 Uhr beendet sein, doch sie zieht sich hin. Es wird 19 Uhr. Die Nachricht von der Grenzöffnung in der DDR jagt um die Welt. Im ZK merkt niemand etwas davon.

Auch, als sie um 20 Uhr als Spitzenmeldung in der Tagesschau erscheint – die DDR-Nachrichtenagentur ADN ist wieder einmal etwas langsamer –, nehmen das die Genossen nicht zur Kenntnis. Sie haben ihre Sitzung bis 20.30 Uhr verlängert, tatsächlich dauert sie dann sogar bis Viertel vor neun.

Derweil rast die Meldung von der Grenzöffnung durch Berlin und den Rest der DDR. Hunderttausende wollen wissen, ob an der Sache etwas dran ist. Die ersten Trabis setzen sich gen Westen in Bewegung. Bald werden Kolonnen daraus, erste Staus entstehen. Nach 20.30 Uhr hatte es so etwas in der DDR noch nie gegeben. Wer nicht im Auto sitzt, hockt vor dem Fernsehapparat.

Das tut auch Stasi-Generaloberst Werner Großmann. Er hat es tatsächlich geschafft. Den Abend des 9. November verbringt er zu Hause in der Oberseestraße. Als er im Fernsehen vom Mauerfall erfährt, ist ihm schlagartig klar: „Die DDR ist nun wirklich am Ende.“ (27) Sein Telefon bleibt stumm. Der Generaloberst ärgert sich über seinen Chef: „Minister Mielke fällt nicht einmal auf, daß ich nicht im Dienst bin.“ (28)

Der hat in dem Moment ganz andere Sorgen. Nach dem Ende der ZK-Sitzung um 20.45 Uhr läßt er sich in die Normannenstraße fahren. Kurz vor 21 Uhr ruft er von dort seinen Chef Egon Krenz über den abhörsicheren Sonderapparat der Regierung an.

Es klingelt in einem Nebenraum des Plenarsaals, Wolfgang Herger nimmt ab. Aufgeregt berichtet Erich Mielke, daß sich mitten in Berlin eine Menge von Menschen in Richtung Grenze bewegt. Günter Schabowski habe da irgend etwas gesagt, Genaueres wisse er auch noch nicht.

Wenig später fliegt im Club der Kulturschaffenden in Potsdam die Tür auf. „Die Grenze ist offen“, ruft aufgeregt ein Mann und verschwindet wieder. Markus Wolf hat seine Lesung bereits beendet, jetzt wird diskutiert. Man hat sich in Rage geredet, streitet, wie es in der DDR weitergehen soll. Keiner denkt daran, zur Grenze zu laufen. Markus Wolf: „Ich glaube, niemand hat an diesem Abend die historische Dimension der Stunde ganz erfaßt.“ (29) Auch ihm wird erst später klar, daß die Tage der DDR nun gezählt sind.

In London hat Frau Dr. Leinfelder alias Gabriele Gast alias Gisela in den Nachrichten von den sich überstürzenden Ereignissen in Ost-Berlin gehört. Eine akute Bedrohung ihrer Sicherheit empfindet sie noch nicht. Sie verläßt sich auf das Versprechen des Mannes, der gerade in Potsdam über die Zukunft der DDR diskutiert. Markus Wolf hat ihr immer wieder versichert, daß sie keinen Verrat zu fürchten hat. Das glaubt sie. Gabriele Gast wird sich bitter täuschen.

Nur Minuten nach dem ersten Anruf klingelt es erneut bei Egon Krenz, diesmal im Arbeitszimmer im ZK. Erich Mielke berichtet, daß Tausende von Fußgängern und Autofahrern zu den Grenzübergängen unterwegs sind. Er fragt, was er machen soll. Egon Krenz vertröstet ihn auf einen Rückruf. Er will erst mit Verteidigungsminister Heinz Keßler sprechen.

In seinem Büro im Haus 1 des riesigen Stasi-Komplexes kratzt sich Erich Mielke derweil den Grind am Kopf blutig. Eine Angewohnheit, der er immer frönt, wenn er aufgeregt ist. Seine beiden Sekretärinnen ekeln sich davor. Auch wenn sie ihm das Fußbad für seine verschorften Füße im Büro anrichten müssen, aber was sollen sie tun. Erich Mielke regiert wie ein Großinquisitor, und wer ihm widerspricht, hat nichts zu lachen.

Nur jetzt sitzt er klein und zusammengesunken am Schreibtisch und drückt immer wieder die Taste mit der Unterschrift „Krenz“. Es ist besetzt.

In den vergangenen 45 Minuten haben sich am Grenzübergang Bornholmer Straße mehrere Hundert Leute angesammelt. Sie verlangen, daß die Schlagbäume geöffnet werden. Oberstleutnant Harald Jäger wird es mulmig. Zum wiederholten Male erläutert er seinem Vorgesetzten, Stasi-Oberst Rudi Ziegenhorn, die Lage und verlangt Instruktionen. Der versucht Generalleutnant Gerhard Neiber in der Stasi-Zentrale zu erreichen und verspricht, sofort zurückzurufen.

Verteidigungsminister Heinz Keßler rauscht von der ZK-Sitzung in Richtung Strausberg. Dort befindet sich sein Ministerium, denn Ost-Berlin steht offiziell immer noch unter der Verwaltung der vier Siegermächte des Zweiten Weltkriegs und darf deshalb eigentlich keine Soldaten in der Stadt stationieren.

Er ist nicht zu erreichen. Autotelefone gibt es in den Dienst-

Volvos nicht, und ein Funkwagen ist nicht dabei. So bleibt er für 40 Minuten unerreichbar von der Bildfläche verschwunden, während Egon Krenz sich die Finger wund wählt.

Als er zwischendurch kurz auflegt, klingelt der Apparat. Erich Mielke ist dran und meldet: „Wenn wir nicht sofort entscheiden, was zu tun ist, dann verlieren wir die Kontrolle!“ (30)

Das weiß auch Egon Krenz. Eigentlich sollte erst am nächsten Morgen die Öffnung der Grenze verkündet werden und dann alles seinen sozialistischen Gang gehen. Doch der Zug ist weg. Günter Schabowski hat in der Pressekonferenz das fatale Wörtchen „unverzüglich“ gesagt, und die Leute haben ihn beim Wort genommen.

Der hilflose erste Mann der DDR muß entscheiden, ob er den Dingen ihren Lauf oder schießen lassen will. Trotzdem fragt er seinen Stasi-Minister: „Was schlägst du vor?“ „Generalsekretär bist du!“ antwortet Erich Mielke. (31)

Im Partei-Chinesisch der SED-Führung ist das ein wichtiges Signal. Egon Krenz begreift, daß sich die Stasi seiner Entscheidung fügen wird. Erst dadurch fühlt er sich sicher und befiehlt, die Schlagbäume zu öffnen.

Inzwischen ist auch Heinz Keßler im Verteidigungsministerium eingetroffen. Egon Krenz informiert ihn über die Absprache mit Erich Mielke. Der Armeegeneral ist einverstanden.

Er beauftragt seinen Stabschef, Fritz Streletz, sofort Kontakt zum Oberkommandierenden der Vereinten Streitkräfte des Warschauer Vertrags und der Westgruppe der sowjetischen Streitkräfte aufzunehmen. Rund 330 000 sowjetische Soldaten stehen in der DDR. Für sie herrscht „erhöhte Gefechtsbereitschaft“, für die Führungsstellen sogar „volle Gefechtsbereitschaft“.

Sie müssen darauf eingestimmt werden, daß morgen früh die Front nicht mehr an der Mauer und Demarkationslinie zwischen Ost und West, sondern faktisch direkt vor ihren Kasernentoren verlaufen wird.

In seinem Haus in Eggersdorf bei Strausberg hat Günter Guillaume die Live-Übertragung der Pressekonferenz gesehen.

Über ihn war Bundeskanzler Willy Brandt gestolpert, nun genießt er das Wohlleben eines Top-Spions und Stasi-Oberst im Ruhestand. Trotzdem ist er unglücklich, denn schon lange interessiert sich niemand mehr für ihn. Er ist krank, seine Frau und sein Sohn haben ihn längst verlassen, und auch die Besuche der Genossen aus der Normannenstraße sind selten geworden.

Fassungslos sieht er im Fernsehen, wie sich die ersten Berliner durch die Grenzsperren an der Bornholmer Brücke quetschen. Die Grenzer drücken ihnen einen Ausreisestempel in den Personalausweis. Als ihn die Leute auf der Westseite freudig hochhalten, bemerkt Günter Guillaume, daß der Stempel jedes Mal genau zur Hälfte auf dem Paßbild sitzt.

Für den auf detailgenaue Beobachtung immer noch trainierten ehemaligen Spion ist das ein merkwürdiger Zufall.

Trotz der Absprache zwischen Egon Krenz und Erich Mielke will die Stasi doch noch nicht so ganz ohne Widerstand aufgeben. Ihr stellvertretender Chef, Gerhard Neiber, hat über Oberst Rudi Ziegenhorn an Oberstleutnant Harald Jäger ausrichten lassen, daß es zunächst erst einmal eine „Ventil-Lösung“ geben soll. Nur die „aufsässigsten Personen“ sollten in den Westen gelassen werden. Mit dem Stempelaufdruck wird unauffällig ihr Ausweis ungültig gemacht. Die Stasi will die so Gebrandmarkten nicht wieder in den Osten zurücklassen.

Gegen 22 Uhr klingelt der Diensthabende der Berliner SED-Bezirksleitung seinen Chef Günter Schabowski in Wandlitz an. Er berichtet, was sich an der Grenze tut. Eine halbe Stunde später folgt der nächste Anruf. Günter Schabowski wird unruhig. Er will selbst sehen, was in Berlin läuft und bestellt seinen Volvo. Als er aus dem Ghetto rollt, ist ringsum alles still. Wandlitz schlummert.

Im ZK meldet sich in diesen Minuten Alexander Schalck-Golodkowski telefonisch bei Egon Krenz. Er schlägt ihm vor, sofort nach Warschau zu fliegen und sich mit Bundeskanzler Kohl zu treffen. Morgen früh könnte dann dort die Öffnung der Grenze als gemeinsame deutsche Entscheidung auf einer Pressekonferenz verkündet werden. Egon Krenz denkt über den Vorschlag nach.

Gegen 22.30 Uhr ruft Oberstleutnant Harald Jäger vom Grenzkontrollpunkt Bornholmer Straße erneut bei seinem Vorgesetzten an. Die befohlene „Ventil-Lösung“ klappt nicht mehr. Er meldet: „Es ist nicht mehr zu halten. Wir müssen die Grenzübergangsstelle aufmachen. Ich stelle die Kontrollen ein und lasse die Leute raus." (32)

Ohne eine gehörige Portion Cognac kommt Günter Guillaume schon lange nicht mehr in den Schlaf. Als er die in den Westen drängenden Menschenmassen an der Bornholmer Straße im Fernsehen sieht, trinkt er fast panisch einige Schnäpse. Dann kommt ihm ein beruhigender Gedanke: „Auch wenn mich die DDR nicht schützen konnte, ich habe sie immer für den besseren deutschen Staat gehalten. Aber jetzt war ich froh, meine 2718 Tage in der gegnerischen Gefangenschaft abgesessen zu haben. Mir konnte der Westen nichts mehr anhaben." (33) Wie jeden Abend taumelt er ins Bett.

Etwa zur gleichen Zeit, als er in die Federn sinkt, geht ein müder Mann durch die Berliner Friedrichstraße zum Hotel Johannishof. „Wo kann man denn hier aus der DDR ausreisen?" fragt ihn ein Jugendlicher. Der Mann erklärt ihm geduldig, daß es dazu morgen früh ein neues Gesetz geben wird. Es ist Hans Modrow, der designierte Ministerpräsident der DDR. Den ganzen Tag hat er im ZK zugebracht, will jetzt endlich ein paar Stunden schlafen. Sein Gesprächspartner schüttelt den Kopf: „Aber die Mauer ist doch offen. Das kam im Fernsehen!" Hans Modrow weiß nichts davon und geht weiter. (34)

Sein Chef Egon Krenz hat sich inzwischen den Vorschlag mit der Warschau-Reise durch den Kopf gehen lassen. Er erinnert sich an die noch nicht einmal zehn Tage alte Mahnung Michail Gorbatschows, alles was die Beziehungen zwischen Ost-Berlin und Bonn betrifft, mit Moskau abzustimmen.

Deshalb versucht er, den Generalsekretär der sowjetischen Bruderpartei anzurufen. In Moskau ist es bereits nach eins. Michail Gorbatschow schläft, und die Telefonzentrale des internen Netzes zwischen den sozialistischen Hauptstädten weigert sich, ihn zu wecken.

Egon Krenz steckt zurück. Wenn in der Sowjetunion der Pförtner oder die Telefonistin nicht will, dann wollen sie nicht. Dagegen hilft dann nur noch der ganz große Autoritätshammer, und den will Egon Krenz nicht herausholen. Das hätte nämlich Folgen: Würde er jetzt auf der Verbindung zu Gorbatschow bestehen, hieße das, die Lage so zu dramatisieren, als stünde der Krieg unmittelbar bevor.

Um 0.02 Uhr vermerkt die Ost-Berliner Polizei in ihrem Lagebericht, daß inzwischen alle Grenzübergangsstellen zu West-Berlin geöffnet sind. Egon Krenz erfährt davon gegen 0.30 vom stellvertretenden Minister für Staatssicherheit, Rudi Mittig.

Die Mauer ist gefallen.

Tausende von Menschen strömen zu einem ersten Besuch auf dem Ku-Damm in West-Berlin.

Niemand ahnt, daß seit 10 Minuten für die 11 500 Mann des Grenzkommandos Mitte erhöhte Gefechtsbereitschaft herrscht. Auch das Ministerium für Staatssicherheit mit seinem 11 400 Mann starken Wachregiment „Feliks Dzierzynski“ steht in Alarmbereitschaft. Alle verfügbaren Stasi-Angehörigen haben ab sofort „aufgrund der Lage ... bis auf Widerruf in den Diensteinheiten bzw. Einsatzobjekten zu verbleiben“. (35) In den frühen Morgenstunden werden dann auch noch die Erste Motorisierte Schützendivision in Potsdam mit rund 10 000 Mann, drei Panzer-, einem Artillerie- und einem Flak-Raketenregiment und das in Lehnin stationierte Luftsturmregiment 40 mit seinen 600, extra für den Straßenkampf ausgebildeten Elite-Soldaten alarmiert.

Damit stehen insgesamt über 30 000 Mann in und um Berlin in Gefechtsbereitschaft. Die sowjetischen Truppen nicht mitgerechnet.

Egon Krenz ist hundemüde. Etwas Richtiges gegessen hat er den ganzen Tag über auch nicht. Er läßt sich nach der Meldung aus der Stasi-Zentrale nach Hause fahren.

Kaum in Wandlitz angekommen, ruft ihn Günter Schabowski an und berichtet aufgeregt, was sich an der Grenze abspielt: „Nach meiner Meinung läuft alles gut ab. Das kann eine große Sache für uns werden.“ (36)

Seine Pressekonferenz erwähnt er nicht. Egon Krenz hat sie ohnehin inzwischen in einer der zahllosen Wiederholungen im Fernsehen gesehen.

In Berlin stehen derweil zwei Männer an der Grenze und sehen sich den Rummel an. Es sind Generaloberst Karl-Heinz Wagner, Stabschef im DDR-Innenministerium und Stasi-Oberst Hans-Joachim Krüger.

Ganz unmilitärisch sagt der zu dem Ranghöheren: „Karl-Heinz, das sieht schlimm aus!“ „Es sieht schlimm aus“, bestätigt der General: „Soll ich dir mal was sagen?“ „Na, sag’s!“ „Der Sozialismus ist verloren. Sieh’ in die Augen der Menschen. Wir haben kein Hinterland mehr.“ (37)

Die Männer haben recht. Mit dem Fall der Mauer am 9. November 1989 ist das Ende der DDR gekommen. Noch weiß niemand, wie es sich gestaltet und wie lange es dauern wird. Doch ab jetzt läuft der Countdown.

Auch für die Spione, die „Kundschafter an der unsichtbaren Front“. Auf Enttarnung, Krisen und sogar Gefangenschaft sind sie vorbereitet. Das gehört zum Berufsrisiko. Doch das Verschwinden des Auftraggebers gibt es sonst nur im Krieg.

Und die DDR hat den kalten Krieg an diesem Tag im November gerade verloren. Sie weiß es nur noch nicht.

1. Kapitel

Rette sich, wer kann

Den Tod des Ministeriums für Staatssicherheit bekommt in der von den Wende-Wirren geschüttelten DDR im Herbst 1989 kaum jemand so richtig mit. Nicht einmal die Mitarbeiter des riesigen Überwachungs- und Spionageapparats selbst.

Er findet am Freitag, dem 17. November 1989 statt – in aller Stille mit der Bildung der 28köpfigen „Koalitionsregierung" Hans Modrows. Das Ministerium wird aufgelöst, statt dessen ein „Amt für Nationale Sicherheit" (AfNS) geschaffen. Generalleutnant Wolfgang Schwanitz übernimmt das Kommando. Der Dienstbetrieb läuft ganz normal weiter. Nur ein paar Leute – die Rede ist von 8000 – sollen nach und nach entlassen werden. Noch kennt niemand die Personalstärke des MfS. Keiner ahnt, daß dort knapp 100 000 Mann unter Waffen stehen.

Daß bei der Stasi offenbar alles wie gewohnt weiterläuft, macht viele Bürger mißtrauisch. Am 19. November demonstrieren einige Tausend unangemeldet in Berlin. „SED und Stasi lacht: Volk durch Visa besoffen gemacht", warnen ihre Transparente. Ein Großteil des Volkes geht derweil auf dem West-Berliner Ku-Damm spazieren und kauft fürs Begrüßungsgeld Bananen ein.

Für Werner Großmann, den Chef der „Hauptverwaltung Aufklärung" des MfS ist das alles beruhigend: „Trotz aller Unkenrufe scheint mit dieser Regierungsbildung die Perspektive unseres Dienstes sicher." (1)

Doch der Spionage-Fuchs ist vorsichtig: „Ich weise an, Akten zielstrebig zu vernichten. Mitarbeiter fragen mit Recht, warum, wenn der Dienst weiterexistieren soll?" (2)

Das scheint inzwischen schon gar nicht mehr so hundertprozentig sicher, denn am 1. Dezember streicht die Volkskammer den Führungsanspruch der SED aus der DDR-Verfassung. Für das „Schild und Schwert der Partei" wird es nun eng. Die Leute wollen endlich wissen, was in ihren Akten steht. Gerüchte brodeln, fast täglich werden neue Skandale aufgedeckt.

Ein Zwischenfall ist ganz besonders peinlich. Am Abend des 4. Dezember erwischen Demonstranten einen Mann, der sich klammheimlich mit zwei Koffern aus dem „Haus der Elektrotechnik" am Berliner Alexanderplatz schleichen will. In den Koffern befinden sich rund eine halbe Million Westmark, mehrere hunderttausend Ostmark und geheime Akten. Der Mann wird als Oberst Artur Wenzel identifiziert und kommt von der Hauptabteilung XVIII des MfS, die für den „Schutz der Volkswirtschaft" zuständig ist. In der Untersuchungshaft erhängt er sich. (3)

Die Stasi – angeblich reformbereit – ist wieder in aller Munde. Mit aller Kraft versucht sie in diesen Tagen, die Aufklärung der Übergriffe der „Sicherheitsorgane" vom 6. und 7. Oktober zu verhindern. Das macht die Bürger besonders wütend. Die Situation ist brenzlig. Werner Großmann: „Wir rechnen vom ersten Tag an damit, daß aufgebrachte Bürgerrechtler in unser Gebäude eindringen. Aber nicht sie sind gefährlich, sondern Agenten anderer Geheimdienste, die unter ihrer Flagge segeln und gezielt Material suchen." (4)

Innere Machtkämpfe toben hinter der Fassade des Stasi-Hauptquartiers in der Normannenstraße. Am 5. Dezember 1989 tritt die Leitung des einstigen MfS und jetzigen AfNS geschlossen zurück. Nur der bisherige Chef, Wolfgang Schwanitz, bleibt im Amt. In Suhl und Erfurt besetzen Demonstranten erstmals die Stasi-Zentralen. Volkspolizei zieht zur Bewachung auf. In Suhl erschießt sich ein Stasi-Mann, als Bürgerrechtler das Haus begehen.

Generalleutnant Schwanitz droht am Donnerstag, dem 7. Dezember, indirekt mit härterem Durchgreifen. Zum ersten Mal benutzt er das Wort „Ausnahmezustand", dessen Ausrufung allerdings „noch nicht im Gespräch" sei. (5) Die auf das Lesen zwischen den Zeilen trainierten DDR-Bürger sind alarmiert.

Und das Volk wehrt sich. Am 10. Dezember werden die Stasi-Bezirksverwaltungen in Neubrandenburg und Suhl geschlossen. Forderungen der Opposition nach Auflösung des gesamten AfNS werden lauter. Am 12. Dezember wird Wolfgang Schwanitz beurlaubt. Ihm folgt Generalmajor Heinz Engelhardt, vorher Stasi-Bezirkschef in Frankfurt an der Oder, als erster Mann im AfNS. Er soll die Behörde auflösen.

Die Entwicklung beunruhigt den HVA-Chef: „Bisher finden wir noch Verständnis dafür, daß kein Personen- und Sachwissen anderen Geheimdiensten in die Hände fallen darf. Garantieren kann das aber für die Zukunft niemand, denn keiner weiß, wie lange es die DDR noch geben wird." (6)

Ein wenig Hoffnung kommt von der Regierung Hans Modrow. Sie beschließt am 14. Dezember 1989, daß das „Amt für Nationale Sicherheit" von einem Verfassungsschutz und einem Auslandsnachrichtendienst abgelöst wird, die voneinander unabhängig sein sollen. Am 20. Dezember bekräftigt die Regierung ihre Absicht, diese neuen Geheimdienste „zu einem baldmöglichen Zeitpunkt arbeitsfähig" (7) zu machen.

Unter den Stasi-Genossen brodelt es weiter. „Im Apparat nehmen Unzufriedenheit, Hektik, spontane Aktionen, vor allem von jüngeren Mitarbeitern, zu. Es vermischen sich Unruhe, gespannte Erwartung und Unsicherheit" (8), erinnert sich Werner Großmann. Er hat seine Probleme damit: „Für mich alten Militär eine völlig ungewohnte und gewöhnungsbedürftige Situation." (9)

Voll verlassen kann er sich wenigstens noch auf seinen einstigen „Kundschafter" im Bonner Kanzleramt, Günter Guillaume. Per Interview im Jugendradio DT 64 versichert der Spionage-Rentner zum Wende-Silvester den Genossen „an der unsichtbaren Front", daß in der HVA nach wie vor alles seinen sozialistischen Gang gehe: „Mir ist keine Panne bekannt, und ich wünsche Ihnen draußen alles Gute und vor allen Dingen weiter Gesundheit und Sicherheit." (10)

Mit den Genossen in der HVA, die den neuen Nachrichtendienst bilden sollen, läuft es nicht ganz so glatt. Generaloberst Großmann ist sauer: „Das Beharrungsvermögen der Mitarbeiter ist stärker als erwartet. Sie stellen Fragen. In welche Richtung sollen sich Ziele und Aufgaben verändern? Besteht die sozialistische DDR weiter? Bleiben BRD und andere NATO-Staaten Gegner, wieso soll also der Dienst verkleinert werden." (11)

Befriedigende Antworten weiß auch der Chef nicht. Er spürt nur, daß der Druck aus der Bevölkerung und vom Zentralen Runden Tisch auf die Stasi und alle ihre Ableger wächst. Sie sollen völlig verschwinden.

Doch plötzlich scheint das alles wieder in Frage zu stehen. Am 28. Dezember 1989 meldet die Polizei Nazi-Schmierereien am sowjetischen Ehrenmal in Berlin-Treptow. „Besatzer raus!" und „Volksgemeinschaft statt Klassenkampf" (12) steht da über Nacht plötzlich auf den Marmorflächen. Am 3. Januar 1990 demonstrieren 250 000 Menschen unter der Führung der SED-PDS gegen die Übergriffe. Wer auch immer hinter den Provokationen in Treptow steckt, die Wirkung auf die Öffentlichkeit ist beträchtlich. Es scheint im Osten gefährlich geworden zu sein, Rechte trauen sich aus ihren Schlupfwinkeln. Die „Sicherheitskräfte" sind gefordert. Darf man da überhaupt über den Verzicht auf einen Verfassungsschutz nachdenken?

Regierungssprecher Wolfgang Meyer weist solch ein Ansinnen am Tag nach der Demo vehement zurück. Und am 6. Januar legt der Regierungsbeauftragte für die Auflösung des AfNS, Generalmajor Peter Koch, vormals Stasi-Bezirkschef in Neubrandenburg, noch einmal nach: „Es wäre absolut töricht, wenn man jetzt etwas insgesamt auflösen würde, um es dann neu zu gründen." (13) Allerdings wird Koch eine Woche später von Modrow gefeuert, „weil er sich nicht als fähig und als kompetent erwiesen" hat. (14) Am 30. Januar wird er sogar wegen Untreue und Anmaßung staatlicher Befugnisse verhaftet.

Die HVA fühlt sich von der Regierung abgeschrieben. Werner Großmann: „Wir sitzen zwischen allen Stühlen. Die Regierung hält sich weitgehend heraus." (15) Richtig wütend wird er dann, als schließlich doch einige subalterne Angestellte in der Spionageabteilung auftauchen, die mit den erfahrenen Stasi-Genossen deren Überleben sichern sollen: „Insgesamt sind das inkompetente Leute, die unser Metier nicht kennen. Sie wissen nichts und übernehmen keine Verantwortung." (16)

Dabei hatten doch inzwischen die „Vertreter des im Aufbau befindlichen Verfassungsschutzes" (17) am 10. Januar gerade wieder einmal gezeigt, daß der „Klassenfeind" nicht schläft. Mit riesigem Presserummel werden Spionage-Sonden der CIA präsentiert, angeblich im Boden in der Nähe eines NVA-Lagers bei Karl-Marx-Stadt (heute Chemnitz) gefunden.

Doch all die „Beweise" für Notwendigkeit des Erhalts der Stasi-Nachfolger fruchten nichts. Seit Dezember läuft die Entlassungswelle, die Waffen müssen abgegeben, die konspirativen Objekte aufgelöst werden. Dabei ist von seiten der Stasi meist wenig Kooperationswille auszumachen. Der Zorn der Bürger auf die Unterdrücker wächst, auch das trägt dazu bei, daß die Regierung Modrow rapide an Vertrauen verliert. Hunderttausende sind inzwischen in den Westen gegangen. Das Land droht, im Chaos zu versinken. Die für den 6. Mai 1990 geplanten ersten freien Wahlen in der DDR werden auf den 18. März vorgezogen.

Allen ist inzwischen klar, daß der Zug in Richtung Einheit nicht mehr aufzuhalten, vielleicht nicht einmal mehr zu bremsen ist. In Bonn bildet die Bundesregierung am 7. Februar 1990 den Kabinettsausschuß „Deutsche Einheit“. Ob sich die DDR mit der Bundesrepublik vereinigen oder ihr einfach nur beitreten wird, ist noch strittig. Eigene Sicherheitsdienste wird sie aber in beiden Fällen nicht mehr brauchen, und so ist das Schicksal der Stasi faktisch bereits Anfang 1990 endgültig besiegelt.

Das meinen auch die Demonstranten, die am 15. Januar die Stasi-Zentrale in Berlin besetzen.

Nun gilt es für die HVA nur noch, den Eindruck zu erwecken, Spionage im Ausland sei etwas völlig anderes, als Spitzelei im Inland. Das wäre der Weg, wenigstens eine Galgenfrist zu bekommen, um noch einige Wochen in Ruhe an der Beseitigung aller Spuren arbeiten zu können.

Die letzte Schlacht am Runden Tisch dauert 12 Stunden. Dann steht am 23. Februar 1990 fest: Die HVA wird bis Ende Juni ersatzlos aufgelöst. Doch Oberst Bernd Fischer, der Abgesandte der Genossen aus der Ruschestraße, ist zufrieden; Der Dienst darf sich eigenständig liquidieren, denn die Spione im Westen sollen geschützt werden.

Jetzt läuft der Wettlauf gegen die Zeit. Verbindungen zu Agenten müssen gekappt, die Akten weiter vernichtet werden. Und dabei darf es keine Fehler geben ...

„Eure Sicherheit ist gewährleistet“ – Die Agenten werden abgeschaltet

Rückblick. An das komplette Ende der Stasi denkt im November 1989 auch nach dem Fall der Mauer in der HVA zunächst noch niemand. Klar ist aber allen, daß es nicht so weitergehen würde wie bisher. Deshalb reisen die ersten Instrukteure aus der Zentrale schon jetzt ein letztes Mal in den Westen. Sie wollen ihre Spione „abschalten". Das dauert bis ins Frühjahr 1990 hinein.

Wie noch zu Mauer-Zeiten werden die „Nordroute" über Warnemünde und Gedser und die „Südroute" via Bratislava, Wien bevorzugt. Dabei fallen keine verräterischen Flugbuchungen an, und die Kontrollen in Dänemark und Österreich sind ohnehin lasch. Inzwischen sind aber auch Treffs in West-Berlin möglich, und manche „Kundschafter" reisen zum großen Zapfenstreich sogar in die DDR.

HVA-Chef Werner Großmann: „Wir haben nach der Wende peu à peu mit fast allen Mitarbeitern in der Bundesrepublik nach Möglichkeit ein letztes Gespräch geführt und uns, wenn man so will, verabschiedet." (18)

Bei diesen Treffen wird vor allem eines immer wieder versichert: Eure Sicherheit ist gewährleistet, euch kann nichts passieren. Die „Mitarbeiter" im Westen müssen ihren Führungsoffizieren, oft selbst schon mit dem blauen Brief in der Tasche, blind vertrauen. Das tun viele, aber nicht alle.

Rainer Rupp, „Topas" der HVA, wird erst fast drei Jahre nach dem Ende der DDR verhaftet, als er am 31. Juli 1993 seine Mutter zum Geburtstag in Trier besucht. „Ich habe immer damit gerechnet, früher oder später in den Knast zu gehen" (19), sagt er. Von den Versicherungen seiner HVA-Partner, ihm könne nichts passieren, läßt er sich nicht blenden: „So blauäugig war ich nie. Ich bin intelligent genug, um mir meine Chancen reell auszurechnen." (20) Und die stehen mit dem Ende der DDR schlecht.

Die Stasi-Offiziere Peter Richter und Klaus Rösler, beide mit Agenten im Westen und bei der NATO, wie „Topas", befaßt, erinnern sich an die Zeit der „Abwicklung" mit Wehmut: „Dabei war die Entlassung der hauptamtlichen Mitarbeiter noch die einfachere Aufgabe – ganz im Unterschied zur Trennung von den Spionen im Operationsgebiet. Diese hatten auf ihr weiteres Schicksal zumeist keinen Einfluß." (21)

Allenfalls werden noch ein letztes Mal Spesen gezahlt. So kassiert die Stasi-Spitzenquelle „Stern" im Bundesamt für Verfassungsschutz, mit Klarnamen Klaus Kuron und noch bis Oktober 1990 für die inzwischen offiziell gar nicht mehr existierende HVA aktiv, im Frühjahr noch einmal satte 60 000 D-Mark. In weiser Voraussicht hatten die Genossen in Berlin bereits im November 1989 für 1990 das „Anlegen zentraler operativer Finanzreserven“ geplant. (22) Dennoch muß die HVA einiges schuldig bleiben, denn im Gegensatz zu früher wird inzwischen die Stasi vom Zentralen Runden Tisch kontrolliert. Und wo es um die raren Devisen geht, schauen die Kontrolleure besonders genau hin, Werner Großmann, bislang Herr über jährlich 13,5 Millionen DM, beklagt die prekäre Lage: „Stand uns 1989 noch der gesamte Jahresetat zur Verfügung, so erhalten wir 1990 nur die von uns geforderten und begründeten Summen, um den Dienst arbeitsfähig zu halten. Verglichen mit dem, was wir benötigen, viel zu wenig. Es reicht nicht, alle eingegangenen Verpflichtungen zu erfüllen.“ (23)

Bis heute ist ungeklärt, ob in der Hektik der Auflösung sich nicht auch einige Stasi-Offiziere selbst die Taschen füllten. Mehrere Prozesse, die nur stattfinden konnten, weil die Beweislage vorher überhaupt erst die Anklageerhebung möglich machte, endeten mit Freisprüchen der Angeklagten. Das heißt aber nicht, daß kein Geld in dunklen Kanälen verschwunden ist, sondern nur, daß es den jeweils Angeklagten nicht gerichtsfest nachzuweisen war.

Die HVA-Spione interessieren diese Dinge herzlich wenig. Sie arbeiten mit ihren DDR-Partnern von der Stasi meist seit Jahren, oft seit Jahrzehnten, zusammen. Freundschaften sind entstanden, es gab Liebesverhältnisse, Eifersucht und Streit. Die Schicksale der „Kundschafter“ in Ost und West sind miteinander verwoben, gemeinsame Hoffnungen, die Krise doch noch unbeschadet zu überstehen, werden bald von Zukunftssorgen überlagert.

Gabriele Gast, als „Gisela“ Spitzenquelle der HVA beim Bundesnachrichtendienst, erinnert sich an ihre letzten Monate als Spionin. Im November 1989 trifft sie ihren Führungsoffizier und früheren Geliebten Karl-Heinz Schneider wie gewohnt in Österreich. Natürlich sprechen sie über die Veränderungen in der DDR. „Doch trotz aller Verunsicherung, wie sich die Dinge weiterentwickeln würden, war er überzeugt, daß die Arbeit der Aufklärung weitgehend unverändert fortgesetzt werde. ‚Jeder Staat betreibt nachrichtendienstliche Aufklärung, unabhängig davon, welche politischen Kräfte die Regierung bilden', gab er die im AfNS („Amt für Nationale Sicherheit" – Anmerkung des Autors) vorherrschende Meinung wieder. ‚Gerade in einer Zeit wie jetzt, wo soviel in Bewegung ist, braucht man Informationen über die Absichten der Gegenseite. Die Leitung und Werner Großmann persönlich bitten dich deshalb, weiterhin mit uns zusammenzuarbeiten.'" (24)

Die Regierungsdirektorin im BND, selbst als Analytikerin im Referat Sowjetunion tätig, teilt offenbar diese völlige Fehleinschätzung der Lage.

Beim nächsten Treffen, Ende Januar 1990, hat sie sich bereits grundlegend geändert. Karl-Heinz Schneider weiß, daß er zum 31. März seinen Job verlieren wird und macht sich Sorgen um die Zukunft. „Gisela" bietet ihrem früheren Verlobten „Karlicek" Hilfe an, doch beide ahnen vielleicht, daß ihre 21 Jahre dauernde Beziehung sich dem Ende zuneigt: „Unser nachrichtendienstlicher Gesprächsstoff erschöpfte sich (...) in zwei lapidaren Sätzen: ‚Die Arbeit ist ab sofort eingestellt. Du sollst alle nachrichtendienstlichen Hilfsmittel Leo zur Vernichtung geben.'" (25) So geschieht es. Kurier „Leo" tilgt alle verdächtigen Spuren, vom „Container" in der Handtasche, über die Geheimtinte bis hin zu den Chiffrierunterlagen.

Zwei Monate später, im März, reist sogar der Referatsleiter „BND" aus der Zentrale noch einmal mit an, wiederholt den Auftrag zur Beendigung der Spionage für die HVA und beruhigt ein wenig: „‚Der Motor des Reißwolfs ist schier heißgelaufen', schildert er seine Bemühungen um Wahrung der Konspiration. ‚Es ist alles weg. Du kannst völlig unbesorgt sein. Dir kann nichts passieren.'" (26) Die Geheimdienst-Expertin kennt das Geschäft aus ihrer Arbeit beim BND und vertraut darauf, daß die Genossen gründlich gearbeitet haben: „Ich wußte, daß nur wenige HVA-Mitarbeiter mich persönlich kannten, und ich hatte nicht den geringsten Zweifel, daß dieses persönliche Kennen, vor allem das Wissen um meinen hilfebedürftigen Sohn, mich vor Verrat schützen würde." (27)

Doch den Genossen in Berlin steigt das ohnehin schon bis zum Hals stehende Wasser langsam immer höher. Seit 23. Februar 1990 steht durch Beschluß der Arbeitsgruppe Sicherheit des Zentralen Runden Tisches endgültig fest, daß die HVA ersatzlos aufgelöst wird. Der HVA-Vertreter, Oberst Bernd Fischer, kann nur noch eine Galgenfrist heraushandeln, in der der Dienst sich selbst liquidieren darf. Sollte es vielleicht doch noch eine Überlebenschance geben? Darüber wird in den stürmischen Frühlingstagen des Jahres 1990 viel spekuliert.

Das Märchen vom Phönix aus der Asche

Daß die hochgerüstete Stasi mit ihren mehr als 200 000 offiziellen und inoffiziellen Mitarbeitern im Frühjahr 1990 kampflos das Feld räumen würde, war für viele DDR-Bürger schier unvorstellbar. Sie meinten, gerade die Stasi mit ihrem „Ohr an der Masse" mußte doch seit langem die wahre Stimmung im Lande kennen. Wer, wenn nicht sie, hätte ausreichend Zeit gehabt, sogar das Abtauchen in den Untergrund von langer Hand vorzubereiten? Dabei hätten sicher sogar Informationen von den Stasi-Spionen im Westen gute Dienste geleistet. Sie konnten aus der Perspektive des „Gegners" rechtzeitig erkennen, was eigene Betriebsblindheit vielleicht nicht einmal erahnen ließ.

Zweifel, ob die Hauptverwaltung Aufklärung ihre „Kundschafter" im Westen nun also wirklich „abschaltete" oder sie vielleicht nur umgepolt und auf neue Aufgaben ausgerichtet werden, scheinen so durchaus berechtigt. Doch die Spione sind so eng mit dem gesamten Ministerium für Staatssicherheit verflochten, daß ihr Überleben nur möglich sein würde, wenn auch dort Strukturen erhalten blieben.

Deshalb gilt der Suche nach einer „Überlebensordnung" im Frühjahr 1990 allerhöchstes Interesse. Gefunden hatte man bis dahin zwar noch nichts, aber das schien nicht weiter verwunderlich; 40 Jahre lang hatte die Stasi Akten produziert, an die 180 Kilometer bleiben am Ende übrig – da hätte das Auffinden eines solch wichtigen Dokuments wohl wirklich nur ein zufälliger Glückstreffer sein können.

Daß er zumindest eine wichtige Spur bei der Suche nach der „Überlebensordnung" entdeckt habe, glaubt Bürgerrechtler Hans Schwenke, Mitarbeiter im Stasi-Auflösungskomitee, im Juni 1990. Er hört von der „Ordnung 6/86 über die Arbeit mit Offizieren im besonderen Einsatz". Erich Mielke hatte sie am 16. März 1986 erlassen, und Hans Schwenke meint, sie sei der Schlüssel zur geheimen Überlebensstrategie der Stasi. Dabei sei durchaus auch der Fall des Zusammenbruchs des „realen" DDR-Sozialismus einkalkuliert gewesen.

Die „OibE-Ordnung" ist auch noch im Sommer 1990 ein streng gehütetes Staatsgeheimnis, dessen Lüften sogar strafrechtlich verfolgt wird. Das bestärkt Hans Schwenke in seiner Annahme, der geheimnisumwitterten „Überlebensordnung" der Stasi nahe zu sein.

Natürlich hat er sich auch Gedanken um die Wahrscheinlichkeit der Existenz einer solchen Ordnung gemacht. Die Analyse der politischen Entwicklung der vergangenen Jahre bestärkt ihn in seiner Auffassung, daß etwas zu finden sein muß. In der Sowjetunion Michail Gorbatschows hatte sich seit 1986 der Wind gedreht. Die Bruderküsse auf die Wangen von Moskaus Ost-Berliner Marionetten waren frostiger geworden. Das blieb auch Honecker, Mielke und Co. nicht verborgen. Logische Schlußfolgerung: Die Greisen-Garde im SED-Politbüro mußte etwas tun, um ihre Macht im aufziehenden Sturm festzuzurren. Hans Schwenke: „Damals wurde im engsten Kreis eine Überlebensstrategie beschlossen, eine Strategie, die ihnen und ihren treuesten Gefolgsleuten persönlich nicht nur das Überleben schlechthin, sondern die Machtbeteiligung auch unter veränderten gesellschaftlichen Bedingungen sichern sollte. Organisatorisches Zentrum dieser Strategie wurde das Ministerium für Staatssicherheit." (28)

Stimmt die Annahme, käme auch den Informationen der Spionageabteilung eine neue Qualität zu. Sie verfügt über Quellen mit dem ungetrübten Blick von „draußen", sie hat ihre Leute in zahlreichen Tarn-Firmen überall in Westeuropa, sie regelt illegale Geldströme, und sie hat das beste Know-how im MfS dazu, wie man sich möglichst unauffällig im „Feindesland" bewegt. Die Genossen von der HVA wären bei jedem wie auch immer gearteten Überlebensversuch unverzichtbar. Doch sie müßten in das gesamte Netz effektiv eingebunden sein, und das konnte nur über günstig plazierte „Offiziere im besonderen Einsatz" geschehen.

Bürgerrechtler Schwenke erkennt aus dem Geheimdokument: „Mit der Ordnung 6/86 wurde ein alle Bereiche des gesellschaftlichen Lebens durchdringendes System neben vorhandenen MfS-Strukturen geschaffen. Erstmals wurde bei der konspirativen Durchdringung auch nicht haltgemacht vor der bis dahin im allgemeinen als tabu geltenden SED.“ (29) Das ist tatsächlich neu, und Hans Schwenke vermutet, daß sich damit auch ein „neuartiger Auftrag“ für die „Offiziere im besonderen Einsatz“ verbinde, der in der eigentlichen „Überlebensordnung“ formuliert sei. Sie soll die Nummer 8/86 tragen.

Er erkundigt sich bei den mit der Auflösung ihrer Büros beschäftigten Stasi-Mitarbeitern. Sie bestätigen ihm eilfertig, daß es unter dieser Nummer eine solche Ordnung gebe, die nur – leider, leider – in den Aktenbergen noch nicht gefunden worden sei. Aber die Betroffenen wüßten ja ohnehin, was drinsteht. Schwenke fragt weiter und erfährt: „(...) daß die ‚Überlebensordnung‘ des MfS unter anderem vorsah, daß die OibE im Falle einer politischen Umwälzung alles verfügbare Vermögen unter ihre Kontrolle und zusammen mit treu ergebenen Dienern der Partei- und Staatsführung sowie mit Hilfe geeigneter bundesdeutscher und ausländischer Partner in ihren Besitz zu bringen hatten“. (30)

Das überzeugt ihn. Einer Prüfung aus heutiger Kenntnis der Akten und der historischen Abläufe hält seine These von der Existenz einer „Überlebensordnung“ und der daraus möglich werdenden Wiederauferstehung der Stasi wie Phönix aus der Asche allerdings nicht stand.

Das bestätigen auch die inzwischen aufgefundenen Dokumente, auf die sich Hans Schwenke beruft. Die geheimnisumwitterte „Ordnung 8/86“ beinhaltet die „Havarieschutzordnung“ des MfS und betrifft somit schlichte Feuerlöscher statt stolze Feuervögel. Auch die Verwechslung zwischen „Ordnung“ und „Befehl“ ist auszuschließen. Der „Befehl 8/86“ von Minister Erich Mielke stammt vom 23. März 1986. In der üblichen blumigen Stasi-Prosa beschreibt er die „hohe Kampfbereitschaft der Genossinnen und Genossen des MfS“ bei der „Sicherung des XI. Parteitages der SED“. Dafür spricht der Genosse Minister „Dank und Anerkennung“ aus. (31)

Einem Irrtum erliegt Bürgerrechtler Hans Schwenke auch bei seiner Bewertung der „OibE-Ordnung“. Sie ist nicht neu, sondern nur eine überarbeitete und aktualisierte Version bereits viel früher erlassener Weisungen. Seit den fünfziger Jahren sitzen getarnte Stasi-Offiziere überall in der DDR in wichtigen Schlüsselstellungen. Ihr Einfluß im Stasi-Auftrag scheint in der zweiten Hälfte der achtziger Jahre jedoch zurückzugehen. Waren 1983 insgesamt 3471 Stasi-OibE im Einsatz, weisen die Unterlagen für 1989 nur noch 2232 aus – ein Minus von mehr als einem Drittel. (32)

Sicher hat es in den Wende-Wirren Versuche von entwurzelten Stasi-Mitarbeitern gegeben, mit einem beherzten Griff ins „Volkseigentum" die eigenen Startchancen in der Marktwirtschaft zu verbessern. So behaupten ehemalige HVA-Offiziere zum Beispiel, daß die früheren Referenten ihres Chefs Markus Wolf, Tilo K. und Peter F., nach der Wende mit Stasi-Geldern in einem früheren „Robotron"-Bürohaus in der Allee der Kosmonauten in Berlin-Marzahn ein Immobilien-Unternehmen gegründet hätten – zu beweisen sind solche Angaben jedoch schwer.

Andere haben ihr Wissen vermarktet, und das klappte besonders gut, wenn es unter der Überschrift „Die Stasi lebt" lief. Ähnliches hatte die HVA selbst jahrelang mit Blick auf alte Nazis im Westen zu verbreiten gesucht. Mit gefälschten Dokumenten wie im Fall des ehemaligen Bundespräsidenten Heinrich Lübke, der als „KZ-Baumeister" denunziert wurde, oder mit dem DDR-Schauprozeß gegen Konrad Adenauers Staatssekretär Hans Globke, einem Kommentator der Nürnberger Rassengesetze – immer wurde der Eindruck vermittelt, die Nazi-Vergangenheit sei im Westen nicht vorbei, es gebe noch geheime Strukturen, vielleicht sogar Organisationen. Die dabei benutzte Methode, Wahrheiten, Halbwahrheiten und Lügen miteinander zu verknüpfen, ist auch 1989/90 noch wirkungsvoll, und so entstehen die Geschichten von der im Geheimen weiter existierenden Stasi. Die Tatsachen belegen jedoch, daß die Annahme, die Stasi oder ihre Gliederungen, wie die HVA, im neuen Deutschland insgeheim wie Phönix wieder aus der Asche steigen könnte, nichts als ein Märchen sind. Eine „Überlebensordnung" der Stasi gibt es nicht.

Statt das Überleben vorzubereiten, haben die aktiven Spionage-Offiziere alles getan, ihre Spuren rechtzeitig zu vernichten. Dabei waren auch jene besonders aktiv, deren Existenz im Sommer 1990 der Öffentlichkeit noch weitgehend unbekannt war.

Am 23. Mai 1990, Punkt acht Uhr abends ertönt auf der Frequenz 3258 Kilohertz eine seltsame Botschaft. Dort, wo sonst in chiffrierten Zahlenkolonnen die Anweisungen für die „Kundschafter“ des Geheimdienstes der Nationalen Volksarmee (Mil-ND) gen Westen gesendet werden, grölt nun ein Männerchor: „Alle meine Entchen, schwimmen auf dem See, Köpfchen in das Wasser, Schwänzchen in die Höh'(...)“

Für die an den Empfängern lauschenden Militärspione der DDR ist das die Parole, endgültig abzutauchen. (33) Um 23.30 Uhr wird dann der Agentenfunk des NVA-Geheimdienstes, ausgestrahlt aus der Grunowstraße 38 in Berlin-Hellersdorf, endgültig eingestellt. (34)

In den Wochen zuvor waren bereits Instrukteure des Mil-ND in den Westen gereist, um ihre Spione „abzuschalten.“ Bei diesen letzten Treffen „hatten manche Tränen in den Augen“, berichtet ein Insider. Spitzenquelle Dieter Popp, Mil-ND-Deckname „Asriel“, wurde zum großen Zapfenstreich sogar noch einmal nobel in die DDR eingeladen und mit einer touristischen Rundfahrt für seine Dienste belohnt. Popp erinnert sich: „Die Stasi-Zentralen waren längst gestürmt, und daß bald Kundschafter auffliegen werden, lag in der Luft, aber wir fühlten uns absolut sicher.“ (35)

Ein wenig Streß macht nur noch die im Februar 1990 anlaufende Operation „Zille“. Sie dient der Rückführung eines aus der DDR übergesiedelten Kaders. Bis dahin hatte er sechs Jahre lang im Koblenzer Stadtteil Kanthause, Zeisigstraße 14, Apartment 11, unter dem Namen „Rainer Grube“ gewohnt. „Grube“ studierte erfolgreich Volkswirtschaft an der Koblenzer Fachhochschule und soll vom Mil-ND in das dortige Bundesamt für Wehrtechnik eingeschleust werden. Dem kommt der Zusammenbruch der DDR zuvor, doch die Operation „Zille“ hat trotzdem Erfolg. Als Verfassungsschützer im Mai 1990 an „Grubes“ Wohnungstür klingeln, trägt diese zwar noch sein Namensschild, aber das Nest ist leer. Auch sein Computer, von dem sich die Ermittler einige Aufklärung erhoffen, ist verschwunden. Ihnen bleibt nur eine Spur. Sie führt zu dem zweiundfünfzigjährigen Herbert Ludwig, der seit 20. April 1990 in der Justizvollzugsanstalt Münster einsitzt. Als „Jürgen Kindt" soll der EDV-Programmierer fast 20 Jahre lang für den Mil-ND im Rechenzentrum der Bundeswehr in Bad Neuenahr Augen und Ohren offengehalten haben. Möglicherweise arbeitete er mit „Grube" zusammen, doch daran können sich selbst langgediente Mil-ND-Offiziere inzwischen „beim besten Willen nicht mehr erinnern" – schließlich hatten sie ja mit dem Verwischen ihrer Spuren im Frühjahr 1990 alle Hände voll zu tun! So bleibt Herbert Ludwig der einzige Mil-ND-Spion, der die deutsche Einheit im Gefängnis erlebt. (36)

Ansonsten läuft alles nach Plan. Der letzte Verteidigungsminister der Regierung Modrow, Admiral Theodor Hoffmann, hatte seine Spionagetruppe bereits am 16. März mit Befehl 1206/90 angewiesen, „die illegale Arbeit der militärischen Aufklärung" bis zum Monatsende einzustellen und „alle personellen, materiellen und finanziellen Nachweise, Karteien, Akten oder sonstige Unterlagen, die zur Aufdeckung von Personendaten führen können" bis zum 31. Juli 1990 restlos zu vernichten. (37) Der Entwurf dieses Befehls stammt von den Generälen des Mil-ND. Sie glauben, künftig auf ihre Spione verzichten zu können und durch die neugewonnenen Reisemöglichkeiten und dadurch mögliche Begegnungen mit anderen Militärs nun auch ohne die „Kundschafter" selbst die Lage einschätzen zu können. (38)

Zwischen dem Befehl von Admiral Hoffmann und dem Termin seines Vollzugs liegt die Wahl zur letzten Volkskammer der DDR. Lothar de Maizière (CDU) wird Ministerpräsident, sein Parteifreund Rainer Eppelmann Minister für Abrüstung und Verteidigung. Die Auflösung des Mil-ND soll für ihn Generalleutnant Alfred Krause, der letzte Chef des Dienstes, besorgen.

Der befolgt zunächst einmal den Befehl 22/90 vom 17. Juni 1990. Darin weist Admiral Theodor Hoffmann an, bis zum 31. August die Aufklärungsoffiziere zu entlassen, zur Umschulung zu kommandieren oder zu versetzen. Hoffmann hatte derweil zwar sein Ministeramt verloren, blieb aber unter seinem Nachfolger Eppelmann immer noch Chef der Nationalen Volksarmee. (39) So werden wichtige Spuren verwischt.

Offiziell wird zu dieser Zeit die Umwandlung des NVA-Geheimdienstes in ein „Informationszentrum" zur aktuellen und strategischen Lageeinschätzung betrieben. Das hat den Segen Rainer Eppelmanns, der seine Aufklärungsexperten in der Oberspreestraße in Berlin-Treptow mehrfach besucht und ihnen Mut macht. Mit der Erarbeitung von Dossiers zu militärischen Fragen für die anstehenden Verhandlungen zum 2+4-Vertrag und für die zahlreichen Auslandsreisen des Ministerpräsidenten Lothar de Maizière, Außenministers Markus Meckel und Abrüstungsministers Rainer Eppelmann haben sie reichlich zu tun.

Der neue Minister vereidigt seine Offiziere sogar noch am 20. Juli 1990 auf die erste frei gewählte Regierung der DDR. Nur drei Mitarbeiter des Informationszentrums verweigern den Eid auf eine DDR ohne Hammer und Zirkel im Ährenkranz. Sie werden in die Reserve versetzt.

Doch alles in allem ist Rainer Eppelmann mit seinen Leuten hochzufrieden. Als Anerkennung für die vorbildliche Arbeit verleiht er im August seinem Aufklärungschef Alfred Krause sogar einen dunkelblauen Schlips mit dem aufgestickten Symbol „Schwerter zu Pflugscharen". Das biblische Motiv (Micha 4,1-7), gestaltet nach einer Skulptur des sowjetischen Bildhauers Jewgeni Wutschetitsch, die ihren Platz vor dem UNO-Hauptquartier in New York hat, war das Zeichen der kirchlichen Friedensbewegung in der DDR. Stasi und Volkspolizisten rissen es den Trägern von ihren Jacken, jetzt trägt es stolz ein DDR-General, weil die neue Regierung noch keine eigenen Orden gestiftet hat. (40)

Mittlerweile sind viele Mitarbeiter des Mil-ND entlassen oder umgesetzt worden. Am 14. September 1990 meldet Generalleutnant Krause seinem Minister, daß von den 1181 Armeeangehörigen des "Informationszentrums" noch 508 im Dienst sind. Alle nachrichtlichen Strukturen seien aufgelöst, die Agentengelder ordentlich abgerechnet, Beanstandungen habe es nicht gegeben. Damit ist alles für den Start in eine neue Zukunft vorbereitet. Der Minister bekräftigt seine Auffassung, daß das wertvolle Wissen der NVA-Offiziere auch künftig erhalten werden müsse und ein „Informationszentrum" mit einem Personalbestand von 420 bis 450 Leuten durchaus vorstellbar sei. Daraus wird dann aber doch nichts, denn ab 3. Oktober 1990 hat die Bundeswehr das Sagen, und die braucht die einstigen Genossen nicht mehr. (41)

Für Rainer Eppelmann scheint also alles ganz normal zu laufen, denn er weiß nicht, daß die NVA-Militärs hinter seinem Rücken längst ihren eigenen Papierkrieg geführt haben.

Er begann bereits Anfang 1990 ganz ohne Befehl. Im Mil-ND werden die Reißwölfe mit den ersten, streng geheimen Dossiers gefüttert.

Bald hat zwar die neue Regierung die Befehlsgewalt, aber Pfarrer und Wehrdienstverweigerer Eppelmann weiß wenig von den internen Strukturen der NVA. Das nutzen „seine" Offiziere aus.

Alte, aber immer noch brisante Unterlagen der Militärspionage lagern im Militärarchiv Potsdam. Mit einer Vollmacht Rainer Eppelmanns vom 15. August 1990 erhält Oberst Günter Weiß das Recht, die Ordner dort „zur Sichtung zu empfangen und abzutransportieren". (42) Die Genossen in Treptow filzen sie tüchtig, der Rest wird dann wieder in Potsdam eingelagert. Dann geht es an die im Stasi-Hauptquartier in der Normannenstraße gebunkerten Akten. Anfang Mai 1990 hatten Verteidigungsminister Rainer Eppelmann und Innenminister Peter-Michael Diestel vereinbart, daß Militärakten dort wieder abgeholt werden dürfen.

Dies besorgt ein NVA-Kommando an einem Freitag im August. Auf sechs grüne Armee-Laster werden rund 250 Kisten Unterlagen verladen und in die Zentrale des Mil-ND geschafft. Im Heizhaus auf dem mit Sichtsperren und Elektrozaun gesicherten Gelände in der Oberspreestraße erfolgt innerhalb der nächsten beiden Wochen die Beseitigung aller Spuren.

Als der Minister davon erfährt, wird er blaß. Rainer Eppelmann hatte nach Rückfrage in Bonn mündlich den Auftrag erteilt, nur solche Papiere zu vernichten, die ostdeutsche Agenten im Westen hätten enttarnen können. Alle Akten über Bürger der Bundesrepublik in Spionagediensten des Ostens sollten erhalten bleiben, denn allen war klar, daß es sich dabei um strafbaren Landesverrat handelte. Diese Weisung haben die Militärs ignoriert und so ihren obersten Dienstherren im Handstreich überrumpelt. Sie glauben, nun alles getan zu haben, um alle ihre Quellen im Westen dauerhaft zu schützen. (43)

Eppelmann reagiert sofort. Am 19. September 1990 befiehlt er, die „Vernichtung von Akten und anderen Nachweismaterialien“ mit „sofortiger Wirkung“ einzustellen. (44) Doch es ist bereits zu spät.

Im Mil-ND wird über diesen Befehl nur noch gelacht. „Er will doch angeblich abrüsten, und nichts anderes haben wir gemacht“, feixt ein Insider. Doch ihm und seinen Genossen bleibt das Lachen wenig später im Halse stecken.

Im Stasi-Archiv finden Fahnder 73 Meter Akten der MfS-Hauptverwaltung I/2, die alle Aktivitäten des Mil-ND dokumentieren. Die mißtrauische Stasi hatte den Militär-Geheimdienst komplett überwacht und mit Offizieren im besonderen Einsatz und IM durchsetzt. So waren letztlich die wichtigsten Unterlagen doppelt vorhanden. Mit ihrer Hilfe und den Aussagen von Überläufern entwirren die Ermittler schließlich das geheime Netz der DDR Militärspionage vollständig.

Die Nationale Volksarmee der DDR hatte ihren Papierkrieg gegen den Klassenfeind verloren. Da können auch die einstigen „Klassenbrüder und Waffenbrüder“ aus der sich ebenfalls langsam auflösenden Sowjetunion nicht mehr helfen.

Keine Erbschaft für „die Freunde“?

Mit dem Ende der DDR kommt ihren Spionen die Heimat abhanden. Das ist für die Bundesrepublik ein unkalkulierbares Sicherheitsrisiko, denn niemand weiß genau, wer von wo bisher regelmäßig Geheimes nach Ost-Berlin geliefert hat. Keine Zweifel gibt's jedoch daran, daß besondere Stasi-Leckerbissen postwendend an „die Freunde“ in Moskau weitergingen. Bei den regelmäßig stattfindenden „Freundschaftsmanifestationen“ gehörte die feierliche Übergabe ausgesuchter Beutestücke der „Kundschafter des Friedens“ in einer mit Samt ausgeschlagenen Kassette zum Ritual. Würde sich Moskau mit dem Ausbleiben der Stasi-Lieferungen einfach abfinden?

Für den Präsidenten des Bundesamts für Verfassungsschutz, Gerhard Boeden, ist das undenkbar: „Es wäre blauäugig anzunehmen, daran zu glauben, KGB und GRU würden künftig auf Aufklärung verzichten.“ (45) Er vermutet, daß dabei die ehemaligen Kampfgenossen vom MfS auch weiterhin gute Dienste leisten würden. Boeden: „Es gibt Fälle, da haben Moskaus Geheimdienste ein hohes Informationsbedürfnis, das können sie nicht so schnell mit neuen Leuten realisieren." (46)

Daß es solch einen Agenten-Transfer gab, streitet der letzte HVA-Chef Werner Großmann vehement ab: „Es hat weder eine Übergabe von Strukturen und Akten noch einzelner Personen gegeben." (47) Das ist erstaunlich, denn viele Stasi-Leute glauben immer noch an die „unverbrüchliche Freundschaft" mit dem großen Bruder.

Seit Herbst 1989 residiert General Anatoli Nowikow für das KGB in Berlin-Karlshorst. HVA-Chef Werner Großmann sucht ihn mehrmals auf, bittet um Hilfe beim Überleben. Sie wird versprochen, aber es geschieht nichts. Großmann: „Daß dies alles nur noch Sandkastenspiele sind, kann ich nicht wissen. Anatoli Nowikow weiß längst, daß sein Vorgesetzter, der Vorsitzende des KGB, Armeegeneral Krjutschkow, die DDR bereits aufgegeben hat." (48)

„Die Freunde" würden aber trotzdem bei der Stasi am liebsten noch kräftig Beute machen. „Sie sorgen sich sehr um unsere Akten, die ja vor fremdem Zugriff nicht immer sicher sind. Und sie wären bestimmt gern bereit, alle bei sich zu deponieren", erinnert sich Großmann.(49)

Der HVA-Chef und sein Leitungskollektiv diskutieren darüber: „Natürlich denken wir darüber nach, und wir denken auch an die Übergabe operativer Vorgänge." (50) Doch der Frust über die untreuen Genossen und die Angst, daß auch Moskau nicht mehr sicher ist, sitzen wohl zu tief. Großmann befiehlt, keine Materialien oder Vorgänge an das KGB zu transferieren: „Dafür gibt es mehrere Gründe: Erstens kommt eine Übergabe überhaupt nicht in Frage, wenn der betreffende Kundschafter nicht vorher zustimmt. Nicht jeder, der sich einst der DDR anvertraute, hegt gleiche Gefühle für die Sowjetunion. Zweitens setzen wir unsere Kundschafter nicht einer so instabilen Situation aus, wie sie sich gerade in der Sowjetunion entwickelt. Drittens können wir nicht einschätzen, wie weit gegnerische Kräfte schon in unser IM-Netz eingedrungen sind." (51)

Trotz gegenteiliger Befehle versuchen manche Stasi-Genossen, sich durch großzügige „Geschenke" doch noch bei den KGB-Kollegen beliebt zu machen. Das muß sogar Werner Großmann selbst beobachten: „Als ich wieder mal in Karlshorst bin, sehe ich Werner Roitzsch, den stellvertretenden Leiter der Abteilung VI – Übersiedlungen, Dokumentation -, wie er technische Geräte, darunter einen wertvollen Farbkopierer in das Haus schleppt.“ (52) Der HVA-Chef untersagt das, läßt die Sachen zurücktragen. Der Oberst ist „den Freunden“ aber auch noch anders behilflich: „Als Roitzsch versucht, für die sowjetischen KGB-Mitarbeiter illegal Ausweise zu besorgen, verbiete ich auch das.“ (53)

Doch langsam gleiten der HVA-Führung die Fäden aus der Hand, und so hat es auf „privater“ Grundlage oder gleich vom KGB veranlaßt einige Versuche gegeben, an das Erbe der Stasi-Spionageabteilung zu kommen.

Gabriele Gast alias „Gisela“ erinnert sich an ein Gespräch mit ihrem früheren Geliebten und Führungsoffizier Anfang Mai 1990 im österreichischen Innsbruck. Obwohl die HVA offiziell ihre Arbeit längst eingestellt hatte, wollte sie den Mann, der eigentlich Karl-Heinz Schneider heißt, „Gisela“ bislang aber nur als „Karl-Heinz Schmidt“ bekannt ist, noch einmal sehen. Er macht ein unerwartetes Angebot: „‚Das KGB ist an einer Zusammenarbeit mit dir interessiert‘, sagte Karl-Heinz unvermittelt. ‚Es bietet dir einen monatlichen Betrag von 1500 DM an.‘ Ich blickte ihn konsterniert an. ‚Und was ist mit dir? Würdest du in der Verbindung bleiben, hättest du damit wieder einen Job?‘ ‚Nein, mich betrifft das nicht. Ich bin auf jeden Fall draußen.‘ ‚Hm. Das gefällt mir nicht. Was hältst du von dem Angebot? Und ist auf die sowjetischen Genossen überhaupt noch Verlaß?‘ ‚Ich weiß nicht. Es scheint zweifelhaft.‘ ‚Das meine ich auch! Sie glauben wohl, sie können mit ihrem Geld das Risiko vergessen machen. So, wie die Dinge sich entwickeln, ist auf Moskau kein Verlaß mehr. Am allerwenigsten auf Gorbatschow. Ich habe nicht die Absicht, meinen Hals zu riskieren. Schon gar nicht für Moskau. Nein, kommt nicht in Frage. Sage das den sowjetischen Genossen.‘“ (54)

Damit ist für sie der Fall abgetan, denn auch wenn sie es nicht wahrhaben will, weiß die Expertin aus dem BND-Referat „Sowjetunion“ doch ganz genau, daß es auch im Gebälk der Moskauer Machthaber bereits kräftig kracht. Wie ein Keil schiebt sich seit Jahren die Politik Gorbatschows immer tiefer zwischen die östlichen Bündnispartner.

Das hat trotz öffentlich immer wieder beschworener „unverbrüchlicher Freundschaft“ zwischen Ost-Berlin und Moskau zu tiefem gegenseitigen Mißtrauen geführt. Davon bleiben auch die Geheimdienste nicht verschont.

Galt jahrzehntelang die Parole „Von der Sowjetunion lernen, heißt siegen lernen“, wird sie nun mit dem Fortschreiten der Politik von „Glasnost“ und „Perestroika“ in den Ohren der SED-Betonköpfe immer mehr zur gefährlichen konterrevolutionären Kampfansage.

Das KGB ist alarmiert, will etwas tun, um die sowjetischen Machtpositionen in Ostdeutschland zu sichern. Militärisch gibt es keine Bedenken, immerhin stehen noch knapp 340 000 Mann Elite-Truppen zwischen Ostsee und Erzgebirge. Doch man braucht auch neue Verbündete innerhalb der DDR.

Das KGB reagiert in guter, alter Geheimdienstmanier und versucht, in der DDR eine völlig neue, eigenständige Struktur ohne Kontakt zum MfS aufzubauen. Sie existiert unabhängig von der KGB-Residentur in Berlin-Karlshorst, wird direkt aus dem Hauptquartier an der Moskauer Ljubjanka geführt und trägt den Decknamen „Gruppe Luch“ (russisch für „Strahl“).

Im Frühjahr 1992 informiert das Bundesamt für Verfassungsschutz in einem streng geheimen Bericht einige deutsche Politiker darüber, was es mit dieser sogar innerhalb des KGB streng abgeschotteten Einheit auf sich hat (55): „Die Einrichtung dieser Grup pe war im Zuge der wachsenden Emanzipationsbestrebungen des MfS gegenüber dem ‚Ziehvater KGB‘ und den damit auch verbundenen Zweifeln an der unbedingten Loyalität der DDR-Führungskader als notwendig erachtet worden. (...) Seit Mitte der achtziger Jahre hatte die Gruppe ‚Luch‘ den Auftrag, Bürger der ehemaligen DDR in Leitungsfunktionen Wissenschaft, Technik und Politik zur Zusammenarbeit mit dem KGB zu verpflichten, um auf diese Weise gesellschaftlich relevante Prozesse beeinflussen zu können.“ (56)

„Luch“ sollte also dafür sorgen, daß die sowjetische Reformbewegung auch in der DDR Fuß fassen kann. Damit erscheinen plötzlich sogar die „führenden Genossen“ mit ihrer sturen Haltung suspekt, und so wurde zum Beispiel ein konspirativer Besuch von KGB-Chef Wladimir A. Krjutschkow 1987 bei Manfred von Ardenne in Dresden sogar vor Stasi-Chef Erich Mielke verborgen.

In der Elbe-Stadt arbeitet damals Major Wladimir Putin in der KGB-Residentur in der Angelikastraße 4. Ob der heutige Präsident Rußlands zur Gruppe „Luch“ gehörte, ist sein Geheimnis. Erwiesen ist jedoch, daß er ein konspiratives Agentennetz knüpfte, das auch nach dem Mauerfall Moskau mit Informationen aus Ostdeutschland versorgen sollte. Glasnost und Perestroika in der DDR hatten sich mit dem Ende des „realen Sozialismus“ ohnehin erledigt, deshalb stützte sich Putin dabei dann doch wieder auf die Genossen von der Stasi.

Die Geschichte beginnt an einem Donnerstagmorgen auf einem Dresdner Sportplatz. Dort spielt Stasi-Oberleutnant Klaus Zuchold von der Bezirksverwaltung Dresden mit seinen Genossen Fußball. Plötzlich tauchen zwei Russen auf. Man erkennt sich am Stallgeruch: KGB. „Wolodja“ stellt sich der jüngere der beiden vor, den seine deutschen Nachbarn als „Herrn Schmidt“ kennen, und kickt mit. Er ist ein toller Stürmer. „Wolodja“, Klarname Wladimir Putin, und Klaus Zuchold treffen sich danach öfter, grillen im Garten oder trinken Bier in Putins Zwei-Zimmer-Wohnung an der Radeberger Straße 101. Die beiden werden Freunde.

Dann kommt die Wende. Die Stasi wird aufgelöst, Klaus Zuchold ist arbeitslos, findet dann einen Job in der Hotelbranche. Das ist dem einstigen Stasi-Mann zu uninteressant. „Wolodja“ weiß Abhilfe. Am 16. Januar 1990 verpflichtet er seinen Fußball-Kumpel für das KGB. Klaus Zuchold wird nun zu „Klaus Zaunick“. Er soll erstmal als „Schläfer“ abtauchen, später dann sehen, ob sich nicht Erpressungsmaterial über Politiker, Wissenschaftler oder Händler besorgen läßt – verschwiegene Hotelzimmer sind schließlich ein geeignetes Jagdrevier.

Putin weiß, daß Zuchold alias Zaunick das Agentenhandwerk von der Pike auf gelernt hat. Deshalb nennt er ihm die Namen weiterer ostdeutscher KGB-Spione. Dann reist er nach Moskau ab und startet bald darauf eine steile Polit-Karriere.

Dresden wird wieder Sachsens Hauptstadt im geeinten Deutschland. Nun sitzt Klaus Zuchold plötzlich direkt im Feindesland, und da wird ihm das Pflaster als KGB-Agent dann wohl doch zu heiß. Am 26. Dezember 1990 wechselt er die Fronten und packt beim bundesdeutschen Staatsschutz aus. Insgesamt 15

Putin-Maulwürfe in Dresden, Erfurt, Leipzig und Berlin gehen hoch.

Klaus Zuchold hat Angst vor der Rache Moskaus. Ein Jahr lang hält er sich versteckt, landet dann später als Wachmann beim ZDF in Mainz. (57)

Die Bundesanwaltschaft verzichtet auf Strafverfahren gegen Zuchold und Genossen. Ihr ist es wichtiger zu erfahren, wie die Verbindungen von Stasi und KGB in der Auflösungsphase der DDR wirklich gelaufen sind. Daß das KGB zumindest beim Agentenring um Zuchold ehemalige Stasi-Mitarbeiter rekrutiert hat, bestätigen auch die Akten des Bundesbeauftragten für die Stasi-Unterlagen. Nur: Diesmal ging's eben schief. Behördensprecher Johannes Legner nach der Putin-Spionagepleite lakonisch: „Wenn man die falsche Person als Zentralfigur für den Ring auswählt, und diese Person nach zwei Monaten überläuft, ist das wirklich eine Katastrophe." (58)

Trotz solcher Erfolge bei der Enttarnung ist eine umfängliche Übergabe von Stasi-Spionen oder operativen Vorgängen durch Verantwortliche des MfS bis heute nicht nachweisbar. Dazu trägt auch ein fehlgeschlagenes „Experiment" des Bundesverfassungsschutzes aus dem Jahr 1990 bei.

Damals wurde von den Geheimdienstlern angeblich versucht, über den Stasi-Überläufer Frank Weigelt, Verfassungsschutz-Deckname „Bistro", einen Spion im Westen dem KGB anzudienen. Weigelt war Führungsoffizier des Ingenieurs Dieter W. Feuerstein. Als „Petermann" hatte dieser gemeinsam mit seiner Frau sechs Jahre lang sensible Informationen über den Eurofighter und andere High-Tech-Bonbons aus dem westdeutschen Rüstungskonzern MBB nach Ost-Berlin geliefert.

Je mehr die DDR bröckelte, um so mehr sympathisierte Dieter W. Feuerstein mit der Gorbatschow-Politik in Moskau: „Ende der achtziger Jahre interpretierte ich die Haltung der Staats- und Parteiführung (der DDR – Anmerkung des Autors) gegenüber der Politik des neuen Denkens in der SU als historischen Verrat. Ich war im Herbst 1989 nicht länger bereit, meine Tätigkeit in dieser Form fortzusetzen. Bei meiner Kündigung gegenüber der HVA brachte ich den Wunsch zum Ausdruck, weiterhin für den KGB arbeiten zu wollen." (59) Darüber informiert Weigelt seinen neuen Dienstherren, den Bundesverfassungsschutz, in dessen Obhut er sich im April 1990 begeben hatte.

HVA-Chef Werner Großmann, der auch nach der offiziellen Auflösung der Stasi-Spionage-Abteilung noch alle Fäden zieht: „Das Bundesamt für Verfassungsschutz nutzt die Gunst der Stunde. Es braucht einen Beweis, daß die HVA operative Vorgänge an das KGB übergibt. Da sie diesen nicht findet, will das Amt selbst mit aller Macht Tatsachen schaffen. Weigelt läßt sich bereitwillig darauf ein, den Vorgang an das KGB zu überführen und versucht, Dieter für diesen Deal mit den Sowjets zu begeistern. Das mißlingt." (60)

Das entscheidende Gespräch zwischen Weigelt und Feuerstein findet im Mai 1990 in Berlin statt. Feuerstein: „Bei diesem Treffen wollte mein damaliger vorgangsführender Vorgesetzter Frank Weigelt die Übergabe an das KGB realisieren. Seinen Worten zufolge warteten bereits zwei Genossen des befreundeten Dienstes auf mich. Allerdings lehnte ich die Übergabe – trotz massiven Drängens von Weigelt – dann doch ab." (61) Ob er dies tat, weil er wußte, daß die HVA gegen solche Übergaben war – Feuerstein: „Markus Wolf hätte darin, wie er später einmal formulierte, einen handwerklichen Fehler gesehen." (62) – oder ob ihm bereits selbst Zweifel an Moskaus Politik gekommen waren, sei dahingestellt. Für Werner Großmann ist die Sache klar: „Dieter hält sich an unsere Anweisungen, dies (also die Weiterarbeit für den KGB – Anmerkung des Autors) unter keinen Umständen zu tun, er lehnt das Ansinnen ab. Bei aller früherer Sympathie für die Sowjetunion sieht er in dem gewandelten Land nun keinen sozialistischen Partner mehr." (63)

Bis zur Einheit Deutschlands am 3. Oktober 1990 läßt der Verfassungsschutz Dieter W. Feuerstein noch „an der langen Leine" laufen, dann werden er und seine Frau verhaftet. Daß sein ehemaliger Führungsoffizier Frank Weigelt bereits Monate zuvor in Köln ausgepackt hatte, erfährt er erst aus den Ermittlungsakten. Nun leugnet Feuerstein jegliche Bemühungen der HVA um eine Übergabe an das KGB: „Fakt ist, daß es zu keinem Zeitpunkt einen Versuch der Übergabe zum KGB seitens der HVA gegeben hat. Diese Übergabe erfolgte einzig auf Betreiben des Bundesamts in Köln unter Verwendung ihres Söldners Frank Weigelt. Entgegen besserem Wissen und unter völliger Mißachtung der Beweislage in meinem Prozeß stellte das Amt im Verfassungsschutzbericht 1992 die Sachlage falsch dar und führt mich – als einzigen – namentlich für ihre alte Übergabetheorie auf." (64)

Solche Aussagen stützen die oft wiederholten Beteuerungen der führenden MfS-Generale, daß das HVA-Erbe für „die Freunde" unantastbar blieb. Ob aber tatsächlich keine HVA-Leute beim KGB angeheuert haben, weiß angeblich nicht einmal der letzte kommandierende Spionage-General Werner Großmann ganz genau: „Sicher kann ich nicht sein. Es gab die Weisung, daß weder HVA-Mitarbeiter noch Vorgänge übergeben werden. Natürlich haben wir schon mal darüber gesprochen. Es gab natürlich auch Kollegen, denen das eine Herzenssache war." (65)

Zum Beispiel die Genossen Lothar Ziemer und Karlheinz Michalek aus der USA-Abteilung der HVA. Sie versuchten auf eigene Faust, ihre arbeitslos gewordenen Spione an die Russen zu vermitteln und wurden dabei erwischt. Das brachte ihnen Anfang 1995 je 22 Monate Bewährung ein. (66) Und auch auf die Frage, ob es das KGB selbst zumindest probierte, die bestens geeigneten DDR-Kundschafter weiter zu beschäftigen, weiß Großmann nur eine vage Antwort: „Ja sicher, das hat es in Einzelfällen versucht. Mit Hilfe unserer Quelle Klaus Kuron, der ja noch im Kölner Verfassungsschutzamt saß, haben wir noch den einen oder anderen Versuch aufgedeckt (...)" (67)

Damit stellt sich das Abschalten der DDR-Agenten zumindest für die HVA zunächst als erfolgreiche Operation dar, die durch die massive Vernichtung von Akten wirkungsvoll ergänzt wurde.

Reißwölfe im Schichtbetrieb – Die HVA-Akten werden vernichtet

Oktober 1989, die Zeit der großen Montagsdemonstrationen; Erich Honecker ist gestürzt, viele glauben daran, daß die DDR in eine neue Zukunft durchstarten könne. Die Stasi soll dabei nicht ausgegrenzt werden. Niemand von den Leuten auf den Straßen will den Spitzelapparat erhalten, aber mal so richtig arbeiten, so wie alle anderen auch, das wäre doch was für die Bürohocker vom MfS. „Produzieren statt spionieren" steht deshalb auf den Transparenten der Demonstranten oder „Weg mit jeder Wanze, Stasi an die Stanze". Von deutscher Einheit redet niemand.

Noch ist der riesige Stasi-Komplex Normannenstraße in Berlin-Lichtenberg hermetisch abgeriegelt. Nur im HVA-Hauptquartier traut man dem Frieden nicht so recht. „Ende Oktober beginnen wir in den einzelnen Abteilungen die ersten Akten zu minimieren. Niemand kann absehen, wer sie in die Hände bekommt" (68), erinnert sich HVA-Chef Werner Großmann. In knapp 40 Jahren Tätigkeit hat die HVA Unmengen von Papier produziert und gesammelt: Von Arbeitsplänen, Berichten, Statistiken und Befehlen über Akten der SED-Parteiorganisation bis hin zu Fahrplänen, Hotelführern und Stadtplänen aus der ganzen Welt. Richtig spannend ist etwa ein Drittel dieses Papiergebirges – die Berichte und Arbeitsakten der Kundschafter. Sie lagern in den Stahlschränken der Führungsoffiziere oder bei den Referatsleitern und umfassen schätzungsweise 4000 Leitz-Ordner, rund 300 Meter. (69) Dieser Bestand wird Schwerpunkt des Vernichtungsfeldzugs sein, denn Chef Werner Großmann hat längst die Parole ausgegeben: „Wir müssen unsere Quellen schützen." (70)

Dann fällt am 9. November die Mauer. Wenig später kann der Klassenfeind unkontrolliert per S-Bahn anreisen. Die HVA-Mitarbeiter sind sauer, wissen nichts Genaues darüber, was sich in ihrer Chef-Etage abspielt. Und die Zeit drängt. In Frankfurt an der Oder hatten Demonstranten schon im Oktober die Stasi-Bezirksverwaltung belagert, in der auch die für Spionage zuständige Abteilung XV residiert. Hans Eltgen, 1930 geboren und jahrzehntelang als „Offizier im besonderen Einsatz" für den HVA-Sektor „Wissenschaft und Technik" in der Industriespionage tätig: „Voller Ungewißheit schleppen sich die folgenden Tage dahin. Die Sitzungen der Arbeitsgruppe Sicherheit des Zentralen Runden Tischs im Roten Rathaus nerven, mehr aber noch die destruktive Haltung der Leitung der Hauptverwaltung. Alle warteten auf Weisungen für das Überleben der HVA, aber nichts geschieht." (71)

Obwohl die Lage insgesamt noch unklar ist, befiehlt Großmann Aktenvernichtung in großem Stil. In der Ruschestraße wird nun Tag und Nacht im Schichtdienst gearbeitet. Die Fenster sind schwarz verhangen, damit die mißtrauisch gewordene Bevölkerung nichts merkt. Jede der 20 HVA-Abteilungen hat so um die fünf Reißwölfe, meist kleine Geräte, die auf den Papierkörben aufsitzen. Ihre Motoren laufen schnell heiß, glühen sogar. Dann werden sie in den Kühlschrank gestellt, und nach der kurzen Kältekur rattern sie wieder. In den Fluren stapeln sich die Papiersäcke. Die vorsintflutliche Verkollerungsanlage im Keller, in der aus den Papierschnipseln und Wasser ein Brei gerührt wird, gibt immer öfter ihren Geist auf.

Im Dezember verbietet der neue Stasi-Chef, Generalleutnant Wolfgang Schwanitz, die weitere Vernichtung von Schriftgut. Noch wird um die Wiedergeburt des Ministeriums für Staatssicherheit als „Amt für Nationale Sicherheit" gerungen. Der HVA-Chef ignoriert die Weisung: „Zum ersten Mal in meinem Leben tun ich und meine Stellvertreter bewußt genau das Gegenteil, was der Vorgesetze befiehlt. Wir schreddern weiter." (72)

Viele Mitarbeiter nehmen dienstliche Unterlagen mit nach Hause, angeblich um sie dort zu vernichten. „Solange die Möglichkeit besteht, verbrennen sie zu Hause in Öfen, Kaminen und auf ihren Datschengrundstücken im offenen Feuer Materialien." (73) Noch kontrolliert niemand, das wird sich später rächen.

„Draußen" wird die Lage unterdessen immer explosiver. Am 15. Januar 1990 besetzen Demonstranten die Stasi-Zentrale in Berlin. Generaloberst Großmann und sein Stab beobachten die Aktion aus einer in der Nähe gelegenen konspirativen Wohnung. 120 seiner Leute sitzen in den HVA-Büros. Wenn die Demonstranten kommen, sollen sie sich ihnen als menschliche Barrikade entgegenstellen und möglichst gewaltlos deren Eindringen in die Spionageabteilung verhindern.

Doch der Sturm geht an der HVA vorbei. Die seit Wochen immer wiederholten Beteuerungen, daß ja der Nachrichtendienst mit der Stasi eigentlich gar nichts zu tun habe, im übrigen jeder Staat solch eine Institution betreibe und auch eine reformierte DDR darauf niemals verzichten könne, tragen Früchte. Nun kontrollieren zwar Volkspolizisten und Beauftragte des Bürgerkomitees das Stasi-Gelände, doch die Vernichtungsaktion in der HVA geht unbehelligt weiter. Inzwischen stabsmäßig organisiert.

Treffpunkt Friedhof Ruschestraße...

Auf den Demonstrationen überall in der DDR tauchen mittlerweile immer mehr schwarz-rot-goldene Fahnen auf. „Stasi in die Produktion" ruft niemand mehr. Jetzt heißt das neue Ziel: „Deutschland einig Vaterland". Für die HVA-Leute ist das Zitat aus der DDR-Nationalhymne eine Horrorvision, die Kapitulation vor dem jahrelang bekämpften Feind. Nun drängt die Zeit, jeder muß helfen, die Papiere möglichst komplett zu vernichten.

Oberstleutnant Günter Bohnsack, bislang in der Abteilung X, Desinformation, tätig, bekommt eines Tages einen konspirativen Anruf: „Du wirst morgen früh um 7.20 Uhr am Friedhof Ruschestraße erwartet. Richte dich auf 24 Stunden ein. Speisen und Getränke sind mitzubringen." (74)

Im trüben Morgennebel macht er sich am nächsten Tag auf den Weg. Günter Bohnsack ist in das Aktenvernichtungskommando einberufen worden. Als sich der Offizier pünktlich bei seinen Genossen meldet, staunt er: „Die ehemals per Dekret zu weißem Hemd und Binder verurteilten HVA-Mitarbeiter versammeln sich nunmehr im selbstgestalteten Freizeitlook griesgrämig und lustlos am Friedhofszaun. Pro Abteilung sind fünf Mitarbeiter genehmigt worden. Man redet Belangloses, Gefühle mag niemand zeigen. Bemerkungen über die Zukunft sind tabu. Totengräberstimmung." (75) Schnell wird noch eine „Club" oder „Duett" geraucht, dann marschieren die Männer in Zweierreihen ohne Tritt in ihre ehemaligen Büros. Ein Vertreter vom Bürgerkomitee läßt sie in das Haus an der Ruschestraße ein, dann schließt er die Tür wieder ab. Bis zum nächsten Morgen 8 Uhr.

Die Stasi-Offiziere erwartet eine harte Aufgabe. Inzwischen geht es schon lange nicht mehr nur darum, die „Kundschafter" im Westen zu schützen. Die HVA arbeitete eng mit der Abwehr und anderen Bereichen des Ministeriums für Staatssicherheit zusammen. Sie war Teil des Unterdrückungs- und Bespitzelungsapparats gegen die eigenen Bürger. Das mußte unbedingt vertuscht werden, denn bisher glauben die naiven Bürgerrechtler immer noch an die elitäre Ausnahmestellung der Spionageabteilung. Deshalb ist vor allem das Verwischen sämtlicher Spuren angesagt.

Die am Schreddern im Schichtbetrieb beteiligten Obristen Peter Richter, Vize-Chef der Auswertungsabteilung VII, für die BRD zuständig, und Klaus Rösler, zuletzt Chef der Abteilung XII, NATO und EG, wissen genau, daß die brisantesten Akten zuerst durch die Reißwölfe gejagd werden müssen: „Dazu gehörten die Unterlagen über Spione im Operationsgebiet, dazu gehörten Weisungen und Befehle, aus denen auf Schwerpunkt-Standorte geschlossen werden konnte, dazu gehörten aber auch all jene Papiere, die Aufschluß über die Zusammenarbeit von Aufklärung und Abwehr gaben (...). Mancher hat gewiß Papiere beiseite gebracht, die er ungern in den Händen der Bürgerrechtler gesehen hätte, zum Beispiel sie betreffende Dossiers der Abwehr." (76)

Doch das Tarnen der Beteiligung der HVA an der inneren Unterdrückung in der DDR ist mit dem Vernichten personenbezogener Akten lange nicht erledigt. Die enge Zusammenarbeit von Aufklärung und Abwehr zieht sich durch viele Grundsatzdokumente, Dienstanweisungen und Parteibeschlüsse bis hin zu den Lehrmaterialien der „Juristischen Hochschule" der Stasi in Potsdam. Dort heißt es zum Beispiel im Studienmaterial „Die Organisation der Zusammenarbeit" vom Februar 1988, als „Vertrauliche Verschlußsache VVS JHS o001-32/88" registriert: „Daraus ergibt sich als Aufgabenstellung für das MfS, Feindorganisationen im Operationsgebiet eindeutig zu identifizieren, den Nachweis zu erbringen, daß feindlich-negative Kräfte in der DDR zu entsprechenden Handlungen durch entsprechende Kräfte aus dem Operationsgebiet inspiriert werden und durch die Bereitstellung operativ bedeutsamer Informationen sichere politische Entscheidungen zu ermöglichen. Aus all dem erwächst das Erfordernis, ein einheitliches und abgestimmtes Handeln von operativen Kräften der Abwehr und Aufklärung zur Abwehr dieser Angriffe und zur Gewährleistung der staatlichen Sicherheit zu organisieren und führt demzufolge mit zwingender Notwendigkeit zur verstärkten Zusammenarbeit der entsprechenden Diensteinheiten." (77)

Der schwer verständliche Wortbrei hat im Grunde eine simple Botschaft: Der reale Sozialismus in der DDR ist so gut, daß eigentlich niemand dagegensein kann. Da es aber nun doch einige gibt, die ihn nicht so mögen, müssen sie aus dem Westen gesteuert sein. Um diese Leute bestrafen zu können, müssen wir wissen, wer die Fäden im Westen zieht. Diese Informationen sollen die Spione beschaffen, und wenn dann alle richtig gut zusammenarbeiten, können die Feinde im eigenen Land vernichtet werden.

Diese Botschaft – im üblichen Stasi-Deutsch verbrämt – taucht auch in Dienstanweisungen, Befehlen, Reden und SED-Parteimaterialien immer wieder auf. Und das ist genau die Spur, die die Aktenvernichter nun zu verwischen haben.

Die Stimmung in den Büros in der Ruschestraße ist angespannt. Die Arbeit läuft monoton, kaum jemand redet. Die Luft ist zum Schneiden; Schweißgeruch mischt sich mit „dur for men"-Deo. Viele Offiziere mögen sich nicht von ihren Papieren trennen. Agentenführer Hans Eltgen erinnert sich: „Die Akten sind längst verschiedenfarbig gekennzeichnet. Erster Teil, den der Vorgangsführende im MOB-Fall (Mobilisierungsfall – Anmerkung des Autors) mit sich zu führen hat, also das Gelbe vom Ei. Zweiter Teil, der zentral vom Lkw zu transportieren gewesen wäre und ein dritter, der für die Vernichtung vorgesehen ist (...). Schon den Riesenberg Papier in drei Häufchen aufzuteilen, bereitet manchen Genossen Kopfzerbrechen." (78)

Viele der Männer sind deprimiert. Oberstleutnant Bohnsack: „Freude kommt erst auf, als ein pfiffiger Tschekist von einem sensationellen Fund berichtet. Zufällig sind ihm die Generalsreserven in die Hände gefallen, als er ein bislang streng geheimes Zimmer öffnete. Whisky aus Schottland und Cognac aus Frankreich haben schließlich eine extreme Wirkung. Einige Konsumenten sind von kindlichem Frohsinn beseelt und voll heiterer Ausgelassenheit, andere depressiv, apathisch und sentimental und fallen sich in die Arme. Ein Oberst, der als ‚harter Hund' galt, sitzt weinend zwischen den Papiersäcken. ‚Das ist das Ende der Welt', schluchzt er alkoholisiert." (79)

Am nächsten Morgen ist der Spuk vorbei. Die nächste Schicht hat sich auf dem Friedhof Ruschestraße versammelt und marschiert ein.

Doch auch außerhalb des Stasi-Bürokomplexes bleibt noch viel zu tun. So sind zum Beispiel viele Spione als Doppelgänger von DDR-Bürgern in den Westen geschleust worden wie die Top-Agentin Johanna Olbrich. Als „Sonja Lüneburg“ lieferte sie von 1967 bis 1985 geheime Dokumente von den Schreibtischen der FDP-Spitzenpolitiker William Borm – selbst ein HVA-Mann! – und Martin Bangemann. Die echte Sonja Lüneburg war aus der Bundesrepublik in die DDR übergesiedelt und dort in einer psychiatrischen Anstalt verschwunden – ihre Daten standen aber möglicherweise immer noch irgendwo in den Melderegistern der VP. Es gab mehrere solcher Fälle. Auswerter Peter Richter: „Daher war es notwendig, deren Daten aus den DDR-Speichern zu tilgen. Vereinzelt kamen auch DDR-Bürger zweimal in den Meldekarteien vor. Bei der Bereinigung dieser Fälle zeigte sich das Ministerium des Innern sehr kooperativ – sowohl Minister Peter-Michael Diestel als auch Vertraute der HVA in den Datenspeichern und bei den Meldekarteien.“ (80)

Die Zeit drängt immer mehr. Peter Richter: „Die Sicherstellung der Personaldaten war nur der Anfang, vieles andere war zu bedenken – und dieser komplizierte Prozeß konnte mit dem schnellen Ablauf der Auflösung nicht Schritt halten. Daher vereinbarten die Arbeitsgruppe Sicherheit des Runden Tischs und die Reste der HVA die Auslagerung der Materialien der Aufklärung an einen anderen Ort. Die Arbeitsgruppe Sicherheit beschloß am 23. Februar 1990, daß die HVA-Unterlagen in der ersten Märzdekade in das Objekt Roedernstraße 30, wo sich bislang Werkstätten befunden hatten, gebracht und dort von etwa 200 Mitarbeitern endgültig aufgelöst werden. Bis zum 15. März war die Normannenstraße zu verlassen, zum gleichen Zeitraum auch die Schule der HVA, erst vor anderthalb Jahren bezogen, zu räumen. Der Umzug verlief unter der wachsamen Kontrolle der Bürgerbewegung und der Kirche.“ (81)

Sie waren den cleveren Stasi-Offizieren jedoch in keiner Weise gewachsen.

Bürgerrechtler über den Tisch gezogen

HVA-Chef Werner Großmann ist mit seinen Männern hochzufrieden. Zehn Jahre nach den hektischen Tagen des Jahres 1990 gibt er zu: „Vorwürfe vom späteren Bundesbeauftragten für die

Stasi-Unterlagen, Joachim Gauck, und einigen Bürgerrechtlern, daß wir sie getäuscht und über den Tisch gezogen hätten, sind so unberechtigt nicht." (82)

Die Stasi-Leute nutzten die Leichtgläubigkeit und Naivität der meist jungen Leute aus den Bürgerkomitees, denen oft auch noch der DDR-typische Respekt vor der Obrigkeit im allgemeinen und der bislang allmächtigen Staatssicherheit im besonderen in den Knochen steckt, skrupellos für ihre Ziele aus. Ihrem Argument, daß es ja im Grunde nur um den Schutz von Menschen gehe, können sich gerade die Bürgerrechtler kaum widersetzen. „Die brauchten uns gar nicht groß zu bearbeiten", erinnert sich David Gill, damals Koordinator des Bürgerkomitees: „Wir hatten es nicht mit plumpen DDR-Spießern zu tun." (83)

Die netten Herren von der HVA erklären geduldig, daß es doch seine Zeit brauche, bevor alle Kundschafter abgeschaltet seien, und die schlimmsten diplomatischen Verwicklungen drohten, wenn dies nicht alles seinen ordentlichen sozialistischen Gang gehen würde. Damals saßen HVA-Agenten in England, den USA, der Schweiz und der Türkei im Gefängnis – sollte man die einfach so fallen lassen? Nein, das wollen auch die Bürgerrechtler nicht. „Wir waren wütend auf die Aktivitäten der Stasi gegen das Volk", sagt Joachim Gauck, später erster Bundesbeauftragter für die Stasi-Unterlagen: „Was sie im Ausland trieben, hat uns nicht so interessiert." (84)

Werner Großmann wirbt persönlich um Verständnis für die HVA. Ende Januar 1990 vermittelt ihm Ministerpräsident Hans Modrow einen Gesprächstermin mit Bürgerrechtlern im Hotel Johannishof, dem Gästehaus der DDR-Regierung in der Berliner Friedrichstraße. Der HVA-Chef nimmt Gotthold („Gotti") Schramm, den Chef der Abteilung XVIII, Zivilverteidigung BRD, mit. Die befehlsgewohnten Offiziere müssen bis nach Mitternacht warten. Dann darf Großmann rapportieren: „Ich beschreibe unsere Situation und schlage vor, die Aufklärung als selbständigen Dienst weiterzuführen und weise auf unsere Pflicht hin, unsere Quellen zu schützen. Die Herren sind interessiert und äußern sofort ihre Gedanken. Der Kirchenhistoriker Wolfgang Ullmann, Minister in der Regierung Modrow, denkt laut darüber nach, den Nachrichtendienst von der allgemein beschlossenen Auflösung auszunehmen. Die Existenz oder Nichtexistenz solcher Dienste sei eine internationale Angelegenheit und sollte innerhalb der Abrüstungsverhandlungen geregelt werden. Der Dokumentarfilmregisseur Konrad Weiß zeigt sich überrascht, daß operative Mitarbeiter von uns nicht nur in der BRD, sondern auch in anderen Ländern tätig sind. Er erkennt Schwierigkeiten, mit denen die Verbindung herzustellen, und bietet seine Hilfe an. Vielleicht ist es möglich, so sinniert er, bestimmte Strukturen der Kirche dabei zu nutzen." (85)

Wie tief die Argumente der Stasi-Mitarbeiter schließlich sitzen, belegt ein gut zwei Jahre später geschriebener Brief des CDU-Bundestagsabgeordneten Rainer Eppelmann an Justizministerin Sabine Leutheusser-Schnarrenberger (FDP). Der DDR-Bürgerrechtler hatte als letzter Minister für Verteidigung und Abrüstung ja unter anderem ein Stasi-Erbe der Nationalen Volksarmee aufzulösen, den Geheimdienst der Armee „Mil-ND". Das erfolgte in Abstimmung mit Innenminister Wolfgang Schäuble und Verteidigungsminister Gerhard Stoltenberg, beide CDU. Rainer Eppelmann ließ die Akten vernichten und wußte auch genau, warum. Am 8. September 1992 schreibt er der Justizministerin: „Die Akten sind auf meinen Befehl hin vernichtet worden, um einer strafrechtlichen Verfolgung der Mitarbeiter dieser Behörden entgegenzuwirken." Und er begründet: „Es erschien uns seinerzeit absurd, daß diejenigen, die in der Militärabwehr und zum Schutz der Geheimnisse einer Armee arbeiteten, wie es in jeder Armee der Welt üblich ist, der Strafverfolgung einer ehemals als feindlich eingestuften Justiz überantwortet werden könnten. Dies erscheint mir auch im nachhinein aus meiner heutigen Sicht durchaus noch ein richtiger Standpunkt zu sein." (86)

Mit Duldung der Bürgerkomitees können die HVA-Oberen so ihren Vernichtungsfeldzug gegen die Akten fortführen. Fast unaufhörlich rollen die Lastwagen von der Roedernstraße zur Papiermühle in der Orloppstraße. Durch den Mauerfall ist sogar das zu DDR-Zeiten leidige Materialproblem gelöst: In West-Berlin werden größere Posten von Papier- und Plastiksäcken eingekauft, die zu Hause nicht zu haben sind.

In Wirklichkeit ist das Verhältnis zwischen den Stasi-Leuten und den Bürgerrechtlern beileibe nicht so herzlich, wie es mit

Blick auf das verständnisvolle Entgegenkommen bei der Vernichtung der HVA-Akten scheinen mag. Am 10. April 1990 redet ein Stasi-Mann im ZDF-Magazin „Studio 1“ Klartext: „Geblieben sind die fanatischsten, verbohrtesten und vernageltsten Leiter und Mitarbeiter im MfS. Und die Bürgerkomitees arbeiten heute unter dem Credo, daß sie kontrollieren, was im MfS passiert. Aber die eigentliche Macht und der eigentliche Zugang über den letzten Panzerschrank, über die letzte Akte hat diese Kategorie ehemaliger MfS-Mitarbeiter. Und es ist gang und gäbe, daß man Akten aus dem MfS gedeckt am Körper heute noch nach draußen verbringt. Ich glaube nicht, daß die Bürgerkomitees diesen Mitarbeitern und Leitern gewachsen sind.“ (87) Sein Gesicht bleibt bei dieser Aussage im Dunkeln, die Stimme ist verzerrt – noch können Zeugen die Bedingungen diktieren, wenn sie überhaupt etwas sagen.

Andere Aussagen bestätigen seine Worte. In den Tagen der Aktenvernichtung legt manch Stasi-Offizier klammheimlich den Grundstein für seine Nachwende-Karriere, zumindest als zeitweiliger Medienstar. Wie viele Akten so verschwinden, weiß niemand, aber Aktenklau scheint nicht gerade ungewöhnlich zu sein. Oberstleutnant Günter Bohnsack: „Bei den Abteilungsleitern gibt es einige listige Füchse. Sie besorgen sich beim Referenten des HVA-Leiters, Oberst Irmscher, Sonderberechtigungskarten. Das Herausbringen interessanter Unterlagen ist für Inhaber dieser Karten somit ein leichtes Spiel. An einem dieser Tage verwickelt mich am Eingang des Ministeriums ein Oberst in ein Gespräch. Als dann plötzlich ein Kfz die Ausfahrt passiert, unterbricht er mich plötzlich mit den Worten: ‚Nun kannste weitergehen, mein Ding ist gelaufen.‘ Er hatte nur unauffällig die Passage seines Fahrzeugs beobachten wollen, mit Dingen, die dem leitenden Herrn wohl wertvoll, lieb und teuer schienen.“ (88) HVA-Chef Großmann wiegelt dagegen ab: „Nur wenige nutzen die Gelegenheit, entwenden Material und schlagen daraus Kapital.“ Aber er weiß auch: „Für viele Kundschafter im Operationsgebiet wird das verhängnisvolle Folgen haben.“ (89)

Was von den Dokumenten und Dossiers der HVA nach der Vernichtung offiziell erhalten bleibt, soll ein letzter Schlag gegen die Gegner von BND, Verfassungsschutz und CIA sein. Sorgsam wird eine Kollektion von Materialien zusammengestellt, die beweisen soll, daß die HVA wohl das einzige in der DDR war, das wirklich „Weltniveau“ hatte.

Präsente für den Klassenfeind

Am 21. Juni 1990 bahnt sich ein von Funkstreifenwagen mit Blaulicht begleiteter Transporter den Weg von der Roedernstraße in das seit Januar vom Bürgerkomitee verwaltete Stasi-Hauptquartier in Berlin-Lichtenberg. Volkspolizisten mit Maschinenpistolen begleiten die Kolonne. In einem Archivraum der Abteilung VII des ehemaligen Ministeriums für Staatssicherheit wird die Fracht in bereitstehende Stahlschränke gestapelt.

Die inzwischen fast liquidierte HVA liefert ihr Erbe beim staatlichen Komitee für die Auflösung der Stasi ab: Insgesamt 40 Meter Aktenordner, darunter 123 Ordner über westliche Geheimdienste und 262 Ordner über „politisch-militärische Aufklärung“, zum Beispiel von US-Einrichtungen. (90)

Den Befehl dazu hatte die HVA-Leitung in letzter Minute gegeben. Offiziell hieß es, es sollten Dokumente erhalten werden, um später Historikern die Möglichkeit zu geben, sich über die Arbeit der HVA zu informieren. Doch das ist wohl nur die halbe Wahrheit. Die Stasi-Analytiker Klaus Eichner und Andreas Dobbert, beide zuletzt in der Abteilung IX (Gegenspionage) tätig und auf die amerikanischen Geheimdienste spezialisiert, meinen, daß wohl auch der Stolz auf die Arbeitsergebnisse eine Rolle spielte und man „die Wirksamkeit unserer Arbeit unvoreingenommenen Betrachtern demonstrieren müßte“. (91) So sieht es auch David Gill, erster Pressesprecher der Gauck-Behörde: „Da wollten sie den BRD-Kollegen mal zeigen, was sie alles über sie wußten.“ (92) Und das war eine ganze Menge.

So fand sich unter den Präsenten an den Klassenfeind unter anderem die komplette Kartei aller hauptamtlichen BND-Mitarbeiter, allein ein Karteischrank A 4 mit vier Kästen. In rund 15 schmalen Ordnern waren zusätzlich Dossiers über diese Leute gesammelt, und auch die Feinstruktur der Konkurrenz West nebst Übersicht über alle Außenstellen lag bei. Dazu gab es diverse Analysen über die Arbeitsweise der westdeutschen Auslandsaufklärung, Materialsammlungen über das Bundesamt und die Landesämter für Verfassungsschutz und Angaben zu deren Mitarbeitern. Der Militärische Abschirmdienst (MAD) war mit der Liste seiner Mitarbeiter dabei, andere Materialien befaßten sich mit dem Staatsschutz der Bundesrepublik. Besonders stolz waren die Stasi-Offiziere auf ihre Erkenntnisse über die Strukturen, Hauptangriffsrichtungen und die Arbeitsweise der Geheimdienste der NATO-Staaten. Detaillierte Analysen dazu gingen in die Erbschaft ein.

Gewundert haben dürften sich auch die Amerikaner, daß sich zum Beispiel ihr Top-secret-Plan „canopy wing" in den Annalen der HVA fand. Er erörterte die Möglichkeiten eines elektronischen Enthauptungsschlags gegen die Warschauer-Pakt-Staaten. So hätten im Kriegsfall beispielsweise die in Eberswalde-Finow stationierten sowjetischen Super-Jäger MIG 29, deren Angriffe vom Boden aus per Funk gesteuert werden, von der „Field Station Berlin" auf dem West-Berliner Teufelsberg aus auf eigene Ziele gelenkt werden können.

Auch möglicherweise unordentliche Archivare der „National Security Agency" (NSA), dem zentralen amerikanischen Geheimdienst für Telekommunikationsaufklärung, hätten ihre Freude gehabt; Kopien der bedeutendsten zentralen Direktive des NSA-Chefs – von der Nr. 1, Grundaufgaben der NSA, über die Regelung der Beziehungen zu den Partnerdiensten bis hin zu Anweisungen für den Horchposten Teufelsberg – sind bei der Stasi ordentlich abgelegt.

Für die amerikanischen Partner in West-Europa dürften besonders die zehn Ordner mit der „National SIGINT Requirements List" von Interesse gewesen sein. Dort ist die weltweite Aufgabenstellung der USA-Geheimdienste zur elektronischen Informationsbeschaffung über alle Länder der Erde nachzulesen, und bekanntlich sind die Amerikaner ja auch ihren Verbündeten gegenüber in solchen Sachen selten besonders auskunftsfreudig.

Das Pentagon ist mit dem Dokument „J-TENS" vertreten, erarbeitet von der Defense Intelligence Agency (DIA), dem Geheimdienst des Hauses. Es ist eine Übersicht über die weltweite Organisation der amerikanischen Spionage zur taktischen Aufklärung für die militärischen Oberkommandos und die Aufklärung direkt vor Ort.

Einen besonderen Schwerpunkt bilden Dokumentationen über all das, was die Amerikaner in der DDR und auf ihren Basen ringsum getrieben haben. Es fehlen weder komplette Karteien über die Dienststellen und Objekte der amerikanischen Geheimdienste in der Bundesrepublik und West-Berlin noch Dossiers über deren Mitarbeiter. (93) Viel Geheimes hatte die CIA der Stasi wohl nicht mehr zu bieten!

Natürlich werden alle Akten, die schon im Keller in der Roedernstraße zur Vernichtung bereitliegen, vor der Übergabe noch einmal gründlich gefilzt. Klaus Eichner, dabei verantwortlich tätig: „Wir schleppten einen Teil des Materialbestands aus dem Keller wieder in die Arbeitsräume und sichteten sie unter dem neuen Aspekt. Nach mehreren Prozeduren der Säuberung blieb immer noch ein ansehnlicher Bestand an Originaldokumenten und Ausarbeitungen übrig. Die ‚Säuberungen' betrafen ausschließlich alle Bezüge zu originalen Aussagen von Quellen." (94)

Für die HVA-Offiziere ist die Archivierung einiger ihrer Perlen der letzte kleine Triumph. Ein wenig so, als lege man der untreuen Ehefrau die Fotos von ihrem Schäferstündchen mit dem Liebhaber vor. Am Untergang der DDR hat das umfangreiche Wissen nichts geändert, ihn wahrscheinlich nicht einmal wesentlich verzögert. Das läßt viele ehemalige HVA-Mitarbeiter bis heute nur noch bitter an die Vergangenheit denken. Doch wenigstens meinten sie damals, nun könne niemand mehr ihre Quellen im „Operationsgebiet" enttarnen. Die Aktenvernichtung war der letzte Schritt dazu.

Am 9. April 1990 meldet Oberst Bernd Richter, vormals Chef der Abteilung I, „Aufklärung des Staatsapparates der BRD", und nun letzter Kommandant im Objekt Roedernstraße, Vollzug. Alle Akten sind vernichtet, alle wichtigen Spuren getilgt. (95)

Das ist ein fataler Irrtum.

Datenbänder im Bunker und brisante „Milchkannen"

Trotz qualmender Reißwölfe und 24-Stunden-Schichten hinterlassen die Aktenauflöser der HVA unbeabsichtigt zwei tickende

Zeitbomben, die ihren unermüdlichen Einsatz im nachhinein weitgehend sinnlos machten.

Eine besteht aus flüchtig gelöschten, elektronischen Kopien des „Posteingangsbuchs“ der HVA und trägt den Namen „SIRA“. Eigentlich hätte es sie gar nicht mehr geben dürfen.

Die andere ist noch brisanter. Auf bis heute ungeklärtem Weg, wahrscheinlich aber durch Verrat, geriet die mikroverfilmte Personen- und Vorgangskartei der HVA – darunter auch ein Not-Set aller Top-Daten für den Mobilisierungsfall – über das KGB an die amerikanische CIA. Dort ist sie unter dem Namen „Rosewood“ – „Rosenholz“ registriert. In ihr stehen unter anderem Klar- und Decknamen von Spionen und deren Umfeld.

SIRA – Abkürzung für „System-Information-Recherche-Auskunft“ – wurde als elektronische Archivierungsmethode seit Mitte der achtziger Jahre im MfS aufgebaut. Als die HVA 1987 ihre Programme aus Sicherheitsgründen von Siemens-Großrechnern auf DDR-Technik umstellt, trauen die EDV-Experten offenbar der „Spitzentechnologie“ aus der Heimat nicht so recht und ziehen Sicherheitskopien. Diese werden nirgendwo registriert. Dann läuft die neue Anlage, und weil die diskusgroßen Magnetbänder die DDR wertvolle Devisen gekostet hatten, werden sie nicht einfach vernichtet, sondern nur mit Abermilliarden von Nullen überspielt und den Genossen der Nationalen Volksarmee zur Weiterverwertung übergeben.

Im Frühjahr 1990 reisen zwei Offiziere des NVA-Rechenzentrums nach Berlin. Sie holen die weiterverwertbaren Speichermedien bei einer als EDV-Firma getarnten HVA-Niederlassung in Berlin ab und schaffen sie nach Garzau bei Strausberg. (96)

Dort befindet sich 15 Meter unter der Erde das „Objekt 05/206“, die „Geheime Kommandosache Rechenzentrum der NVA“. Zwischen 1972 und 1975 gebaut, war der zweistöckige Bunker auf einer drei Meter starken Bodenplatte mit 75 Zentimeter dicken Wänden in der Lage, sogar einem mittleren Atomschlag zu widerstehen. Er umfaßt etwa 70 Räume mit einer Gesamtfläche von 4000 Quadratmetern und beherbergt – auf federnd gelagerten Böden aufgestellt – die NVA-Rechner des Systems ESER (Einheitliches System elektronischer Rechentechnik), ein Gemeinschaftsprojekt der Staaten des Rats für gegenseitige Wirtschaftshilfe. (97) In Garzau kann man Speicherkapazität gut gebrauchen. Als der Kommandant des Rechenzentrums jedoch die Herkunft der kostbaren Bänder erfährt, wird ihm mulmig. Er läßt die Datenträger in einem extra abgeschotteten, streng geheimen Raum lagern, in dem auch russische Chiffriermaschinen stehen. Als Abgesandte der Westgruppe der Russen wenig später vorsorglich ihre Maschinen abholen, damit sie mit der Einheit nicht in unbefugte Hände fallen, bleiben die Bänder liegen. Sie geraten in Vergessenheit – bis die Bundeswehr am 3. Oktober 1990 den Atombunker Garzau übernimmt. (98)

Bei der HVA war bis dahin auch die Software vernichtet worden. Doch die Geheimdienst-Bürokraten gingen dabei streng nach ihrem „Datenträgerverwaltungsprogramm" – ihrer internen Inventurliste – vor. Darin waren aber nur die registrierten Kopien, mit dem Kürzel „OA" gekennzeichnet, zu finden. Sie wurden mit Datenmüll überspielt. An die ausgelagerten SIRA-Bänder erinnerte sich offenbar niemand mehr. (99)

Daß sie schließlich dem Feind in die Hände fielen, macht Klaus Eichner, den Stasi-Experten für Gegenspionage, noch heute wütend. Er versteht nicht, wie die ganze Sache bei der Aktenvernichtung so einfach durch die Lappen gehen konnte: „Das war offensichtlich ganz einfach Blödheit oder Schlamperei von irgendwelchen Mitarbeitern. (...) Daß diese Kopien überhaupt noch existierten, das zählt für mich zu den schmerzlichsten Niederlagen." (100)

Sorgen macht SIRA auch Eichners ehemaligem Chef Werner Großmann: „Selbst wenn nur Deck- und keine Klarnamen und nur Überschriften der erfaßten Informationen und kein detaillierter Inhalt sichtbar werden, kann es gelingen, eine Quelle zu identifizieren." (101)

Dabei wäre die Beseitigung gerade dieser Spuren mühelos möglich gewesen. Klaus Eichner: „Da gab es sogar konkrete Beschlüsse, die das ausdrücklich vorsahen. Auch unser sonstiges Material war ja teilweise auf Speichermedien erfaßt und zur Vernichtung freigegeben. In Hohenschönhausen wurden mit Vorschlaghämmern ganze Magnetbandtrommeln zerschlagen." (102)

Bereits zur 13. Sitzung des Runden Tisches am 19. Februar 1990 hatten die Arbeitsgruppe „Recht" und die Arbeitsgruppe

„Sicherheit“ die Vorlage 13/34 eingereicht, in der die „physische Vernichtung aller magnetischen Datenträger (...) mit personenbezogenen Daten“ (103) verlangt wurde. In weiteren Anträgen vom 20. und 23. Februar 1990 wurde dieser Vorschlag zu einem Drei-Stufenplan erweitert. Begründung: „Der mögliche Nutzen aus der Kenntnis solcher widerrechtlich erarbeiteten Dossiers über Privatpersonen, Personengruppen, Organisationen, Parteien, Institutionen, Betriebe usw. steht in keinem Verhältnis zum möglichen Schaden an und in der Gesellschaft, durch den nicht auszuschließenden Mißbrauch (erpresserische Reaktivierung durch neue Geheimdienste) dieser Daten.“ (104) Im Abschlußbericht der Arbeitsgruppe „Sicherheit“ vom 12. März 1990 erläutert Chef-Aktenvernichter Werner Fischer vor dem Zentralen Runden Tisch: „Die Stufe I sieht die sofortige physische Vernichtung aller elektronischen Speichermedien (...) vor. Die Stufe II sieht die Beseitigung der Verzweigungen der Personendateien vor, deren Weg zu den Dossiers führt, so daß nur noch ein Hauptweg von der Basisdatei zu den Akten bestehen bleibt (...). Die Stufe III sieht die Vernichtung aller Akten und Karteien mit personenbezogenen Daten auf der Grundlage einer Entscheidung durch das neugewählte Parlament vor.“ (105) Dieses Vorgehen der Vertreter des Zentralen Runden Tischs wird vom Ministerrat der Regierung Modrow auf seiner 16. Sitzung am 26. Februar 1990 zum „Beschluß zur Vernichtung aller magnetischen Datenträger des ehemaligen MfS/AfNS mit personenbezogenen Daten“ erhoben. (106)

Am 10. März beginnt dann vor laufenden Fernsehkameras die öffentlichkeitswirksame Beseitigung dieser Art von Stasi-Spuren. Die nichtregistrierten SIRA-Kopien werden dabei vergessen. Klaus Eichner: „Gedeckt durch den entsprechenden Beschluß wäre es überhaupt kein Problem gewesen, die paar Spulen auch noch zu vernichten.“ (107)

Doch eben das war nicht geschehen. Aus dem Restmagnetismus konnten so 29 0572 Datensätze und daraus 63 046 HVA-Vorgänge rekonstruiert werden. Die Daten reichen bis zum Mai 1989. Ende 1992 erhielt dann die Bundesanwaltschaft in Karlsruhe die „Garzau-Liste“. (108) Aus ihr war ersichtlich, unter welchen Decknamen was geliefert wurde. Das führte bald zur Einleitung von etwa 20 neuen Ermittlungsverfahren.

Noch spektakulärer ist die zweite Panne bei der Aktenvernichtung; wie sie genau passierte, bleibt wahrscheinlich für immer im dunkeln.

Unstrittig ist eigentlich nur, daß die CIA im Zuge der „Aktion Rosenholz“ den Schlüssel zum Öffnen der wichtigsten HVA-Geheimnisse erbeutet hat. Diese Karteien soll es nur in drei Exemplaren gegeben haben.

Berichte darüber, wie eines davon nach Langley gelangte, hören sich mehr nach James Bond, denn nach seriösen Zeugenaussagen an. Auch, wenn dort keine schicken Sportwagen und Designer-Koffer, sondern mal ein „trister Wartburg“ und ein „kantiger Container aus mehreren Lagen Rindsleder“, so „Der Spiegel“ Nr. 8/1999, ein anderes Mal der „Dienstwagen, Marke Lada“ und „eine schwarze Kuriertasche“ – das gleiche Magazin im März des Jahres – die Hauptrolle spielen. Damit sollen nämlich drei längliche Zylinder mit Mikrofilmen – Stasi-intern „Milchkannen“ genannt – ins KGB-Hauptquartier in Berlin-Karlshorst gebracht und an Oberst Alexander („Sascha“) Prinzipalow übergeben worden sein. Wahlweise ist dann mal von Stasi-Oberstleutnant Rainer Hemmann die Rede, der den Deal bewerkstelligt haben soll, oder es wird gar ein „Stabsoffizier“ zitiert, der seinen Namen zwar nicht nennt, sich dafür aber ganz genau erinnern kann: „Ich drückte Sascha die einem Pilotenkoffer ähnelnde Tasche in die Hand.“ (109) Und natürlich ist in diesem Zusammenhang auch von einer halben Million Dollar die Rede, die geflossen sei.

Für Werner Großmann ist das alles schlichtweg Unsinn: „Rainer Hemmann erhielt von der HVA-Leitung nie einen entsprechenden Befehl und konnte ihn deshalb auch nicht ausführen.“ (110) Er meint, daß es sich bei solchen Geschichten um bewußt gestreute Desinformationen handelt, um den tatsächlichen Weg der brisanten Karteien in die USA zu verschleiern: „Durch eine gezielte Falschmeldung soll vom Tatsächlichen abgelenkt werden.“ (111)

Nicht dementiert wird, daß der Weg des „innersten Heiligtums der HVA“ (112) – so Oberst Ralf-Peter Devaux, seit 1987 Stellvertreter Großmanns – über den KGB führte. Berichte über das „wie“ gleiten dann wieder ins James-Bond-Klischee ab. Manche wollen wissen, daß der Deal vom damaligen CIA-Residenten in Bonn, Ed Pechous, CIA-Spitzname „Poison Dwarf“ – „Giftzwerg“ – gefingert wurde, andere behaupten, der Militärhistoriker James Atwood, in Wahrheit aber ein CIA-Mann, der seine ersten Sporen als Adjutant des Luftbrückenbauers Lucius D. Clay in Berlin verdiente, habe seine Hände im Spiel gehabt. (113)

Eine dritte Variante besagt, der ganze Transfer sei überhaupt erst nach der Rückkehr Prinzipalows und seines KGB-Kollegen Alexander Sjubenko nach Moskau durchgeführt worden.

Beide Hauptakteure sind inzwischen tot. Sjubenko starb 1995, Prinzipalow 1997 – beide am Herzinfarkt und beide angeblich am Steuer ihres Autos. Fast müßig zu wiederholen, daß natürlich auch das wieder reichlich Stoff für den „Rosenholz“-Agententhriller bietet und die Zeitzeugen streiten läßt. Werner Großmann jedenfalls mag nicht daran glauben, daß die beiden Ex-Genossen zu Verrätern geworden sind und einen „mysteriösen Tod“ (114) starben: „Ich kannte Sascha Prinzipalow viele Jahre aus gemeinsamer Arbeit und schätzte ihn dienstlich und privat. Er starb wirklich an einem zweiten Herzinfarkt. Wie ausgerechnet Sjubenko von uns Unterlagen hätte erhalten sollen, ist logisch nicht zu erklären.“ (115)

Wie immer die Geschichte auch tatsächlich gewesen sein mag – nur durch den Erhalt der SIRA-Daten und den Verrat der „Rosenholz“-Akten wurde die Enttarnung von Spionen im Westen möglich, die sich bereits für immer unentdeckt wähnten. So rechnete der mit Hilfe dieser Unterlagen überführte NATO-Spion Rainer Rupp, Stasi-Deckname „Topas“, zwar nach dem Ende der DDR mit seiner Verhaftung, aber: „Je länger sich die hinauszögerte, um so größer wurde die Hoffnung, daß der Kelch an mir vorübergehen würde. Weglaufen machte keinen Sinn. Bei dem politischen und ökonomischen Gewicht des vereinten Deutschland hätte mich jedes Land ausgeliefert.“ (116)

Viel gefährlicher als alle Informationen auf dem Papier, Mikrofilmen oder Datenbändern war für die DDR-Spione im Westen jedoch das Wissen in den Köpfen ihrer Partner im Osten. Zwar wurde ihnen immer wieder versichert, daß ihre Sicherheit an erster Stelle stünde und die Regeln der Konspiration strikt beachtet würden, aber dabei hatten selbst die gewieften Geheimdienstler der HVA nicht bedacht, daß sich auch für jene, die die

Spione nicht persönlich kannten, aus Genossen-Tratsch und Flur-Gesprächen Mosaiksteinchen ergeben hatten, die ihren Top-Quellen im Westen einmal zum Verhängnis werden würden. Und so konnte das Bundesamt für Verfassungsschutz in einem als „geheim" eingestuften Dokument vom 26. Februar 1991 lapidar seinen Dienstherren melden: „Seit der Wende sind zahlreiche ehemalige Angehörige des DDR-Nachrichtendienstes mit Verfassungsschutzbehörden in Verbindung getreten." (117)

Der Boden wird heiß – Überläufer packen aus

Der Pförtner am Fehrbelliner Platz 2, dem Sitz des Berliner Innensenators, ist ziemlich mürrisch, als früh um 5 Uhr ein Unbekannter forsch verlangt, er möchte sofort einen Vertreter des Verfassungsschutzes sprechen. Der Kalender meldet den 15. Januar 1990. Es ist ein Montagmorgen. Er möge später wiederkommen, knurrt der Beamte, die Herren seien vor neun kaum im Büro.

Der Mann wartet. Dann endlich kann er sich dem Chef des West-Berliner Verfassungsschutzes vorstellen: Heinz Busch, Oberst im Ministerium für Staatssicherheit der Deutschen Demokratischen Republik, stellvertretender Chef der Abteilung VII der HVA, befaßt mit der Auswertung von Spionagematerial aus dem Westen. Eigentlich müßte der Verfassungsschutz nun erst einmal die Alliierten über den hochkarätigen Überläufer informieren, denn hier bahnt sich eine heiße Geheimdienstaffäre an. Doch die Verantwortlichen verzichten großzügig darauf, und wenig später sitzt Heinz Busch im Pan Am-Jet nach München. Ein BND-Vertreter erwartet ihn am Flughafen. (118)

Zu dieser Zeit sollte Busch eigentlich die Interessen der HVA vor dem Runden Tisch vertreten. Seine Hauptaufgabe: Die Bürgerrechtler von der Existenzberechtigung des Nachrichtendienstes auch in einer gewandelten DDR überzeugen. Werner Großmann: „Busch scheint für diese Aufgabe geeignet. Er ist kontaktfreudig und wirkt sympathisch. Sein unaufhörlicher, aber nicht aufdringlicher Redefluß, gepaart mit Geschick, Kenntnissen und Wissen, beeindruckt Gesprächspartner. Als wir uns für Busch entscheiden, bedenken wir auch seine bisherige Tätigkeit. Er bearbeitet zwar die Originaldokumente, die unsere Kundschafter auf militärpolitischem und militärstrategischem Gebiet in die Zentrale schicken, aber er kennt keine Quelle persönlich und keinen Klarnamen. Wenn er sein Wissen auf diesem Gebiet unbewußt im Gespräch verwendet, kann er niemanden gefährden." (119)

Nach den ersten Kontakten zu den Bürgerrechtlern kommen Busch Zweifel. Warum soll gerade er die Kastanien für die HVA aus dem Feuer holen? Am Sonntag vor der wichtigen Sitzung des Runden Tisches fährt er ins Büro. Dort trifft er Oberst Ralf-Peter Devaux, Großmanns Stellvertreter, und bittet ihn um Instruktionen.

Später berichtet Busch, dabei wäre es zu einem heftigen Streit gekommen, der Vorgesetzte hätte sogar angedeutet, die „neuen Herren" könnten die Verhaftung des HVA-Offiziers fordern. Als er seine Absicht geäußert habe, vor dem Runden Tisch ehrliche Antworten zu geben, sei er von seinem Chef so handfest bedroht worden, daß er um sein Leben fürchten mußte.

Devaux erinnert sich anders. Er habe den aufgeregten Genossen nur beruhigt und ihm sogar gesagt, daß er als Auswerter überhaupt keinen strafrechtlichen Druck zu fürchten hätte. Über alles sei dann noch einmal gründlich gesprochen worden. Von „Erhaltung des Friedens" und „Abbau der Systemkonfrontation" war die Rede, von der „Stärkung der DDR" und dem „Kampf für den Sozialismus". Für all das engagiert sich die HVA, und das soll der Genosse Busch gefälligst den Leuten am Runden Tisch verklickern. Streng zu vermeiden sind natürlich sämtliche Aussagen zu Quellen und Methoden der Spionageabteilung. (120) Wie sich diese Botschaften am besten rüberbringen lassen, wird sogar geprobt. „Zusätzlich üben die beiden in einem Rollenspiel, wie Busch auf heikle Fragen von Teilnehmern am Runden Tisch, die dem MfS sehr kritisch gegenüberstehen, antworten kann. Selbst verbale Angriffe, falsche Darstellungen und fehlendes Faktenwissen spielen sie durch." (121)

Ob nun wirklich Streit oder „Argumentationshilfe" in bestem Partei-Chinesisch – Oberst Heinz Busch fühlt sich den Fragen am Runden Tisch nicht gewachsen. Die Leute, die dort sitzen, haben die Angst vor der bislang allmächtigen Stasi verloren. Fragen müssen vorher nicht mehr eingereicht und „abgestimmt" werden,

Diskussionen sind ergebnisoffen. Das ist Heinz Busch nicht gewöhnt.

Er fährt nach Hause, spricht mit seinen erwachsenen Kindern. Dann macht er sich – noch in der Nacht – auf den Weg zum „Klassenfeind". An der offenen Grenze zu West-Berlin wird von den Stasi-Paßkontrolleinheiten noch kontrolliert. Deshalb schleicht sich Busch durch eine Agentenschleuse am Bahnhof Friedrichstraße in den Westen.

In Pullach wird er von BND-Beamten fast täglich befragt. Der Oberst erinnert sich: „Das Mißtrauen der BND-Leute war ziemlich groß, aber auf die Dauer wurde die Atmosphäre sehr kameradschaftlich." (122) Er schreibt für den BND Studien über alles, was er so aus seiner Stasi-Arbeit weiß. Dabei stützt er sich auch auf sein Wissen aus originalen NATO-Dokumenten, beschafft von einem bislang nicht enttarnten HVA-Spion. So legt er die erste heiße Spur zu „Topas", der Stasi-Spitzenquelle Rainer Rupp im NATO-Hauptquartier in Brüssel.

Busch arbeitet gründlich. Er möchte ein zweites Leben als Militärhistoriker beginnen und will den BND-Leuten zeigen, was er auf dem Kasten hat. Sie sollen ihm bei der neuen Karriere helfen.

Bei Regierungsdirektorin Gabriele Gast, BND-Deckname „Dr. Gabriele Leinfelder", der stellvertretenden Chefin des Referats Sowjetunion, beißt er dabei trotz seiner exzellenten Russisch-Kenntnisse auf Granit. „Für mich war jeder Mitarbeiter der HVA, der sich in diesen Tagen des Zerfalls des DDR-Nachrichtendienstes dem BND, BfV oder den Strafverfolgungsbehörden der Bundesrepublik anbot, ein Verräter übelster Sorte, ein Judas, der andere Menschen der Haft und dem existentiellen Ruin auslieferte, um selbst materiell gut gebettet zu bleiben." (123) Als „Gisela" meldet sie ihren Zweit-Chefs in Ost-Berlin umgehend, was „der Verräter Busch" in Pullach so treibt.

Dort hatten die HVA-Oberen die Flucht ihres Vertrauten erst mit reichlich Verspätung mitbekommen. Nun sehen sie den „sympathischen Genossen", an dessen „Treue zur Partei und zum Staat" bisher niemand zweifelte, in einem ganz anderen Licht. Werner Großmann: „Geistig wendig und eloquent, verfügte er über ein übersteigertes Selbstwertgefühl, kämpfte ständig um seine Beförderung, fühlte sich in seiner Dienststellung unter Wert behandelt und zu wenig gefördert." (124) Hektische Bemühungen um Schadensbegrenzung setzen ein. Der HVA-Chef: „Er kennt zwar keine Quelle mit Klarnamen, aber er weiß, aus welch hochsensiblen gegnerischen Objekten das Material stammt. Einige Kundschafter können wir noch warnen. Mehr können wir nicht tun." (125)

Auch „die Freunde" können nicht mehr helfen. Als Heinz Busch sich im Frühjahr 1990 einen Ausflug zur Zugspitze gönnt, sind sie ihm auf den Fersen. „Die fotografierten mich derart dämlich", erinnert sich Busch, „typisch KGB." (126)

Seine Hoffnungen auf eine Karriere im Westen erfüllen sich nicht. Im April 1993 kehrt Heinz Busch frustriert nach Ost-Berlin zurück. Als er wenig später seinem früheren Chef, Markus Wolf, auf der Straße begegnet, „schaute der durch mich durch wie durch Glas". (127) Mit dem Übertritt von Heinz Busch zum Bundesnachrichtendienst hatte die HVA ihre Ehre verloren.

„Verrat ist kein Kavaliersdelikt"

Geht es um Überläufer und Verrat, kann auch Generaloberst Werner Großmann seinen Zorn kaum zügeln. Für ihn gibt es da einen ganz klaren Zusammenhang: „Wir sind ein militärischer Dienst gewesen. Wir sind Offiziere. Offiziere leisten einen Eid. Wir haben unseren Eid geleistet, uns dem Staat gegenüber verpflichtet und auch gegenüber unseren Unterstellten und Nachgeordneten. Verrat ist da kein Kavaliersdelikt." (128)

Insgesamt lag die Zahl der Stasi-Überläufer nach bis heute vertraulichen Angaben des Verfassungsschutzes nur bei ungefähr 200 Leuten, davon etwa 15 hochrangigen HVA-Offizieren. Das ist angesichts der rund 100 000 hauptamtlichen MfS-Mitarbeiter, davon gut 4000 in der HVA, ein geringer Prozentsatz. Das Wissen dieser Leute führt aber bereits 1990 zur Enttarnung der wichtigsten HVA-Spione im Westen. Später durch die Aktenfunde und weitere Aussagen ergänzt, reicht es aus, um Bundesanwalt Joachim Lampe zehn Jahre nach der Wende einschätzen zu lassen: „Die Quellen sind enttarnt." (129)

Das war vor allem deshalb möglich, weil trotz aller Konspiration einzelne Offiziere zu viel wußten.

Solch ein Mann ist Werner Roitzsch, seit 1956 bei der HVA. Am Ende ist der Oberst stellvertretender Chef der Abteilung VI, verantwortlich für die notwendigen falschen Papiere der „Kundschafter“. Anfang 1990 wollen ihn seine Chefs nach Moskau schicken. Er soll die Genossen vom KGB im Fälschen westdeutscher Pässe und Ausweise schulen. Roitzsch fürchtet, daß dies eine Reise ohne Wiederkehr werden könnte, und nimmt statt des Fliegers nach Moskau lieber die S-Bahn nach West-Berlin. Der Verfassungsschutz reicht ihn an den BND weiter.

Was er nicht weiß: Dort nimmt ihn der zuständige Sachbearbeiter Klaus Kuron, BND-Deckname „Kluge“ und im Nebenjob als „Stern“ für die Stasi tätig, in Empfang. Er meldet Mitte April 1990 seinen Dienstherren in Ost-Berlin umgehend die Ankunft von Werner Roitzsch, beim BND inzwischen als „Baustein“ registriert. HVA-Chef Werner Großmann: „Wir sind entsetzt. Die ihn kennen, trauen dem ‚konfusen Philosophen‘ durch Ungeschick und durch Hektik verursachte Fehler und Fehleinschätzungen zu, aber doch keinen Verrat. Unter seinen Kollegen galt er als 150prozentiger.“ (130)

Sie hatten sich getäuscht. Oberst Roitzsch verrät den Vortragenden Legationsrat im Auswärtigen Amt, Hagen Blau, Stasi-Deckname „Merten“, dessen gleichrangigen AA-Kollegen Klaus von Raussendorff, Deckname „Brede“, den Oberamtsrat des Hauses Ludwig Pauli, Deckname „Adler“ und Alexander Dahms alias „Dämon“, Polizeidirektor in der Bundesgrenzschutzdirektion. Als die Stasi-Agenten verhaftet werden, ist Werner Roitzsch wieder in Ost-Berlin, denn er ahnt ja nichts von der Meldung Kurons an die Stasi.

Die Genossen dort handeln sofort. Oberst Roitzsch muß seinen Dienstausweis abgeben, wird am 15. April 1990 fristlos gefeuert.

Noch ein halbes Jahr vorher wäre die Sache für ihn sicher nicht so glimpflich abgegangen. Für Stasi-Minister Erich Mielke hatten Verräter ihr Leben verwirkt. Todesurteile gegen die MfS-Offiziere Gerd Trebeljahr, Werner Teske und den Offizier der NVA-Militäraufklärung, Winfried Baumann, bis 1981 durch

„unerwarteten Nahschuß in das Hinterhaupt" vollstreckt, belegen, daß seine entsprechenden Drohungen keine leeren Worte waren.

Diese Gefahr hat BND-„Baustein" Roitzsch nicht mehr zu fürchten. Deshalb versucht er, seine Ehre gegenüber den Genossen zu retten und schreibt Werner Großmann am 4. Mai 1990 einen Brief: „Ich werde nicht nachlassen, um meine Rehabilitierung zu kämpfen. Wie sich die Fakten auch darstellen mögen, ich bekräftige nochmals, daß ich mit diesen Festnahmen nichts zu tun habe." (131) Der Generaloberst, offiziell bereits Rentner, ist perplex. Er bestellt Roitzsch und dessen früheren Chef, Oberst Helmut Reinhold, Leiter der Abteilung VI, Übersiedlungen, Dokumentation, in eine noch nicht entdeckte konspirative Wohnung der HVA.

Zuerst leugnet der Abtrünnige, doch dann machen die Herren ein wenig Druck, und Werner Roitzsch legt ein schriftliches Geständnis ab. Er gibt seinen Verrat zu, informiert über alles, was der BND von ihm so wissen wollte und verspricht sogar, die Genossen über seine künftigen Kontakte zu den West-Kollegen auf dem laufenden zu halten: „Zu den einzelnen Gesprächen werde ich Gesprächsprotokolle anfertigen, um die Gesamtsituation zu rekonstruieren. Der nächste Treff ist für den 22. 5. 90, 14 Uhr in West-Berlin festgelegt (Reserve 23. 5. 90, 9 Uhr)." (132)

Werner Roitzsch hält seine Versprechen nicht, verweigert weitere Gespräche mit seinem ehemaligen Chef. Rentner Werner Großmann informiert ganz offiziell Innenminister Peter-Michael Diestel und fordert die Bestrafung des Verräters: „Dr. Diestel verurteilt Roitzschs Verhalten, hält dessen Entlassung aus dem Dienst für rechtens, aber auch für ausreichend. Ihn festzunehmen lehnt er ab." (133) Den HVA-Oberen bleibt nur kalte Wut. Wie konnte der „Klassenfeind" in die eigenen Reihen eindringen? Die einzige Erklärung: Der Gegner muß einige Stasi-Genossen gekauft haben.

Daß Geld beim Verrat die Hauptrolle gespielt habe, behauptet auch der am 14. Mai 1990 verhaftete Spion Dieter Popp. Er führte als Resident „Asriel" in Bonn für den Nachrichtendienst der NVA (Mil-ND) den Agenten „Aurikel", Klarname Egon Streffer, im Bundesverteidigungsministerium auf der Bonner Hardthöhe. Dieses nach Primelsorten benannte Agentenpaar wurde von Eberhard Lehmann aus der Hauptabteilung II, Spionageabwehr, verraten, und das hatte eine besondere Bewandtnis.

Als „Mathematisch-Physikalisches Institut der NVA“ getarnt, verfügte die DDR-Armee über einen eigenen, von der Stasi unabhängigen Nachrichtendienst, den Mil-ND. Er hatte seinen Sitz in der Oberspreestraße in Berlin-Treptow.

Der Dienst ist den Kollegen von der HVA ein Dorn im Auge, denn die HVA betreibt mit ihren 74 Bundesbürgern als IM der Abteilung IV, Militärspionage, und den 72 illegalen West-Mitarbeitern der Abteilung XII, NATO und europäische Gemeinschaft, selbst militärische Aufklärung. Von der HVA/XII wird zum Beispiel Nato-Spion „Topas“ geführt, den auch der Mil-ND nutzt. Das schafft unliebsame Konkurrenz und erhöht die Gefahr der Enttarnung. (134)

Deshalb wollte die Stasi schon immer mehr Einfluß im Mil-ND gewinnen und kommandierte dazu am 16. Mai 1960 den damaligen Major Eberhard Lehmann nach Treptow ab. „Leihkader“ Lehmann wurde dem Vize-Chef und Leiter Operativ, Oberst Rippberger, zugeordnet. In diesem Job war er für die Anleitung der Abteilungen 8 und 10 zuständig, die ihrerseits wiederum in Bonn auf der Hardthöhe spionierten.

Allerdings machte das selbstherrliche und arrogante Auftreten des „schönen Eberhard“ oder „Minibuch-Lehmann“, so sein Spitznamen unter den Stasi-Genossen, bald Ärger. Lehmann wurde 1970 in die Stasi zurückgezogen und bekam als „Dank und Anerkennung“ den „Vaterländischen Verdienstorden“ in Bronze. (135) So richtig gebrauchen konnte ihn jedoch niemand, dennoch avancierte er bis zum Oberst in der Spionageabwehr und wurde sogar mit dem Gehalt eines Chefs einer selbständigen Abteilung bezahlt. Dafür kümmerte er sich um die Sport- und Traditionsarbeit der Genossen. Oberstleutnant Helmut Wagner, Stasi-Spezialist für BND, MAD und Bundesverfassungsschutz: „Er glänzte weniger durch Arbeit als durch Befriedigung seiner persönlichen Interessen und Bedürfnisse: Sondereinkaufsmöglichkeiten, das Verwenden von Operativgeldern für persönliche Hobbys wie ‚Mini-Bücher‘ u. a. Sich in den Vordergrund zu drängen war ein markantes Merkmal seiner Persönlichkeit.“ (136) 1986 wird Eberhard Lehmann vorzeitig in Rente geschickt.

„Asriel", „Aurikel" und viele andere an der „unsichtbaren Front" hatte er nicht vergessen. Als „Glasschüssel", so sein Deckname vom Verfassungsschutz, diente sich Lehmann der West-Behörde an. Sein Opfer Dieter Popp: „Mindestens 100 DDR-Kundschafter im Westen sind durch den Überläufer Eberhard Lehmann aus Berlin-Karlshorst verraten worden. Dafür erhielt er ein Kopfgeld von 300 000 DM; 3000 Mark pro Verrat. Die hätte ich ihm gern selbst gegeben, wenn ich dafür nicht ins Gefängnis gemußt hätte. Der Verfassungsschutz zahlt ihm heute eine monatliche Rente von 3000 Mark." (137)

Daß tatsächlich Geld in solchen Größenordnungen geflossen sei, streiten Geheimdienstler West inzwischen ab. Volker Foertsch, damals der führende Spezialist für östliche Geheimdienste beim BND, kaufte nach der Wende mit großem Erfolg aussagewillige Stasi-Offiziere und deren Akten ein. Er sprach auch als erster mit DDR-Devisenbeschaffer und Stasi-Oberst im besonderen Einsatz, Alexander Schalck-Golodkowski, der am 6. Dezember 1989 in den Westen übergetreten war. Dabei ging es bei „Schneewittchen" nicht um Leute, sondern eher um den wahren Zustand der DDR-Wirtschaft, deren Übernahme per Währungsunion ja bald darauf folgen sollte. Alexander Schalck-Golodkowski hat seinen Gesprächspartner offenbar beeindruckt. Foertsch: Ein „riesiger Schauspieler", der „konnte auf Kommando weinen und sein Elend demonstrieren und wollte erst mal Geld haben." Er bekam nichts, packte aber trotzdem aus. (138)

Ähnlich verhielten sich wohl auch andere Stasi-Überläufer. Weil immer wieder von Millionen-Zahlungen an sie die Rede war, befaßten sich Ende 1998 die Geheimdienst-Kontrolleure des Deutschen Bundestags mit den phantastischen Summen. Im abhörsicheren Kellerraum des Kanzleramts informierte sie der damalige BND-Chef Hansjörg Geiger darüber, daß seine Behörde etwa 200 Stasi-Offiziere befragt habe. An sie seien „operative Mittel" von 480 000 Mark geflossen. Der CSU-Abgeordnete Erich Riedl mochte das nicht glauben. Doch auch sein „intensives Nachfassen" beim Chef des Bundesamts für Verfassungsschutz, Peter Frisch, ergab letztlich keine belegbaren höheren Zahlen. (139)

Insider-Informationen über die Stasi waren also offenbar doch zu Schnäppchenpreisen zu haben. Wer also für den neuen Start im Westen richtig gut vorsorgen wollte, mußte deshalb zu Hause noch einmal kräftig in die Kasse langen.

Das tut zum Beispiel Oberstleutnant Rainer Wiegand am 28. Dezember 1989. Der Chef der „Arbeitsgruppe Ausländer" in der Spionageabwehr (HA II) ist gleichzeitig Geschäftsführer der Stasi-Tarnfirma „Internationale Bau- und Montage-Cooperation" (IBAMAC) mit Sitz in Berlin, Otto-Grotewohl-Straße 16. Diese Firma kassiert Schutz- und Sicherheitsgebühren für West-Gastarbeiter in der DDR, wie in Leuna oder Eisenhüttenstadt. Die Devisen flossen normalerweise an den DDR-Staatshaushalt. 265 000 D-Mark zweigt Wiegand kurz vor dem Wende-Silvester 1989 für sich ab. Dann geht er mit seiner zweiten Sekretärin Ursula Stottmeister („Stotti") und deren zwei Kindern in den Westen.

Der BND weiß damals noch nicht einmal, wie es hinter den Mauern in der Berliner Normannen-Straße überhaupt aussieht. Überläufer Rainer Wiegand kann helfen. Mit seinen Skizzen finden am 15. Januar 1990 eingeschleuste BND-Leute beim „spontanen Sturm" auf die Stasi-Zentrale den Weg zu wichtigen Unterlagen der Hauptabteilung II. (140) Stasi-Abwehrspezialist Helmut Wagner: „Betroffen von diesem organisierten Diebstahl war die HA II/AKG (zentrale Auswertungsabteilung der HA II), die HA II/10 (Internationale Verbindungsabteilung), die HA II/1 (Innere Sicherheit des MfS), die HA II/6 (Abwehr politische und ökonomische Spionage) und weitere Büros." (141)

Doch Oberstleutnant Wiegand kennt auch Namen. Durch ihn fliegt der Doppelagent Karl Gebauer, Stasi-Deckname „Claus Reuter" in Ostfriesland auf. Gebauer war für BND, Verfassungsschutz, MAD und Stasi gleichzeitig tätig und hatte den Osten als erster über das in den siebziger Jahren an der Ostsee bei Flensburg entstehende streng geheime Marineführungszentrum „Tenne" informiert. (142)

Rainer Wiegand kommt 1996 bei einem Autounfall in Portugal ums Leben.

All diese Leute, die nun für die Stasi zu einer tödlichen Gefahr geworden waren, hatten eines gemeinsam: Sie besetzten im MfS die ungeliebten Stellvertreterposten, hatten Karriereknicks zu verzeichnen oder waren durch jahrzehntelange Routine frustriert. Dieses Indiz hatten die Genossen in der Zentrale bei ihrer „Arbeit mit dem Menschen“ aber nicht entdeckt; nur BND-Auswerterin Gabriele Gast bemerkte es: „Ich sprach mit Werner Großmann und Markus Wolf darüber, doch beiden fiel das verbindende Merkmal der Verräter nicht auf. Es war deshalb müßig, sie um eine Erklärung zu ersuchen.“ (143)

Hätten sie darüber nachgedacht, wäre für sie sicher auch die Fahnenflucht von Karl-Christoph Großmann nicht so überraschend gewesen.

Der „Kardinal“ beichtet beim Bundesamt

Am 19. August 1985 tritt Verfassungsschützer Hansjoachim Tiedge in die DDR über. Stasi-Oberst Karl-Christoph Großmann holt ihn an der Grenze in Marienborn ab und übernimmt seine Betreuung.

Für den West-Ost-Überlaufer ist der HVA-Kollege so etwas wie „ein Weihnachtsmann im Sommer“. Er bringt neue Hemden, schicke Anzüge und frische Wäsche ins streng abgeschottete, geheime Stasi-Quartier „Waldhaus“ in Prenden, sorgt für aktuelle West-Zeitungen und Leckereien aus dem KaDeWe. Und auch sonst kümmert er sich aufopferungsvoll um das leibliche Wohl des wertvollen Gastes aus dem Westen. Großmann macht Tiedge mit einer Stasi-Genossin bekannt, die sich ohne Tabus in den Dienst des Vaterlandes stellt. Der Stasi-Kuppler läßt „an dem amourösen Zweck des Kontaktes keinen Zweifel“. (144) Und er sorgte für reichlich Alkohol. Sichtlich beeindruckt erinnert sich Tiedge an seinen ersten Abend in der Obhut der Stasi: „Mein Alkoholkonsum an diesem Abend ist nahezu in die Annalen des MfS eingegangen – sechzehn Halbliterflaschen Bier und eineinhalb Flaschen Wodka, Halbliterflaschen, versteht sich.“ (145)

Top-Spionin Gabriele Gast hat Jahre später einen ganz anderen Eindruck von dem Mann, der dem BND den entscheidenden Tipp zu ihrer Enttarnung lieferte: „Mit hängendem Kopf saß Großmann vor mir. Zerbrochen auch an der Verachtung und Vereinsamung, die sein feiger Verrat zur Folge hatte.“ (146) Hunderttausend Mark soll der ehemalige Vizechef der Abteilung IX der HVA,

Gegenspionage, für seinen Hinweis auf die „alleinstehende Akademikerin mit dem sozialen Tick beim BND" – Gabriele Gast hatte ein behindertes Kind adoptiert – kassiert haben. Doch das streitet Großmann vehement ab: „Vielleicht zehnmal reiste ich zum Verfassungsschutz nach Köln. Es gab Auslagenerstattung. Ich habe weder Plus noch Minus gemacht." (147) Das waren gut 20 000 Mark, für den Ex-Offizier Anlaß zu wehmütiger Erinnerung: „Ich hätte eine Million verlangen können und hätte die auch gekriegt. Ich habe jedoch gar nichts gefordert." (148)

Offenbar eine verpaßte Gelegenheit, denn damals ist Großmann, der im HVA-Hauptquartier leger „Charly" und laut DDR-Diplomatenpaß für operative Einsätze „Karl Franke" hieß, für den BND unter dem Decknamen „Kardinal" eine der wichtigsten Quellen beim Aufräufeln des DDR-Spionagenetzes. Im Vermerk Nummer 72 hatten die Verfassungsschützer dem Generalbundesanwalt vertraulich mitgeteilt, „Kardinal" habe „eine Vielzahl von zutreffenden Hinweisen" abgeliefert, so daß keine grundsätzlichen Zweifel an seiner Glaubwürdigkeit herrschten.

Dabei hatte für den kleinen, rundlichen Mann mit der MfS-Personalnummer 5280 im Mai 1955 alles so hoffnungsvoll begonnen. Damals war er 26, hatte als Bohrmeister bei der Wismut unter Tage im Uranabbau geschuftet und danach bei der „Kasernierten Volkspolizei" gedient. Der Kasernenhof war zwar besser als die Aussicht auf eine Staublunge, aber ein Büro Stühlchen doch noch viel verlockender. Deshalb stürzte sich der „ehrliche, zuverlässige, der Partei treu ergebene Genosse" – so Großmanns Stasi-Kaderakte – in die Geheimdienstarbeit. In 32 Jahren schaffte er es vom Hilfssachbearbeiter bis in die Führungsspitze, wurde 1978 mit nur 39 Jahren per Befehl K 430/78 sogar jüngster Oberst der DDR!

Doch das war damals natürlich alles streng geheim. Ebenso wie die 25 Auszeichnungen, die auf Karl-Christoph Großmann niedergingen, vom „Kampforden für Volk und Vaterland" in Gold, bis zum „Vaterländischen Verdienstorden" in Silber. „Charly" war ein Frontschwein, scheute kein Risiko und fiel auch schon einmal beim Agenten-Treff im tunesischen Hammamet volltrunken unter den Tisch. Die Berliner Zentrale drückte lange Zeit beide Augen zu. Aufträge, wie ein konspiratives Treffen zur Rekrutierung des westdeutschen Verfassungsschützers Klaus Kuron im Schloßpark Schönbrunn bei Wien meisterte Großmann alias „Karl Franke“ mit Bravour. Er stellte „Mut unter Beweis“ und erreichte „hervorragende Ergebnisse“ beim Kampf gegen den Klassenfeind. Davon schwärmt er noch heute: „Wir hatten Bombenquellen. Da war'n schon Persönlichkeiten darunter“, erinnert sich der Geheimdienstler (149) wehmütig.

So wie die Leute im Westen, so wollte er auch leben. Doch trotz zuletzt stolzer 3600 Mark Monatsgehalt, West-Dienstwagen und Fahrer waren solchen Wünschen in der DDR enge Grenzen gesetzt. Organisieren hieß die Devise, Beziehungen nutzen, Leute, die an der Quelle saßen, schmieren – „Charly“ war auch ein Virtuose bei der Bewältigung des DDR-Alltags. Doch bald gingen seine dunklen Geschäfte sogar den eigenen Genossen zu weit. Seit 1986 hielten sie Großmann „unter operativer Kontrolle“, und im Vorgang „Carlo/Niva“ vom 13. Mai 1988 staunte die „Abteilung Kader und Schulung“ nicht schlecht, was Organisationsgenie „Charly“ so alles besorgen konnte: Zum Beispiel einen Jeep Lada-Niva, einen Golf und einen Passat – angeblich alle von West-IM's geschenkt! Natürlich gehörte auch eine Jagdhütte im Bezirk Neubrandenburg zur standesgemäßen Ausstattung, diverse Waffen und ähnliche Attribute bürgerlichen Wohllebens.

Darüber konnten schließlich nicht einmal mehr die Genossen im Ministerium hinwegsehen. Großmanns ehemaliger Chef Markus Wolf: „Als Unregelmäßigkeiten an den Tag kamen, die eindeutig in die Kategorie Amtsmißbrauch fielen, kam es zum Eklat.“(150) Natürlich hackte eine Krähe der anderen kein Auge aus, und so wurde alles emsig unter den Teppich gekehrt: „Wie oft in derartigen Fällen versuchten wir den Schaden zu minimieren, indem wir Großmann nicht vor Gericht brachten, sondern uns damit begnügten, ihn von seinen Funktionen zu entbinden und mit einer Sonderaufgabe abzufinden.“ (151)

Als die DDR wankte, sieht der so gedemütigte „Charly“ die Stunde der Abrechnung gekommen. Angeschlagene Geheimdienstler sind gefährlich wie waidwundes Wild. Der passionierte Jäger Großmann will wenigstens einen guten Start in die Marktwirtschaft erwischen. 1991 investiert er sein Geld in eine Nachtbar in Berlin, die seinem Sohn als sprudelnder Profitquell dienen soll. Der Laden wird aufwendig renoviert und wäre sicher auch eine Goldgrube geworden. Nur – wenige Tage vor der Eröffnung brennt er ab. Die Polizei schließt Brandstiftung nicht aus, kann den Fall aber leider nicht endgültig klären...

So ist „Charly“ zum Schluß nur noch „Cherry“, der Dackel, geblieben. Und die Erinnerung: Das Mufflon-Geweih in der Zwei-Zimmer-Platte in Berlin, die geliebte Schnupftabakdose auf dem Tisch und das Blumen-Stilleben über dem Sofa. Die einstigen Genossen verachten ihn. (152) „Wir hätten das Schwein rechtzeitig an die Wand stellen sollen“, sagt einer. Nicht wegen des Verrats. So etwas kommt vor. Bedauerlich, aber abgehakt. Nein, es ist wegen der Ehre. „Charly“ Großmann hat die vermeintlich weiße Weste der HVA befleckt. Das wird ihm niemals verziehen. Als sein früherer Chef Werner Großmann – mit „Charly“ übrigens weder verwandt, noch verschwägert – zehn Jahre nach dem Ende der HVA zum Kontakt zu ehemaligen Genossen befragt wird, lautet die Antwort militärisch knapp: „Wir sehen uns regelmäßig, tauschen uns aus. Nur Verräter nicht, die sind ausgeschlossen. Für immer und ewig.“ (153)

Wer dabeisein darf, muß bei den Kameradschaftstreffen der Stasi-Rentner noch heute Bericht über mögliche Anwerbeversuche erstatten. Solch tolle Angebote wie kurz nach dem Mauerfall dürften inzwischen jedoch nicht mehr dabeisein.

„Hier spricht Gertrude ...“

Wenn Andrea Wolf im Sommer 1990 die Telefonnummer 011-212-227-964 in den USA angerufen, sich mit „Hier spricht Gertrude“ gemeldet und nach „Gustav“ verlangt hätte, wären CIA-Agenten ihrem Mann Markus bei einer Ausschleusung aus Deutschland behilflich gewesen. Das versprachen dem bis 1986 amtierenden DDR-Spionagechef zwei Geheimdienstler, die ihn Ende Mai mit Blumenstrauß und Pralinenschachtel für Gattin Andrea in seinem Sommerhaus in Prenden aufsuchten. „Der ältere, untadelig gekleidet, stellte sich als Mr. Hathaway und persönlicher Beauftragter William Websters, des damaligen Direktors der CIA, vor. Er sprach formvollendet gutes Deutsch.“ (154) Sein Begleiter sagte, „er heiße Charles und sei Leiter der Berliner

Dependance der CIA; dabei wirkte er alles in allem eher wie ein Leibwächter". (155)

Die Gentlemen kommen schnell zur Sache: Wenn Wolf über die Stasi-Spione in den USA auspackt, seien ein Haus in Kalifornien und eine sechsstelligen Dollarsumme durchaus drin. Markus Wolf erinnert sich: „Zweifellos war die Vorstellung, meinen Ruhestand im sonnigen Kalifornien zu verbringen, verlockender als der Gedanke an eine deutsche Gefängniszelle." (156)

Trotzdem lehnt der Stasi-Generaloberst ab. Noch setzt er auf „die Freunde" in Moskau und ahnt nicht, daß auch deren Tage gezählt sind.

So wie Markus Wolf werden auch anderen hohen Offizieren individuelle Kapitulationsangebote von westlichen Diensten gemacht.

Dabei sind die Leute vom BND nicht ganz so flink wie ihre amerikanischen Kollegen. Erst ab März 1990 klingeln Abgesandte aus Pullach an den Türen von HVA-Offizieren. Dabei hatte gerade der BND schon Jahrzehnte zuvor bewiesen, daß er bei Abwerbungsversuchen nicht gerade unter Ideenmangel leidet.

Damals, 1966 in Ghana, saß ein junger Mann aus der DDR dort im Gefängnis. Sein Paß lautete auf den Namen „Krüger". Eines Tages erschien ein Mann in einer Priestersoutane in seiner schmuddeligen Zelle. Der gab sich als Abgesandter des BND zu erkennen, bot die Freiheit und eine Million harte West-Mark. „Herr Krüger" war nämlich in Wirklichkeit der damals 33jährige Stasi-Major Jürgen Rogalla. Als DDR-Entwicklungshelfer hatte er dem ghanaischen Präsidenten Kwame Nkrumah beim Aufbau von dessen Geheimdienst geholfen, Putschisten verhafteten ihn deswegen. Rogalla lehnte die Offerte des falschen Pfaffen ab und kam schließlich auf massiven diplomatischen Druck der DDR frei. (157)

Zurück zu Hause, schafft es Jürgen Rogalla bis zum Oberst und Chef der Abteilung XI der HVA, zuständig für die USA und deren Einrichtungen im „Operationsgebiet". Er kennt alle Stasi-Spione in den USA und in amerikanischen Einrichtungen der Bundesrepublik.

Im März 1990 klingelt es an seiner Wohnungstür in Berlin-Mitte. Ein Mann mit starkem amerikanischem Akzent stellt sich als Emissär der CIA vor und lädt ihn zum Essen in einem West-Berliner Lokal ein. Doch Jürgen Rogalla ist vorsichtig, verlangt erstmal eine ordentliche Legitimation. Die bringt der Mann beim nächsten Treff in der Wohnung des Stasi-Offiziers in Form eines Briefs von CIA-Chef William Webster mit. Der schreibt: „Obwohl Ihre Bitte um ein förmliches, schriftliches Angebot unüblich ist, komme ich ihr wegen der großen Bedeutung, die Sie für uns haben, nach." (158) Sein Vertreter sei autorisiert, Rogalla für dessen komplettes Auspacken „one million West German Deutsch marks" (159) anzubieten. Auch an einen unauffälligen Umzug mitsamt der Familie in die USA wäre gedacht.

Rogalla erbittet sich Bedenkzeit und geht zu seinem Chef Werner Großmann. Beim dritten Treffen mit dem CIA-Mann sitzt der mit auf der Couch in Rogallas Wohnung. „Da bekam der Amerikaner wahnsinnige Angst und wollte am liebsten gleich wieder auf dem Absatz umkehren" (160), erinnert sich der Oberst. Immerhin existiert zu diesem Zeitpunkt die DDR noch. Für den amerikanischen Geheimdienstler ist sie tiefstes Feindesland. Doch die beiden Stasi-Männer verzichten auf Drohungen. Statt dessen halten sie dem „Kollegen" einen Vortrag über ihre Offiziersehre und verabschieden ihn dann höflich.

So wie Jürgen Rogalla lehnen auch viele andere HVA-Genossen jegliche Zusammenarbeit mit dem einstigen Klassenfeind ab. Das erschwert den westdeutschen Strafverfolgungsbehörden die Arbeit, um deren Ergebnisse bringt es sie letztlich jedoch nicht.

Dazu trägt sicher auch der Umstand bei, daß in den wirren Wende-Wochen Abgesandte von allen nur möglichen Geheimdiensten versuchen, sich ein Bild über die tatsächlichen Verhältnisse in der bis zum 9. November 1989 nahezu hermetisch abgeschotteten DDR zu machen.

Informationen darüber finden sich in den bis heute streng geheimen Dossiers der Dienste. Stasi-Oberstleutnant Helmut Wagner, Experte für die bundesdeutschen Geheimdienste, will aber angeblich aus den letzten Tagen seiner Arbeit im MfS wissen, daß auch hierbei die Amerikaner besonders aktiv waren und unter den neuen Politikern sogar schon nach Einflußmöglichkeiten suchten: „Etwa 80 Aktivisten in der DDR wurden von den amerikanischen Diensten, die eigens dafür Experten nach

Deutschland brachten, genauer unter die Lupe genommen (...). Zu diesem Personenkreis zählten Manfred Stolpe, Lothar de Maizière, Rainer Eppelmann, Bärbel Bohley, Reinhardt Schult, Wolfgang Ullmann, Ibrahim Böhme, Wolfgang Schnur, Konrad Weiß, Ulrike Poppe, Sebastian Pflugbeil und Markus Meckel. Die besten Noten als integre Persönlichkeit mit großer Ausstrahlung erhielt der Wittenberger Theologe Friedrich Schorlemmer. Negativ hingegen wurden bewertet Bärbel Bohley (‚Für Massenwirkung völlig ungeeignet'), Konrad Weiß (‚Starke Profilierungssucht. Primitiver Antikommunist. Gefährlich, wenn er Macht bekäme.') und Reinhard Schult (‚Primitiver Eiferer')." (161)

Ob solcherart Informationen und Einschätzungen tatsächlich noch von „Kundschaftern" beschafft oder von der Stasi selbst als Zeitbombe in ihr Erbe geschleust werden, weiß niemand genau. Deutliche Belege gibt es hingegen dafür, daß zumindest die Stasi-Leitungsebene auch nach dem offiziellen Abgang in den Ruhestand ganz und gar nicht an ein beschauliches Rentnerdasein denkt.

2. Kapitel

Die Generäle konspirieren weiter

Der 31. März ist einer jener Tage im ereignisreichen Jahr 1990, an dem nicht allzuviel passiert. Das Sturmtief „Wiebke“ mit seinen Schäden in ganz Deutschland ist vergessen, die erste Landesdelegiertenkonferenz des gerade gegründeten Arbeitslosenverbandes der DDR interessiert vorerst noch wenige. Die Delegierten schätzen, daß es bereits 60 000 bis 70 000 Arbeitslose im Lande gibt. (1)

An diesem Samstag werden es gut 4000 mehr. Es ist der letzte offizielle Arbeitstag der Hauptverwaltung Aufklärung. Nur noch etwa 250 Offiziere bleiben bis zum 30. Juni 1990 im Dienst. Sie sollen die letzten Auflösungsarbeiten erledigen.

HVA-Chef Werner Großmann darf die Diensträume schon vor seinem Ausscheiden aus dem Dienst nicht mehr betreten. Am 31. März bekommt er den letzten Stempel in sein grünes Sozialversicherungsbüchlein und seine Papiere. Es ist ein bitterer Tag für den Generaloberst, der eigentlich erst mit 65 in die Rente gehen und deshalb noch vier Jahre dienen wollte: „In der Personalabteilung erledige ich die notwendigen Formalitäten, kurz, aber nicht schmerzfrei.“ (2) Werner Großmann fährt ein letztes Mal aus seiner Dienststelle nach Hause und macht sich so seine Gedanken: „Ich verabschiede mich voller Wehmut, auch Zorn, voller Ungewißheit. Fragen zur eigenen Lebensleistung, Nachdenken über die eigene Verantwortung, über Schuld oder Nichtschuld begleiten mich.“ (3)

Seine seit 38 Jahren währende Geheimdienstarbeit ist damit jedoch ebenso wenig abgeschlossen wie die seiner Generäle und Obristen. Sie konspirieren weiter. Ohne daß das Bürgerkomitee oder der Runde Tisch etwas davon weiß, gehen immer noch Berichte von HVA-Spionen aus dem „Operationsgebiet“ ein. Werner Großmann hat sein Hauptquartier privatisiert: „Von zu Hause aus verfolge ich nun die Ereignisse. Meine Mitarbeiter halten weiter den Kontakt zu den Quellen. Berichte wie die von

Klaus Kuron aus dem Bundesamt für Verfassungsschutz erhalte ich nach wie vor. Gemeinsam bewerten wir die Informationen. Ich schlage notwendige Maßnahmen vor." (4) Das erleichtert Werner Großmann den unfreiwilligen Ruhestand, denn inzwischen weiß er: „Die Ankunft im Alltag eines Rentners ist gespenstisch." (5)

Obwohl die Spionage im Westen offiziell längst beendet ist, gibt es noch immer zahlreiche Spuren, die getilgt und „Quellen", die geschützt werden müssen. Den wohl wichtigsten Beitrag dazu liefert Doppelagent „Stern" alias Klaus Kuron. Die HVA-Obristen Peter Richter und Klaus Rösler wissen, was der beim Verfassungsschutz als „Herr Kluge" bekannte Mann für die Genossen im Osten leistet: „Er empfing die HVA-Überläufer, forschte sie aus und prüfte vor allem die Gefahr für sich selbst. Zugleich meldete er die Abtrünnigen ihrem ehemaligen Arbeitgeber, damit dieser ihn vor deren Mitteilsamkeit schützte. So erfuhren die HVA-Auflöser aus erster Hand, was das BfV gegen die HVA plante, welche Offiziere übergelaufen waren, was sie ausgesagt hatten und welche sonstigen Angebote an den Verfassungsschutz gemacht worden waren." (6) Ganz ohne den Segen der Stasi-Auflöser vom Runden Tisch werden so noch etliche „Kundschafter an der unsichtbaren Front" im Westen aus der Schußlinie gebracht und deren Spuren verwischt. Werner Großmann stellt zufrieden fest, daß die strikte Konspiration auch unter den Augen der arglosen Bürgerrechtler noch reibungslos klappt: „Selbstlos verhindern viele Mitarbeiter und Leiter sowie meine Stellvertreter, daß das leckgeschlagene Schiff abrupt im Strudel versinkt. Im Interesse unserer Kundschafter und IM nutzen wir alle Möglichkeiten und Tricks." (7)

Darauf ist der Spionage-General bis heute stolz. Dabei übersieht er zwei wichtige negative Nebenwirkungen der fortgesetzten Spionagetätigkeit Klaus Kurons. Werner Großmanns Offiziere Peter Richter und Klaus Rösler nennen sie beim Namen: „Der Verfassungsschützer bestärkte auf diese Weise auch die alte HVA-Führung, gegenüber den Behörden der Bundesrepublik sehr reserviert aufzutreten und Möglichkeiten einer frühzeitigen Bereinigung des deutsch-deutschen Spionagekapitels ungenutzt zu lassen." (8) Die zweite fatale Folge ist vielleicht noch gravierender, weil sie direkt die ehemaligen Mitarbeiter der HVA betrifft. Während alle anderen DDR-Bürger in jenen Tagen ihre ersten Schritte in die Freiheit proben, bleiben sie in ihrem alten System gefangen. Durch das ihnen unbekannte und damit um so bedrohlichere Herrschaftswissen der offiziell längst entmachteten HVA-Führung wird für viele der Ausstieg aus dem Spionagegeschäft erschwert. Peter Richter und Klaus Rösler: „Seine (Klaus Kurons – Anm. des Autors) Informationen ermöglichten über lange Zeit die Verunsicherung und damit die Disziplinierung solcher HVA-Mitarbeiter, die einen endgültigen, aber zugleich verantwortbaren Schlußstrich unter ihre Vergangenheit ziehen wollten." (9)

Gerade dieses Herrschaftswissen ist es auch, daß andere Stasi-Offiziere zögern läßt, endgültig aus „der Firma" auszusteigen. Für viele scheint plötzlich die Welt auf dem Kopf zu stehen; Jene, die für sie eben noch „feindlich-negative Kräfte" waren, bekleiden jetzt verantwortungsvolle Positionen. Manche emsigen Spitzel präsentieren sich nun als politische Funktionäre und Partner der großen Parteien im Westen. Leute wie Manfred „Ibrahim" Böhme alias „Paul Bonkarz" und „Maximilian", Mitbegründer der Ost-SPD und Kandidat der Sozialdemokraten für das Amt des DDR-Ministerpräsidenten, oder Wolfgang Schnur alias „Dr. Schirmer" und „Torsten", Chef des „Demokratischen Aufbruch", belegen die geheime Macht der Stasi in der Wendezeit. Wo vielleicht noch unentdeckte wichtige Einflußagenten sitzen, weiß niemand. Mancher nun arbeitslose Führungsoffizier mag da einen Wechsel auf die Zukunft vermuten. So sucht zum Beispiel Oberstleutnant Klaus Roßberg, vormals stellvertretender Chef der Stasi-Abteilung XX/4, Kirchenfragen, am 15. August 1990 in Potsdam Manfred Stolpe auf, den er jahrelang als IM „Sekretär" geführt hatte. In einem selbst angefertigten Gesprächsvermerk hält er fest: „Ich bemerke eingangs, daß ich nunmehr als Verlierer der Geschichte vor ihm stehe (...) Abschließend bat ich um seine Unterstützung meiner persönlichen Probleme (Arbeit, Perspektive)." (10)

Andere, wie Stasi-Major Edgar Hasse, beschränken sich darauf, mit ihrem Wissen kräftig Sand ins Getriebe zu streuen. Er macht den Vorgang des IM „Cerni" mit der Registriernummer XV/3468/81 öffentlich, der den letzten DDR-Ministerpräsidenten

Lothar de Maizière in die Nähe einer inoffiziellen Stasi-Mitarbeit rückt und schließlich zu dessen Rücktritt als Chef der Ost-CDU führt.

Für die HVA stellt sich derweil noch ein ganz anderes Problem, das eine geheime Weiterarbeit nötig macht.

Etliche „Kundschafter" außer Dienst sehen nach ihrem Rückzug aus dem Westen in der bis 1989 sicheren DDR einem wohlversorgten, geruhsamen Lebensabend entgegen. Der sich auch nach seiner Entlassung noch verantwortlich fühlende Generaloberst Werner Großmann sieht sich diesen Leuten gegenüber in der Pflicht: „Es gab eine Fürsorgepflicht des Staates, und die wurde auch wahrgenommen." (11) Er weiß: Das ist nun nicht mehr möglich.

Im Zuge der Auflösung der DDR übernimmt die HVA diese Aufgabe nun offenbar in eigener Regie. Die neuen Verantwortlichen aus den Bürgerkomitees werden nicht gefragt.

Einer, den es in jenen Wochen zu schützen gilt, ist Hansjoachim Tiedge. Der Überläufer vom Bundesverfassungsschutz, inzwischen längst mit einem Professoren-Titel und einem noblen Haus in Berlin-Karolinenhof versehen, baut zunächst darauf, daß es mit der Einheit wohl noch dauern würde: „Die Wende in der DDR nahm ich als interessierter Staatsbürger zur Kenntnis, ohne anfangs irgendwelche konkrete Konsequenzen für mich zu befürchten. Wie der damalige DDR-Verteidigungsminister, der Pfarrer Rainer Eppelmann, war auch ich der Ansicht, die Wiedervereinigung werde, falls sie überhaupt komme, noch Jahre auf sich warten lassen." (12) Für den Fall, daß dies dann doch nicht so sei, plant der einstige Verfassungsschützer „Tappert" seine Flucht in die Sowjetunion. Er würde dorthin sogar zu Fuß gehen, um nicht in die Hände seiner ehemaligen Kollegen zu fallen. (13)

Das muß er nicht. Alte Stasi-Verbindungen zu „den Freunden" helfen. Noch stehen sowjetische Truppen in der DDR. Ihre Standorte sind exterritorial, Grenzen haben sie nicht zu fürchten. Hansjoachim Tiedge profitiert davon: „Ich bin weder gelaufen noch hinter dem Ural gelandet. Am 23. August 1990 sind meine Frau und ich in Begleitung eines KGB-Obersten vom sowjetischen Militärflughafen Sperenberg nach Moskau geflogen, wo wir einige Monate in einem ‚Objekt' verbrachten, weit vor den Toren der

Stadt, in der Stille der Landschaft.“ (14) Er lebt bis heute unbehelligt in Rußland in der Obhut des russischen Inlandsgeheimdienstes.

Diese Chance hätte auch Klaus Kuron gehabt. Wenige Tage nach der deutschen Einheit erfährt er, daß ihn der Stasi-Überläufer Karl-Christoph Großmann verraten hat. Obwohl die HVA ja angeblich lange tot sein soll, klappt auch hier die alte konspirative Verbindung. Über Kurons früheren Führungsoffizier Stefan Engelmann wird ein Kontakt zur KGB-Residentur in Berlin-Karlshorst geknüpft. „Stern“ will seinen Genossen aus dem Osten am liebsten mit nach Moskau nehmen, aber Stefan Engelmann lehnt ab. Trotzdem versprechen „die Freunde“ Klaus Kurons Ausschleusung aus Deutschland und ein Refugium in Rußland; mehr jedoch nicht. Das ist dem aktiven Doppelagenten zu wenig. Er möchte irgendwie im Geschäft bleiben. Klaus Kuron pokert ein letztes Mal. Auf dem Rückweg vom Treffen mit Engelmann ruft er aus einer Telefonzelle in Königslutter seine Dienststelle an und sagt: „Ich bin der Maulwurf, den ihr so lange sucht.“ (15) Ganz Profi, bietet er eine Doppelagenten-Operation gegen das KGB an. Der Preis: Seine Stasi-Spionage wird dafür vergessen. Die Herren in Köln lehnen ab und setzen ihr Verhaftungskommando in Marsch. (16) Klaus Kuron tut es später bitter leid, nicht doch den Flieger nach Moskau genommen zu haben.

Neben der Agenten-Rettung hat die eigentlich längst aufgelöste Leitung der Hauptverwaltung Aufklärung auch sonst noch gut zu tun. Das reicht von solch unangenehmen Aufgaben, wie die konspirative Vernehmung des Stasi-Überläufers Werner Roitzsch, über Geheimtreffen der Stasi-Generale mit Regierungsvertretern, wie das vom 15. Februar 1991, dessen Stattfinden Werner Großmann zunächst dementiert, die Regierung aber vier Wochen später zugibt, bis hin zur gemeinsamen Ausarbeitung von Positionspapieren und Petitionen zum Umgang mit den ehemaligen Stasi-Mitarbeitern, wie im Mai 1993 oder im Herbst 2000. Offiziell wird allerdings jegliche Tätigkeit geleugnet. Im April 1991 erklärt Werner Großmann: „Wir haben die Arbeit ordnungsgemäß beendet. Es ist alles eingestellt seit langem. Und es gibt kein Weiterleben, es gibt keine Übergabe an den KGB, keine Übergabe an andere Geheimdienste.“ (17)

Trotzdem betont Generalmajor Heinz Engelhardt, letzter Chef im „Amt für Nationale Sicherheit“, gleichzeitig: „Es ist selbstverständlich, daß Mitarbeiter immer wieder auch Kontakte und Verbindungen zu uns suchen, daß sie sich Rat bei uns holen. Wir haben immer wieder in persönlichen Gesprächen Einfluß darauf genommen, Mitarbeiter vor Schaden zu bewahren, vor unüberlegten Handlungen. Da spielen sich natürlich viele menschliche Schicksale ab, Tragödien.“ (18)

Mit dem offiziellen Ende der Stasi ist allerdings die Kommunikation der Generäle im Unruhestand mit ihren ehemaligen Gefolgsleuten ausgesprochen kompliziert geworden. Spionagechef Werner Großmann hat deshalb schon im Sommer 1990 eine geniale Idee: Er wird die Presse des Klassenfeindes nutzen, um seinen Genossen in Ost und West wichtige Botschaften zukommen zu lassen.

Der „Spiegel“ als toter Briefkasten

„Reden ist Silber, Schweigen Gold“ – so hätte der letzte Befehl der Hauptverwaltung Aufklärung lauten können. Und Werner Großmann als ihr Chef geht dabei seinen Leuten mit gutem Beispiel voran. Im Sommer 1990 ist er abgetaucht, tritt weder im nun plötzlich investigativen DDR-Fernsehen, noch in irgendwelchen Zeitungen auf. Als ihm über einen Mittelsmann der Wunsch des Hamburger Nachrichtenmagazins „Der Spiegel“ nach einem Exklusiv-Interview übermittelt wird, lehnt er erst einmal rundweg ab: „Einerseits befürchte ich, daß die Journalisten etwas wissen wollen, was ich ihnen nicht sagen will, andererseits präsentiere ich mich zum ersten Mal in meinem Leben der Öffentlichkeit. Für mich als alten Geheimdienstmann ungewohnt.“ (19)

Doch dann kommt ihm eine Idee: Wie sonst, wenn nicht über ein auflagenstarkes Medium wie „Der Spiegel“ könnte er seinen noch unentdeckten Mitarbeitern im Westen oder den sich langsam in alle Winde zerstreuenden Genossen im Osten eine Botschaft zukommen lassen?

Der Generaloberst beschließt, den „Spiegel“ als „toten Briefkasten“ zu nutzen: „Je länger ich über das Angebot nachdenke, desto mehr Argumente finde ich, mich doch zu äußern. Ich kann meine ehemaligen Mitarbeiter und Kundschafter darüber informieren, daß die HVA-Leitung keinen verraten wird, daß alle Akten vernichtet wurden und dadurch keine Enttarnung droht. Jeder soll wissen, daß Übernahmeangebote an andere Dienste nicht von uns kommen und wir uns allen Kundschaftern solidarisch verbunden fühlen." (20)

Es gibt eine Vorbesprechung im Restaurant „Peking" in der Leipziger Straße, dann das Gespräch im Berliner Grand Hotel in der Friedrichstraße. Für Werner Großmann stellt sich dabei das anfängliche Lampenfieber schnell als völlig unbegründet heraus. Das Drei-Stunden-Gespräch ist nicht gerade ein hartes Verhör: „Den Spiegel-Leuten antworte ich nicht immer umfassend und tiefschürfend. Aber das erwarten sie wohl auch nicht, denn sie machen es mir nicht besonders schwer. Es reicht ihnen offensichtlich, die erste öffentliche Äußerung des letzten Spionagechefs der DDR in ihrem Blatt zu haben." (21)

So entsteht schließlich ein Interview, das in seinen Kernaussagen ungewöhnlich klingt; versuchen Journalisten normalerweise, auf kurze, prägnante Fragen umfänglich Antworten zu bekommen, ist es hier genau umgekehrt. Kostprobe: „Spiegel: In den Unterlagen findet sich nichts mehr, was Hinweise auf Stasi-Agenten in der Bundesrepublik geben kann? Das ist alles weg? Großmann: Ja. Spiegel: Das heißt also, das alles läßt sich nur aufarbeiten, wenn Zeitzeugen berichten. Und wenn sie nicht berichten, dann ist Ende der Fahnenstange? Großmann: Ja. Spiegel: Und Sie sind bereit zu berichten, wenn Sie gefragt werden? Großmann: Nein." (22) Damit sind erst einmal, militärisch knapp, die wichtigsten Botschaften transportiert.

Mit der umfangreichen Aktenvernichtung – von den dabei passierten Pannen ahnt zu diesem Zeitpunkt noch niemand etwas – hat das Wissen in den Köpfen der Generäle entscheidend an Gewicht gewonnen. Sie kennen die Quellen, wissen, wer was geliefert hat und haben immer wieder die Charakterbilder der „Kundschafter" studiert. Das ist ein Pfund, mit dem man wuchern kann, und so nutzt Werner Großmann sein erstes „Spiegel"-Interview gleich noch, um ein erstes konkretes Angebot zu unterbreiten.

Auf die Frage: „Sind Sie denn bereit, Ihre Kenntnisse in großem Umfang preiszugeben, wenn eine Regelung zur Straffreiheit getroffen ist?“ antwortet der HVA-Chef sybillinisch: „Vielleicht in größerem, nicht in großem Umfang. Auch dann muß man sicher auf vieles Rücksicht nehmen, um nicht neu Unsicherheiten zu provozieren. Mit einer solchen Regelung ist natürlich auch die Forderung nach Loyalität gegenüber der künftigen gemeinsamen deutschen Regierung verbunden.“ (23)

Damit ist die Operation „Spiegel“ einen Monat vor der deutschen Einheit für den HVA-Chef erst einmal höchst erfolgreich abgeschlossen. Er bessert mit den 10 000 Mark Honorar seine Rente von damals bescheidenen 990 Mark auf und empfiehlt seinen Genossen das Blatt weiter als brauchbaren „toten Briefkasten“.

Wenige Monate später wird er wieder prall gefüllt. Einige Generäle und Obristen bieten am 17. Januar 1991 per Brief Innenminister Wolfgang Schäuble (CDU) an, ihr Wissen und ihren Einfluß einzusetzen, um einen Schlußstrich unter die Stasi-Probleme zu ziehen. Die Initiative droht in Geheimgesprächen mit Verfassungsschutzchef Gerhard Boeden und dessen designierten Nachfolger Eckardt Werthebach zu versickern. Deshalb wird wieder der „tote Briefkasten“ genutzt, um die Botschaften überhaupt erst einmal öffentlich bekanntzumachen und so in die Diskussion zu bringen.

Diesmal sind gleich vier ehemalige Stasi-Chefs dabei: Neben Generaloberst Werner Großmann auch Generalmajor Gerhard Niebling, letzter Chef der „Zentralen Koordinierungsgruppe Flucht und Übersiedlung“ (ZKG), und die beiden letzten AfNS-Leiter, Generalleutnant Wolfgang Schwanitz und Generalmajor Heinz Engelhart. Die Aktion läuft per gemeinsamen Auftritt in „Spiegel-TV“ und wird im Heft 16/1991 des Magazins noch einmal schriftlich nachgereicht. Zunächst unterstreichen die Herren, daß sie bei der Lösung der Stasi-Problematik aktiv mitmachen wollen. Das stellt sich Werner Großmann so vor: „Daß man sich in bestimmten Gremien darüber unterhält. Dort werden wir erneut unsere Vorschläge einbringen. Aber wir müssen einbezogen werden. Wir halten es für richtig, daß wir gefragt werden und unsere Vorschläge ernst genommen werden.“ (24)

Unmißverständlich weist er darauf hin, daß ihr Wissen immer noch politischen Schaden für die Bundesrepublik verursachen könnte: „Loyalität besteht darin, daß wir schweigen. Und ich möchte auch weiterhin schweigen über interne Erkenntnisse, die unserem Staat (und das ist jetzt die Bundesrepublik Deutschland! – Anm. des Autors) Schaden zufügen würden, wenn sie bekannt würden, politischen Schaden auch einzelnen." (25) Das gilt es also angeblich zu verhindern, und dazu werden alle gebraucht.

Wolfgang Schwanitz wirbt um das Vertrauen der ehemaligen Genossen und teilt ihnen via „Spiegel" mit, daß ihre einstigen Chefs durchaus noch nicht in den Ruhestand abgetaucht sind: „Habt Vertrauen, wir werden auch in diesem kleinen Kollektiv, wie wir hier sitzen, Schritte unternehmen, um gegen Entscheidungen vorzugehen, die nach meiner festen Überzeugung nichts mit Rechtsstaatlichkeit zu tun haben." (26)

Das sagt er ein Jahr nach Auflösung der Stasi, also zu einem Zeitpunkt, zu dem es selbst das „kleine Kollektiv" gar nicht mehr geben dürfte! Offenbar haben die Generäle ihre einstigen Truppen immer noch gut im Griff.

„Wir müssen erst mit Großmann reden..."

Gerhard Boeden, 1990 Chef des Bundesverfassungsschutzes, ist fest davon überzeugt, daß auch lange nach dem offiziellen Ende der Stasi immer noch relativ festgefügte Strukturen unter den ehemaligen Genossen bestehen. Er hatte gerade mit zwei Stasi-Generälen gesprochen und versucht, sie endlich zur Aufgabe zu veranlassen. Dabei fiel ihm etwas auf: „Die beiden haben zu mir gesagt, das sehen wir alles ein, aber wir können nicht, wir müssen erst mit Großmann, und der muß sicherlich mit Wolf reden. Die Antwort, die sie mir dann übermittelt haben, war nicht sehr erfreulich." (27)

Als Werner Großmann davon hört, kann er es kaum glauben: „Sofort rufe ich Braun und Kratsch an. Sie versichern mir glaubhaft, daß sie dies nicht gesagt haben. Ich glaube ihnen, denn ich war den beiden gegenüber nie weisungsbefugt und bin es auch heute nicht. Markus Wolf hielt sich übrigens zu dieser Zeit im

Ausland auf. Selbst wenn ich gewollt hätte, wäre er für mich nicht erreichbar gewesen." (28)

Dennoch glaubt Boeden: „Da gibt es noch Seilschaften, in bestimmten Bereichen sogar noch Weisungsabhängigkeiten." (29) Er hat offenbar von der Geschichte um den Verrat von Werner Roitzsch gehört und schlußfolgert: „Es scheint so, daß es da eine geschlossene Kameraderie gibt. Wir wissen, daß in einem Fall jemand, der sich mit uns in Verbindung gesetzt hatte, was Großmann dann erfahren hat, regelrecht vorgeführt wurde. Seine Ausweise wurden ihm abgenommen und ihm gesagt, übers Wochenende hast du ein Geständnis abzulegen. Da war Großmann längst pensioniert." (30)

Für den Verfassungsschutzchef scheint der seit 27. November 1986 außer Dienst stehende Markus Wolf immer noch der eigentliche Drahtzieher in der HVA zu sein: „Der wollte seinen Laden, die HVA, von der Diskussion Staatssicherheit abkoppeln. Er wollte wohl auch die Agenturen retten, vermutlich wem auch immer anbieten. Als noch nicht so klar war, daß es nicht bei zwei deutschen Staaten bleiben würde, hat er auch der Modrow-Regierung klargemacht, daß sie auf einen Auslandsdienst nicht verzichten kann." (31)

Für Werner Großmann sind das alles Hirngespinste: „Ich kann ja verstehen, daß Herr Boeden mit seinem Stasi-Syndrom endlich mal seinen Verfassungsauftrag erfüllen will. Und da glaubt er, entsprechenden Druck auf die Besiegten ausüben zu müssen." (32)

Daß Gerhard Boeden sich dabei auch durchaus Sorgen um die ehemaligen Stasi-Mitarbeiter macht, nimmt er offenbar nicht wahr: „Natürlich kann man nicht Leute amnestieren, die Blut an den Fingern haben. Aber für ein breites Feld muß man einen Weg finden, damit sie wieder eine Perspektive kriegen." (33)

Daß dies letztlich versäumt wird, liegt daran, daß sich die bereits im Zuge der Veränderungen in der DDR artikulierten Forderungen nach Aufdeckung der Stasi-Tätigkeit in allen ihren Verästelungen auch nach der Einheit Deutschlands als gesamtgesellschaftlicher Konsens durchsetzen. Damit verbunden ist die Erwartung, endlich auch die Verantwortlichen der Stasi kennenzulernen und zu hören, wie sie zu ihrer Verantwortung stehen.

Nicht alle Stasi-Kritiker unterstellen, daß es sich bei diesen Leuten nur um kriminelle Dunkelmänner handeln könne, die ohnehin zu bestrafen seien. Statt dessen fragen sich viele, die den Zusammenbruch der DDR bisher weder emotional noch rational verdaut haben, ob denn die Staats„sicherheit“ nicht eher eine Staats„unsicherheit“ gewesen ist. Sie hat doch angeblich alles gewußt. Wie konnte es da überhaupt zur Implosion eines ganzen Staatswesens kommen?

Diese Frage beschäftigt auch Politiker im Westen. Richard Meier, einer der Vorgänger Gerhard Boedens im Amt des Verfassungsschutzpräsidenten, sieht das mit Blick auf die Führungsriege des Ministeriums für Staatssicherheit so: „Bei der Auseinandersetzung mit den ehemaligen Leitern des MfS, denen wir heute angeblich als ‚Sieger‘ gegenüberstehen, ist ausschlaggebend, daß sie einen ganz anderen Auftrag hatten als wir. Nicht sie waren nicht überlebensfähig, sondern das System, das sie vertraten. Hätte das MfS nur einen Bruchteil seiner Energie darauf verwandt nachzuschauen, was im eigenen Land nicht stimmte, anstatt sich darin zu baden, was bei uns angeblich nicht stimmte, dann hätte es seiner eigenen Führung einen echten Dienst erwiesen.“ (34)

Vor einem solchen Hintergrund wirken auch möglicherweise ehrlich gemeinte Bemühungen der entmachtete Stasi-Generäle um Lösung des Problems in den ersten Monaten der Existenz des geeinten Deutschland eher wie Drohungen.

Das mag Generalmajor Gerhard Niebling nicht so gesehen haben. Er will auf das Problem aufmerksam machen und weist in der Öffentlichkeit eigentlich nur auf die immer noch von der Stasi ausgehende Gefahr hin: „Die gesamte MfS-Problematik birgt eine unwahrscheinliche Brisanz in sich. Sie liegt – ohne das dramatisieren zu wollen – sowohl in den Akten als auch in vorhandenen, aber bereits abgeschalteten Quellen, ehemaligen IM des MfS, und auch in den Köpfen der Mitarbeiter, die natürlich viel wissen, Kenntnisse über Personen, Sachzusammenhänge besitzen.“ (35) Er sieht dadurch eine Zeitbombe im langsam zusammenwachsenden Deutschland ticken: „Ich war nicht Chef der Aufklärung. Aber die Gefahr unkontrollierter Reaktionen wächst, wenn sich MfS-Leute bedroht, in die Ecke gedrängt sehen.“ (36)

Die deutsche Befindlichkeit ist in diesen Wochen nicht so, solch eine Aussage einfach nur als Information von einem, der es eigentlich wissen muß, zur Kenntnis zu nehmen.

Die Monate bis zur deutschen Einheit wurden von vielen Ostdeutschen als Leben in einem rechtsfreien Raum empfunden. Tagtägliche Erfahrungen mit bisher unbekannten Behörden vom Arbeitsamt bis zum Finanzamt, denen sich viele noch nicht gewachsen fühlen, festigen das Gefühl der Unsicherheit. Dutzende erlebte oder auch nur gehörte Geschichten rund um die Treuhand lassen den Glauben wachsen, tatsächlich in „Wild-Ost“ zu leben. Und all diesen Dingen steht der einzelne hilflos gegenüber. Doch nun gibt es wieder einen starken Staat. Nach ihm zu rufen, liegt nahe. Nicht gegen das Finanzamt oder gegen die Treuhand – das ist ja der neue Staat, und mit dem legt sich keiner gern an –, aber gegen die Mächtigen von gestern, da kann er doch etwas tun! Hängen sie nicht immer noch in ihren „alten Seilschaften“ zusammen? Haben sie nicht heimlich Millionen auf die Seite geschafft? Sind sie nicht überhaupt Schuld daran, daß alles den Bach hinuntergeht? Selbst loyale DDR-Bürger, von „Abwicklung“ und „Warteschleife“ gepiesackt, suchen plötzlich Feindbilder. Die Stasi ist eines.

Und nun will sie sich auch noch heimlich aus der Verantwortung schleichen! Gerhard Niebling: „Unter der Voraussetzung eines diskret zugesicherten Verzichts auf Strafverfolgung gegen sie (die ehemaligen Stasi-Mitarbeiter – Anm. des Autors) könnten wir sie möglicherweise überzeugen, sich den Behörden zu stellen und damit ihren Rucksack abzulegen. Werner Großmann hat deutlich gemacht, daß man unter Druck keine Quellen offenlegen kann.“ (37)

In der erregten Stimmung des Frühjahrs 1990 werden solche Aussagen nicht als Diskussionsangebot, sondern als Erpressungsversuch empfunden. Konkrete Vorschläge zur Bereinigung der zweifellos vorhandenen Probleme werden inhaltlich gar nicht mehr diskutiert, sondern nur noch pauschal vom Tisch gewischt.

Das mag eine vertane Chance gewesen sein. Die Ursachen dafür liegen aber nicht nur in der Ignoranz der Bundesbehörden. Auch Werner Großmann und Co. haben ihre Schlacht taktisch unklug geschlagen.

Das Angebot: Wissen gegen Amnestie

Der am 17. Januar 1990 an Innenminister Wolfgang Schäuble übermittelte Vorschlag der Stasi-Generäle, ihr Wissen gegen das Versprechen einer umfassenden Amnestie preiszugeben, ist ein Dokument mit drohendem Unterton und deutlich gesetzten Bedingungen.

Angeboten wird Redebereitschaft, die „im Interesse des inneren Friedens“ und aus dem Bemühen einer „nichtspektakulären Offenlegung der Stellung und Funktion des MfS im System der DDR“ (38) entstanden sei.

Damit weisen die Generäle bereits als Einstieg unmißverständlich auf zwei Faktoren hin: Erstens: Bei der aufgelösten Stasi ist noch genügend Potential vorhanden, um innere Unruhe in Deutschland zu schaffen. Zweitens: Geredet wird nur unter Ausschluß der Öffentlichkeit; die gesamte Stasi-Tätigkeit soll unter der Decke bleiben.

Unter diesen Bedingungen wären die Herren bereit:

- „zum Offenlegen von noch nicht enttarnten Quellen des MfS im Gebiet der ehemaligen BRD sowie im NATO-Bereich;
- zur Offenlegung der tatsächlichen Zusammenhänge zu dem Komplex, Übergabe von Quellen an das KGB der UdSSR im Zusammenhang mit der Auflösung des MfS;
- mitzuwirken bei der realen Bewertung des Handelns von IM in der ehemaligen DDR;
- Zusammenhänge von operativen Vorgängen und Aktionen des MfS aufzudecken, sofern dafür insbesondere im Zusammenhang mit Maßnahmen der Strafverfolgungsbehörden sowie zur Rehabilitierung Betroffener Handlungsbedarf besteht;
- auf Führungsoffiziere und andere Angehörige Einfluß zu nehmen, sich in diesen Prozeß einzubringen;
- Einfluß geltend zu machen, daß von den ehemaligen Angehörigen des MfS keine rechtswidrigen Handlungen gegen den Bestand der Bundesrepublik Deutschland begangen werden“. (39)

Mit diesem Angebot liefern die Stasi-Generäle fast ein Jahr nach Auflösung des „Amt für Nationale Sicherheit“ den Beweis dafür, daß sie immer noch über eine beträchtliche Macht verfügen. Nur bei einigermaßen intakten Befehlsstrukturen wäre die Erfüllung ihrer Selbstverpflichtungen überhaupt möglich. Wer sie also so abgibt, muß auch über Mittel und Wege verfügen, bei der eventuellen Annahme der Vorschläge durch die Behörden der Bundesrepublik schnell und umfassend seinen Part der Vereinbarung zu erfüllen.

An diesem fatalen Zusammenhang ändert auch die eingeforderte Gegenleistung nichts. Die Bundesregierung soll „auf der Grundlage entsprechender Rechtsvorschriften den Weg für eine Selbststellung unter Zusicherung der Straffreiheit bei Offenbarung aller Umstände, die mit der Tätigkeit für das MfS im Zusammenhang stehen", (40) ebnen.

Damit mag sich die Hoffnung der Stasi-Chefs darauf verbinden, daß ihre inoffiziellen Mitarbeiter in der ehemaligen DDR wie im ehemaligen „Operationsgebiet" von sich aus auf eine entsprechende Offerte der Bundesregierung eingehen könnten und somit keine Befehlsstränge mehr funktionieren müßten. Aber warum sollten sie das tun, haben ihnen doch die gleichen Generäle noch ein Jahr zuvor versichert, sie seien völlig ungefährdet und durch die Aktenvernichtung für alle Zeiten vor Enttarnung geschützt. Bieten sie nun den Behörden an, auf ihre ehemaligen Leute „einzuwirken", müssen sich diese – wenn sie das nicht ohnehin gleich als Befehl empfinden und dementsprechend handeln – zumindest durch das in den Köpfen der Generäle gespeicherte Wissen bedroht fühlen.

Damit bleibt der Vorschlag „Wissen gegen Amnestie" insgesamt fragwürdig.

Der Brief an Innenminister Schäuble ist von den Generälen Günther Kratsch (Spionageabwehr), Günter Möller (Kader), Gerhard Niebling (Koordinierungsgruppe), Heinz Engelhardt (Auflösung AfNS) und Werner Großmann (HVA) unterzeichnet. (41) Sie werden von Verfassungsschutzchef Gerhard Boeden und dessen designierten Nachfolger Eckart Werthebach am 15. Februar 1991 zu einem Gespräch über ihr Angebot in das frühere Innenministerium der DDR eingeladen.

Schon im Vorfeld gibt es unter den Stasi-Größen kontroverse Diskussionen um das auf der Grundlage des Briefs erstellte Positionspapier für dieses Gespräch. Werner Großmann: „Möller und Niebling hatten es erarbeitet. Ich stimme dem Papier als Gesprächsgrundlage zu, obwohl ich mit bestimmten Formulierungen nicht einverstanden bin.“ (42)

Das betrifft jene Punkte, zu denen sich Großmann bereits öffentlich festgelegt hat, wie die Frage der Übergabe von MfS-Kadern an das KGB. Angeblich habe sie ja nicht stattgefunden. Um so verwunderlicher, wenn die Genossen nun plötzlich anbieten, die „Zusammenhänge zu dem Komplex“ (43) offenzulegen. Eine peinliche Situation für Werner Großmann. Er erinnert sich: „Auch andere Passagen schmecken mir nicht. Aber, so denke ich mir, soll doch jeder seine Position daraus entnehmen und entsprechend vortragen.“ (44)

Dabei ist er dann für die Spionage zuständig, und das ist genau der Punkt, der die West-Beamten am meisten interessiert. Werner Großmann: „Beide wollen nur eins: Namen und Adressen.“ (45) Da sind sie bei dem Spionage-General falsch: „Ohne Gegenleistung bekommen sie von mir nicht einmal eine Schuhgröße.“ (46)

Dennoch erstickt das Gespräch nicht ganz im Frust. Positionen werden geprüft, manche verworfen, andere in Frage gestellt. Gerhard Boeden ist kurz davor, sich in den Ruhestand zu verabschieden. Er will sein Haus wohlbestellt hinterlassen und ist allein deshalb durchaus an positiven Ergebnissen interessiert.

Daß diese schließlich ausbleiben, liegt daran, daß das Positionspapier der Stasi-Generäle durch eine Indiskretion an die Presse gerät. In der Berichterstattung darüber dominieren dann negative Einschätzungen. Von „Erpressung“ und „verwerflicher Einflußnahme auf die ehemaligen Mitarbeiter“ ist die Rede. Die öffentliche Meinung kippt gegen den Vorschlag, und das Bundesinnenministerium läßt etwa vier Wochen nach dem Gespräch darüber nur noch kühl mitteilen: „Der Erwartungshaltung der ehemaligen Mitarbeiter des MfS konnte dabei nicht entsprochen werden.“ (47)

Kritik an der mißglückten Attacke der Generäle kommt auch aus den eigenen Reihen. Die Stasi-Obristen Peter Richter und Klaus Rösler geben die Meinung vieler ihrer ehemaligen Genossen wieder, wenn sie feststellen: „Dieser letzte und zu späte Versuch, eine einvernehmliche Lösung des Problems zu erreichen, war von vornherein zum Scheitern verurteilt, denn die MfS-Generäle hatten in völliger Verkennung der Situation längst ihre Trümpfe verspielt." (48) Sie zeigen eine düstere Perspektive auf: „Eine Koalition der Unvernunft – bestehend aus unbelehrbaren Stasi-Führern auf der einen Seite und rachedurstigen Politikern andererseits – hatte Deutschland ein Problem beschert, das Öffentlichkeit und Justiz noch einen langen Zeitraum beschäftigen wird, ohne je zu einem guten Ende zu kommen." (49)

Der Grundstein dafür ist bereits mit den Bemühungen um eine Amnestie im Vorfeld der Einheit gelegt worden.

Die verlorene Schlacht um den Schlußstrich

Gleich nach den Wahlen vom 18. März 1990 wird die Spionage zwischen den beiden deutschen Staaten offiziell eingestellt.

Peter-Michael Diestel (damals DSU), der letzte DDR-Innenminister, nutzt seinen ersten Besuch bei seinem westdeutschen Kollegen Wolfgang Schäuble (CDU) Anfang Mai in Bonn, um das Ende der Stasi-Aufklärung im Westen mitzuteilen. Daß die HVA trotz Anweisung ihrer obersten Dienstherren in der DDR-Regierung trotzdem konspirativ weiterarbeitet, weiß zu dieser Zeit weder er noch sein Gesprächspartner. Deshalb beauftragt Wolfgang Schäuble seinerseits nun auch den Bundesnachrichtendienst, seine Tätigkeit gegen die DDR unverzüglich zu beenden.

Nun gilt es, die brisante Erbschaft von gut 40 Jahren Spionage zu beseitigen.

Die in der DDR verurteilten Spione des BND werden im Westen als Opfer des SED-Regimes gesehen und sind längst zu Hause. Pünktlich zu Weihnachten 1989 meldet Walter Priesnitz, Staatssekretär im Bundesministerium für Innerdeutsche Beziehungen, daß „alle politischen Häftlinge in der DDR, die aus der Bundesrepublik Deutschland einschließlich West-Berlin stammen, vereinbarungsgemäß aus der Haft entlassen worden sind". (50)

Bereits am 18. Dezember 1989 berichtet die „Deutsche Presse-Agentur" (dpa) über die Absicht der beiden deutschen Regierungen, ihre Spione gegenseitig auszutauschen. Danach sollen aus

DDR-Haft 25 verurteilte Mitarbeiter des BND, aus West-Haft vier östliche Spione freikommen. (51) Für Spionage-General Werner Großmann ist das ein schlechter Deal: „Ohne Gegenleistung opfert man keine Faustpfänder. Bereits kurze Zeit später, als unsere ersten Kundschafter verhaftet werden, braucht uns niemand mehr ins Kalkül zu ziehen.“ (52)

Der HVA-Chef geht dabei offenbar von einer rechtlichen Gleichbehandlung ost- und westdeutscher Spione aus. Sie ist jedoch aufgrund des in der DDR im Laufe ihrer Geschichte mehrfach verschärften politischen Strafrechts nicht gegeben.

So ist Spionage in besonders schweren Fällen in der DDR mit lebenslanger Freiheitsstrafe, bis zu deren Abschaffung 1987 sogar mit Todesstrafe bedroht. (53) Sie wird letztmalig 1981 im Fall des Stasi-Offiziers Werner Teske vollstreckt.

In der Bundesrepublik wird „Geheimdienstliche Agententätigkeit“ in besonders schweren Fällen mit Freiheitsentzug bis zu zehn Jahren bestraft. Lebenslänglich kann nur für Landesverrat verhängt werden. (54)

Darüber hinaus kennt nur das Strafrecht der DDR den Straftatbestand: „Landesverräterische Nachrichtenübermittlung“. Er eröffnet Möglichkeiten der Strafverfolgung, die bis zum Ende der DDR auch für politisch motivierte Urteile genutzt werden. Das Strafgesetzbuch der DDR: „(1) Wer der Geheimhaltung nicht unterliegende Nachrichten zum Nachteil der Interessen der Deutschen Demokratischen Republik an die im Paragraph 97 genannten Stellen und Personen übergibt, für diese sammelt oder ihnen zugänglich macht, wird mit Freiheitsstrafe von zwei bis zu zwölf Jahren bestraft. (2) Vorbereitung und Versuch sind strafbar.“ (55) Auf dieser fragwürdigen Rechtsgrundlage sind beispielsweise DDR-Bürger verurteilt worden, die im Zuge von Ausreisebemühungen westdeutschen Medien oder Institutionen persönliche Dokumente oder öffentlich zugängliche Informationen wie Fahrpläne, Telefonnummern und ähnliches übermittelt haben.

Bei der Verurteilung von Spionen in Ost und West ist jedoch nicht nur die Rechtsgrundlage, sondern auch die Rechtspraxis unterschiedlich. Selbst für relativ geringfügige Delikte, wie etwa das Notieren von Adressen oder Autonummern im Auftrag des

BND, werden in der DDR in der Regel mehrjährige Haftstrafen verhängt. Der Grund dafür erklärt sich aus dem Selbstverständnis der ostdeutschen Justiz als „Waffe im Klassenkampf". Westlichen Spionen oder für den Westen spionierenden DDR-Bürgern wird a priori die Absicht unterstellt, die DDR und im weiteren die gesamte „sozialistische Staatengemeinschaft" beseitigen zu wollen. Deshalb haben sie stets außerordentlich hohe Haftstrafen zu erwarten, oft werden ihre Prozesse zur Abschreckung und Einschüchterung genutzt.

So geschieht es zum Beispiel im Fall des ehemaligen DDR-Diplomaten Wolfgang Reif. Ihn lernen ausgesuchte SED-Funktionäre in einem Stasi-Film kennen, der nur intern auf Lehrgängen und bei Schulungen gezeigt wird.

Der Film dokumentiert eine Gerichtsverhandlung. Ein in sich zusammengesunkener Mann in einem ungepflegten, offenbar zu großem dunklem Anzug steht vor uniformierten Richtern. Der Ton ist scharf. Schneidende Nachfragen prasseln auf den Angeklagten ein, wenn er zu leise antwortet oder seine Schuld nicht deutlich genug zugibt. Die Atmosphäre erinnert an Schauprozesse.

Was hat der Mann verbrochen?

Wolfgang Reif, Jahrgang 1937, hat am „Institut für Internationale Beziehungen" (IMO) in Moskau studiert und sich auf Indonesien spezialisiert. Während eines ersten Auslandseinsatzes an der DDR-Botschaft in Jakarta ist er in den illegalen Import zollfreier Autos auf Diplomaten-Ticket verwickelt, die dann an wohlhabende Einheimische weiterverkauft werden. Von diesem Deal erfährt die CIA. Reif kehrt zunächst unbehelligt in die DDR zurück, arbeitet im Außenministerium und besucht dann zwei Jahre lang die Diplomaten-Akademie in Moskau. Er rechnet damit, nun DDR-Botschafter in Indonesien zu werden. Wegen seiner Alkoholprobleme muß er sich jedoch mit dem Posten des Botschaftsrats, des zweiten Mannes an der Vertretung, begnügen, als er 1977 wieder in Jakarta eingesetzt wird. Das frustriert ihn. Außerdem hat er Angst, denn er weiß, daß die CIA etwas von seinen Auto-Geschäften mitbekommen hat. Wolfgang Reif tritt die Flucht nach vorn an und nimmt Kontakt zum CIA-Residenten an der USA-Botschaft auf. Der wirbt ihn im Januar 1978 für den amerikanischen Geheimdienst an.

Doch auch bei Empfängen in der westdeutschen Botschaft läßt er unter Alkohol seinem Ärger über die stockende Karriere freien Lauf. Das macht den BND aufmerksam. Sie checken ihn, und im April 1980 bieten sie ihm die Ausschleusung in den Westen an.

Wolfgang Reif lehnt zunächst ab und kehrt Mitte 1981 in die DDR zurück. Er will mit seiner Spionage erst noch das notwendige Startkapital für den Neuanfang im Westen verdienen. Er ahnt nicht, daß ihm die Stasi-Spionageabwehr bereits auf der Spur ist. Ihre „Identifizierungsoperation“ läuft unter dem Decknamen „Bussard“. Die Fahnder kontrollieren die Post Reifs, die er unter Decknamen irgendwo in der DDR – oft Hunderte Kilometer von Berlin entfernt – gen Westen auf die Reise schickt. Die Briefe werden mit einem Spezialpapier in Kontakt gebracht, das die mit Geheimtinte geschriebenen verschlüsselten Zahlengruppen sichtbar macht.

Am 20. Dezember 1981 wird Wolfgang Reif verhaftet. Entscheidende Staatsgeheimnisse hat er nicht verraten, weil er sie nicht kannte. Sein Job war zum Beispiel die Übergabe von Protokollen der Parteiversammlungen, die Identifizierung von DDR-Botschaftsmitarbeitern auf Schnappschüssen bei westlichen Botschaftspartys, die Charakterisierung seiner Genossen und die Weitergabe zwar interner, aber keineswegs strategisch bedeutsamer Informationsmaterialien des Außenministeriums. Das hat meßbare Schäden verursacht, weil einige langjährig ausgebildete Mitarbeiter dadurch für Indonesien „verbrannt“ waren, die Existenz der DDR dürfte es kaum gefährdet haben. Dennoch wird Wolfgang Reif am 8. April 1983 vom Ersten Militärstrafsenat des Militärobergerichts der DDR wegen Spionage für BND und CIA zu lebenslänglichem Freiheitsentzug verurteilt. Im September 1987 wird er zu 15 Jahren Haft begnadigt, mit der Wende-Amnestie kommt er frei. (56)

Zweifellos ist Wolfgang Reif nach DDR-Gesetzen ein zu Recht verurteilter Spion. Für westliche Politiker scheinen aber in seinem und anderen vergleichbaren Fällen Tatumfang und Höhe der Strafe im Mißverhältnis zu stehen, vergleicht man sie mit entsprechenden Prozessen im Westen. Das veranlaßt den Gesetzgeber 1992, solche Straftaten pauschal als „SED-Unrecht“ zu bewerten und die Möglichkeit der Rehabilitation und Haftentschädigung zu eröffnen.

Das „Erste SED-Unrechtsbereinigungsgesetz“ vom 29. Oktober 1992 legt dementsprechend fest: „Die strafrechtliche Entscheidung eines staatlichen deutschen Gerichts in dem in Artikel 3 des Einigungsvertrags genannten Gebiet (Beitrittsgebiet) aus der Zeit vom 8. Mai 1945 bis zum 2. Oktober 1990 ist auf Antrag für rechtsstaatswidrig zu erklären und aufzuheben (Rehabilitierung), soweit sie mit wesentlichen Grundsätzen einer freiheitlichen rechtsstaatlichen Ordnung unvereinbar ist, insbesondere weil die Entscheidung politischer Verfolgung gedient hat; dies gilt in der Regel für Verurteilungen nach folgenden Vorschriften: a) Landesverräterische Nachrichtenübermittlung (...) b) Hochverrat, Spionage, Anwerbenlassen zum Zwecke der Spionage, Landesverräterische Agententätigkeit (...), wenn die Tat für die Bundesrepublik Deutschland, einen mit ihr verbündeten Staat oder für eine Organisation begangen worden sein soll, die den Grundsätzen einer freiheitlichen rechtsstaatlichen Ordnung verpflichtet ist (...).“ (57)

Damit ist eine Gesetzeslage entstanden, die besonders jene empört, die als Spione für die DDR in der Bundesrepublik verfolgt und verurteilt wurden. Fast vergessen ist heute, daß es auch für sie umfangreiche Bemühungen um eine Amnestie gab.

Dazu zwingt die Lage im Vorfeld der Vereinigung. Die BND-Spione in der DDR sind bereits amnestiert, die DDR-Spione im Westen noch unentdeckt. Das macht Wolfgang Schäuble Sorgen: „Die Sicherheitsbehörden warben frühzeitig um (...) Straffreiheit für die in der Bundesrepublik tätigen ‚Kundschafter‘ des SED-Spionagedienstes. Sie versprachen sich davon vor allem eine Chance, daß diese Agenten ihre Dienste nicht anderen Nachrichtendiensten anboten, nachdem sie für die DDR nicht mehr tätig sein konnten. Als Innenminister habe ich diese Argumente geteilt. Vor allem schien es mir richtig, in dieser Frage Selbstgerechtigkeit zu vermeiden.“ (58)

Angestrebt wird zunächst eine Gleichbehandlung der Spione aus Ost und West. Wolfgang Schäuble: „Außer jedem Zweifel stand, daß eine solche Tätigkeit für die Bundesrepublik Deutschland nicht strafbar sein würde. Ich habe es immer als der Logik entsprechend empfunden, daß dann auch die umgekehrte Tätigkeit für die DDR, soweit sie nicht über die reine Informationsbeschaffung hinausging, im vereinten Deutschland nicht mehr strafrechtlich verfolgt werden sollte." (59) Diese Meinung teilt auch DDR-Innenminister Diestel.

Deshalb bezieht der Bundesinnenminister vor dem Ausschuß „Deutsche Einheit" des Deutschen Bundestags eine eindeutige Position: „Ich kann mir nicht vorstellen, daß wir im vereinten Deutschland die jeweiligen Agenten gegenseitig ins Gefängnis stecken. Was ich mir auch nicht vorstellen kann ist, daß wir die Mitarbeiter der DDR ins Gefängnis stecken und das umgekehrt nicht tun." (60) Der Grund: Es handle sich um „teilungsbedingte Straftaten, die außer Verfolgung gestellt werden müssen". (61)

Nun schlägt die Stunde der Juristen. Ein Gesetzentwurf „über Straffreiheit bei Straftaten des Landesverrats und der Gefährdung der äußeren Sicherheit" wird erarbeitet. In seiner Einleitung heißt es: „Mit dem Zusammenwachsen der beiden deutschen Staaten hat die gegenseitige nachrichtendienstliche Aufklärung aufgehört. Sie war stark geprägt von der Teilung Deutschlands und der Frontstellung der beiden deutschen Staaten. Für den Rechtsfrieden und damit für die Zukunft des geeinten Deutschlands erscheint es sinnvoll, unter die damit verbundenen Strafftaten einen befriedenden Schlußstrich zu ziehen und mit Wirksamwerden des Beitritts in begrenzter Weise Straffreiheit zu gewähren." (62) Die Begründung macht es dann konkreter: „Die Regelung erfaßt die für die Deutsche Demokratische Republik (...) typischen Taten der hauptberuflichen und nebenberuflichen Angehörigen der Hauptverwaltung Aufklärung des Ministeriums für Staatssicherheit (...) und ihre Agenten." (63) Straffrei gestellt werden soll ausschließlich Spionage. Damit verbundene Straftaten, wie Nötigung, Erpressung oder gar Menschenraub und Mord würden auch weiterhin der Strafverfolgung unterliegen.

Sorgenfrei wären damit zunächst Deutsche mit Wohnsitz in der DDR, die gegen die Bundesrepublik Deutschland spioniert hatten.

Aber auch an Bundesbürger, die mit der HVA oder anderen Stasi-Einheiten konspirierten, ist gedacht. Sie hatten zwar bestehende Gesetze ihres Landes verletzt, sollen aber dennoch ohne

Strafe bleiben, wenn sie sich innerhalb einer Frist offenbaren und ihre Straftat nicht mit mehr als drei Jahren Gefängnis bedroht gewesen wäre. Wolfgang Schäuble: „Auf diese Weise wollten wir sicherstellen, daß wir die Betroffenen wenigstens kennenlernten und gegebenenfalls aus Vertrauensstellungen etwa im Bereich der Bundesregierung entfernen konnten. Aber ein Schlußstrich wäre gezogen worden." (64)

Das sehen auch jene so, denen die Bemühungen der Bundesregierung, einen solchen Schlußstrich zu ziehen, nicht weit genug gehen, wie der kritische Rechtsanwalt Heinrich Hannover aus Worpswede bei Bremen: „Dieser Gesetzentwurf war schon ein Kompromiß zwischen dem, was bei konsequenter Gleichbehandlung ost- und westdeutscher Spione hätte rechtens sein müssen und dem, was man einem auf das Feindbild DDR eingeschworenen Wählervolk glaubte zumuten zu dürfen. Aber immerhin, wäre dieser Gesetzentwurf, den sich auch die Bundesregierung zu eigen gemacht hatte, Gesetz geworden, wären Tausende von Ermittlungsverfahren überflüssig gewesen, mit denen Staatsanwaltschaften, Polizeibehörden und Gerichte jahrelang beschäftigt und von Wichtigerem abgehalten wurden. Es wäre ein Stück Toleranz und Versöhnungsbereitschaft nach den Jahren des kalten Krieges angestrebt worden, der einer Mehrheit, die als ‚christlich' firmiert, gut zu Gesicht gestanden hätte." (65)

Doch aus dem Vorhaben wird nichts. Dazu tragen die Diskussionen um den Gesetzentwurf bei, den Oppositionsführer Hans-Jochen Vogel (SPD) kurzerhand als „Stasi-Amnestie" apostrophiert. Das ruft den berechtigten Zorn der Deutschen im Osten auf den Plan. Sie vermuten, nun solle das ganze Bespitzelungs- und Unterdrückungssystem des Staatssicherheitsapparats der DDR straffrei gestellt werden. Das ist für viele – obwohl gar nicht Inhalt des beabsichtigten Gesetzes – eine unerträgliche Vorstellung. Wolfgang Schäuble: „Es gelang uns, so sehr wir uns auch mühten, nicht, anstelle des Begriffs ‚Stasi-Amnestie' eine andere Kurzbezeichnung für das Gesetzesvorhaben im öffentlichen Sprachgebrauch durchzusetzen." (66)

Dadurch kippt nach und nach die Bereitschaft, im Zuge des Einigungsvertrags einen Schlußstrich unter die deutsch-deutsche Spionage zu ziehen. Als die SPD schließlich auch noch ablehnt, ein solches Straffreiheitsgesetz überhaupt in den Einigungsvertrag aufzunehmen, weil es ja auch ohne die Zustimmung der Sozialdemokraten in Bundestag und Bundesrat durchsetzbar wäre, entscheidet Wolfgang Schäuble: „Schweren Herzens mußte ich also das Gesetzesvorhaben aus dem Einigungsvertrag herauslassen, getreu meiner Grundhaltung, den Vertrag von Regelungen freizuhalten, die nicht notwendig im Vertrag geregelt werden mußten und die der jeweils anderen Seite eine Annahme außerordentlich erschwert hätten.“ (67)

Die Bundesregierung bringt dann den Gesetzentwurf zwar noch ins Parlament ein, doch der Vorwurf der vermeintlich beabsichtigten „Stasi-Amnestie“ läßt sich nicht mehr aus der Welt schaffen. Schäuble: „Angesichts der nicht zu beseitigenden Mißverständnisse in der öffentlichen Diskussion, daß es sich um eine Generalamnestie für alle staatliche Tätigkeit handeln solle, und mit Blick auf den damit verbundenen heftigen Widerstand in weiten Bereichen der Öffentlichkeit beider Teile Deutschlands schwand die Neigung auch in der Koalition, diesen Gesetzentwurf gegen den Widerstand der Opposition zu verabschieden.“ (68)

Und so rückt Bundesjustizministerin Sabine Leutheusser-Schnarrenberger (FDP) in ihrer Antwort auf den bereits erwähnten Brief des CDU-Abgeordneten Rainer Eppelmann dem letzten Minister für Abrüstung und Verteidigung der DDR erst einmal tüchtig den Kopf zurecht. Er hatte sich am 8. September 1992 gegen eine Bestrafung der Ost-Spione ausgesprochen, am 24. September 1992 bekommt er nun die offizielle Meinung der Bundesregierung: „Die hauptamtlichen und inoffiziellen Angehörigen sowohl des Ministeriums für Staatssicherheit als auch der Verwaltung Aufklärung des Verteidigungsministeriums der ehemaligen DDR, die Spionage gegen die Bundesrepublik Deutschland betrieben haben, sind nach den Vorschriften über Landesverrat und Gefährdung der äußeren Sicherheit (Paragraphen 94 bis 100a StGB) strafbar. Der Anwendung der Landesverratsvorschriften stehen nach Auffassung des Bundesgerichtshofs und der überwiegenden Zahl der Oberlandesgerichte sowie des Generalbundesanwalts völkerrechtliche oder verfassungsrechtliche Bedenken nicht entgegen. Diese Auffassung teile ich. Sie wird auch in der von meinem Haus namens der Bundesregierung abgegebenen Stellungnahme gegenüber dem Bundesverfassungsgericht vertreten, das gegenwärtig die verfassungsrechtliche Zulässigkeit der Strafverfolgung auf eine Vorlage des Kammergerichts in Berlin hin überprüft. Die von Anfang an begründete Strafbarkeit ist durch den Beitritt der DDR zur Bundesrepublik Deutschland nicht entfallen. Auch ist dadurch kein Strafverfolgungshindernis begründet worden. Der Beitritt hat den Strafverfolgungsbehörden lediglich den Zugriff auf die Straftäter ermöglicht.

Da mit dem Zusammenwachsen der beiden deutschen Staaten die gegenseitige nachrichtendienstliche Aufklärung aufgehört hat, ist auch mit Rücksicht unter anderem auf die von Ihnen angesprochene ambivalente Natur der Auslandsaufklärung in der letzten Legislaturperiode eine Amnestie erörtert worden. Von ihr ist dann abgesehen worden, unter anderem mit der Begründung, sie habe insbesondere in der Bevölkerung der neuen Bundesländer nicht die erforderliche Akzeptanz gefunden." (69)

So ist das geplante Schlußstrich-Gesetz wohl letztlich vor allem ein Opfer der Medien geworden.

Rechtsanwalt Heinrich Hannover sieht's noch bitterer: „DDR-Bürger, die auf Gerechtigkeit gehofft und den Rechtsstaat bekommen hatten, sahen sich im vereinigten Deutschland Mehrheitsverhältnissen gegenüber, vor denen die politische Vernunft abdanken mußte." (70)

Dennoch muß das Problem geklärt werden, und dabei setzt die Bundesregierung inzwischen auf eigene Ermittlungen ihres Staatsschutzes. Erste „Pilotverfahren" gegen die DDR-Spione sind bei den Gerichten in Vorbereitung. Dabei sind nun auch wieder die Geheimdienste gefragt. Sie versuchen schon lange, mit ihren Methoden bei den einstigen Stasi-Chefs ein paar heiße Informationen „abzuschöpfen".

Die Affäre Foertsch

Der 30. August 1990 ist ein milder Spätsommertag. Für Stasi-Rentner Werner Großmann hält er eine Premiere bereit: Ein Treffen mit dem dritten Mann im BND, Volker Foertsch, Chef der westdeutschen Spionage-Abwehr. Die Herren haben sich zu einem Spaziergang im Ost-Berliner Tierpark Friedrichsfelde verabredet. Er soll anderthalb Stunden dauern.

Volker Foertsch gehört zum BND-Urgestein. Der Mann mit dem Decknamen „Fleming“ – so wie der Erfinder des legendären James Bond – wurde am 30. Juni 1934 in Potsdam-Babelsberg, direkt gegenüber dem UFA-Filmgelände, geboren. Auch wenn sein Vater als Oberkommandierender der Ersten Armee in Bayern und Tirol 1945 vor dem amerikanischen Panzergeneral George S. Patton kapitulieren mußte, stand für Sohn Volker schon als Kind fest: Auch er würde Soldat werden. Doch in der Bundesrepublik gab es noch keine Armee, als er Anfang der fünfziger Jahre nach dem Abitur ins Berufsleben starten wollte. Papa Hermann half. Er hatte Kontakte zu Reinhard Gehlen, der damals streng geheim einen Nachrichtendienst aufbaute. Als ehemaliger Chef von Hitlers Geheimdienstabteilung „Fremde Heere Ost“ waren nun seine Fachkenntnisse von den Amerikanern gefragt. Volker Foertsch heuerte bei der „Organisation Gehlen“, dem Vorläufer des BND, an und machte erst einmal eine geheimdienstliche Grundausbildung. Foertsch: „Gelehrt wurden vor allem praktische Dinge. Fotografieren, Funk, Kodieren, Umgang mit Geheimtinte, klare Berichte abfassen, wie man sich bewegt, Agenten wirbt, andere Leute führt.“ (71) Dann folgten sechs Semester Studium, um mit dem akademischen Abschluß die Voraussetzungen für eine führende Position zu erlangen. Der angehende Geheimdienstmann wählte das Fach Volkswirtschaft, weil es in der kürzesten Zeit zu bewältigen war. Am 15. Dezember 1957 unterschreibt er seinen ersten Arbeitsvertrag, knapp 12 Monate später ist Foertsch im Stab Reinhard Gehlens.

Harry Schütt, ehemaliger Chef der HVA-Abteilung IX, Äußere Abwehr, hatte seinem Chef Großmann Rapport zu „Flemings“ Biographie erstattet. Von dem geheimnisumwitterten Mann existierten gerade einmal zwei Fotos, Details aus seinem Leben fanden sich in keinem öffentlichen Archiv.

Für Werner Großmann ist klar, daß er es mit einem Profi zu tun hat. Deshalb geht er das Treffen konspirativ an, parkt seinen roten Lada-Samara vor den Plattenbauten gegenüber dem Bärenschaufenster und schlendert zu Fuß an die Kasse des Tierparks. Die beiden Eintrittskarten muß er schon mit Westgeld zahlen, das läßt ihn wehmütig an die gerade zerfallende DDR denken.

Doch für Sentimentalität bleibt keine Zeit. Die beiden Herren verstehen sich auf Anhieb, plaudern über die Politik im allgemeinen und die mögliche Amnestie für DDR-Spione im besonderen. Dann bringt Werner Großmann seine Botschaft an den Mann: „Ich versichere ihm: Die nachrichtendienstliche Arbeit der HVA ist beendet, die Kontakte zu Kundschaftern abgebrochen, eine Übergabe von Quellen an andere Geheimdienste findet nicht statt, und operatives Wissen gebe ich nicht preis." (72) Foertsch nimmt das schweigend zur Kenntnis. Er fühlt sich ein bißchen unwohl, denn noch ist der Tierpark für ihn Feindesland. Später erzählt Abwehr-Profi Foertsch, er habe im nachhinein erfahren, „daß die Leute vom MfS überlegten, ob sie mich nicht doch noch klauen sollten". (73)

Für Großmann absurd. Kollege Foertsch hatte ihn doch gleich zu Beginn des Treffens gefragt, ob er abgesichert werde. „Ich antwortete ihm, daß die HVA aufgelöst und ich allein zu diesem Treffen gekommen sei. Das kann er von sich nicht behaupten." (74) Der Stasi-Fuchs hatte längst mehrere Personen in der Nähe Foertschs ausgemacht.

Doch das hindert den HVA-Chef in keiner Weise daran, seinem BND-Gesprächspartner nicht einmal die halbe Wahrheit zu sagen. Großmann: „Ich untertreibe ein bißchen, denn Foertsch kennt unsere Kundschafter im BND noch nicht. Alfred Spuhler und Dr. Gabriele Gast sind zwar abgeschaltet, aber noch nicht enttarnt." (75) Und auch Klaus Kuron arbeitet munter bis September 1990 im Bundesamt für Verfassungsschutz weiter.

Dennoch verstehen sich Großmann und Foertsch gut, tauschen Telefonnummern aus und vereinbaren ein weiteres Treffen. Dazu kommt es nicht mehr.

Am 17. September 1990 erläßt der Generalbundesanwalt Haftbefehl gegen Generaloberst Werner Großmann.

Von Volker Foertsch hört der abgehalfterte Spionagechef erst Jahre später wieder: „Im Sommer 1997 stehen plötzlich zwei BND-Mitarbeiter vor meiner Wohnungstür in der Grevesmühlener Straße 18. Frau Wagner und Herr Dietz wollen sich mit mir unterhalten." (76) Offiziell firmieren sie unter „‚Vertriebs- und Beratungsbüro', München, Telefon 089/15913215". (77) Großmann empfängt sie im kleinen Arbeitszimmer seiner Drei-Zimmer-Wohnung und staunt: „Ich soll ihnen helfen, einen Maulwurf zu enttarnen, den sie in der unmittelbaren Führungsspitze des BND vermuten. ‚Wir verfügen über ziemlich beweiskräftige Informationen aus Moskau.' Die betreffende Person habe früher für die HVA gearbeitet und sei dann von den Russen, allerdings längere Zeit schlafend geführt, übernommen worden." (78)

Sein Ehrgeiz als Spionage-Profi ist geweckt: „Ich vermute, daß der BND einer aktiven Maßnahme der russischen Aufklärung aufgesessen ist. Ich entsinne mich, daß Anfang der neunziger Jahre General Juri Drosdow, der damalige Leiter der illegalen Linie in der sowjetischen Aufklärung, so etwas in die Öffentlichkeit gestreut hatte." (79) Natürlich schweigt Großmann gegenüber den getarnten BND-Abgesandten, doch schnell erkennt er: „Die sind ihrem eigenen Chef auf der Spur." (80) Der heißt Volker Foertsch, und das belustigt Großmann ungemein: „Das geht ja munter weiter im BND, auch ohne die HVA." (81)

Was war geschehen?

Als die russische Armee nach der Vereinigung der beiden deutschen Staaten in der DDR ihre Koffer packte, war plötzlich bisher streng Geheimes wohlfeil. Nicht nur der Super-Jäger MIG 29 war über die Auflösung der NVA an den Feind geraten, auch vor den Kasernentoren sorgte manch Offizier für die Zukunft im unwirtlichen Rußland vor. Da wurden dann Toaster gegen „Makarow"-Pistolen, modernes Kriegsgerät gegen Stereo-Anlagen und Geheimdossiers gegen Gebrauchtwagen getauscht.

Solche Geschäfte ließ sich natürlich auch der BND nicht entgehen. Er gründete 1991 in Berlin die Dienststelle 12YA, verantwortlich für die Beschaffung des Materials von den Russen. Besonders hilfreich war dabei ein östlicher Agent, der unter dem Decknamen „Rübezahl" agierte.

Die BND-Werber hatten ihn auf einem privaten Automarkt kennengelernt. Er lieferte sehr bald russisches Chiffriermaterial, was ihm einen besonders guten Ruf in der Zentrale in Pullach einbrachte. Dann kehrte „Rübezahl" nach Rußland zurück. Er blieb in Kontakt mit dem BND, verfügte angeblich auch über hervorragende Verbindungen in Moskauer Geheimdienstkreise.

Von dort meldete „Rübezahl" 1995 Besorgniserregendes: Die Russen hätten einen Maulwurf im BND, einen „großen dunkelhaarigen Mann mit Bauchansatz". In Pullach schrillten die Alarmglocken. Unter dem Codenamen „Kosak" liefen Ermittlungen in den eigenen Reihen an.

Im Oktober 1997 platzt dann die Bombe. Aus Moskau kommen zwei Film-Negative, darauf angeblich ein streng geheimer Bericht des KGB-Nachfolgers FSB. Danach habe die FSB-Quelle 000-20/081 eine Menge Probleme. Seit 1974 liefere sie schon, aber jetzt wäre der Sohn verstorben, die Frau schwer krank, und überhaupt schiene es wohl besser, noch einmal 100 000 Dollar rüberzureichen und den Spion abzuschalten, weil er ohnehin bald enttarnt würde.

Das fiel nach einer solchen Beschreibung den BND-Abwehrspezialisten nun wahrlich nicht mehr schwer. Die Beschreibung paßte haargenau auf ihren Chef, Volker Foertsch. Sie installierten Wanzen und zwei Video-Kameras in seinem Büro, hörten sein Telefon ab. (82)

Im März 1998 geht die Akte Foertsch dann an den obersten deutschen Staatsanwalt. Der Verdächtige fällt aus allen Wolken. Foertsch: „Ich hatte immer damit gerechnet, daß ich angegriffen werde von ehemaligen MfS- oder KGB-Offizieren. Als ich aber am 26. und 27. März vom Generalbundesanwalt vernommen wurde, wurde mir schnell klar, daß das eine nicht von russischen Diensten gesteuerte Aktion war, sondern eine private Intrige, die nicht ohne Mitwirkung aus den eigenen Reihen zustande kommen konnte." (83)

Sehr schnell stellt sich das angebliche FSB-Dossier mit den so gut passenden Details als plumpe Fälschung heraus. Zwei BND-Agentenführer geraten in den Verdacht, die „Rübezahl"-Informationen gefälscht und sich zumindest einen Teil des gezahlten Agentenlohns von 440 000 Mark unter den Nagel gerissen zu haben. Dieser Verdacht erhärtet sich bei der Hausdurchsuchung bei den beiden inzwischen aus dem BND ausgeschiedenen Offizieren. Öffentlich wird alles jedoch bis heute unter der Decke gehalten. (84)

Volker Foertsch bekommt einen „Freispruch erster Klasse", wird ohne jede Einschränkung rehabilitiert, Der BND bietet ihm die Leitung seiner Ausbildungsstätte an. Doch der alte Geheimdienstprofi kann und will den ehemaligen Kollegen nicht verzeihen und einfach weitermachen. Er stellt Strafanzeige gegen drei Beamte, die an der Untersuchung gegen ihn beteiligt waren und zieht sich verbittert in den Ruhestand zurück.

Rentner-Kollege Werner Großmann hat die Sache aufmerksam verfolgt. Er ist im Zuge der Ermittlungen noch ein paarmal mit den BND-Leuten nobel essen gewesen. Gesagt hat er ihnen aber nichts. Der Stasi-Profi weiß von Anfang an: „Mit dieser Aktion blamiert sich der BND bis auf die Knochen.“ (85)

Ob er sich im stillen darüber freut, daß der am längsten gediente West-Geheimdienstler letztlich doch noch im Gestrüpp der deutsch-deutschen Spionage gestolpert ist, bleibt sein Geheimnis. Er hat anderes zu tun, als die einstigen Gegner im Blick zu behalten. Werner Großmann und seine Genossen bleiben auch nach der Auflösung auf dem Posten und führen als Rentner die letzten Rückzugsgefechte.

Die neue Front: Kampf um Ehre und Rente

„Die Opfer fühlen sich wieder als Verlierer!“ (86) Erregt ruft der Schriftsteller und ehemalige Stasi-Häftling Siegmar Faust seine Anklage in den vollbesetzten Kinosaal des Berliner Mauermuseums am Checkpoint Charly. Im Raum brodelt es. Die Herren im Präsidium fühlen sich nicht wohl in ihrer Haut. Dabei wollen sie sich an diesem Dienstag, dem 22. September 1992, doch nur der Öffentlichkeit vorstellen.

Am 28. Mai 1992 hatten rund 20 ehemalige Stasi-Offiziere ihr „Insider-Komitee“ gegründet. Mit dabei sind unter anderem der CIA-Spezialist Klaus Eichner aus der HVA und der Frankreich-Experte Hans Voelkner, der als Agent des französischen Geheimdienstes 1949 bis 1955 in Bautzen und als „Kundschafter“ der HVA 1969 bis 1974 in der Pariser „Santé“ und im Zentralgefängnis vom Melun einsaß.

Als „Leute mit Vergangenheit“ wollen sie durch „objektive und kritische Erforschung und Darstellung der Tätigkeit“ der Stasi einen Beitrag „zur Analyse der deutschen Nachkriegsgeschichte“ (87) leisten. „Insider“-Pressesprecher Jörg Seidel, früher Offizier bei der Spionageabwehr, meint, man müsse etwas gegen die

„Mystifizierung des Ministeriums für Staatssicherheit“ tun, weil es doch bei der Aufarbeitung der Stasi-Vergangenheit „außerordentlich viele Mißverständnisse“ (88) gebe. So schlecht sei die Stasi gar nicht gewesen, schließlich sorge sich ja jedes Land um seine Sicherheit. Alles ganz normal, schließlich dient es hehren Zielen.

Solche Worte machen die Leute im „Haus am Checkpoint Charly“ wütend. Sie haben ihre eigenen Erfahrungen mit Mielkes Spitzeln gemacht und wollen nun vor allem über Verantwortung reden. Doch da bleiben die jovialen, meist schon etwas älteren Herren einsilbig. Namen werden nicht genannt und solche von ehemaligen IM schon gar nicht. Jörg Seidel: „Wenn man derzeit einen inoffiziellen Mitarbeiter bekanntgibt, ist der doch in kurzer Zeit erledigt.“ (89)

Man wolle nur ehemalige Stasi-IM schützen, vermutet denn auch der Verfassungsschutz als Hauptanliegen des neuen „Insider-Komitees“. Für die Herren aus Köln ist der Verein zunächst einmal ein Verdachtsfall auf „fortwirkende Strukturen des MfS“. (90) Sie haben sich mit ihren Berliner Kollegen darüber verständigt und herausgefunden, noch gebe es „keine konkreten Anhaltspunkte dafür, daß es sich bei dem Komitee um verfassungsfeindliche oder sicherheitsgefährdende Bestrebungen handelt“. (91) Dennoch signalisieren sie keine Entwarnung. Solange diverse „informelle Zirkel“ etwa um die Stasi-Generäle Engelhardt, Großmann, Niebling und Schwanitz „an Drohkulissen basteln“, (84) sei höchste Aufmerksamkeit angeraten.

Das sieht auch Stasi-Aktenverwalter Joachim Gauck so, als sich die „Insider“ bereit erklären, der ihm unterstehenden Behörde bei der Erstellung von Gutachten zu helfen. Das Angebot bleibt ohne Antwort. Abwehrspezialist Jörg Seidel wird daraufhin giftig: „Ich spreche der Gauck-Behörde die Kompetenz ab zu wissen, warum die Akten so und so angelegt und manche Dinge so und nicht anders verfaßt wurden. Dazu ist die Behörde einfach nicht in der Lage. Um das herauszufinden, muß man schon die Leute hinzuziehen, die die Akten angelegt haben.“ (92) Und er hat auch gleich seine Bedingungen parat: „Das geht nur, wenn wir gleichberechtigte Partner sind. Wir kommen doch nicht als reuegebeugte Schuldner angekrochen und lassen uns ständig demütigen.“ (93)

Auf solche Forderungen mag niemand eingehen. Auch der Verfassungsschutz engagiert sich nicht sonderlich. „Wir nehmen das zur Kenntnis", sagt ein Vertreter des Berliner Amts, „aber wir gehen da nicht hin." (94) Die Aktivitäten des „Insider-Komitees" verlaufen bald darauf im Sande.

Ganz anders sieht es bei der „Initiativgemeinschaft zum Schutze der sozialen Rechte ehemaliger Angehöriger der bewaffneten Organe und der Zollverwaltung der DDR" (ISOR) aus. Ihre Gründung erfolgt von der Öffentlichkeit fast unbemerkt am 18. Mai 1991 in einer Schule im Wohngebiet Frankfurter Allee Süd in Berlin-Lichtenberg. Zehn Leute heben mit Hilfe der PDS einen Verein aus der Taufe, der sich vor allem um die Rente der ehemaligen DDR-Waffenträger kümmern soll. Am 8. April 1992 wird er beim Amtsgericht Berlin-Charlottenburg ins Vereinsregister eingetragen.

Das ist möglich, weil der Zulauf gewaltig ist. Mitte der neunziger Jahre hat ISOR nach eigenen Angaben 22 300 Mitglieder, davon etwa die Hälfte ehemalige Stasi-Mitarbeiter. Sie sind in 170 territorialen Initiativgruppen in allen fünf östlichen Bundesländern organisiert. ISOR gibt ein monatliches Informationsbulletin heraus und betreut knapp 10 000 Verfahren vor Sozialgerichten aller Ebenen. (95) Trotz des sozialen Anspruchs ist die „Initiativgemeinschaft" wohl auch ein Sammelbecken frustrierter ehemaliger DDR-Bürger. ISOR-Sprecher Prof. Dr. Willi Hellmann, früher VP-Generalinspekteur und langjähriger Rektor der VP-Hochschule, spricht vielen seiner Genossen aus dem Herzen, wenn er nach fünf Jahren Einheit feststellt: „Ich habe verschiedene Vorbehalte, bin nicht davon überzeugt, daß die BRD den Vorstellungen einer menschenwürdigen Gesellschaft entspricht." (96)

Auf dieser Ebene gibt es Gemeinsamkeiten mit dem „Insider-Komitee". Dessen Gründungsmitglied Klaus Eichner ermuntert die Kameraden: „Uns vereinen vielfältige gemeinsame Interessen. Laßt uns weiterhin zusammenstehen." (97)

Dabei rückt der Kampf um die Rente immer mehr in den Mittelpunkt. Sie drückt vor allem die ehemaligen Stasi-Mitarbeiter, weil sie die größten Abschläge hinnehmen müssen.

Die Kürzung ihrer Rente empfinden die zwangsweise in den Ruhestand verabschiedeten Stasi-Genossen als entehrende, entwürdigende Schikane. Generaloberst Werner Großmann zu seinen Bezügen als Vorruheständler im Herbst 1990: „Ich bekomme jetzt entsprechend dem Beschluß der Volkskammer ein Salär, als Rente will ich das nicht bezeichnen, das auf höchstens 990 Mark monatlich begrenzt worden ist – das ist befristet bis zum Ende des Jahres." (98)

Dabei spielt der Spionage-General auf eine Regelung der letzten Volkskammer der DDR vom Juni 1990 an.

Damals sah das Parlament politischen Handlungsbedarf bei der Rentenregelung für alle Mitarbeiter des Ministeriums für Staatssicherheit der DDR. Sie kassierten im Vergleich zu den anderen Bürgern des Landes wesentlich höhere Löhne und Gehälter. Das lag daran, daß nicht nur die Beschäftigten im Kernbereich des Ministeriums und seiner nachgeordneten Einrichtungen, sondern alle Mitarbeiter militärische Dienstgrade trugen. Sie eröffneten ihnen den Weg zu höheren Einkünften und verschiedenen Zuschlägen und Privilegien. So verdiente die Stasi-Krankenschwester im Rang eines Hauptmanns mit über 1800 Mark im Monat mehr als der Chefarzt eines kleinen Krankenhauses, der Hausmeister im Unteroffiziersrang mit rund 1200 Mark genausoviel wie der Direktor einer „Polytechnischen Oberschule".

Zu den Privilegien gehörte auch ein 1953 bei der Stasi eingeführtes „Sonderversorgungssystem" für die Rente. Danach zahlte der Begünstigte 10% seines Bruttogehalts in den Rententopf ein, weitere 10% legte Vater Staat drauf. Als Rente garantierte er dafür 75% des durchschnittlichen Nettogehaltes der 12 verdienstgünstigsten Arbeitsjahre. Ein Stasi-Oberstleutnant hatte danach in der DDR eine Altersrente von etwa 2100 Mark zu erwarten.

Der Vorzug, bei der Stasi in den jeweiligen Berufsgruppen etwa das Doppelte dessen nach Hause zu tragen, was die zivilen Kollegen verdient hatten, sollte sich nach Auffassung der Volksvertreter der DDR nicht noch in einer höheren Rente fortsetzen, die nun ohnehin der jahrzehntelang bekämpfte Gegner zu zahlen hatte. Letzteres schien Werner Großmann nicht zu stören: „Ich habe, wie alle anderen Mitarbeiter, zehn Prozent meines Bruttogehaltes – das waren zuletzt 5000 Mark – in eine Versorgungskasse eingezahlt. Danach stünden mir eigentlich 75% einer bestimmten Nettosumme zu. Das ist ja mein Geld. Aber nach dem Beschluß der Volkskammer kann ich es nicht erhalten." (99)

Das Parlament hatte beschlossen, alle Stasi-Mitarbeiter pauschal auf ein Rentenniveau herabzustufen, das auf 70% des DDR-Durchschnittsverdienstes basierte. Die einheitliche Versichertenrente für ehemalige Angehörige des MfS wurde dadurch auf höchstens 802 Mark im Monat festgelegt. Diese Regelung ging in bundesdeutsches Recht ein und galt für Neurentner ab 1. August 1991. Nun gab es aber bereits Stasi-Rentner, die vor diesem Termin ihre Rente kassierten. Diese war von der Volkskammer auf höchstens 990 Mark im Monat gekürzt worden. Das entsprach dem Doppelten der in der DDR garantierten Mindestrente in Höhe von 495 Mark (davon 330 Mark Rente und 165 Mark Sozialzuschlag). Auch diese Regelung wurde bei der Überführung der DDR-Renten und ihrer Sonderversorgungssysteme in das bundesdeutsche Rentenrecht übernommen. Die auf 990 Mark gekappte Stasi-Rente blieb von den zweimal jährlich stattfindenden Erhöhungen (Dynamisierung) ausgeschlossen.

Das empfinden die Stasi-Mitarbeiter bis heute als eine ungerechtfertigte Bestrafung. Werner Großmann: „Diese Regelung bedeutet eine kollektive Verurteilung und Bezeichnung aller Mitarbeiter als Verbrecher."(100)

Nicht auszuschließen ist dabei, daß die „Strafrente" – so die immer noch gängige Bezeichnung dieses Vorgangs durch Betroffene – für viele ehemalige Stasi-Genossen zu bisher nicht gekannten materiellen Problemen führte. Sie ergeben sich aus der gesamten Vermögenslage der privaten Haushalte in der DDR. Im Jahr 1989 verfügten sie über durchschnittlich 24 527 DDR-Mark Spareinlagen. In Ost-Berlin lagen sie mit 23 157 DDR-Mark noch darunter. Auch auf Einzelpersonen gerechnet, waren Geldvermögen mit durchschnittlich 9716 DDR-Mark pro Person, in Ost-Berlin 8992 DDR-Mark, eher bescheiden. (101)

Unterstellt, daß ein Haushalt ehemaliger Stasi-Mitarbeiter in der Nähe des Rentenalters aufgrund eines langjährigen, hohen Verdienstes über das Dreifache des durchschnittlichen Geldvermögens – also rund 70 000 DDR-Mark – verfügte, blieben ihm nach der Wirtschafts- Währungs- und Sozialunion am 1. Juli 1990 davon noch 39 000 DM (zweimal 4000 Ost-Mark zum

Kurs 1 : 1, der Rest 1 : 2 umgewertet) übrig. Das reichte zwar für den neuen West-Wagen, aber nicht für eine dauerhafte Alterssicherung.

Sowohl dieser materielle Aspekt als auch das subjektive Gefühl der Betroffenen, ungerecht behandelt worden zu sein, bildeten den Hintergrund dafür, daß die Rentenkürzung für ehemalige Stasi-Mitarbeiter nach Prozessen in verschiedenen Instanzen schließlich vom Bundesverfassungsgericht auf ihre Verfassungsmäßigkeit überprüft wurde. Dabei hatten die Karlsruher Verfassungsrichter darüber zu entscheiden, ob

- es mit dem Grundgesetz vereinbar ist, für Stasi-Mitarbeiter nur 70% des DDR-Durchschnittsverdienstes als rentenwirksames Einkommen anzurechnen,
- den Höchstbetrag der Versichertenrente ab 1. August 1991 auf 802 Mark festzusetzen und
- die bereits vom Gesetzgeber der DDR vorgenommene und in Bundesrecht übernommene pauschale Kürzung von Versicherungsleistungen auf 990 Mark monatlich zu begrenzen. (102)

Bei seiner Urteilsfindung berücksichtigt das oberste deutsche Gericht die politische Vorgeschichte, die zur Rentenkappung geführt hatte: „Während des Gesetzgebungsverfahrens zum Renten-Überleitungsgesetz wurde zur Begründung der Sonderregelung für Angehörige des MfS/AfNS auch auf den Gesichtspunkt des sozialen Rechtsempfindens und der sozialen Gerechtigkeit hingewiesen. So wurde ausgeführt, es bestehe ‚aus dem Gefühl und dem Bewußtsein der sozialen Gerechtigkeit heraus' das Bedürfnis, ‚Stasi-Renten' zu kürzen; gäbe es keine Kürzungen, würden die ‚Gequälten' möglicherweise niedrigere Renten erhalten als die ‚Quäler'. Weil sich das Unrecht der Vergangenheit im Rentenrecht der Gegenwart nicht fortsetzen dürfe, müßten Prämien für ‚Stasi-Leute' und ‚SED-Herrscher' beseitigt werden. Das ‚soziale Rechtsempfinden' zwinge zu der Entscheidung, Privilegien für Führungskader der Deutschen Demokratischen Republik abzubauen." (103)

Am 28. April 1999 entscheidet das Bundesverfassungsgericht:

- Die Berücksichtigung von nur 70% des DDR-Durchschnittseinkommens als Grundlage für die Rentenbemessung ist mit dem Gleichheitsgebot (Artikel 3, Absatz 1 Grundgesetz) und

der Eigentumsgarantie (Artikel 14 Grundgesetz) unvereinbar und demzufolge nichtig.
- Die Begrenzung des Höchstbetrages der Versichertenrente auf 802 Mark ab 1. August 1991 verstößt gegen die Eigentumsgarantie des Grundgesetzes und ist ebenfalls nichtig.
- Die pauschale Kürzung von Versicherungsleistungen auf 990 Mark im Monat ist mit dem Grundgesetz vereinbar. (104)

In der Folge dieses Urteils kommt es zu etwa 10 000 neuen Klagen ehemaliger Stasi-Mitarbeiter um die Höhe ihrer Rente. Dabei wird vor allem eine Entscheidung über das prozentuale Verhältnis von „normalem" und „privilegiertem" Gehalt angestrebt.

Am 24. Januar 2001 entscheidet das Berliner Landessozialgericht unter dem Aktenzeichen L 8 RA 246/95 W99 dazu, daß im Falle einer leitenden Stationskrankenschwester, die gleichzeitig im Range eines Hauptmanns im MfS beschäftigt war, keine Anhebung ihrer Altersbezüge auf 80% ihres eigenen Durchschnittseinkommens erfolgt. Richter Christoph Kahl beruft sich dabei auf die Entscheidung des Bundesverfassungsgerichts vom April 1999, nach dem es rechtens ist, die Höhe der Renten für ehemalige Stasi-Mitarbeiter auf die Höhe einer durchschnittlichen Rente zu reduzieren.

Damit kann dieses Urteil, gegen das keine Revision zugelassen ist, Auswirkungen auf die noch anstehenden Klagen haben. Benno Bleiberg, der Anwalt der Klägerin, will gegen das Urteil Verfassungsbeschwerde einlegen. Dabei will er in Karlsruhe damit argumentieren, daß es auch in anderen sogenannten Sicherheitsbereichen durchaus üblich sei, höhere Gehälter zu zahlen und demzufolge auch höhere Rentenansprüche erworben würden. (105)

So wird die Schlacht um die Rente die ehemaligen Stasi-Mitarbeiter auch künftig weiter in Atem halten. Wenn sie sich zum Kameradschaftstreffen bei ISOR versammeln, in den Wohnungen ihrer früheren Chefs die Weltlage und die deutsche Politik diskutieren oder gar einen der ihren zu Grabe tragen müssen, ist das stets ein wichtiges Gesprächsthema. Das andere dreht sich immer wieder um die Ehre. Sie wurde schon viel früher angekratzt, als erst nach der Wende durch die freimütig plaudernden Überläufer.

Das letzte Agententreffen findet an einem Nachmittag im April 1995 im Blitzlichtgewitter auf dem Friedhof Berlin-Marzahn statt. Die älteren Herren in Zivil nehmen unwillkürlich Haltung an, wenn sie Markus Wolf oder Werner Großmann stumm die Hand drücken. Die Generäle Horst Jänicke, Hans Carlsohn und Heinz Tauchert, die Obristen Gerhard Behnke und Kurt Gailat, Top-Spionin Johanna Olbrich alias „Sonja Lüneburg" und etliche untere Chargen sind gekommen, um Günter Guillaume zu Grabe zu tragen.

Der bekannteste Westspion der DDR ist am 10. April 1995 an Nierenkrebs gestorben. Der letzte HVA-Chef Werner Großmann sieht in dem Aufmarsch der Stasi-Kader ein „Bekenntnis zu unserer gesamten Arbeit". (106) Sie sind noch einmal angetreten, um die seit der Wende immer wieder ins Gerede gekommene Ehre der DDR-Spione in aller Öffentlichkeit zu retten. Da will auch Werner Großmanns Vorgänger Markus Wolf nicht fehlen. Er verabschiedet sich von seinem verstorbenen Top-Agenten mit einer stumm ins Grab geworfenen roten Rose. Auf dem Grabstein wird später „Günter Bröhl" stehen. Guillaume hat den Namen seiner zweiten Frau – die erste, Christel, seine „Mitkämpferin an der unsichtbaren Front", fehlt ebenso auf dem Friedhof wie ihr gemeinsamer Sohn Pierre – angenommen. So wird nichts mehr an die wohl spektakulärste deutsch-deutsche Spionageaffäre erinnern, die wie kein zweiter Fall auch das Image der HVA angekratzt hat.

Das begann mit dem unprofessionellen Verhalten des HVA-Spions im Kanzleramt bei seiner Verhaftung am 24. April 1974 in Bonn.

Stolz teilt er den Kripo-Beamten mit: „Ich bin Bürger der DDR und ihr Offizier – respektieren Sie das!" (107) Sein Chef in Ost-Berlin ist entsetzt. Markus Wolf: „Als mir das zu Ohren kam, traute ich meinen Sinnen nicht. Guillaume hatte damit ein Schuldbekenntnis abgelegt, ohne überhaupt beschuldigt gewesen zu sein. Mit diesem Bekenntnis erlöste er die Bonner Abwehr und die Strafverfolgungsbehörden aus großer Beweisnot und ersparte ihnen das peinliche Schauspiel, ohne stichhaltige Beweise einen Prozeß zu führen." (108) Das sieht Guillaumes Spionage-Opfer,

Bundeskanzler Willy Brandt, genauso: „Günter Guillaume hatte sich als ‚Bürger der DDR und ihr Offizier' offenbart und denen, die ihn überführten, durch die Selbstanzeige das Geschäft einigermaßen erleichtert. Was die Fahnder gerichtsverwertbar parat hatten, ließ zu wünschen übrig." (109) Später erkennt auch der ertappte Spion, daß er sich selbst ein Bein gestellt hatte. Er bittet seinen Vorgesetzten Markus Wolf per Brief aus dem Untersuchungsgefängnis um Entschuldigung: „Was (...) auf mein Fehlverhalten zurückzuführen ist, läßt mich hier nicht zur Ruhe kommen. Wenn es überhaupt möglich ist, so bitte ich die Partei und Sie als meinen Vorgesetzten um Nachsicht für mein Verschulden." (110)

Doch nicht nur Günter Guillaume hatte ein schlechtes Gewissen. Auch die HVA setzte sich politisch ins Fettnäpfchen.

Der Zeitpunkt der Enttarnung ihres Spitzen-Agenten ist ungünstig wie lange nicht; Am 4. Mai 1974 sollen die „Ständigen Vertretungen" der DDR und der Bundesrepublik ihre Arbeit in Bonn und Ost-Berlin aufnehmen. Nach 25 Jahren Kampf um internationale Anerkennung ist die DDR endlich am Ziel. Die Regelung ihrer Beziehungen zum anderen deutschen Staat sehen viele Länder auf der Welt als Vorbedingung für eigene Beziehungen zur DDR an. Doch statt den diplomatischen Durchbruch feiern zu können, stehen die Ost-Berliner Machthaber nun plötzlich in aller Öffentlichkeit in der Peinlichkeit des ertappten Lauschers an der Wand da.

Die HVA hat mit dem Einsatz ihres „Kundschafters" im Bonner Kanzleramt aber auch gar nichts zur „Sicherheit" ihres Staates beigetragen. Sie liefert mit ihrem Spion an der Seite von Willy Brandt dessen Gegnern den noch fehlenden Vorwand, den Bundeskanzler der ungeliebten neuen Ost-Politik aus dem Amt zu drängen. Willy Brandt ist von solcherart politischem Dilettantismus überrascht: „Auch hatte ich es nicht für wahrscheinlich gehalten, daß die Verantwortlichen im anderen deutschen Staat einen über Jahre als konservativen Sozialdemokraten getarnten Agenten auf mich ansetzen würden, während ich mich mit sehr viel Widerstand mühte, die zwischenstaatlichen Beziehungen zu entkrampfen." (111)

DDR-Staatschef Erich Honecker tobt, als er von der Affäre Guillaume erfährt und versucht über „die Freunde" zu retten, was noch zu retten ist. Valentin Falin, damals Moskaus Mann in Bonn, erinnert sich: „Aus Berlin meldet sich Honecker. Indem er sich auf das Wohlwollen und auf das Vertrauen, das Brandt für Botschafter Falin hege, bezog, bat er mich, unverzüglich mit dem Kanzler Kontakt aufzunehmen, ihn davon abzubringen, das Vorgefallene zu dramatisieren.“ (112)

Doch alle Rettungsversuche kommen zu spät. Auch Leonid Breshnew, Generalsekretär der KPdSU, kann gegenüber dem abgeschossenen Bundeskanzler nur noch beteuern, das alles nicht gewollt zu haben. Er schreibt ihm einen persönlichen Brief, den sein Botschafter übergibt. Valentin Falin: „Das Schreiben Breshnews kam am folgenden Tag. Der Generalsekretär bedauerte das Vorgefallene tief. Er versicherte, die sowjetische Seite habe nichts von der Existenz dieser Zeitbombe geargwöhnt, sonst hätte sie empfohlen, sie zu entschärfen.“ (113)

Die Ehre der bislang so erfolgreichen HVA ist angekratzt. Das kann sich Markus Wolf nicht verzeihen. Er muß erkennen, „daß der Fall Guillaume für meinen Dienst die größte Niederlage war, die wir bis dahin erlitten hatten. Brandts Rücktritt war keineswegs von mir gewollt gewesen; selbst aus damaliger Sicht konnte das nur ein politisches Eigentor für die DDR sein“. (114)

Auch wenn Richard Meier, von 1957 bis 1983 in Führungspositionen beim Verfassungsschutz und im Bundesnachrichtendienst tätig, diese Einsicht für „reine Heuchelei, eine wahre Todsünde“ (115) hält, in der Auswertung des Falls Guillaume in der HVA, spielt die Frage des ehrenvollen Verhaltens eine große Rolle.

Natürlich verstehen die Genossen, daß sich ihr Mann mit dem Decknamen „Hansen“ in Bonn aus purem Stolz auf sein Vaterland als DDR-Bürger outete, aber ihr Urteil bleibt hart. Markus Wolf: „Das war ein unverzeihlicher Fehler. Als Spion muß man jederzeit damit rechnen, daß man festgenommen wird. Unsere Leute wurden deshalb in dieser Hinsicht stets sorgfältig geschult. Wir schärften ihnen ein, nichts als Name, Anschrift und Geburtsdatum anzugeben, zu verlangen, daß man die DDR-Vertretung in Bonn verständige, und sich ansonsten in eisernes Schweigen zu hüllen.“ (116)

Doch zu diesem Zeitpunkt bestimmen die Offiziere im HVA-Hauptquartier noch ohne argwöhnische Blicke aus der Öffentlichkeit selbst über Ruhm und Ehre. Als Günter Guillaume im Oktober 1981 nach siebeneinhalb Jahren Haft begnadigt wird und in die DDR kommt, erwartet ihn nicht Kritik und Selbstkritik, sondern die Beförderung zum Oberst der Nationalen Volksarmee. An die Regeln der Konspiration wird er eher sanft erinnert. Bei seiner Begrüßung im Ministerium für Staatssicherheit schmettert ein kehliger Offiziers-Chor ein eigens zu seinen Ehren komponiertes Lied: „Genossen, ihr werdet nicht oft besungen. Nun ja, das wäre auch taktisch nicht klug. Drum sei dieses Lied recht schnell verklungen. Wir wissen auch so, was ihr für uns tut.“ (117)

Zum Singen ist den Genossen von der HVA inzwischen seit langem nicht mehr zumute. Aus ihrer Sicht ist die DDR vom Klassenfeind übernommen worden, der Verrat Michail Gorbatschows in Moskau hat's möglich gemacht. Jetzt kann es nur noch darum gehen, Ehre und Würde zu bewahren.

Das ist nicht immer leicht. In den Wende-Wirren gibt es Übergriffe auf Stasi-Leute, einige Genossen setzen sich die Dienstpistole an die Schläfe. Auch Jahre später haben die meisten beruflich kaum wieder Boden unter die Füße bekommen. Ein Ex-General organisiert mittlerweile einen Hausmeister-Service in Cottbus, ehemalige Obristen schieben Wache in Baumärkten und auf Bahnhöfen. Generalmajor Heinz Engelhardt, zum kaufmännischen Angestellten umgeschult und in einem Reisebüro in Berlin-Weißensee tätig, weiß von seinen längst aufgelösten und in alle Winde verstreuten Truppen: „Sie sind in die Enge getrieben, werden pauschal verurteilt, werden fast täglich angegriffen.“ (118)

Das ist gefährlich, denn die ideologisch gutgeschulten Kader haben im Parteilehrjahr immer wieder gehört, daß das Sein das Bewußtsein bestimme. Ihr neues „Sein“ kann für die Ehre der Stasi verheerend wirken.

Deshalb demonstrieren die Genossen am Grab von Günter Guillaume noch einmal Haltung und Stolz. Nur Rechtsanwalt Friedrich Wolff sieht seinen einstigen Mandanten Günter Guillaume als tragische Figur: „Er hat seine Pflicht getan und sich für eine Sache geopfert – aber am Ende war alles umsonst.“ (119)

Das sehen die einstigen „Kundschafter“ im Westen ganz anders. Die meisten sind inzwischen für ihre Spionage zugunsten der DDR bestraft worden. Ihre Prozesse haben sie nicht nur sozial ins Aus gestellt, sondern oft auch materiell und finanziell ruiniert. Dennoch stehen sie zu ihrem Landesverrat, halten ihn auch im nachhinein noch für notwendig und gerechtfertigt.

Richard Meier, bis 1983 oberster Verfassungsschützer, wirft ihnen und ihren Führungsoffizieren vor, dabei völlig außer acht zu lassen, daß die gesamte DDR-Spionage letztlich nur zur Stabilisierung des Unrechtsregimes in der DDR diente. Für ihn ist Markus Wolf als langjähriger DDR-Spionagechef dafür persönlich verantwortlich: „Der Höhepunkt seiner Arroganz ist dabei die Äußerung, er habe nur für den Frieden spioniert. Er sagt nur nicht, wessen Frieden er damit jahrzehntelang meinte: den ‚Frieden' der gnadenlosen Unterdrücker der DDR." (120)

Diese Einschätzung teilen die ehemaligen „Kundschafter" ganz und gar nicht. Wie eine Eins stehen sie zur untergegangenen DDR und ihrer Spionage für die HVA. Das macht die Stasi-Generäle und Obristen am Grab von Günter Guillaume stolz und zufrieden.

Die „Gewerkschaft" der Spione

„Es war mein freier Entschluß, mit der HVA des MfS zusammenzuarbeiten. Unser gemeinsames Ziel war es, den Frieden zu sichern und für den weiteren Aufbau der sozialistischen Gesellschaftsordnung und damit für ein gerechteres Gesellschaftssystem einzutreten", sagt Alfred Spuhler im Rückblick auf sein „Kundschafterleben" für die Hauptabteilung Aufklärung der Stasi. Als „Peter" spionierte er 16 Jahre gemeinsam mit seinem Bruder Ludwig beim BND. (121)

Auch „Petermann" alias Dieter W. Feuerstein, sechs Jahre für die Stasi als Rüstungsspion aktiv, bereut seinen Schritt zur HVA nicht: „Daß ich mich für die Stärkung des Sozialismus und die Sicherung des Friedens einsetzen wollte, war schon längst klar; es ging nur noch um die Frage: Wie?" (122) Da wußten die Genossen aus der Berliner Normannenstraße Rat.

Die Genossen vom Aufklärungsdienst der Nationalen Volksarmee (Mil-ND) waren hingegen Dieter Popp dabei behilflich, etwas für den Frieden zu tun. Er lieferte ihnen als „Asriel" Informationen aus dem Bonner Verteidigungsministerium und ist damit bis heute hochzufrieden: „Ich suchte und fand einen Weg, daß aus dem kalten Krieg nicht ein heißer wurde." (123)

Wenn sich die Männer im Reihenhäuschen der ehemaligen Regierungsdirektorin im BND, Gabriele Gast, am Stadtrand von München zur Vereinssitzung treffen, ist die deutsch-deutsche Spionage plötzlich wieder ganz lebendig.

Am 25. März 1995 haben sie die „Initiative Kundschafter des Friedens fordern Recht" gegründet.

Der Verein erinnert ein wenig an eine „Gewerkschaft" der Spione; Gemeinsam soll der „Kampf für die Einstellung der politischen Strafverfolgung, die Aufhebung der sozialen Abstrafung nach der Haft und für ihre Rehabilitierung" (124) geführt werden. Via Internet werben die ehemaligen Spione dafür um Solidarität. Ihrem Bekenntnis zu ihren Taten haben sie das Motto „Wir alle werden unseren Auftrag erfüllen" vorangestellt. Unter diesem Leitsatz arbeitete im Zweiten Weltkrieg die Spionageorganisation „Ramsay" um Richard Sorge in Japan für die Sowjetunion.

Dem ostdeutschen Dokumentarfilm-Regisseur und Bürgerrechtler Konrad Weiß macht das Angst: „Das heißt doch im Klartext, für diese Leute geht der Kampf gegen unser demokratisches Gemeinwesen weiter. Auch wenn es den totalitären Staat, dessen Dienstboten sie waren, nicht mehr gibt, seine Ideologie wird von ihnen und vielen anderen beatmet und wiederbelebt." (125) Ihm macht besonders „die enge Vernetzung des Vereins mit diversen Nachfolgeorganisationen, von denen immer Drähte zur PDS führen" (126) Sorgen.

Ob in der „Initiative Kundschafter für den Frieden fordern Recht" tatsächlich eine derartige politische Brisanz steckt, ist zu bezweifeln. Ihre öffentlich erhobenen Forderungen beschränken sich ausschließlich auf die Interessenlage eines relativ kleinen Kreises von Betroffenen. Sie konzipieren Verfassungsbeschwerden, korrespondieren mit Anwälten, Richtern und Politikern und informieren die Öffentlichkeit über ihre Vorhaben. Das ist eine legitime Tätigkeit eines Vereins. Inhaltlich richtet sie sich auf den Versuch, Mehrheiten für einen Schlußstrich unter die DDR-Vergangenheit und eine Rehabilitierung der wegen Spionage und

Landesverrat Verurteilten zu finden. Das wird von einigen PDS-Politikern unterstützt, findet aber nach den gescheiterten Bemühungen um eine generelle Amnestie für Spione im Jahr 1990 keine nennenswerte parlamentarische Resonanz mehr.

Auch der Verfassungsschutz sieht in der „Initiative“ allein keine Bedrohung für die Sicherheit der Bundesrepublik. Aufmerksam verfolgt wird dagegen die Tatsache, daß Unterstützung für die abgehalfterten „Kundschafter“ vor allem aus der „Kommunistischen Plattform“ (KPF) der PDS, besonders aus der KPF Niedersachsen, kommt. Dieser Teil der PDS steht bei den Verfassungsschützern unter dem Verdacht des Linksextremismus und wird deshalb beobachtet.

Für Klaus Forsen, Sprecher des Oberlandesgerichts in Düsseldorf, wo seit dem Prozeß gegen den Kanzler-Spion Günter Guillaume bereits viele „Kundschafter“ und deren Führungsoffiziere vor Gericht standen, ist die „Initiative“ eine Form von „nacheilendem Selbstschutz“. Er meint: „Man könnte den Eindruck bekommen, daß sie die Dinge sich selbst gegenüber beschönigen.“ (127)

Dazu gehören dann neben dem lästigen Schriftkram auch Kameradschaftstreffen mit der Stasi-Generalität um Werner Großmann und Markus Wolf. Insider berichten, daß sie nicht immer harmonisch verlaufen. Die „politischen Kundschafter“ um Gabriele Gast wollen mit solchen Leuten, wie Klaus Kuron, die nur für schnödes Geld spioniert haben, nicht viel zu tun haben.

Im eigenen Kreis geht es da dann schon lockerer zu. Zum Beispiel, wenn Gabriele Gast staunenden Besuchern in ihrem Haus ihren größten „Container“ vorführt. Das dunkel gebeizte Eichen-Tischchen steht harmlos vor dem Lehnstuhl am Fenster und birgt ein 80 X 80 Zentimeter großes Geheimfach. „Da ist nie jemand drauf gekommen“, sagt die Hausherrin stolz: „Selbst bei der Hausdurchsuchung haben die Polizisten nur ihre Klamotten draufgeschmissen, reingeguckt hat keiner.“ (128)

Vielleicht landet das gute Stück eines Tages im Deutschen Historischen Museum oder im Trödel. So wie die „Vaterländischen Verdienstorden“ der „Kundschafter des Friedens“. Alfred Spuhler und Gabriele Gast haben es bis zum „Goldenen“ gebracht. Dieter W. Feuerstein schaffte nur Silber, weil die DDR vorher zusammenbrach. Dennoch wollte er auf das Souvenir, das im Stasi-Hauptquartier auf einem Samtpölsterchen für ihn aufgehoben wurde, nicht verzichten: Nach der Wende kauft er sich ein entsprechendes Exemplar auf dem Flohmarkt am Berliner Brandenburger Tor und fährt damit stolz in seinem alten Benz zurück nach München. Kennzeichen: „M – FS...“.

Daß diese Leute wohl doch nur hartnäckige DDR-Nostalgiker, aber nicht mehr gefährlich sind, meint auch der Vorsitzende Richter am Bayerischen Oberlandesgericht, Ermin Brießmann. Als eingeschworenem Katholiken und Konservativen ist ihm kaum Sympathie für die „Kundschafter des Friedens“ zu unterstellen. Dennoch ist er überzeugt, „aufgrund der Entwicklung der politischen Verhältnisse“ habe sich der besonders schwere Nachteil für die Sicherheit der Bundesrepublik durch die einstigen Spione „relativiert“. (129)

Das sah in den ersten Monaten der deutschen Einheit noch ganz anders aus, als ehemalige Stasi-Mitarbeiter aller Abteilungen nach deren Auflösung versuchten, ihre Mitbürger zu terrorisieren.

Die Rache der „Roten Faust“?

„Dir schütte ich Salzsäure ins Gesicht. Du wirst blind sein.“ (130) Der Chemnitzer Bürgerrechtler Rüdiger Knechtel bekommt kurz nach der Einheit immer wieder Briefe mit solchen oder ähnlichen Drohungen. Er hat Weihnachten 1989 sein Buch „Stalins DDR“ veröffentlicht und darin die Stasi als Verantwortliche für Bespitzelung und Unterdrückung angeklagt. Daraufhin öffnen Unbekannte nachts sein Auto, kippen einen Eimer Leim über den Sitz, schalten das Licht ein und schließen den Wagen ordentlich wieder ab. Die Täter haben offenbar Nachschlüssel.

Auch der Thüringer Stasi-Auflöser Matthias Büchner aus Erfurt hat inzwischen „eine ganze Sammlung von Drohbriefen“. (131) Neben Strichmännchen am Galgen wird ihm mit „grauenvoller Rache“ gedroht, „wenn ihr nicht aufhört, in unseren Akten zu wühlen“. (132)

Die krakelige Unterschrift – so wie es aussieht, wenn Rechtshänder verkrampft mit links schreiben – lautet: „Die Rote Faust – Organisation ehemaliger Mitarbeiter, die nie aufgeben werden.“ (133)

Ob es eine solche Vereinigung als Struktur des inzwischen längst aufgelösten MfS tatsächlich gibt, bleibt ebenso umstritten wie die angebliche Existenz der „Organisation der Offiziere des Ministeriums“ (ODOM). Sie verdankt ihren Einzug in die Akten des Berliner Verfassungsschutzes dem Fingerzeig eines Stasi-Abwicklers. Er will sogar von 6000 Mitgliedern wissen, handfeste Beweise fehlen jedoch, und schon wenig später ist von ODOM nichts mehr zu hören.

Meist sind es nur einige Briefe, ein paar hingekrakelte Zeilen oder ein kopierter Handzettel, die mit martialischen Namen versehen, auf angeblich vorhandene Stasi-Strukturen hinweisen. So ist es auch bei der „Kampfgruppe 91“. Mit diesem Namen unterzeichnete Drohbriefe bekommt die Zeitung „die andere“. Sie hatte eine Liste mit Namen, Geburtsdaten und Gehalt der hauptamtlichen Stasi-Mitarbeiter veröffentlicht.

Ehemalige Stasi-Chefs, wie Gerhard Niebling, distanzieren sich vehement von solcherart Aktivitäten. Der Generalmajor meint: Man müsse „das schleunigst aufklären. Es gibt kriminalistische Mittel, die Staatsanwaltschaft und den Verfassungsschutz. Wenn ich kann, wirke ich an der Aufklärung mit“. (134) Dennoch zeigt er Verständnis für den Frust der Genossen: „Würde nicht jeder aufschreien, wenn man irgendwelche Listen kriminell Vorbestrafter veröffentlichen würde? Aber weil die Staatssicherheit Freiwild ist, kann man alles machen.“ (135)

Ob ehemalige Mitarbeiter, die aus eben diesem Gefühl heraus ihre Mitbürger terrorisieren, Einzeltäter oder in Geheimbünden organisiert sind, kann die Polizei letztlich nicht ergründen. Sie registriert nur immer wieder Anschläge gegen Mitglieder der Bürgerkomitees oder Wortführer der Wende. Sie reichen von provozierten Verkehrsunfällen bis zu konspirativen Wohnungseinbrüchen. So wird zum Beispiel Peter Arnold vom Erfurter Bürgerkomitee mit seinem Trabant-Kombi während einer Fahrt nach Leipzig von einem „Westwagen“ hinten links touchiert. Der Wagen schleudert, überschlägt sich und bleibt auf dem Mittelstreifen liegen. Peter Arnold hat eine Kopfverletzung, der Unfallverursacher ist flüchtig. Ein Kollege von ihm wird auf der Strecke nach Berlin von einem roten Lada abgedrängt. Auch er überschlägt sich und klettert schließlich mit Prellungen und Schnittverletzungen aus dem Auto. In beiden Fällen gibt es Zeugen. Täter werden nicht gefaßt.

Oft gehen die Übergriffe gar nicht einmal so weit, daß jemand zu Schaden kommt. So findet Rolf-Michael Turek, Pfarrer der Leipziger Markus-Gemeinde, nach einer Beerdigung seine Wohnung durchwühlt vor. Geldscheine und seine Video-Kamera liegen unberührt auf dem Schreibtisch, nur alle Schranktüren stehen offen, das Wohnungsschloß ist unbeschädigt. Der erstaunte Pfarrer: „Die mußten die Tür nicht aufbrechen, die hatten Schlüssel." (136) Er ist vorsichtig geworden. Deshalb zieht er auch jedes Mal die Radmuttern nach, bevor er in seinen neuen Opel Ascona steigt. Er hat da seine Erfahrungen. Im Februar 1991 klappern sie hinter den Radkappen, obwohl kurz zuvor noch alles festsaß. Lose Muttern hatte er nach der Wende schon am Trabant. Damals dachte Rolf-Michael Turek allerdings noch, es wäre purer Zufall, der bei einem alten Auto schon einmal vorkommen kann.

Ungewöhnlich ist die Häufung solcher Fälle schon in diesen Monaten Anfang 1990. Davon kann auch der Leipziger Johannes Beleites ein Lied singen. „Alles umgerührt" (137) haben ungebetene Gäste in seiner Wohnung. Er war Mitglied des Stasi-Ausschusses der letzten DDR-Volkskammer. Seine wertvolle Foto-Ausrüstung bleibt von den „Einbrechern" unangetastet, zwei Tonband-Kassetten verschwinden.

Peter Plumbohm, früher Chef des „Medizinischen Dienstes" der Stasi-Bezirksverwaltung Magdeburg, sieht in solchen Aktionen die ganze Hilflosigkeit seiner ehemaligen Genossen: „Die stecken doch in einer Gruppe, mit eigenen Wertvorstellungen und eigener Moral, haben kaum Kontakte nach außen." (138)

Aus dieser Sicht sind die möglichen Täter der „Roten Faust" und anderer in diesen Wochen angeblich existierender Stasi-Strukturen gleichzeitig Opfer des Umbruchs im Osten Deutschlands. Schon wenige Monate nach der Einheit beschäftigen sie kaum noch die Ermittlungsbehörden. Diese sind inzwischen vollkommen damit ausgelastet, das Netz der DDR-Spione und ihrer Führungsoffiziere endgültig zu zerreißen. Bei der Bundesanwaltschaft in Karlsruhe wird dafür das Personal aufgestockt, die Zahl der bisherigen drei Referate auf fünf erweitert. Und sie haben gut zu tun.

3. Kapitel

Das Netz wird zerrissen

Am 3. Oktober 1990, dem „Tag der deutschen Einheit“, gibt es in der Kantine des Berliner Polizeipräsidiums in Tempelhof Kohl-Rouladen. Kriminalhauptkommissar Klauß vom Bundeskriminalamt (BKA) hat seinen Kollegen Bürger ins ehemalige West-Berlin geschickt, um für ihn und seine fünf Leute Verpflegung zu fassen. Die Männer haben nämlich an diesem sonnigen Mittwoch im Osten zu tun, in der Oberseestraße 6-8. Dort steht das zweigeschossige Reihenhaus aus Fertigteil-Platten, in dem Werner Großmann zur Miete wohnt.

Die BKA-Kommissare sollen den Generaloberst verhaften.

Als sie gegen 11.30 Uhr in Weißensee ankommen, ist das Nest leer. Die Polizei-Beamten brechen die Tür auf, wechseln das Schloß und machen sich an die Hausdurchsuchung. Auf dem Schreibtisch finden sie zwei leere Plastikhüllen. Sie vermuten, daß darin die Pässe von Werner und Brigitte Großmann aufbewahrt worden waren und die beiden nun auf der Flucht seien. So wie Markus Wolf, der die Einheit im fernen Moskau erlebt und nun auf den Fahndungslisten der Polizei steht.

Und tatsächlich hat auch sein Nachfolger als Chef der Hauptverwaltung Aufklärung des Ministeriums für Staatssicherheit der DDR darüber nachgedacht, ob er sich rechtzeitig absetzt. Doch dann hat Werner Großmann die Lage analysiert: „Meine Tätigkeit entsprach der Verfassung und den Gesetzen der DDR und auch den geltenden Verpflichtungen des Warschauer Vertrags. Als Offizier war ich auf die Verfassung und die Gesetze meines Staates vereidigt.“ (1) Er meint, sich nichts vorwerfen zu müssen: „An meinen Händen und denen meiner Mitarbeiter und Kundschafter klebt kein Blut.“ (2) Deshalb entschließt sich der Spionage-General: „Ich will durch meine Haltung ein Beispiel geben, versuchen, Schaden abzuwenden, zu motivieren und zu aktivieren.“ (3)

Den „Einmarsch des Klassenfeindes“ am 3. Oktober will er sich dann aber doch nicht antun. Am Morgen fährt Werner Großmann zu seinen erwachsenen Kindern Ingrid, Harald und Frank ins Grüne.

Als er am frühen Nachmittag in sein Haus zurückkehrt, sind die BKA-Männer so beschäftigt, daß sie das erst mitbekommen, als Werner Großmann über die Terrasse ins Wohnzimmer kommt. Der Geheimdienst-Fuchs wundert sich: „Was draußen passierte, nahmen sie nicht zur Kenntnis. Wer hat die bloß ausgebildet?“ (4)

Die Männer sind überrascht, den gesuchten Generaloberst vor sich zu sehen. Die Kohl-Rouladen werden kalt. Hauptkommissar Klauß verhaftet Werner Großmann. Gegen 15 Uhr geht es dann ab ins Polizeipräsidium. Der Stasi-General lotst den Mietwagen der ortsunkundigen BKA-Leute durch die Stadt. Er kennt sich auch im ehemaligen West-Berlin aus, schließlich war das bis vor kurzem noch sein „Operationsgebiet“.

Das Fernsehen meldet in den Abendnachrichten Werner Großmanns Verhaftung. Das hört Oberst Bernd Fischer, ehemals Leiter der HVA-Abteilung I, Staatsapparat BRD, und Chef der HVA-Auflösungstruppe. Eine Stunde später klingelt Kriminalhauptkommissar Ostermann an seiner Wohnung in Berlin-Karlshorst. Er hat 14 Mann vom Staatsschutz und vom Bundesgrenzschutz mitgebracht, um Bernd Fischer zu verhaften. Ohne Widerstand landet der Oberst a. D. wenig später in einer Arrestzelle des Polizeipräsidiums. Aus Langeweile mißt er sie aus. Der Raum ist genau vier Schuhlängen breit und elf lang. Größe 42.

Sein ehemaliger Chef ein paar Zellen weiter ist sauer: „Auf dem Gang toben verhaftete Dealer und Betrunkene. Meine Laune sinkt auf den Tiefpunkt, als ich, aller beweglichen Gegenstände ledig, in der Zelle stehe. Soll das eine Schocktherapie sein, oder ist es lediglich Unvermögen, mir eine andere Unterbringung zu besorgen?“ (5) Generäle haben eben auch in „Kriegsgefangenschaft“ Sonderrechte. Das Knast-Frühstück am nächsten Morgen schlägt er aus, speist dafür mit zwei BKA-Beamten lieber in der Polizei-Kantine. Auf eigene Kosten.

Dann geht es mit einem BGS-Hubschrauber nach Karlsruhe zum Bundesgerichtshof (BGH). Auch Bernd Fischer sitzt mit in der Maschine. Vier BKA-Leute bewachen die beiden Stasi-Offiziere.

Als der knatternde Helikopter pünktlich um 15 Uhr auf dem BGH-Gelände landet, trifft Werner Großmann eine Entscheidung: „In diesem Moment entschließe ich mich endgültig: kein Wort!“ (6)

Das bekommt als erster Ermittlungsrichter Klaus Detter zu spüren. Er hat schon früher mit DDR-Spionen zu tun gehabt. Darüber hatten die „Kundschafter“ ihrem Chef Werner Großmann berichtet. Daher weiß dieser, daß der Richter ein korrekter und fairer Mann ist. Klaus Detter verkündet Werner Großmann den Haftbefehl vom 17. September 1990 und erläutert ihn ausführlich: „Es besteht der Haftgrund der Fluchtgefahr nach Paragraph 112 Abs. 2 Nr. 2 Strafprozeßordnung (StPO). Der Beschuldigte hat wegen seiner herausgehobenen Stellung in der Organisation und Durchführung der vom ehemaligen MfS gegen die Bundesrepublik Deutschland mit besonderer Intensität betriebenen geheimdienstlichen Agententätigkeit – jedenfalls nach der gegenwärtigen Gesetzeslage – mit einer erheblichen Freiheitsstrafe zu rechnen (...)“. (7)

Dann kommt ein Satz, der Werner Großmann aufhorchen läßt: „Erst nach Ergreifung des Beschuldigten stellt sich die Frage, ob der Fluchtgefahr durch Aussetzung des Haftbefehls nach Maßgabe des Paragraphen 116 StPO ausreichend entgegengewirkt werden kann.“ (8)

Das ist Werner Großmanns Chance, nicht noch eine Nacht im Knast verbringen zu müssen. Der Generaloberst erklärt dem Ermittlungsrichter, daß er eine legitime Tätigkeit für die DDR ausgeübt habe, nichts zu nachrichtendienstlichen Aktivitäten oder Stasi-Spionen aussagen werde und im übrigen nicht beabsichtige zu fliehen.

Klaus Detter glaubt ihm, und setzt den Haftbefehl außer Vollzug. Für die Akten diktiert er: „Er hat glaubhaft dargetan, daß er sich dem Verfahren stellen wird. Dabei hat er besonders darauf hingewiesen, daß er sich als früherer Leiter der HVA auch in Verantwortung gegenüber seinen bisherigen Mitarbeitern sieht. Er will erreichen, daß der Öffentlichkeit bewußt wird, daß er bis zur Wiedervereinigung für seinen Staat eine legitime Tätigkeit ausgeübt hat. Von besonderer Bedeutung ist für ihn dabei, daß es sich um eine Tätigkeit gehandelt hat, der in allen Staaten durch

Sicherheitsorgane nachgegangen wird. Diese Haltung des Beschuldigten spricht dafür, daß er sich dem weiteren Verfahren mit allen seinen Schwierigkeiten stellen will. Es ist offenkundig, daß ihm bewußt ist, möglicherweise auch eine Freiheitsstrafe verbüßen zu müssen. Aus seiner Sicht freilich besteht die Erwartung, daß mit der Wiedervereinigung auch die Probleme der aufgelösten Sicherheitsorgane der ehemaligen DDR einschließlich der HVA in einer für alle zufriedenstellenden Weise gelöst werden." (9)

Bis zum Prozeß ist Werner Großmann damit erst einmal ein bedingt freier Mann. Er gibt Paß und Ausweis ab und muß sich künftig einmal in der Woche in Berlin auf seinem zuständigen Polizeirevier melden. Ohne Genehmigung darf er die Bundesrepublik nicht verlassen.

Rechtsanwalt Gunter Widmaier hat inzwischen ein Flugticket von Frankfurt am Main nach Berlin besorgt. Mit der „Pan Am" schwebt Werner Großmann am Abend des 4. Oktober 1990 in Tegel ein. Seine Frau Brigitte und die Kinder erwarten ihn. Zu Hause fühlt er sich nicht mehr: „Den Tag des Anschlusses der DDR an die BRD erleben wir als feindliche Übernahme." (10)

Wenig später ist auch Bernd Fischer gegen Auflagen wieder frei. Gemeinsam mit ihren Anwälten bereiten sich die Männer auf den zu erwartenden Prozeß vor.

Daran werkelt auch die Bundesanwaltschaft. Die Herstellung der deutschen Einheit hat ihr einen Riesenberg Arbeit beschert, denn wenn auch die Leute auf der Straße die „Wiedervereinigung" feiern, rechtlich gesehen ist die DDR der Bundesrepublik Deutschland beigetreten. Für die Juristen gilt deshalb das Strafrecht der alten Bundesrepublik unverändert weiter. Dieses verpflichtet sie, ihren Staat vor Verrat zu schützen, wenn ein entsprechender Anfangsverdacht vorliegt. Solch ein Anfangsverdacht im Sinne des Paragraph 152 StPO ergibt sich aber allein aus den Zuständigkeits- und Funktionsbeschreibungen des ehemaligen Ministeriums für Staatssicherheit der DDR. Deshalb müssen die Bundesanwälte faktisch gegen jeden ermitteln, der bei der Stasi mit der Arbeit gegen den Westen befaßt war oder im Westen im Verdacht steht, mit der Stasi kooperiert zu haben. Dieses Herangehen führt bis 1997 – danach endet die statistische Auswertung der Bundesanwaltschaft – zu 7099 Ermittlungsverfahren wegen Spionage für die ehemalige DDR, davon 4171 gegen Stasi-Offiziere, hauptamtliche und inoffizielle Mitarbeiter aus dem Osten und 2928 gegen IM aus dem Westen. (11)

Für Werner Großmann sind diese Zahlen eine Erfolgsbilanz: „Geheimdienste und Strafverfolgungsbehörden der Alt-Bundesrepublik standen nach dem Sichtbarwerden unserer erfolgreichen nachrichtendienstlichen Tätigkeit im kalten Krieg vor der Tatsache, daß sie ihren Verfassungsauftrag zur Bekämpfung unserer Tätigkeit nicht erfüllt hatten. Ein Wirtschaftsunternehmen hätte bei einer solchen Bilanz Konkurs anmelden müssen." (12)

Ehemalige „Kundschafter" der Stasi im Westen gehen noch weiter und sehen in diesen Ermittlungsverfahren eine „Siegerjustiz" des Westens über den Osten. Klaus von Raussendorff, Stasi-Deckname „Brede": „Die ehemaligen Mitarbeiter der DDR-Auslandsnachrichtendienste, die nach dem 3. Oktober 1990 strafrechtlich verfolgt wurden, sind politisch Verfolgte, weil ihre Verfolgung illegitimen politischen Zwecken dient, das heißt nicht mehr der Abwehr der Spionage der DDR, sondern der politischen und moralischen Delegitimierung (Klaus Kinkel) der DDR, und weil, das ist das Entscheidende, diese Verfolgung unrechtmäßig und willkürlich ist." (13)

Politische Zwecke bei der Aufarbeitung der Stasi-Vergangenheit sehen auch jene, die sich in den letzten Tagen der DDR für den Erhalt der Akten des MfS engagiert haben – wenn auch aus einem völlig anderen Blickwinkel. Vor der letzten DDR-Volkskammer erklärt Joachim Gauck, später Verwalter dieser Unterlagen, im August 1990: „Ein schmerzfreier Übergang in die Gefilde der Demokratie ist für Menschen, die unsere Geschichte haben, eben nicht möglich. Das ist tragisch, und manchmal auch schwer (...). Aber Schmerzen zu ertragen, statt Beschädigtsein zu leugnen, kann auch etwas mit Würde zu tun haben." (14)

So steht die juristische Aufarbeitung der DDR-Spionage von Anfang an auch im Spannungsfeld von Moral und Recht. Das hebt sie von „normalen" Strafprozessen ab und veranlaßt auch die ermittelnden Bundesanwälte, den Spagat zwischen Prozeßvorbereitung und historischer Aufarbeitung zu proben.

Die Beweise der Bundesanwälte

Das riesige Haus der Bundesanwaltschaft in der Karlsruher Herrenstraße wirkt respekteinflößend. Hier arbeitet die Behörde des Generalbundesanwalts. Ihre Abteilung III ist für Spionageverfahren zuständig. 1991 werden die drei Referate, jedes mit einem Bundesanwalt, einem Oberstaatsanwalt und einem wissenschaftlichen Mitarbeiter besetzt, auf fünf aufgestockt. Vier Jahre lang werden in dem düsteren wilhelminischen Bau Monat für Monat durchschnittlich über 100 Ermittlungsverfahren eingeleitet.

Obwohl die Männer um Generalbundesanwalt Alexander von Stahl bereits Erfahrungen mit Spionagedelikten haben, stehen sie nun vor einem bisher nicht gekannten Problem. Bundesanwalt Joachim Lampe beschreibt es so: „Die sachverständige Hilfe durch eigene Nachrichtendienste bei Sachverhaltsaufklärung und Bewertung der Tat – vor der Wende kennzeichnend für die Strafverfolgung von Spionage – spielte ab 1991 eine untergeordnete Rolle. Den Nachrichtendiensten der Bundesrepublik waren mit dem Zusammenbruch des Ostblocks die Ziele ihrer operativen Beobachtung abhanden gekommen (...). Es wurden keine Erkenntnisse mehr gewonnen, die der Strafverfolgung zur Verfügung gestellt werden konnten; die vorhandenen ‚Altbestände' waren in ihrem Erkenntniswert im Verhältnis zu den nun gegebenen Informationsmöglichkeiten dürftig (...).“ (15)

Deshalb versuchen die Bundesanwälte, aus dem Kreis ehemaliger Stasi-Mitarbeiter Zeugen zu rekrutieren. Bei „tätiger Reue“ bieten sie in ihren Verhören Straffreiheit oder Strafmilderung nach Paragraph 153e der Strafprozeßordnung an. Besonders Offiziere der mittleren Leitungsebene nehmen das Angebot an, darunter Peter Haustein, Referatsleiter in der Abteilung II, Bearbeitung politischer Parteien in der BRD, dessen stellvertretender Abteilungsleiter, Ingolf Freyer, Gunter Nehls, Vize-Chef der „Äußeren Abwehr“, Auswerter Peter Richter, die Desinformationsspezialisten Günter Bohnsack und Jürgen Greschke, der zuständige Referatsleiter für die Bearbeitung des Bonner Verteidigungsministeriums, Manfred Lohs, der Psychologe Gerd Lips und der USA-Bearbeiter Karlheinz Michalek. (16)

Von jenen, die von sich aus Kontakt zum Bundesverfassungsschutz oder zum Bundesnachrichtendienst gesucht haben, liegen den Ermittlern bereits Aussagen vor. Dabei ist es für sie wichtig, daß nicht nur hohe Offiziere aus der Zentrale geplaudert haben, sondern auch Leute wie Dieter Schlaphof, BfV-Deckname „Doris“, von der Abteilung XV der Stasi-Bezirksverwaltung Dresden und Rainer Holz, BfV-Deckname „Malediven“, von der Bezirksverwaltung Potsdam aussagebereit waren. (17) Sie tragen wesentlich dazu bei, bisher immer noch weitgehend unbekannte Stasi-Strukturen zu erkennen.

HVA-Chef Werner Großmann treiben die „Verräter“ aus den eigenen Reihen die Zornesröte ins Gesicht: „Den Kopf auf Kosten anderer aus der Schlinge zu ziehen, halte ich für schäbig. Die Verantwortung für die anderen endet nicht mit dem Dienst.“ (18) Bundesanwalt Joachim Lampe sieht das anders: „Die Zahl der aussagewilligen Führungsoffiziere und Auswerter ist zwar im Verhältnis zur Gesamtzahl der aussagefähigen Offiziere gering, absolut gesehen aber doch so beachtlich, daß die Tätigkeit einiger Diensteinheiten bereits damit dargestellt werden kann.“ (19)

Wo das nicht langt, führt der erste Weg der Ermittler über die Gehaltslisten der Stasi. Mitte 1990 ist das EDV-Kaderprojekt der Hauptabteilung „Kader und Schulung“ noch in Takt. Es wird von der Abteilung XIII im Objekt Wuhlheide geführt und gebraucht, um Rentenansprüche ausrechnen zu können. Die Listen sind auf dem Stand von 1988 und enthalten Namen, Vornamen, Geburtsdatum, Jahresverdienst und die Schlüsselnummern der Struktureinheiten. Damit läßt sich jeder Stasi-Mitarbeiter seiner ehemaligen Abteilung zuordnen.

Zur Enttarnung der Agenten der Hauptabteilung II, Spionageabwehr, reichen diese Angaben als Schlüssel aus. Die Verbindungen zu den IM wurden über die Abteilungen geführt. Dort erhielt jeder ein „Vorgangsbuch“ mit seinem Decknamen und seiner Registriernummer. Über diese läßt sich aus der zentralen Registrierung der Abteilung 12 der Klarname ermitteln. (20)

Die Spurensuche bei der HVA ist komplizierter, weil dort die meisten Akten im Reißwolf ihr Ende fanden. Preußische Gründlichkeit wird aber auch hier vielen zum Verhängnis. So untersucht das Bundesinnenministerium 1992 zum Beispiel die Vermögensverhältnisse des MfS und findet in den erhaltenen Unterlagen der Finanzabteilung Abrechnungsbelege über „Reisezahlungsmittel" der HVA. Sie geben erste Hinweise auf Führungsoffiziere, die zu ihren Quellen in den Westen gereist sind.

Ab 1. Januar 1992 steht den Ermittlern überdies sämtliches erhaltene Stasi-Schriftgut zur Verfügung. Das zu diesem Zeitpunkt in Kraft gesetzte „Gesetz über die Unterlagen des Staatssicherheitsdienstes der ehemaligen Deutschen Demokratischen Republik" (StUG) erlaubt in seinem Paragraph 23 ausdrücklich die „Verwendung von Unterlagen für Zwecke der Strafverfolgung und Gefahrenabwehr". Obwohl die kilometerlangen Aktenregale erst zum Teil gesichtet und erfaßt sind, taucht eine Liste auf, die sogenannte „Kartei 505", in der die inoffiziellen Mitarbeiter der Hauptabteilung VIII verzeichnet sind. Sie waren wiederum diejenigen, die die Verbindungen zu den „Quellen im Operationsgebiet" hielten. Und schließlich entdecken die Archivare in den Akten der Abteilung XII eine 1985 von der HVA in Auftrag gegebene Aufstellung von IM-Verbindungen anderer Diensteinheiten des MfS in den Westen. (21)

Doch das ist alles Kleckerkram gegen das, was die Ermittler vom Bundesverfassungsschutz 1993 bei einer Dienstreise nach Washington erfahren. Dort, im Vorort Langley, nahe am Ufer des träge dahinfließenden Potomac liegt hinter hohen Bäumen versteckt die riesige Trutzburg der CIA. Und irgendwo im Hauptquartier des Geheimdienstes stehen hinter Sicherheitsschleusen und Panzerglas die in den Wendewirren erbeuteten „Milchkannen" der HVA.

Dornen im „Rosenholz"

Die Amerikaner hüten den Schatz wie ihren Augapfel. Eigentlich sollen auch die deutschen Verbündeten nicht an der brisanten Beute teilhaben. Als sich 1993 der Schalck-Untersuchungsausschuß um Einsicht bemüht, lassen die Männer in Langley die deutschen Parlamentarier kühl abblitzen. Über die deutsche Botschaft in Washington teilen sie mit: „Das Problem" sei eine „Angelegenheit der Inneren Sicherheit" der Vereinigten Staaten. (22)

Intern ist immer wieder das Argument „Quellenschutz“ zu hören – gemeint ist der Schutz der bis heute unbekannten Leute, die die „Milchkannen“ mit den Mikrofilmen damals „besorgt“ hatten.

Deren Aktivitäten bleiben 1990 auch dem Kölner Verfassungsschutz nicht völlig verborgen. Ganz im Gegensatz zum Bonner CIA-Stationschef Edwin Pechous (Kollegen-Spitzname „Giftzwerg“) müssen sie aber warten, bis Stasi-Überläufer von selbst beim Pförtner ihrer Dienststellen auftauchen. Ein Geheimdienstskandal würde absolut nicht ins Vorfeld der deutschen Vereinigung passen. Neidisch registrieren sie die fette Beute der Amerikaner und bitten immer mal wieder um Teilhabe. Erfolglos. Doch Pechous-Nachfolger Milton Bearden merkt bald, daß den deutschen Kollegen wenigstens eine Beruhigungspille verabreicht werden muß. Er überzeugt die CIA-Spitze, die Kölner Bittsteller wenigstens einmal gucken zu lassen. Das bringt ihm zur Pensionierung das Bundesverdienstkreuz ein.

So reisen schließlich 1993 ein paar deutsche Geheimdienstler an den Potomac. An die Computer in Langley dürfen sie nicht heran. Die CIA-Kollegen rücken lediglich 1900 Karteiabschriften mit Namen von im Westen operierenden Ost-Spionen heraus. Die Beamten dürfen sich diese Hinweise auf „nachrichtendienstlich relevanten Personen“ notieren. (23)

Keinerlei Informationen gibt es über HVA-Agenten außerhalb der Bundesrepublik, Ausländer im Dienst der Stasi und über die Spitzel der HVA innerhalb der DDR.

Trotzdem sind die Verfassungsschützer zufrieden. Sie finden 1553 mutmaßliche Spione im Westen, und die Bundesanwaltschaft kann eine erste große Welle von Verfahren starten.

Doch der Schatz aus den „Milchkannen“ ist nicht ohne Makel. Er besteht aus drei Teilen: Fast 320 000 Karteikarten gehören zur „F-16-Klarnamenkartei“ der HVA. Sie verzeichnen alle Personen, die für die Stasi-Aufklärer irgendwie interessant waren. Das können ebenso aktive Spione wie „abgeschöpfte Quellen“, Bekannte von „Zielpersonen“ oder Kuriere, Deckadressengeber oder nur Leute, die man im Auge behalten will, sein. Unter nur einer Registriernummer sind manchmal bis zu 50

Personen aufgeführt. Rund 70 000 Kärtchen enthält die „F-22-Vorgangskartei". Auf ihr sind Registriernummern, die zuständige Abteilung und – allerdings nicht in allen Fällen – Angaben dazu, warum eine Person erfaßt wurde, verzeichnet. Der dritte und aufschlußreichste Teil sind die „Statistikbögen". Sie wurden nur für ausgesuchte Personen angelegt, die besonders wertvolle Informationen lieferten und auch im „Spannungsfall" einsetzbar gewesen wären. Geburtsjahr, Angaben zur Arbeitsstelle im Westen, Sprachkenntnisse und Charakterbilder sind vermerkt. Mit diesen „Statistikbögen" ließen sich aus der „F-16" die Spione herausfiltern, doch davon liegen bei „Rosenholz" gerade einmal 2500 vor. (24)

Nur aus der Kombination aller drei Datensätze sind Rückschlüsse darauf möglich, wer denn nun wirklich spioniert hat oder wer nur irgendwie ins Fadenkreuz der Stasi geraten war. Das weiß auch der ehemalige HVA-Chef Werner Großmann: „Wir haben natürlich das gesamte Umfeld mit registriert: die Ehefrau, Geschwister, Arbeitskollegen. Wenn die Namen jetzt bekannt werden, werden manche staunen und erschrecken. Sicher wird mancher ins Gerede kommen oder auch in Verdacht geraten, obwohl nichts dran ist." (25) Ernst Uhrlau, Geheimdienstkoordinator im Berliner Kanzleramt muß ihm wohl oder übel beipflichten: „Wenn jetzt neue Namen auftauchen, werden sich alle große Zurückhaltung auferlegen müssen, statt sinnlose Verdachtsschöpferei zu betreiben. Der Grundsatz, wer in der Kartei ist, ist auch schuldig, ist zu einfach." (26)

Zehn Jahre nach der Einheit werden nach langen und zähen Verhandlungen schrittweise Kopien der „Rosenholz"-Akten auf CD-Rom gepreßt und an Deutschland übergeben. Spionage ist inzwischen verjährt, große Überraschungen erwartet weder Generalbundesanwalt Kay Nehm, noch die inzwischen amtierende Stasi-Aktenverwalterin Marianne Birthler.

Dennoch zeigen sich erst jetzt peinliche Fehler. Die Amerikaner haben offenbar Probleme mit der deutschen Rechtsschreibung. So trägt die erste an Deutschland übermittelte CD mit Daten aus den geheimen HVA-Karteien nicht nur einen eindrucksvollen Rand, der rund umlaufend englisch mit „SECRET – SECRET – SECRET" und darunter englisch und deutsch „Releasable to Germany – In Bezug auf Deutschland“ beschriftet ist, sondern auch den deutschen Namen der ganzen Sache: „Rosenholtz“ – allerdings mit „tz“ geschrieben. Das mag hier harmlos sein, doch beim Abschreiben der Karteien führt solcherart Schludrigkeit zu ernsthaften Problemen.

Das muß der ehemalige SPD-Chef und Kanzlerkandidat Björn Engholm erfahren. Im Dezember 2000 gerät er in den Verdacht, der Stasi-Spion „Beethoven“ gewesen zu sein. Darauf weise die Registriernummer XV/188/71 zu seinem Namen in den „Rosenholz“-Akten hin. Andere Stasi-Akten belegen, daß ein „Beethoven“ Informationen an die HVA geliefert hat. Für Björn Engholm ist die ganze Sache „Hirnrissiger Unsinn, den ich mir allerdings nicht erklären kann“. (27)

Dabei ist die Erklärung einfach: Schon beim Besuch der Verfassungsschützer 1993 bei der CIA fiel der Name Engholm auf. Doch er ist nicht als IM, sondern nur als „Kontaktperson“ (KP) unter dem Decknamen „Hecht“ von der Stasi-Bezirksverwaltung Schwerin erfaßt worden. Damals reiste er öfters in die DDR und wurde von den Genossen ohne sein Wissen „abgeschöpft“. Seine Registriernummer als „Hecht“ lautet XV/128/71 – nur um eine Ziffer unterschiedlich zur „Beethoven“-Nummer! So ist die Verwechslung durch einen simplen Tippfehler der Amerikaner bei der Vorbereitung der CD-Rom entstanden. Das räumen sie dann auf mehrfache Nachfrage auch ein.

Die Verwechslung hätte auch Oberstleutnant Friedrich Kilian aufklären können. Er war der Führungsoffizier von „Beethoven“. Am Telefon beschränkt er sich aber auf die Aussage: „Das ist alles schon so lange her, und ich kann mir so schlecht Namen und Gesichter merken.“ (28) Dabei hätte er doch nur zu sagen brauchen, daß er, unter anderem auch getarnt als zweiter Sekretär an der Ständigen Vertretung der DDR in Bonn, gar nicht für die SPD, sondern für die CDU zuständig war. Aber zwischen der von den Stasi-Generälen immer wieder gern verkündeten Kooperationsbereitschaft und der Praxis gibt es offenbar doch erhebliche Lücken.

Ende 1998 trägt ein Mitarbeiter des Bundesbeauftragten für die Stasi-Unterlagen dazu bei, sie erheblich kleiner zu machen.

Die „Garzau-Listen" vor Gericht

Die Weihnachtsbescherung 1998 findet im Zimmer 607 der Behörde des Beauftragten für die Stasi-Unterlagen bereits einen Tag vor Heiligabend statt. In dem kargen Raum mit Sprelacart-Schreibtischen, DDR-Bürostühlen, zwei schrankgroßen Robotron-Rechnern A 5120 und einigen schon etwas älteren West-Computern arbeiten zwei Leute des Referates AR 7. Sie wühlen sich durch Tonbandkassetten der Stasi, Filme und noch erhaltene Datenträger.

Draußen rumpelt der Paternoster, die Magnetbandkassetten erinnern ein wenig an die Computer-Steinzeit, die Tonbandaufnahmen rauschen, und wenn alles gutgeht, finden sich hier und da ein paar Datenschnipsel – Sensationen erwartet aus diesem Bereich niemand mehr.

Doch der Mann am Computer, eigentlich ein gelernter Telefontechniker, ist ein hartnäckiger Tüftler. Aus dem Archiv ist ein sogenannter 6-Bit-Schlüssel aufgetaucht, von dem keiner weiß, wozu er dient. Der Hacker probiert ihn bei einer der Bandtrommeln aus, die 1992 im Bunker Garzau gefunden worden waren.

Per „Amtshilfeersuchen" der Stasi-Aktenverwalter an die Bundeswehr hatten bereits im August 1993 vom Bund übernommene NVA-Spezialisten die Datenträger grob gesichtet. Das war ein mühsames Unterfangen. Der letzte noch intakte DDR-Großrechner „Eser" streikte immer wieder, für das Sammelsurium aus bulgarischen Laufwerken, polnischen Druckern und Orwo-Bändern gab es keine Ersatzteile. Der Nutzen schien kaum den Aufwand zu rechtfertigen. Ganze 368 Magnetbänder konnten bis Mai 1997 für normale PC lesbar gemacht, nur auf 57 von ihnen der Datenbestand geborgen werden. So verlief das Projekt schließlich im Sande.

Der Hacker im Raum 607 läßt sich von dem damaligen Mißerfolg der EDV-Spezialisten nicht abhalten. Seine Ausdauer wird belohnt. Plötzlich erscheinen auf dem Bildschirm Namen und Zahlenkolonnen. Es sind Zehntausende. „Helmut Kohl" steht da, vom Flick-Konzern ist die Rede, „Top-secret" gekennzeichnete NATO-Dokumente sind erfaßt, und Registriernummern von „Quellen" flackern auf.

Kühl meldet der Computerfreak der Behördenleitung „Erfolge bei der Sichtbarmachung elektronischer Datenträger." (29) „SIRA", Abkürzung für „System-Information-Recherche-Auskunft", ist entschlüsselt.

Schnell stellt sich heraus, daß auf den Listen sozusagen der „Post"-Eingang der HVA von ihren West-Spionen erfaßt ist. Stasi-Auswerter Klaus Eichner: „Auf diesen Dateien haben alle Diensteinheiten der Hauptverwaltung Aufklärung ihre Informationseingänge festgehalten." (30)

Das geschieht nach einem immer wieder auftauchenden Schema: Zuerst steht die Eingangsnummer da, dann folgt das Datum. Darunter ist die „Quelle" mit ihrer Registriernummer, manchmal zusätzlich auch mit dem Decknamen verzeichnet, dann folgt der Titel der gelieferten Information. Gibt man zum Beispiel die Registriernummer XV/12345/67 ein, erscheint nach gut 45 Minuten und viel Drehen der Bandtrommeln, alles was die Quelle „Elbe" so aus Hamburg geliefert hat: Am 5. 2. 1979 einen Bericht „Zur Situation in der Schiffbauindustrie der BRD 1978/79", am 12. 11. 1979 die „Analyse zur wirtschaftlichen Entwicklung Hamburgs 1979", am 23. 11. 1979 eine „Strukturanalyse Hamburg 1980", am 24. 2. 1982 eine Einschätzung „Zur Situation in der SPD Hamburg" und so weiter. (31)

Damit ist SIRA unter zwei Gesichtspunkten interessant. Zum einen liegt eine vollständige Übersicht darüber vor, was die HVA alles im Westen ausspionierte. Zum anderen läßt sie Rückschlüsse auf die Aktivität einzelner „Kundschafter" zu.

Und da gibt es auch bei bereits abgeurteilten Fällen dank SIRA einige Überraschungen. So wurde zum Beispiel „Topas", der NATO-Spion Rainer Rupp, 1993 zu zwölf Jahren Haft verurteilt. Das Urteil bescheinigt ihm: „Der Angeklagte Rainer Rupp hat von Anfang an über seine nachrichtendienstliche Tätigkeit ausgesagt und – ohne sich zu schonen – mit Kräften zur Aufklärung des Sachverhalts beigetragen." (32) Ob der inzwischen in der JVA Saarbrücken einsitzende Häftling die Wahrheit gesagt hat, können die Richter jetzt nachprüfen: „Topas" ist in der SIRA-Kartei mit 1037 Lieferungen verzeichnet.

Die erste Feuerprobe vor Gericht müssen die „Garzau-Listen" im Fall des Ministerialrats Henning Nase bestehen. Er arbeitete von 1972 bis zur Wende im Bonner Arbeitsministerium und diente dort unter anderem zwei SPD-Staatssekretären als Persönlicher Referent. Dann geht er nach Potsdam und macht in der Landesregierung Brandenburg Karriere. Henning Nase wird Chef des brandenburgischen Verbindungsbüros bei der EU in Brüssel.

1994 wird er unter Spionageverdacht verhaftet. Seit 1969 soll Henning Nase als IM „Dorn" Protokolle von Kabinettssitzungen aus der Ära Helmut Schmidt, Haushaltsvorlagen über die Beschaffung von Waffensystemen und vertrauliche Dossiers über die deutschlandpolitische Strategie der Regierung Kohl an die Stasi geliefert haben.

So richtig beweisen kann das das Oberlandesgericht Düsseldorf allerdings nicht. Bis 1998 schleppen sich die Ermittlungen hin, dann gibt Henning Nase in einer „persönlichen Erklärung" zwar zu, sich regelmäßig mit einem „Dozenten" aus der DDR getroffen, aber nicht gewußt zu haben, daß dieser für die Stasi spitzelte. So erscheint IM „Dorn" den Richtern eher als kleiner Fisch, gegen Zahlung von 200 000 Mark wird das Verfahren eingestellt.

In einem anschließenden Disziplinarverfahren widerruft der Ministerialrat seine Aussage, und die Brandenburgische Landesregierung muß ihn wieder einstellen und seine zwischenzeitlich gekürzten Bezüge nachzahlen. (33)

Nun wird Henning Nase Referatsleiter im Justiz- und Europa-Ministerium – bis ihm die Landesregierung Ende Februar 1999 die „Ausübung der Dienstgeschäfte" untersagt. Der Grund: Seit 23. Februar 1999 ermittelt die Generalbundesanwaltschaft in Karlsruhe erneut gegen den Beamten. Diesmal geht es um Landesverrat, denn in der inzwischen entschlüsselten SIRA-Kartei ist die Quelle XV/281/70 „Dorn" mit 113 Lieferungen von geheimen Dokumenten an die Stasi vermerkt.

Für die Staatsanwälte ist das ein Dilemma. Wegen einfacher geheimdienstlicher Agententätigkeit kann Henning Nase nach Einstellung seines ersten Verfahrens nicht mehr belangt werden, denn für eine Tat darf es auch nur eine Strafe geben. Außerdem ist simple Spionage derweil verjährt. Ein neuer Prozeß kann aber nur stattfinden, wenn es sich bei den verratenen Papieren tatsächlich um Staatsgeheimnisse handelt.

Henning Nase kann die Ermittlungen gelassen verfolgen. Sein Ministerialrats-Gehalt läuft weiter, und seit September 1999 hat er einen neuen Job als persönlicher Mitarbeiter der PDS-Europa-Abgeordneten Christel Fiebiger. Sie will Solidarität mit den DDR-„Kundschaftern" demonstrieren: „Unabhängig davon, ob die Vorwürfe der Bundesanwaltschaft zutreffen sollten, betrachte ich es im übrigen als Siegerjustiz, wenn die Spione des Westens als Helden des kalten Krieges gefeiert und jene des Ostens vor Gericht gestellt werden." (34)

Das sehen die Bundesanwälte anders. Für sie geht es nicht um „Siegerjustiz", sondern um ein Strafverfahren. Aufgrund der aus den „Garzau-Listen" geschöpften Erkenntnisse scheint eine höhere Strafe ins Haus zu stehen, so daß Henning Nase am 5. Mai 2000 verhaftet wird. Er hat eine Wohnung in Brüssel, damit ist Fluchtgefahr gegeben. Bis zum Prozeßbeginn am 9. Januar 2001 schweigt der Beschuldigte Nase eisern. Aus seinem ersten Verfahren weiß er, daß ihn seine früheren Stasi-Partner nicht belasteten. Jetzt wartet er einfach ab, was die Ermittler auf den Tisch legen können.

Das ist eine ganze Menge, aber es bleiben trotzdem viele weiße Flecken. So stellt der für Landesverrat im Verteidigungsministerium zuständige Ministerialrat Horst Stein fest, daß ein angeblich von Nase an die Stasi geliefertes Schaubild über die Luftverteidigung zwar „die Gefahr eines besonders schweren Nachteils für die äußere Sicherheit der Bundesrepublik herbeiführt" (35) – wie die Sache aber nun aus dem Arbeitsministerium nach Ost-Berlin gelangen konnte, weiß er auch nicht.

Die Mängel der SIRA-Erkenntnisse kennt auch Henning Nase: „Mein Prozeß hat gezeigt, daß die Dateneingabe wohl korrekt gehandhabt wurde. Die Schwäche der Kartei liegt darin, daß es weder Sicherheit über die Quelle noch über das eigentliche Dokument gibt. Die operativen Diensteinheiten, die die Informationen beschafften, entschieden selbst, wann und welche Informationen in die Datenbank eingespeist wurden. Bei wichtigen Quellen wurde außerdem eine Menge getan, um sie zusätzlich zu verschleiern." (36)

Dies bestätigt auch Stasi-Offizier Klaus Eichner: „Die SIRA-Bänder waren (...) nicht besonders kodiert gewesen. Sie waren nur inhaltlich so angelegt, daß sie so lange nicht entschlüsselt werden konnten." (37) Er meint, daß die Datenbänder eine direkte Enttarnung von Spionen im Westen nicht zulassen: „Damit allein kann man keine Quellen entschlüsseln, keine Direktzuordnungen zu konkreten Personen vornehmen. Erst zusammen mit anderen Unterlagen – wie etwa den Rosenholz-Akten – könnte sich das ergänzen, könnte also der Deckname X einer Person Y zugeordnet werden." (38)

Damit eröffnet sich eine Chance für Henning Nase. Im Juni 2001 gibt er zu, vier Protokolle des Haushaltsausschusses des Deutschen Bundestages aus den Jahren 1985/86 zu militärischen Fragen weitergegeben zu haben. Daraufhin verurteilt ihn der 4. Strafsenat des Oberlandesgerichtes Düsseldorf wegen Landesverrat nach Paragraph 94 Strafgesetzbuch zu einer Freiheitsstrafe von 26 Monaten. In einer nichtöffentlichen Sitzung nach der Urteilsverkündung legt er dann fest, daß Henning Nase die sogenannte „Halbstrafe" gewährt wird, er also nur 13 Monate seiner Haft absitzen muß. Die sind mit der Untersuchungshaft soeben erreicht; der Ministerialrat kann das Gericht als freier Mann verlassen.

Für ihn ist der Ausgang des ersten Pilot-Prozesses unter Nutzung der „Garzau-Listen" ein Beweis für deren begrenzten Wert vor Gericht: „Ich denke, mein Prozeß hat die Glaubwürdigkeit der SIRA-Bänder für Strafprozesse eher in Frage gestellt als bestätigt." (39)

Doch ohne die 1998 entschlüsselten Bänder ist es Anfang der neunziger Jahre für die Bundesanwaltschaft noch viel schwerer, Ermittlungen bis zur Anklageerhebung zu führen. Dennoch glaubt sie damals, bereits mit der Verknüpfung der Erkenntnisse aus den „Rosenholz"-Akten und den bis dahin gefundenen anderen MfS-Karteien und -Dokumenten für den Einstieg in die Spionage-Prozesse gerüstet zu sein. Rund 1800 Stasi-IM im Westen werden enttarnt. Der Generalbundesanwalt geht davon aus, daß das nachrichtendienstliche Netz der HVA damit weitestgehend zerrissen ist. Intern nennen viele die nun folgenden Prozesse jedoch schlicht „Wundertütenverfahren", weil niemand so richtig weiß, woher die Beweise eigentlich kommen. (40) Daß diese etwas laxe Bezeichnung gar nicht soweit hergeholt ist, zeigen die

Bemühungen, die Spionagechefs der DDR vor Gericht zur Verantwortung zu ziehen. Sie geraten zu einer ausgesprochen mühseligen Übung und bleiben in ihrem Ergebnis oftmals unbefriedigend.

Die Prozesse gegen die Spionagechefs

Wer das Oberlandesgericht Düsseldorf betritt, fühlt sich als Untertan. Die Erbauer des Gebäudes zu Kaiser Wilhelms Zeiten haben es nicht anders gewollt. Das herrschaftliche Treppenhaus und die großen alten Holztüren strahlen Macht und einen Hauch von Ewigkeit aus, auf den Anklagebänken der Gerichtssäle saßen schon Räuber, Mörder und Betrüger.

Doch das eigentliche Geheimnis des Hauses liegt im Souterrain. Hier wurde 1975 extra für das Verfahren gegen den Kanzleramtsspion Günter Guillaume der abhörsichere Saal A 01 gebaut. Der satt grün gestrichene Vorraum soll wohl ein wenig die Kälte aus Kunstlicht und Klimaanlage mildern, die Atmosphäre von staatstragender Wichtigkeit der dort unten stattfindenden Verhandlungen entschärft er kaum.

In diesem Saal finden die meisten Verhandlungen gegen die Spionagechefs der Stasi statt. Ihre Taten spielten vor allem im nahen Bonn, Düsseldorf ist deshalb das zuständige Oberlandesgericht.

Nach dem Ende der DDR wollen die Staatsanwälte und Richter hier eine Aufgabe bewältigen, die eng mit der Arbeit von Geschichtswissenschaftlern verbunden ist. Sie haben die historisch einmalige Chance, die Zentren der Spionagedienste eines ehemals fremden Staates zum Gegenstand ihrer Ermittlungen zu machen. Deshalb beschränken sich die Prozesse gegen die Spionagechefs der DDR nicht nur auf die Beweisaufnahme ihrer individuellen Taten, sondern stellen gleichzeitig umfänglich die Strukturen dar, in denen die Beschuldigten agiert haben.

Solche „Strukturverfahren“ hat es bereits in den siebziger Jahren im Zusammenhang mit den Ermittlungen zur RAF gegeben. Damals wurden sie „Komplexverfahren“ genannt. Sie dienen dazu, historisch bedeutsames und strafrechtlich relevantes

Geschehen in seiner Verbindung miteinander zu bewerten. Damit sollen zwei Ziele erreicht werden. Zum einen wird die Tatbeteiligung einzelner Personen an nachrichtendienstlichen Operationen festgestellt. Das ist nicht immer einfach, denn je höher die Anklagen in die Hierarchie des Stasi-Apparats hineinreichen, um so komplizierter wird es, die „Schreibtischtäter" überhaupt zu belangen. Zum anderen sind diese Verfahren aber auch für bundesdeutsche Geheimdienstexperten von größtem Interesse. Sie offenbaren die bislang unentdeckten Sicherheitslücken in Deutschland und bei der NATO und zeigen, mit welchen Methoden die aussichtsreichsten Angriffe fremder Dienste geführt werden können.

Vor diesem Hintergrund gibt es schließlich drei Gruppen von Stasi-Mitarbeitern, die angeklagt werden:

Grundsätzlich vor dem Richter erscheinen müssen alle Hauptabteilungsleiter, die im Apparat des Ministeriums für Staatssicherheit mit Auslandsaufklärung befaßt waren. Dazu gehören die Chefs der HVA, die Generaloberste Wolf und Großmann, und ihr Stellvertreter Oberst Devaux, ebenso wie Generalleutnant Kratsch als Chef der HA II und sein Vize, Generalmajor Lohse, Generalmajor Männchen, Leiter der HA III, die beiden Kommandierenden der Hauptabteilung VIII, Generalmajor Schubert (bis 1984) und Generalmajor Coburger und der Chef der Militäraufklärung, Generalleutnant Krause.

Die zweite Gruppe umfaßt Angeklagte, die als Abteilungsleiter innerhalb der „Linie XV" des MfS wegen der „herausgehobenen operativen Bedeutung" ihrer Diensteinheit angeklagt werden. Zu ihr zählen unter anderen die Obristen Fischer, für die Spionage im Staatsapparat der Bundesrepublik zuständig, Nato-Spezialist Rösler, der Experte für „Desinformation" Wagenbreth und sein Vize Rabe, der Abwehrmann Gailat und seine Stellvertreter Behnke und Groth (Abteilung II der HVA) sowie einige Chefs von besonders aktiven Abteilungen XV der ehemaligen Stasi-Bezirksverwaltungen wie die Obristen Köhler aus Dresden und Hartmann aus Neubrandenburg.

Die dritte Gruppe betrifft Führungsoffiziere und IM der DDR-Nachrichtendienste. Ob sie vor Gericht landen, richtet sich nach dem angerichteten Schaden und den Umständen ihrer Taten.

Neben vielen anderen gehören zu dieser Gruppe von Angeklagten zum Beispiel die Obristen Schoof und Stephan, die Oberstleutnante Thiemann, Kusche, Schulmeyer und Böttger, Major Schneider und etliche haupt- und nebenamtliche inoffizielle Mitarbeiter der Stasi-Bezirksverwaltungen Suhl, Frankfurt/Oder und Rostock. (41)

Ihr Verhalten vor Gericht ist höchst unterschiedlich. Es reicht von durchgängigem Schweigen und der Ablehnung des Gerichts, das als bundesdeutsche Institution angeblich gar nicht das Recht zur Aburteilung ehemaliger DDR-Bürger habe, über ein volles Eingeständnis der Tatvorwürfe bis hin zum Bekenntnis zum vereinten Deutschland und zur Versicherung der Loyalität gegenüber dem „neuen“ Vaterland.

Das Oberlandesgericht Düsseldorf als politische Bühne nutzen besonders die ehemaligen Spionagechefs Markus Wolf (bis 1986) und Werner Großmann. Sie lassen die Ermittlungsverfahren schweigend über sich ergehen. Vor Gericht plädieren sie dafür, die östliche und westliche Geheimdienstarbeit gleichzusetzen. Daraus müsse auch eine gleiche Behandlung ihrer Akteure folgen, was bereits dadurch nicht der Fall sei, daß die Spione der Bundesrepublik lange frei und sogar als Opfer politischer Repressalien durch die DDR anerkannt seien, gegen die „DDR-Kundschafter“ aber ermittelt und prozessiert werde. Sie verweisen darauf, daß das gesamte Handeln der HVA im Rahmen der Gesetze der DDR erfolgte und eine Verletzung von Menschenrechten, Anschläge, Morde oder Entführungen den nachrichtendienstlichen Zielen der HVA nicht entsprochen hätte und deshalb auch nicht stattfand. Ebenso seien Gewalt, Druck oder Erpressung keine Methoden des Dienstes gewesen.

Werner Großmann macht darüber hinaus Angaben zu seinen Zuständigkeiten innerhalb der HVA und zu seiner konkreten Verantwortung für Spionage-Operationen gegen die Bundesrepublik.

Vor diesem Hintergrund ziehen beide Spionagechefs eine positive Lebensbilanz.

Markus Wolf resümiert in seinem Schlußwort 1993 in Düsseldorf: „Habe ich etwas von den Werten verraten, die meinen Lebensweg begleitet haben, die meinen Vorbildern, meiner Familie, mir selbst wert und teuer waren? Wir haben geirrt, vieles haben wir falsch gemacht, die Fehler und ihre Ursachen viel zu spät erkannt. Aber ich halte an den Werten fest, mit denen wir die Welt verändern wollten. Es war ein hoher, wahrscheinlich zu hoher Anspruch." (42)

Auch Werner Großmann hat eine schriftliche Erklärung vorbereitet, die allerdings nicht mehr verlesen wird, weil sein Prozeß nach dem Urteil des Bundesverfassungsgerichts 1995 platzt. Dennoch zeigt sie sein Herangehen an die Problematik und seine Haltung zu den neuen politischen Verhältnissen: „Ich übernehme die volle Verantwortung für die Tätigkeit der Hauptverwaltung Aufklärung des Ministeriums für Staatssicherheit der DDR und aller ihrer Angehörigen. Ich gehe davon aus, daß wir bestrebt waren, unserem Volk zu dienen, daß die Geschichte ihr Urteil über die Politik der DDR gesprochen hat, daß unser Volk mit überwältigender Mehrheit den Untergang der DDR und die Vereinigung mit der Bundesrepublik Deutschland wollte und daß wir uns den Interessen der Bundesrepublik, die unser neues Vaterland ist, verpflichtet fühlen und Verfassung und Gesetze dieser Republik so achten, wie wir bisher die Verfassung und die Gesetze der DDR geachtet haben." (43) Dann erneuert er seine Ablehnung, seine früheren „Kundschafter" zu verraten: „Allerdings verlangt es die Achtung vor mir selbst und meine fortbestehende Verantwortung, daß ich nicht zum Denunzianten werde. Deswegen habe ich jegliche Aussage zu Quellen verweigert und werde dies auch in Zukunft tun." (44)

Abschließend bewertet Werner Großmann den Prozeß als „Siegerjustiz": „Wenn Sie mich verurteilen, so muß ich das als Schicksal des Besiegten hinnehmen. Die Meinungsfreiheit in der Bundesrepublik gestattet mir zu sagen, daß ich ein solches Urteil weder als gerecht noch politisch sinnvoll empfinde." (45)

Ähnlich klingen auch die Einlassungen der anderen Angeklagten im Saal A 01 des Oberlandesgerichts Düsseldorf. Die ehemaligen Chefs der Hauptabteilung VIII, Karli Coburger und Albert Schubert, halten die Strafverfolgungsbehörden der Bundesrepublik für nicht kompetent, ihre nachrichtendienstliche Tätigkeit überhaupt beurteilen zu können. Sie weisen darauf hin, daß eine Preisgabe ihres Wissens der Bundesrepublik innen- und außenpolitisch schwer schaden würde.

Umfangreiche Angaben über Aufgaben und Struktur ihrer Dienste machen der Chef der Spionageabwehr, Günther Kratsch, der oberste Abhörer Horst Männchen und der Leiter der Militärspionage Alfred Krause. Sie betonen auch ihren militärischen Status und die daraus resultierenden Pflichten aus dem Fahneneid der DDR.

Von den Abteilungsleitern und Mitarbeitern verweigern viele jegliche Auskunft. Die meisten erklären, sich keiner Straftat schuldig zu fühlen, andere machen Angaben zur Struktur ihrer ehemaligen Abteilung, Arbeitsabläufen und einzelnen Spionagefällen. Alle berufen sich darauf, eine legitime Aufklärungstätigkeit für die DDR betrieben zu haben, die zwar nach den Gesetzen der Bundesrepublik strafbar war, aber diese war ja schließlich für den Osten Ausland. (46)

Damit stellen sich die Prozesse Anfang der neunziger Jahre für die Staatsanwälte als riesiges Puzzlespiel dar, dessen viele weiße Flecke sich zumindest zum Teil mit den Erkenntnissen aus den Akten ausfüllen lassen. Das hat Folgen. Bundesanwalt Joachim Lampe: „Die Aufklärung von operierenden Spionageeinrichtungen fördert die einzelne Tat zutage, den Agenten, den Agentenführer, das Hilfspersonal. Dem Legalitätsprinzip folgend wurden daraufhin Ermittlungsverfahren wegen Spionageverdachts gegen die Quellen im Bundesgebiet (IM West), die Führungsoffiziere des MfS und das Hilfspersonal – Instrukteure, Kuriere, Deckadressengeber, Werber, Funker pp. In Ost und West – eingeleitet." (47)

Damit werden die Verfahren gegen die ostdeutschen Spionagechefs zunächst zu einer riesigen Arbeitsbeschaffungsmaßnahme für die Bundesanwälte. Doch je höher die Aktenberge wachsen, um so interessanter werden sie auch für die Historiker. Noch ist die Geschichte der Stasi nicht geschrieben, aber die Quellen der Chronisten beginnen in eben diesen Verhandlungen langsam zu sprudeln.

Geschichtsstunde in „Strukturverfahren"

Am 3. August 1982 schreibt der Chef der Stasi-Hauptabteilung XVIII – „Sicherung der Volkswirtschaft", Generalmajor Alfred Kleine, an den Chef des „Operativ-Technischen Sektors" (OTS),

Generalmajor Günter Schmidt, und fordert von dessen Spezialisten, ein Mittel zur konspirativen Personenidentifizierung zu entwickeln: „Bei der Bearbeitung des ZOV „Operation II“ der HA XVIII besteht die Zielstellung, die vermutliche Verbindung von DDR-Bürgern zu bekannten Mitarbeitern eines feindlichen Nachrichtendienstes operativ nachzuweisen. Die Treffdurchführung erfolgt ausschließlich im NSW („nichtsozialistisches Wirtschaftsgebiet“ – Anmerkung des Autors) und in fast allen Fällen im Hotel (...).“ (48)

Der Auftrag wird selbstverständlich erfüllt, ein Mittel gefunden und auch „erfolgreich“ angewandt. Mit Brief XVIII/8/5618/84 vom 6. März 1984 informiert Kleine seinen Genossen Schmidt über „die praktischen Ergebnisse der ersten Erprobung unter echten Einsatzbedingungen“ und „wertvolle Anhaltspunkte und Erfahrungen“, die dabei gewonnen wurden. (49) Dennoch soll die ganze Sache noch weiter verbessert und besonders die störende Übertragung auf unbeteiligte Personen vermieden werden. So schreibt Alfred Kleine an Günter Schmidt: „Nach bisherigen Erfahrungen und gemeinsamen Beratungen unserer mit dem konkreten Fall beauftragten Genossen bieten sich dazu an: a) mechanische Gegenstände die am Einsatzort ausgelegt werden können und im Schuhwerk oder der Bekleidung des Täterkreises reproduzierbar sind (z. B. Fluoriszent oder Radioaktivität) b) chemisch-biologische Substrate, die im normalen grenzüberschreitenden Verkehr legendiert angewandt und sicher identifiziert werden können (z. B. Rauschgifte).“ (50) Und vorsorglich weist der Generalmajor gleich darauf hin: „Die nächste operativ günstige Einsatzmöglichkeit ist im November 1984 zu erwarten.“ (51)

Ein derartiges Hantieren mit hochgefährlichen Substanzen tangiert durchaus kriminelle Bereiche, weil dadurch leicht arglose Personen zu Schaden kommen können. So wurden zum Beispiel Unterlagen des DDR-Dissidenten Rudolf Bahro radioaktiv markiert. Ahnungslos trug er sie über einen längeren Zeitraum bei sich. Am 5. Dezember 1997 starb er im Alter von 52 Jahren an einer seltenen Krebserkrankung. Daß sie durch die Aufnahme radioaktiver Dosen ausgelöst wurde, ist nicht bewiesen, kann aber auch nicht ausgeschlossen werden.

Um die Aufdeckung solcher Zusammenhänge, die das komplexe Agieren aller Stasi-Abteilungen gegen „Feinde“ im Westen wie im Osten zeigen, geht es in den Strukturverfahren. Sie sollen belegen, daß die HVA nicht nur die überall auf der Welt übliche Spionage betrieb, sondern Teil des gesamten Unterdrückungsapparates der DDR war. Dieser wirkte wiederum auch in seiner Gesamtheit nach außen, wie hier zum Beispiel durch die direkte Beteiligung von zwei Stasi-Diensteinheiten, die gar nicht zur Hauptabteilung Aufklärung gehören, an Operationen im Westen.

Bundesanwalt Joachim Lampe: „Ausgangspunkt aller strafrechtlichen Betrachtung ist die Tat, das historische Geschehen, alle Umstände, die der Tat innewohnen, ihr vorausgehen, sie erklären, ihr folgen, sie verständlich machen.“ (52) Aus diesem Rechtsverständnis heraus müssen die Staatsanwälte sowohl die Rechtsverhältnisse der Bundesrepublik als auch die der DDR berücksichtigen. Das ist kompliziert, weil dabei Normen eines demokratischen Staates mit denen einer Diktatur zusammentreffen. Was in der DDR als durchaus legitim „zum Schutz des Sozialismus“ galt – also etwa eine langjährige Haftstrafe für einen kleinen Agenten, der nichts anderes tat, als Namensschilder an Wohnungen aufzuschreiben –, stellt sich in der Bundesrepublik als pures Unrecht dar.

Für Richter und Staatsanwälte ergibt sich daraus die schwierige Aufgabe, Grenzlinien zu finden. Dabei sollen die Strukturverfahren helfen. In ihnen werden Fakten zum gesamten System der Staatssicherheit in der DDR gesucht, auf deren Grundlage dann eine korrekte Prüfung der Strafbarkeit der Beteiligten stattfinden kann.

Das ist offenbar ein schwieriges Unterfangen, denn als Generaloberst Werner Großmann im Juni 1991 seine Anklageschrift liest, stellt er fest: „Die in aller Eile zusammengeschusterte Anklage ist voller Fehldeutungen, Falscheinschätzungen und überdies äußerst lückenhaft.“ (53) Damit mag er zufrieden sein, denn schließlich hat er bis dahin kaum zur Aufklärung beigetragen. Doch den HVA-Chef außer Dienst erfreut indes ganz anderes: „Wir wußten in den achtziger Jahren mehr über Interna des Bundesnachrichtendienstes und der Bundesregierung als die Anklage im Jahr 1992 über uns. Dabei existiert die HVA schon seit anderthalb Jahren nicht mehr." (54)

Dem Bemühen der Generalstaatsanwaltschaft, die Ermittlungen möglichst komplex anzugehen, wollen die Stasi-Angeklagten keinen positiven Aspekt abgewinnen. Im Gegenteil. Von ihnen und anderen Kritikern der Verfahren wird dieses Herangehen gern als Relikt des kalten Krieges abgetan. Beide Teile Deutschlands haben schließlich ihre Spione zum jeweiligen Nachbarn geschickt oder dort angeworben, in beiden Teilen Deutschlands wurden diese Aktionen von Staatsdienern veranlaßt und durchgeführt.

Dabei wird ganz bewußt vergessen, daß diese beiden Staaten grundsätzlich unterschiedliche Wertmaßstäbe besaßen. Mit dem Beitritt der DDR entstand nun – nach dem Zusammenbruch des Nazi-Reiches in Deutschland zum zweiten Mal – eine historische Situation, in der ein die Strafbarkeit prüfender Staat über keine eindeutigen Maßstäbe für sein Vorgehen gegen Beschuldigte verfügte, die im Auftrag eines anderen Staates und nach dessen völlig anderen Wertmaßstäben gehandelt hatten. Damit gewinnen die Strafrechtsprozesse gegen die Spionagechefs der DDR zweifellos auch eine politische Dimension. Sie jedoch als pure „Siegerjustiz" abzukanzeln, wäre viel zu simpel. Das wissen eigentlich auch die Stasi-Chefs, denn das Exekutieren von Siegerjustiz – in diesem Fall der sowjetischen Besatzungsmacht gegenüber ostdeutschen Bürgern – gehörte zu den ersten Aufgaben des mit Gründung der DDR entstandenen Sicherheitsapparats. Und viele der nachmaligen Obristen und Generäle waren damals bereits dabei.

Diese politische Dimension belegt auch das Aufgabenspektrum der HVA. Es geht über die Direktiven anderer Auslandsaufklärungsdienste weit hinaus. Erst in der Auflösungsphase der DDR pocht die Spionageabteilung des MfS auf einen angeblichen Sonderstatus im gesamten Stasi-System. Bis dahin fühlt sie sich auch in ihrem Selbstverständnis als „Schild und Schwert der Partei" bei der Bekämpfung des „Klassenfeindes". Dabei kann es aus der Sicht der Stasi-Offiziere gar keinen scharfen Schnitt zwischen „innen" und „außen" geben, weil sie jegliches Entstehen oppositioneller Gedanken in der DDR auf äußere Einflüsse zurückführen. In einer geistigen Atmosphäre, in der „die Partei" absolut unfehlbar ist – „Die Partei, die Partei, die hat immer recht", singen die Genossen bei festlichen Anlässen –, können Zweifel am „realen Sozialismus" nur die Saat feindlicher Agenten sein. Sie schleicht sich über Rundfunkwellen ebenso wie in West-Paketen von Verwandten in die DDR, flimmert als Fernsehbild allabendlich in ostdeutschen Wohnstuben und wird sogar vom Staat selbst in den zahlreichen „Intershops" präsentiert.

Vor diesem Hintergrund werden Eingriffe des MfS in die Rechte der Bürger auch dann nicht als Unrecht verstanden, wenn ihnen die staatlichen Ermächtigungsnormen fehlen, sie aber für die „Erfüllung des Parteiauftrags" als notwendig erachtet werden: „Das galt bei konspirativen Hausdurchsuchungen, für Raum- und Telefonüberwachungen, für die Postkontrolle. Auch die Verhaftung oder längere Inhaftierung operativ bearbeiteter Personen durch die HVA war weder an gesetzliche Voraussetzungen noch an die Anordnung eines Organs der Rechtspflege geknüpft" (55), stellen die Bundesanwälte in den Strukturverfahren fest.

Verschiedene Dienstanweisungen und Befehle, auf deren Vernichtung bei der Auflösung der HVA besonders Wert gelegt wurde, belegen die enge Verflechtung des Spionageapparats mit den anderen Diensteinheiten des MfS. Wie das in der Praxis funktionierte, zeigen die Puzzle-Informationen aus den Prozessen.

Opfer solch einer konzertierten Aktion der Abwehrdiensteinheiten XX und IX und verschiedener HVA-Abteilungen wurde zum Beispiel der Schriftsteller Jürgen Fuchs.

Er studiert ab 1971 in Jena Sozialpsychologie und schließt sich einem Kreis oppositioneller Intellektueller an. Seither wird Jürgen Fuchs in der „operativen Personenkontrolle" (OPK) „Fuchs", später dann in den „Operativ-Vorgängen" (OV) „Revisionist" und „Pegasus" bearbeitet. Nach gesellschaftskritischen literarischen Veröffentlichungen und engen Kontakten zum DDR-Dissidenten Robert Havemann und zu westdeutschen Journalisten in der DDR (OV „Spinne") wird er verhaftet und neun Monate später, 1977, nach West-Berlin abgeschoben.

Dort observiert ihn die Stasi, Fotos von seiner Wohnung finden sich in den Akten, und seine Telefongespräche werden abgehört. In West-Berlin tätige IM bis hinein in den Freundeskreis von Jürgen Fuchs überwachen jeden seiner Schritte.

Wie dabei die verschiedenen Stasi-Einheiten zusammenarbeiten, wird in den „Geschichtsstunden“ der Strukturverfahren deutlich. Bundesanwalt Joachim Lampe: „Aus einem flüchtigen Zusammentreffen von Fuchs mit einem Bonner Journalisten auf einer Vortragsveranstaltung konstruierte Markus Wolf in einem Bericht an die Hauptabteilung XX, Fuchs und dieser Journalist unterhielten zueinander enge berufliche und persönliche Verbindungen, organisierten gemeinschaftlich eine Pseudo-Friedensbewegung mit antisowjetischer Stoßrichtung und traten zusammen auf Hetzveranstaltungen des Bonner Friedensforums auf. Auf der Grundlage von Dossiers der HVA-Abteilung IX wurde ein Untersuchungsverfahren gegen Fuchs, wegen dringenden Tatverdachts, landesverräterischer Nachrichtenübermittlung und staatsfeindlicher Hetze im schweren Fall‘ eingeleitet.“ (56)

Am 30. Oktober 1986 explodiert vor dem Haus von Jürgen Fuchs in West-Berlin eine Autobombe. Am 9. Mai 1999 stirbt er im Alter von 49 Jahren an einer Krebserkrankung. Freunde von ihm vermuten, daß sie im Zusammenhang mit Röntgenbestrahlungen während der Stasi-Haft stehen könnte, können dies aber nicht beweisen.

So wie an diesem Beispiel werden in den Strukturverfahren Stück für Stück die weißen Flecken im Stasi-Puzzle ausgefüllt. Die dabei erarbeiteten Tatsachen bilden dann die Grundlage für die strafrechtliche Bewertung des Anteils einzelner Stasi-Offiziere an den verschiedensten Aktionen im „Feindesland“. So wird letztlich in den Prozessen viel mehr entdeckt, als es von der Öffentlichkeit – für die inzwischen die Stasi auch nicht mehr das brennendste Thema ist – wahrgenommen wird.

Dennoch gibt es einige Spionage-Bereiche des MfS, die aus Kapazitätsgründen 1991 nicht allerhöchste Priorität genießen. Dazu gehört unter anderem die Spionage der HVA-Abteilung III, „Arbeit aus legalen Residenturen“, also die Nutzung der DDR-Botschaften für die „Kundschaftertätigkeit“ und die Enttarnung der Quellen des „Sektor Wissenschaft und Technik“ (SWT). Unentdeckt bleiben auch viele Agenten der Hauptabteilung

XVIII, „Sicherung der Volkswirtschaft", in der DDR-Devisenbeschaffer Alexander Schalck-Golodkowski als Oberst und OibE geführt wurde. Sie waren vor allem bei Messen und Ausstellungen aktiv und schöpften arglose Händler und Experten aus dem Westen ab.

Nach der Entscheidung des Bundesverfassungsgerichts 1995 war in diesen Bereich eine weitere Strafverfolgung nicht mehr möglich. Damit kann die Generalbundesanwaltschaft gut leben. Bundesanwalt Joachim Lampe beruhigend: „Diese unverkennbaren Lücken dürften mit einiger Gelassenheit zu ertragen sein. Sie liegen in Randbereichen und hindern nicht die grundsätzliche Aussage: Die MfS-Agenten sind enttarnt." (57)

Besonders große Lücken bleiben aber immer auch dann offen, wenn es um Gewalt, Sabotagepläne oder gar um Mord und Totschlag geht. Im Geheimdienstjargon werden solche Aktionen als „nasse Sachen" bezeichnet und unterliegen ganz besonders strenger Geheimhaltung. Sie passen überhaupt nicht ins Bild von der hehren „Aufklärung fürs Vaterland", das die Spionage-Offiziere vor Gericht gern malen.

Zuständig für solche „nassen Sachen" war vor allem die harmlos klingende „AGM/S", die „Arbeitsgruppe des Ministers/Sonderfragen", eine Spezialtruppe, die 1988 über 623 Sonderkämpfer verfügt. Sie bildet systematisch Offiziere aller Diensteinheiten als Funker, Sprengstoffspezialisten, Kampftaucher und ähnliches aus. Von 1964 bis 1984 durchlaufen rund 3500 Stasi-Mitarbeiter solche Kurse. (58)

1981 bittet der damalige HVA-Chef Markus Wolf die AGM/S, drei bis vier „junge operative Mitarbeiter" als „ständige Einsatzreserve zur besonderen Verwendung" auszubilden und im „Operationsgebiet" einzusetzen, unter anderem zur „Bekämpfung feindlicher Personen in der vollen Breite der möglichen Maßnahmen zu ihrer Bestrafung, Unschädlichmachung, ihrer Verbringung in sicheren Gewahrsam". (59)

Die Spuren von Wolfs Männern mit der „Lizenz zum Töten" erinnern tatsächlich an Spionage-Thriller, die eher im Reich der Legende angesiedelt zu sein scheinen. Gerichtsprozesse belegen aber, daß auch im wahren Leben über Leichen gegangen wurde, um den „Sozialismus zu stärken".

„Nasse Sachen“: Todesschüsse und Gift-Buletten

Die Nacht vom 30. April zum 1. Mai 1976 ist kühl, trocken und dunkel. Neumond ist gerade vorbei. An der deutsch-deutschen Grenze zwischen dem mecklenburgischen Ludwigslust und Bröthen in Schleswig-Holstein liegen Zugführer Walter L. (60), Peter R., Uwe W. und Herbert L. in einer flachen Kuhle im Heidekraut vor dem Sperrzaun. Es ist die Stelle, wo die Grenze von Süden kommend fast rechtwinklig nach Osten abknickt. Grenzpfahl 231 markiert sie.

Die Männer gehören zu einer Einsatzgruppe, die für die „Äußere Abwehr“ der Stasi einen Spezialauftrag zu erledigen hat. Ihre Kalaschnikows sind „feindwärts“ gerichtet. Sie warten.

Eine Stunde früher im Hinterland West. Michael Gartenschläger schwärzt sein Gesicht mit Schuhcreme. Dann läßt er seine Pistole „Star“, Nummer 1094483, Kaliber 7,65, einen Seitenschneider und ein Stück Angelsehne in die Tasche seines blauen Mantels gleiten. Zusammen mit seinen Freunden Wolf-Dieter Uebe und Lothar Lienicke will Michael Gartenschläger einen Selbstschußautomaten im Todesstreifen abmontieren. Zweimal ist ihm das bisher schon gelungen, dadurch erfuhr die Öffentlichkeit von der tatsächlichen Existenz der tödlichen Waffen zur Vernichtung von Flüchtlingen, die DDR-Außenminister Oskar Fischer kurz zuvor noch als „Attrappen“ bezeichnet hatte. Auch Uebe und Lienicke sind bewaffnet. Die drei Männer schleichen Richtung Grenze.

Ortswechsel. Zwei Paare und ein Kind reisen mit einem Wohnmobil quer durch Israel. Am 20. Juli 1985 erreichen sie gegen Abend Sharm el Sheikh am äußersten Ende des Sinai. Es ist brüllend heiß, um die 50 Grad in der Sonne. Wolfgang Welsch, seine Frau Hilde und Freund Peter Haack sitzen schlapp in der flimmernden Hitze. Auch die vierte im Bunde, Susan, angeblich eine Freundin von Peter, die er erst wenige Tage zuvor kennengelernt und auf die Reise mitgenommen hat, scheint müde. Haack hat seinen Freunden erzählt, sie sei amerikanische Jüdin. Die Frau selbst spricht kaum ein Wort, spielt nur hin und wieder mit Nathalie-Dominique, der 11jährigen Tochter der Familie Welsch.

Schon nach einer Nacht wollen die Reisenden weiter. Es soll gen Norden in den Golan gehen. Dort ist es kühler. Am ersten Tag schaffen sie es bis ein paar Dutzend Kilometer südlich von Eilat. Sie machen Camping am Roten Meer. Auf einer felsigen Insel etwa 100 Meter vor dem Strand steht die Ruine einer kleinen, byzantinischen Festung: Coral Island. Familie Welsch geht erst einmal baden. Peter Haack will derweil Essen machen. Er hat sich trotz der Hitze freiwillig dazu angeboten. Es soll Buletten mit Salat geben.

Nach dem Bad essen Wolfgang und Hilde Welsch mit bestem Appetit. Besonders Wolfgang haut richtig rein. Die Buletten schmecken prima. Nur Peter und Susan langen nicht zu, haben angeblich keinen Hunger. Doch daran erinnert sich Wolfgang Welsch erst Jahre später, als er weiß: „Mein Henker saß neben mir und beobachtete die Vollstreckung des Todesurteils." (61) An diesem Abend ist er jedoch völlig arglos.

Michael Gartenschläger und Wolfgang Welsch sind für die DDR gefährliche „Staatsfeinde". In der Berliner Stasi-Zentrale ist beschlossen worden, sie zu liquidieren. Das hat seine Vorgeschichte.

Als am 13. August 1961 die Mauer gebaut wird, ist Michael Gartenschläger Autoschlosserlehrling in Strausberg. Seine Freizeit verbringt er regelmäßig in West-Berlin. Die Glitzerstadt zieht ihn an. Rock'n Roll und die Grenz-Kinos, die smarten Jeans und die üppigen Auslagen in den bunten Geschäften, das ist seine Welt. Als sie plötzlich verschlossen ist, protestiert er mit ein paar Freunden, schreibt Parolen an Häuserwände. Doch das ist dem damals 17jährigen zu wenig. Angeblich aus Protest zündet er eine leere LPG-Scheune an. Wegen „Diversion im schweren Fall in Tateinheit mit staatsgefährdenden Gewaltakten und staatsgefährdender Propaganda und Hetze im schweren Fall" (62) verurteilt ihn das Bezirksgericht Frankfurt/Oder dafür zu lebenslanger Haft. Nach neun Jahren und zehn Monaten, 1971, wird er vom Westen freigekauft.

Im gleichen Jahr gelangt auch Wolfgang Welsch durch Freikauf in den Westen. 1964 war der damals 20jährige Schauspielschüler bei einem Fluchtversuch von der Stasi verhaftet worden. Nach drei Jahren Haft zahlt der Westen auch für ihn das Kopfgeld, doch Wolfgang Welsch läßt sich nach Ost-Berlin entlassen. Dort dreht er illegal einen Film über politische Häftlinge in der DDR, der in die Bundesrepublik geschmuggelt werden soll. Als ein Stasi-IM das Projekt verrät, wandert Wolfgang Welsch wieder in den Knast. Weil er aus seinem Haß auf das DDR-Regime keinen Hehl macht, wird er geschlagen, in Kälte-Arrest gesteckt und sogar einer Scheinhinrichtung unterworfen.

Im Zuchthaus Brandenburg-Görden, dem „Gläsernen Sarg“, kreuzt sich der Lebensweg der beiden Männer zum ersten Mal, ohne daß sie voneinander wissen. Beide müssen in der „IFA“-Abteilung des Gefängnisses Panzerketten herstellen. Beide produzieren so viel Ausschuß, wie sie nur können.

Auch nach ihrer Ankunft im Westen treffen sich die beiden nie, aber tun dennoch das gleiche: Um dem SED-Regime zu schaden, werden sie Fluchthelfer. Wolfgang Welsch schleust in den nächsten Jahren über 200 Leute aus der DDR und findet dafür immer wieder neue und sogar relativ sichere Wege über Drittländer und mit Hilfe ausländischer Diplomaten in Ost-Berlin.

Etwa 30 Flüchtlinge bringt Michael Gartenschläger über die Transitstrecke in den Westen. Doch das reicht ihm bald nicht mehr. Er will Aufsehen erregen, etwas Spektakuläres tun, um die DDR vor aller Welt als großes Konzentrationslager entlarven zu können. So kommt er auf die Idee mit dem Abbau der streng geheimen Selbstschußapparate.

Für die DDR sind Welsch und Gartenschläger abgefeimte, gefährliche Kriminelle. Und der Arm der Stasi reicht im Kampf gegen solche Leute sogar bis in den Westen.

Wie das geht, erläutert Minister Erich Mielke 1979 vor den Delegierten der SED-Grundorganisation der Stasi-Bezirksverwaltung Cottbus: „Man muß solche jungen Tschekisten heraussuchen, herausfinden und erziehen, daß man ihnen sagt: ‚Du gehst dorthin, den erschießt du dort im Feindesland.‘ Da muß er hingehen, und selbst wenn sie ihn kriegen, dann stellt er sich vor den Richter und sagt: ‚Jawohl, den hab ich im Auftrag meiner proletarischen Ehre erledigt!‘ So muß es sein (...). Der Auftrag, der gegebene, wird durchgeführt und selbst wenn man dabei kaputtgeht.“ (63) Die praktische Seite solcher Aktionen ist in einer der vielen Ordnungen des MfS geregelt: „Das Liquidieren beinhaltet die physische Vernichtung von Einzelpersonen und Personengruppen. Erreichbar durch: Das Erschießen, Erstechen, Verbrennen, Zersprengen, Strangulieren, Erschlagen, Vergiften, Ersticken." (64)

Darüber, ob in jener Aprilnacht 1976 Michael Gartenschläger kaltblütig liquidiert wurde oder die ganze Sache Notwehr des Stasi-Kommandos gegen einen „bewaffneten Grenzverletzer" war, wird 24 Jahre später vor dem Schweriner Landgericht gestritten. Dort schildert Herbert L. als Zeuge, was gegen 23 Uhr an der Grenze geschah: Als er einen sich nähernden Schatten sah, habe er seine MPi entsichert. Auf das metallische Knacken hin fiel von gegenüber ein Pistolenschuß. Daraufhin eröffnete das Stasi-Kommando Dauerfeuer. Er sei zu Gartenschläger hingekrochen und habe dessen Arm angehoben, „der fiel runter, aber er röchelte schwer und stöhnte". (65) Dann schießen die Stasi-Leute erneut. Die Leiche Michael Gartenschlägers wird in den Osten gezerrt und anonym in Schwerin beerdigt. Stasi-General Karl Kleinjung meldet: „In der Nacht vom 30. 4. 1976 zum 1. 5. 1976 betrat im Abschnitt des Grenzregiments 6 Schönberg auf Höhe der Grenzsäule 231 der Gartenschläger das Territorium der DDR mit dem Ziel, eine weitere SM 70 abzubauen. Seine Komplizen Lienicke und Uebe sicherten ihn von der Grenzlinie aus. Bevor er die Tat ausführen konnte, wurde Gartenschläger durch Sicherungskräfte der DDR liquidiert." (66)

Wolfgang Welsch kennt Michael Gartenschlägers Freund Lothar Lienicke aus dem Zuchthaus Brandenburg. Nach dem Tod Michaels trifft er ihn „rein zufällig" nach einer Pressekonferenz im „Haus am Checkpiont Charly" in Berlin. Lothar Lienicke empfiehlt ihm wortreich und überzeugend die griechische Halbinsel Pilion als Urlaubsziel.

Der Fluchthelfer ahnt nicht, daß die Stasi die Begegnung steuert. Am 26. Juli 1974 hat sie gegen den einstigen Häftling und seine „Kriminelle Menschenhändlerbande" Stasi-Abkürzung KMHB, unter der Nummer MfS / XV / 3359 die „Operation Skorpion" eingeleitet. Aufgabe der Aktion laut Akten: „Das Ziel operativer Kampfmaßnahmen gegen die KMHB Welsch ist mit deren Vernichtung klar definiert. Erreicht wird es durch die koordinierte Heranführung eines IM an diese Organisation mit dem

Ziel, sie zu lähmen, zu zerstören und ihren Leiter zu liquidieren." (67) Alle Fäden dazu laufen in der Hauptabteilung VI unter Generalmajor Heinz Fiedler zusammen.

Dabei hat auch IM „Hobby" alias Lothar Lienicke einen kleinen Job zu leisten; Wolfgang Welsch fährt 1978 tatsächlich nach Platania auf Pilion in Griechenland und findet dort „planmäßig" seinen neuen Freund Peter Haack. Der arbeitet angeblich als Fotograf in London. Seine Tarnadresse: 16 Bassett Road, W 10, London. In Wirklichkeit ist er inoffizieller Mitarbeiter der Stasi, Deckname „Alfons".

Davon ahnt Wolfgang Welsch aber nicht das Geringste. Er wird auch nicht stutzig, als eine ganze Reihe merkwürdiger Dinge passieren: Zuerst explodiert während der Fahrt auf der Autobahn eine Bombe. Wolfgang Welsch überlebt leicht verletzt. Die Polizei hält die Sache für einen Kurzschluß mit anschließender Verpuffung. Dann, es ist inzwischen 1980, wird in England auf einen Kleintransporter geschossen, in dem Welsch und Haack sitzen. Der hatte seinen „Freund" nach England gelockt, weil es dort preiswerte antiquarische Möbel gab. Nur weil sich Welsch zufällig im Sekundenbruchteil des Schusses nach seiner Pfeife bückt, schlägt das Projektil unverrichteter Dinge in seiner Kopfhöhe ein. Bei der Stasi läuft die Aktion der HA VI unter dem Code-Namen „Regina". Sie wird von der HVA „abgesichert". Doch Wolfgang Welsch schöpft wieder keinen Verdacht. Peter Haack meint wortreich, daß es sich nur um einen leichtsinnigen Irren mit einem Luftgewehr gehandelt haben könne. Wolfgang Welsch vertraut „Alfons" weiter.

Nun wird die Stasi ungeduldig. Welsch muß weg. Das soll Peter Haack jetzt selbst mit dem Gift Thallium besorgen. Eine Gelegenheit ist der gemeinsame Israel-Urlaub im Juli 1985. „Alfons" hat das geruch- und geschmacklose Thallium in einem „Togal"-Fläschchen bei sich. Eine zweite Stasi-Kraft – „Susan", wahrscheinlich HVA-Spionin und bis heute unentdeckt – wird an die Familie Welsch „herangeschleust". Am 21. Juli 1985 ist es dann soweit: Peter Haack brät die Todes-Buletten.

Kurz danach windet sich Hilde Welsch in Krämpfen. Sie erbricht sich, gibt so den größten Teil des Gifts wieder ab. Wolfgang Welsch hat wesentlich mehr Thallium aufgenommen. Später werden 3,8 mg Gift pro Kilogramm Körpergewichts in seinem Blut festgestellt, bereits 0,2 mg gelten als tödliche Dosis. Nach vier Tagen beginnen Wolfgang Welschs Beine zu kribbeln, dann zu schmerzen. „Susan“ hat sich bereits verabschiedet, als die Symptome bei Hilde Welsch sichtbar werden. Jetzt verschwindet auch „Alfons“ unter einem Vorwand. Wolfgang Welsch bekommt später von ihm eine Karte aus Buenos Aires, Argentinien. Er schreibt, daß er an einer unerklärlichen Krankheit leide.

Wolfgang Welsch hat seither unsägliche Schmerzen hinter sich. Bis zum Abflug nach Deutschland verbringt er die Tage im Hotel-Swimmingpool, weil dort die Krämpfe erträglicher sind, und trinkt literweise israelisches Macabee-Bier.

Erst in Deutschland wird seine Vergiftung festgestellt. Das Bier hat ihm offenbar das Leben gerettet, denn es hat viel von dem Gift aus dem Körper gespült.

Sorge um seinen Freund Peter treibt ihn um. Per ADAC-Reiseruf versucht Wolfgang Welsch, ihn in Argentinien zu finden. Vergeblich.

Die Aktion gegen Michael Gartenschläger ist derweil in Ost-Berlin lange als Erfolg „an der unsichtbaren Front“ abgehakt. Nachdem der Westen durch die von ihm abgebauten Selbstschußanlagen SM 70 nun deren Technik kennt, will die Nationale Volksarmee die tödliche Waffe noch effektiver machen. In einer „Geheimen Verschlußsache“ vom Dezember 1983 meldet Generalmajor Gabriel, zuständig für die Grenztechnik, seinem Chef, daß das „Militärtechnische Institut der NVA eine leistungsgesteigerte Splittermine für die Sperranlagen 501/701 entwickelt“ (68) hat, die auch schon getestet wurde. Der General militärisch knapp: „Die Entwicklung erfolgte mit der Zielsetzung, die Durchschlagskraft und Trefferdichte der Splitter im Zielbereich (Entfernung 21,1 m) wesentlich zu erhöhen.“ (69) Dazu wurden 12 Gramm mehr und wirksamerer Sprengstoff in die Selbstschußanlage gefüllt und die vier mal vier Millimeter großen 80 Stahlsplitter durch 20 Wälzlagerkugeln im Durchmesser von einem Millimeter ersetzt. Zufrieden stellen die Tester fest: „Die Leistungsfähigkeit der modifizierten Splittermine gewährleistet im Zielbereich bis 21,1 m eine sichere Bekämpfung ungeschützter lebender Ziele.“ (70) Allerdings werden auch die Grenzanlagen erheblich beschädigt. Deshalb soll die „Forschung“ weitergehen. Sie endet erst, als die DDR in Erwartung eines Milliardenkredits aus dem Westen die Todesautomaten zwischen Herbst 1983 und November 1984 endgültig abbaut.

Etwa zu dieser Zeit kommen auch Wolfgang Welsch Zweifel an seinem „Freund“ Peter. Er recherchiert in Argentinien und stellt fest, daß Haack nie dort war.

In der Stasi-Zentrale Normannstraße werden derweil neue Mordkomplotte gegen ihn geschmiedet. Diesmal soll Welsch als südafrikanischer Agent denunziert und die SWAPO zu seiner Liquidierung genutzt werden. Dazu kommt es nicht mehr, weil die DDR sich inzwischen langsam auflöst.

Im Frühsommer 1990 fährt Wolfgang Welsch mit Herzklopfen in die Ost-Berliner Littenstraße zur Generalstaatsanwaltschaft der DDR. Er erstattet Strafanzeige wegen versuchten Mordes gegen Erich Mielke. Es geschieht gar nichts, auch nicht, als nach der Einheit die West-Gerichte zuständig sind. Die Stasi ist inzwischen seit über einem Jahr aufgelöst, und Wolfgang Welsch bekommt mysteriöse Droh-Anrufe: „Wenn du deine verleumderischen Beschuldigungen nicht einstellst, werden wir das vollenden, was uns bisher nicht gelungen ist. Und diesmal erwischen wir dich!“ (71)

1992 liest Wolfgang Welsch seine Stasi-Akten. Bestürzt erfährt er daraus, daß ihn auch seine Frau jahrelang verraten hat.

Nun liegen alle Beweise auf dem Tisch, doch noch immer glaubt niemand den Lebens-Thriller des Wolfgang Welsch. Und auch er weiß: Nur wenn Peter Haack alias IM „Alfons“ gefunden wird, können alle Zweifel ausgeräumt werden.

Deshalb bietet er seine Story dem „Stern“ an. Die Reporter recherchieren nach und finden den Mann.

Am 23. November 1993 wird Peter Haack in Metzingen bei Stuttgart verhaftet. Noch während der Überstellung nach Berlin legt er ein umfangreiches Geständnis ab. Auch den geplanten Stasi-Giftmord an Wolfgang Welsch in Israel gibt er unumwunden zu.

Zeitgleich werden in Berlin der erste Führungsoffizier von „Alfons“, Oberst Franz Mattern, und der Chef der Hauptabteilung VI, Generalmajor Heinz Fiedler, verhaftet. Vierzehn Tage nach seiner Einlieferung in die Untersuchungshaftanstalt Berlin-Moabit erhängt er sich in seiner Zelle.

Unter Vorsitz von Richter Hans-Georg Bräutigam beginnt am 1. September 1994 der Prozeß gegen Haack und Mattern. Obwohl der heimtückische und grausame Mordanschlag auf Wolfgang Welsch durch die Aussage Peter Haacks bewiesen ist, leugnen Oberst Mattern – der schwer krebskrank ist und wenig später stirbt – und eine ganze Reihe von Stasi-Zeugen das Komplott. Sie schieben die ganze Verantwortung auf den bereits toten Generalmajor Heinz Fiedler.

So wird am Ende am 28. November 1994 nur Peter Haack „wegen tateinheitlich begangenen dreifachen Mordversuchs zu einer Freiheitsstrafe von sechs Jahren und sechs Monaten verurteilt". (72) Eine Revision gegen das Urteil wird am 22. August 1995 vom Fünften Strafsenat des Bundesgerichtshofs als unbegründet verworfen.

Wolfgang Welsch sitzt als Nebenkläger im Gerichtssaal. In einer kurzen Prozeßpause kann er unbemerkt mit Peter Haack sprechen. Seit 13 Jahren blicken sich die einstigen Freunde erstmals wieder in die Augen. „Alfons" bittet mit zitternder Stimme sein Opfer um Verzeihung. Er ist von Weinkrämpfen geschüttelt. Auch Wolfgang Welsch ist innerlich aufgewühlt. Er nimmt all seine Kraft zusammen, erinnert sich, daß er nie Rache, sondern immer nur Wahrheit wollte. Deshalb sagt er: „Ich vergebe dir, Peter. Ich vergebe dir als Mensch." (73)

Der Fall Gartenschläger wird erst im November 1999 vor dem Schweriner Landgericht verhandelt. Aus den einstmaligen Stasi-Sonderkämpfern sind inzwischen ein Versicherungsvertreter, ein Bademeister und ein Hilfsarbeiter geworden. Der vierte Mann, Herbert L., ist nur als Zeuge geladen. Gartenschlägers Pistolenkugel ist neben ihm eingeschlagen, bevor er zurückschoß. Dafür hat ihm der Staatsanwalt „Notwehr" zugebilligt. Außerdem: Herbert L. war vor der tödlichen zweiten Salve bei dem noch lebenden Opfer und konnte so nicht der Todesschütze sein.

Weil das deutsche Recht keine Kollektivschuld kennt, muß das Gericht feststellen, wer den Todesschuß auf Michael Gartenschläger abgegeben hat. Das erweist sich als unmöglich. Die drei Schützen behaupten, beim zweiten Mal nur noch in die Luft geschossen zu haben. Ihr Auftrag sei es gewesen, den „Provokateur“ lediglich zu verhaften. Das kann das Gericht nicht widerlegen. Am 24. März 2000 werden die drei aus Mangel an Beweisen freigesprochen. Unter dem Aktenzeichen 4 StR 410/00 bestätigt der Bundesgerichtshof im Mai 2001 das Urteil.

Schon nach der Urteilsverkündung in Schwerin lehnt sich der damalige Kommando-Führer, Walter L., entspannt auf seinem Stuhl zurück. Für sein „umsichtiges Handeln“ bekamen er und seine Genossen 1976 den „Kampforden für Verdienste für Volk und Vaterland“ und jeweils 1500 Mark Prämie. Die rechnet er sich wohl auch heute noch hoch an; er ist der einzige vor Gericht, der sich bei der anwesenden Schwester des Opfers Michael Gartenschläger nicht einmal entschuldigt.

Obwohl gerade solche Urteile bei den Betroffenen oftmals auf Unverständnis stoßen und den Glauben an den Rechtsstaat erschüttern, ist der Generalbundesanwalt mit den Ergebnissen, die die Prozesse gegen die Verantwortlichen der DDR-Spionage insgesamt erbracht haben, zufrieden. „Die Quellenlage erlaubt die Feststellung, daß alle Agenten, die von den wichtigsten, in den Strukturverfahren aufgeklärten Spionageeinrichtungen des MfS geführt wurden, enttarnt sind. Diese Aussage gilt im Grundsatz uneingeschränkt, natürlich mit den denkbaren Ausnahmen, die nie auszuschließen sind“ (74), bilanziert Bundesanwalt Joachim Lampe nicht ohne Stolz.

Das Bemühen der Stasi-Generäle, 1990 durch einen Deal mit dem Verfassungsschutz den deutsch-deutschen Spionage-Dschungel für immer zuwuchern zu lassen, ist endgültig gescheitert. Dennoch ist auch für die bundesdeutsche Justiz nicht alles optimal gelaufen.

Offene Rechnungen

Dem Büroboten in der Generalbundesanwaltschaft kitzelt der Staub in der Nase, als er im Frühjahr 1990 im Archiv die alten Spionage-Akten abholt. Hier stapeln sich die Fälle derer, die kurz vor ihrem Auffliegen noch schnell über die Transit-Autobahn in die DDR düsten, irgendwo im Harz oder in Thüringen ihre

„Grenzschleuse“ für den Ernstfall nutzten oder mit einem Umweg über ein drittes Land in die sicheren Arme der HVA fliehen konnten. Trockene Flocken fliegen beiseite, als der Bote die mit Gurtband verschnürten Mappen auf seinem Aktenwägelchen in die Abteilung III bringt. Die dort mit Agenten und Verrat befaßten Staatsanwälte wollen prüfen, mit welchen der in der DDR den Spionage-Ruhestand genießenden Flüchtigen noch eine offene Rechnung zu begleichen ist. Ist der kleinere deutsche Bruder erst einmal Teil der Bundesrepublik, wäre die Verhaftung ja möglich.

Von diesen Vorbereitungen erfahren auch die HVA-Generäle in Rente. Werner Großmann: „Ende August sagt man uns unter der Hand, daß sich Markus Wolf, Hansjoachim Tiedge, das Ehepaar Willner und noch einige andere rechtzeitig vor dem 3. Oktober ins Ausland absetzen sollen, um einer Festnahme zu entgehen.“ (75) Die Offiziere der seit 30. Juni offiziell gar nicht mehr bestehenden Spionageabteilung der Stasi werden sofort aktiv: „Wir sprechen mit einigen ehemaligen Kundschaftern (...). Einige entscheiden sich zu emigrieren, andere bleiben in der DDR und erwarten ihr Schicksal.“ (76)

Zu denen, die vorsichtshalber erst einmal ins Ausland verschwinden, gehören Herbert Adolf Willner und dessen Frau Herta-Astrid. Der frühere Referent der liberalen Friedrich-Naumann-Stiftung und Mitarbeiter der FDP-Bundesgeschäftsstelle und die einstige Vorzimmerdame in der Abteilung 3 im Bundeskanzleramt waren im August 1985 von einem Urlaub in Spanien nicht in ihre Wohnung nach Sankt Augustin bei Bonn zurückgekehrt.

Daß sich das Paar in die DDR abgesetzt hatte, erfahren die Bonner Behörden erst, als auf dem Briefpapier eines Ost-Berliner Rechtsanwalts im Namen seiner Mandanten eine ordentliche Kündigung der Arbeitsverhältnisse und der Wohnung eingeht. Schlagzeilen vom „Spionagefall im Kanzleramt“ regen daraufhin in der zweiten Septemberhälfte 1985 die bundesdeutsche Öffentlichkeit wieder einmal so richtig auf, denn immerhin ist Herta-Astrid Willner damals bereits die achtzehnte Sekretärin, die im Verdacht steht, Stasi-Spionin gewesen zu sein.

Das Bundesamt für Verfassungsschutz hatte das Paar zwar schon vor seiner Flucht im Auge, aber die Indizien reichten nicht, um die Genehmigung zum Abhören des Telefons zu erlangen.

Über solch bürokratische Hürden können die Genossen bei der Stasi nur lachen, als ihnen BfV-Überläufer Hansjoachim Tiedge in eben jenem August 1985 die Story erzählt. So haben sie genug Zeit, den Rückzug ihrer inoffiziellen Mitarbeiter zu organisieren. Jahre später hat Herta-Astrid-Willner sogar die Gelegenheit, sich ihrem „Retter“ gegenüber dankbar zu erweisen: Sie tippt 1988 die Reinschrift von Hansjoachim Tiedges Dissertation: „Abwehrarbeit der Ämter für Verfassungsschutz in der Bundesrepublik Deutschland“. Doch diesen Zusammenhang kennt sie damals nicht, noch gilt strengste Konspiration.

Das ist zwei Jahre später ganz anders. Als die DDR am 3. Oktober 1990 Teil der Bundesrepublik wird, findet auch die sogenannte „juristische Sekunde“ statt. Das DDR-Recht erlischt, und ab sofort gelten bundesdeutsche Gesetze.

Sie sehen für Landesverrat die Verjährung nach zehn Jahren vor. Deshalb hofft die Generalstaatsanwaltschaft, nun auch die Willners endlich verhaften zu können.

Doch die hatten bereits im August 1990 den Beistand von Rechtsanwälten gesucht. Armin von Döllen vertritt Herbert Willner, Heinrich Hannover dessen Frau Herta-Astrid. Die beiden bemühen sich, zunächst einmal zu klären, ob den aus dem Westen Geflohenen überhaupt die Verhaftung droht, denn immerhin standen sie ja nur unter Spionageverdacht. Heinrich Hannover: „Das wurde von Herrn Bundesanwalt Gartner in einem am 18. September 1990 geführten Telefongespräch bejaht, an eine Aufhebung der Haftbefehle sei nicht zu denken, ihre Vollstreckung werde nach dem 3. Oktober, dem Tag der Wiedervereinigung, erfolgen.“ (77)

Nun versuchen die Anwälte zu klären, wie es denn um die Diskussionen um einen generellen Schlußstrich unter das Kapitel der deutsch-deutschen Spionage steht. Schnell müssen sie feststellen, daß in diesem Sommer 1990 von Regierung und Opposition zwar viel darüber geredet wird, aber für Leute wie die Willners eine große Rechtsunsicherheit besteht. Heinrich Hannover bitter: „Und so beschlossen unsere Mandanten, rechtzeitig vor Beginn des Rechtsstaates ins Exil zu gehen.“ (78)

Dort wollen sie erst einmal abwarten, wie sich die Rechtspraxis entwickelt. Und die verfängt sich schon lange vor dem Scheitern der Pläne der Regierung Helmut Kohls über eine Amnestie im Gestrüpp der Gesetze.

Klar ist, daß Bürger der Bundesrepublik Deutschland – so wie Herta-Astrid Willner – den Gesetzen ihres Staates unterliegen. Diese bedrohen Landesverrat mit Freiheitsstrafe, und wenn man den Verräter nicht gleich erwischt, muß er sich eben dann verantworten, wenn er gefaßt wird.

Doch wie ist das bei Herbert Willner? Er ist als Bürger der DDR in den Westen zum Spionieren geschickt worden. Gegen Gesetze der DDR hat er damit nicht verstoßen. In Bonn hat er seine spätere Frau kennengelernt. Ob und wann sie etwas von seinem Stasi-Job erfahren hat, weiß niemand, solange es die beiden nicht aussagen. Es kann ja auch sein, daß Herta-Astrid ganz von sich aus Dokumente im Kanzleramt für die HVA kopiert hat.

Wäre Herbert damit im „Feindesland“ geschnappt worden, hätte ihn ein West-Gericht wegen Spionage verurteilt. Das war sein Berufsrisiko. Das milderte sich entscheidend ab, weil er ja wußte, daß da noch sein Staat, die DDR, war, der in der Fürsorgepflicht für ihn steht. Er hätte alles getan, damit sein Agent im Austausch gegen West-Spione im Osten möglichst bald wieder in die Heimat zurückkehrt.

Doch plötzlich haben beide deutsche Staaten aufgehört, sich gegenseitig als „Feindesland“ zu betrachten. Der kleine zieht beim großen Bruder ein. Und der will ihn jetzt für Dinge verantwortlich machen, die für den Kleinen gar nicht strafbar waren, als er sie verzapfte – das ist eine Situation, an der auch manche Juristen schier verzweifeln.

Sie führt manchmal auch zu ganz merkwürdigen Anschuldigungen, wie zum Beispiel im Fall des früheren Vorsitzenden des Bundes deutscher Kriminalbeamter, Robert Grunert. Er meldete Interna aus der Polizei nach Ost-Berlin, wurde erwischt und bekam dafür 1978 zweieinhalb Jahre Gefängnis. Nachdem er sie verbüßt hatte, siedelte der Kripomann in die DDR um, wo ihn seine Stasi-Rente erwartete. Als Zubrot hielt er vor den Stasi-Genossen spannende Vorträge über das aufregende „Kundschafter-Leben an der unsichtbaren Front“. Dafür droht ihm nach der Einheit nun trotz seiner verbüßten Strafe ein neues Verfahren. Vorwurf: „Beihilfe zu geheimdienstlicher Agententätigkeit“. (79)

Wie die vielen Fallstricke bei der juristischen Aufarbeitung der deutsch-deutschen Spionage schließlich zu entwirren sind, werden 1995 die höchsten deutsche Richter im Bundesverfassungsgericht entscheiden.

Für das Ehepaar Willner ist die Bundesrepublik nach der Vereinigung jedenfalls ein zu heißes Pflaster. Heinrich Hannover: „Denn das Risiko, für Jahre ins Gefängnis gehen zu müssen, wollten unsere Mandanten auf keinen Fall in Kauf nehmen, sondern dann lieber die Verjährung im Ausland abwarten." (80)

Derweil mühen sich die Rechtsanwälte vergeblich, „eine Aufhebung des Haftbefehls und eine Vereinbarung über das mit dem zuständigen Gericht abzustimmende Strafmaß zu erreichen". (81)

Auch die Staatsanwälte sind aktiv. Pünktlich zur Einheit, fünf Jahre nach der Flucht der Willners, ist einfache „geheimdienstliche Agententätigkeit" verjährt. Jetzt können sie dem vermeintlichen Spionen-Pärchen nur noch etwas anhaben, wenn es ihnen gelingt, einen besonders schweren Fall und den Verrat von Staatsgeheimnissen nachzuweisen. Und wenn sie die beiden haben.

Beides ist nicht der Fall. Herbert Willner bestreitet zwar nicht, „für den Geheimdienst einer fremden Macht eine geheimdienstliche Tätigkeit gegen die Bundesrepublik Deutschland" ausgeübt zu haben, wie es der Paragraph 99 Strafgesetzbuch beschreibt, mehr aber auch nicht. Seiner Frau Herta-Astrid will er davon aber erst erzählt haben, als er im August 1985 befürchtete, nach der Rückkehr aus dem Spanien-Urlaub in Bonn verhaftet zu werden.

Als die Anwälte dies den Kollegen von der Bundesanwaltschaft mitteilen, sind die sauer: „Unglaubwürdig sagte man in Karlsruhe und bestand darauf, daß unsere Mandanten sich einer Vernehmung stellen sollten. Was wir ihnen jedoch nicht empfehlen konnten, so lange wir keine verbindlichen Zusagen über ihr weiteres juristisches Schicksal hatten." (82)

Das löst sich dann von selbst im August 1995. Da den Willners kein Landesverrat, der eine längere Verjährungsfrist zur Folge gehabt hätte, nachzuweisen ist, kann der Sachbearbeiter in der Abteilung III der Bundesanwaltschaft nur noch den Boten mit seinem Aktenwägelchen bestellen. Als er diesmal die inzwischen auf sechs Ordner angewachsenen Ermittlungsakten in Empfang nimmt, stört kein Staub seine Nase. Schließlich haben die Beamten insgesamt acht Jahre an dem Fall gearbeitet, der nun im Archiv verschwindet. Für immer.

Ende Dezember 1995 stellt die Bundesanwaltschaft das Ermittlungsverfahren wegen Verjährung ein. Bis zu einer Anklageschrift hat sie es nicht geschafft. Herbert und Herta-Astrid Willner tauchen wieder aus ihrem Versteck auf.

So wie die Willners verschwinden auch die ehemaligen NATO-Sekretärinnen Imelda Verrept und Ursel Lorenzen sowie einige inzwischen in die Jahre gekommene, ehemals westdeutsche Vorzimmerdamen, kurz bevor das Freudenfeuerwerk vor dem Reichstag am 3. Oktober 1990 der deutschen Einheit festlich ihre ersten Sekunden illuminiert.

Andere sehen dem, was da kommt, ruhig entgegen. Sie haben auch Jahre nach dem Verrat nicht die Spur eines schlechten Gewissens und erwarten gelassen die „Siegerjustiz". Dennoch sind in ihre Fälle manchmal Schicksale verwoben, die kein Urteil ungeschehen machen kann.

Das gestohlene Leben der Sonja Lüneburg

Johanna Olbrich ist eine nette alte Dame. Sie liebt ihre Blumen, wenn sie lacht, springen ihr Fältchen um die Augen, und daß sie einmal von Markus Wolf persönlich den „Vaterländischen Verdienstorden" der DDR in Gold verliehen bekommen hat, wissen nicht einmal ihre Genossen von der PDS-Ortsgruppe in Bernau.

Als die Frau mit den kurzen grauen Haaren am 11. Juni 1991 verhaftet wird, sind sie ebenso entsetzt wie die Nachbarn. „Ihre" Johanna hatte 19 Jahre lang als Stasi-Spionin im Westen gelebt. Dort hieß sie „Sonja Lüneburg" und war Chefsekretärin bei dem FDP-Politiker Martin Bangemann. An seiner Seite macht sie seit 1974 dessen gesamte Karriere mit, vom FDP-Generalsekretär über seine Tätigkeit als Bundestagsabgeordneter und als Chef der Liberalen-Fraktion im Europäischen Parlament bis hin zum Posten des Bundeswirtschaftsministers.

Als „Sonja Lüneburg" im August 1985 über Nacht verschwindet und nur noch ihr Auto in der Tiefgarage am Kölner Hauptbahnhof gefunden wird, denken manche sogar an Selbstmord. Daß sie eine Spionin gewesen sein soll, mag nicht einmal ihr Chef so richtig glauben. Martin Bangemann, der damals sofort seinen Urlaub in Indonesien abbricht, ist bestürzt. Fassungslos erklärt er den Journalisten auf dem Frankfurter Flughafen: „Sie ist doch mindestens viermal vom Verfassungsschutz überprüft worden!" (83)

Offenbar nicht gründlich genug, denn niemand hat bemerkt, daß „Sonja Lüneburg" in Wirklichkeit eine von der HVA geschickt plazierte Doppelgängerin ist. Ihr richtiger Name ist Johanna Olbrich.

Die Frau hat ihre Geschichte: Als 19jährige flieht Johanna Olbrich in den letzten Wochen des Kriegs aus Lauban in Oberschlesien gen Osten. Sie sieht erschossene KZ-Häftlinge am Wege liegen und entkräftete Kinder sterben. Die junge Frau hat nur einen Wunsch: So etwas darf nie wieder geschehen. In Sachsen, nahe dem Städtchen Löbau, findet Johanna eine neue Heimat. Als 1949 die DDR gegründet wird, ist sie begeistert dabei. Der neue Staat scheint ihr ein Garant des Friedens zu sein, sie will helfen, ihn stark und unangreifbar zu machen. Deshalb ist die junge Frau inzwischen Lehrerin und SED-Mitglied geworden. Als „Kader" wird sie 1960 ins Ministerium für Volksbildung berufen, arbeitet dort als Hauptreferentin für deutsche Sprache und Literatur. Nebenbei ist Johanna Olbrich Vorsitzende der Betriebsgewerkschaftsleitung (BGL) des Ministeriums.

Als sie wenig später die Stasi anspricht, zögert die Genossin nicht, sich zum „Einsatz an der unsichtbaren Front" bereit zu erklären. Drei Jahre lang wird ihre Übersiedlung in den Westen vorbereitet. Verwandten und Bekannten muß sie vorgaukeln, sie sei nach einem Lehrgang an der Bezirksparteischule nun im Auswärtigen Dienst gelandet und bereits im ersten Auslandseinsatz in Nordkorea. Die Stasi läßt dort sogar ihre Briefe abstempeln. Als dies später zu aufwendig wird, werden die koreanischen Stempel einfach gefälscht.

Unter dem Decknamen „Anna" erfüllt Johanna Olbrich derweil erste Probeaufträge als Spionin. Für ihren geplanten Job im Westen braucht sie jedoch einen kompletten neuen Lebenslauf. HVA-Chef Werner Großmann: „Sie schlüpft in die Identität einer Frau, die aus der Bundesrepublik in die DDR gekommen ist. Die hochqualifizierte Lehrerin und Hauptreferentin wandelt sich zur Bürohilfskraft. Keine leichte Übung für die intelligente, gebildete und selbstbewußte Hanna." (84)

Keine leichte Übung ist das auch für die echte Sonja Lüneburg. Über sie verliert der Spionage-General kein Wort. Die Stasi hat der Frau ihr Leben einfach rücksichtslos gestohlen.

Sonja Lüneburg träumt einen großen Traum: Sie möchte einmal im Leben Paris sehen. Deshalb geht sie schon 1949 aus Ost-Berlin in den Westen arbeiten. Sie ist Friseurin, macht ihren Meisterbrief und heiratet Albert Lüneburg. Die Ehe scheitert, doch die Frau läßt sich nicht entmutigen. Sie will nach Paris, und in ihrem inzwischen eigenen Salon in Berlin-Wedding legt sie eine Mark Trinkgeld nach der anderen für die große Reise beiseite.

1955 scheint wieder die Sonne für sie. Ein neuer Mann ist gefunden, das Traumziel rückt näher. Doch Sonja Lüneburg hat kein Glück mit Männern. Nach drei Jahren ist auch diese Beziehung kaputt. Sie ist verzweifelt, auch der Laden läuft nicht mehr so richtig. Sonja Lüneburg macht Schulden, hält sich nur noch mit Aushilfsjobs über Wasser. Alles scheint ihr über den Kopf zu wachsen. 1966 ist sie pleite. Einziger Lichtblick: ein neuer Mann. Er kommt aus dem Osten. Hinter der Mauer scheint ihr plötzlich die Lösung aller Probleme zu liegen. Weg von den Schulden, einfach ein neues Leben anfangen. Sonja Lüneburg zieht zu ihrer Schwester nach Ost-Berlin.

Doch ihre Erwartungen werden schnell enttäuscht. Der Mann verläßt sie, das graue Ost-Berlin bedrückt sie. Sonja Lüneburg erinnert sich an ihren großen Traum: Immer noch will sie nach Paris. Sie stellt einen Ausreiseantrag nach dem anderen. Es kommt keine Antwort.

Inzwischen taucht eine gepflegte Dame in West-Berlin auf und stellt sich bei den Banken als „Sonja Lüneburg" vor. Sie kommt angeblich aus Frankreich, bezahlt alle Schulden und nimmt dann einen Job als Schreibkraft bei der DAS-Rechtsschutzversicherung in Frankfurt am Main an. Ihre Chefs merken schnell, daß die Frau viel mehr als nur tippen kann. Deshalb wundert sich niemand, als sie sich 1967 bei der FDP bewirbt. Aus der von der Stasi in den Westen geschleusten Johanna Olbrich ist nun endgültig die Bundesbürgerin „Sonja Lüneburg" geworden.

Mindestens einmal im Monat reist sie am Wochenende nach Köln und deponiert von ihr fotografierte Dokumente in einem Versteck des Interzonenzugs. Mindestens 15 000 Blatt werden es im Laufe der Jahre sein. Erst als ihr 1985 bei einem Agenten-Treff in Rom der Paß abhanden kommt, zieht die HVA „aus Sicherheitsgründen“ ihre Spionin in die DDR zurück.

Zwei Jahre später stellt das Landesamt für Verfassungsschutz Nordrhein-Westfalen in seinem Jahresbericht 1987 unter Punkt 5. 6. „Eingeschleuste Agenten“ fest: „Eines von vielen Beispielen ist die langjährige Mitarbeiterin im Bundeswirtschaftsministerium Sonja LÜNEBURG. Frau LÜNEBURG war seit 1969 in einer Vertrauensstellung tätig. Sicherheitsüberprüfungen blieben ohne Ergebnis. 1985 konnte festgestellt werden, daß sie 1967 über Straßburg nach Offenbach eingeschleust worden war. Ihre wahre Identität ist unbekannt. Die tatsächliche Sonja LÜNEBURG hatte bis 1966 in West-Berlin gelebt und ist dann unbekannt verzogen. Über ihren Verbleib ist nichts bekannt. Sicher ist, daß sie mit der 1985 verschwundenen Sonja LÜNEBURG nicht identisch ist.“ (85)

Rückblende. Die echte Sonja Lüneburg läßt im Osten nicht locker, um ihre Ausreise in den Westen zu kämpfen. Für die Stasi wird sie zum Sicherheitsrisiko, denn schon ein einziger unkontrollierter Brief könnte ihre Doppelgängerin auffliegen lassen. Deshalb wird die Frau für verrückt erklärt, verschwindet in einer psychiatrischen Klinik. „Behandlungen“ mit Psychopharmaka und Elektroschocks löschen langsam ihr Gedächtnis.

Nur der Traum von Paris steckt immer noch irgendwo im Kopf. 1988 wird Sonja Lüneburg in ein Altersheim in Berlin-Pankow abgeschoben. Einziger Schmuck in dem 14-m²-Zimmer ist eine Postkarte vom Eiffelturm.

Dann fällt die Mauer. HVA-Offiziere sprechen mit Johanna Olbrich, sagen ihr, daß sie nichts mehr für sie tun können, aber die Akten vernichtet sind. Die Rentnerin will nicht fliehen. Sie hat sich nichts vorzuwerfen, wollte doch nur etwas für den Frieden tun. Das erklärt sie im Februar 1994 auch ihren Richtern: „Ungefährlich war die Zeit des kalten Krieges nicht. Da ein bißchen mit achtzugeben, das fand ich gut.“ (86) Über das Schicksal ihrer unfreiwilligen Namensgeberin weiß sie nichts.

Die ist schon seit Jahren körperlich ein Wrack. Nur im Kopf spukt immer noch der alte Traum: Paris sehen und sterben. 1991 setzt sie sich einfach in den Zug und fährt los. Sie kommt nur bis Aachen, dann holen Pfleger die kranke Sonja Lüneburg aus dem Zug und schaffen sie zurück nach Berlin.

Am 25. Februar 1994 wird Johanna Olbrich zu zweieinhalb Jahren Haft verurteilt. Doch das Bundesverfassungsgericht hält die Strafe für zu hoch. Der Fall wird erneut an das Oberlandesgericht Düsseldorf verwiesen.

Etwa zu dieser Zeit stürzt die echte Sonja Lüneburg im Garten des Seniorenheims. Sie wird bettlägerig. Vom Traum von Paris ist ihr nur ihre Postkarte geblieben. Vier Wochen später stirbt sie einsam und verlassen. Paris hat sie nie gesehen. (87)

Johanna Olbrich ist inzwischen 69 Jahre alt, als das Gericht am 16. Januar 1996 das neue Urteil spricht. Ein Jahr und neun Monate auf Bewährung. Die Vorsitzende Richterin des Siebten Strafsenats am Oberlandesgericht Düsseldorf, Ina Obst-Oellers glaubt der Rentnerin Johanna Olbrich alias „Sonja Lüneburg“, daß sie mit ihrer fast 20 Jahre währenden Spionage für die Stasi nur dem „besseren deutschen Staat dienen“ wollte. (88)

Solch „edle Motive“ würden die Richter einem Mann, der zur gleichen Zeit wie „Sonja Lüneburg“ in Köln spurlos verschwand, nicht abkaufen. Doch dazu haben sie auch gar keine Gelegenheit, denn der ehemalige Regierungsdirektor im Bundesamt für Verfassungsschutz, Hansjoachim Tiedge, hat nach dem Mauerfall nicht gewartet, bis ihn die Staatsschützer verhaften. In Moskau sieht er inzwischen in aller Ruhe der Verjährung seines Landesverrats im Jahr 2005 entgegen.

Der Überläufer im Exil

Moskau im Winter ist ein russisches Märchen. Wenn weicher Watte-Schnee die grauen Narben des Sowjet-Sozialismus überschminkt und die goldenen Kuppeln der Basiliken im sattblauen Himmel blinken, meint man manchmal, die Troika-Glöckchen von „Väterchen Frost“ zu hören, der die Stadt in Kälte erstarren läßt.

Hans Ottowitsch mag diese Stimmung. Er führt in der russischen Hauptstadt mit seiner Frau Brigitta das beschauliche Leben eines Frührentners. Als er 1990 dort ankam, sah es im „Herzen der Weltrevolution" noch recht erbärmlich aus: „1990 war es eine Stadt mit breiten, nicht stark befahrenen Straßen, mit überwiegend grauen Häusern, von denen die Farbe abplatzte und die trotz ihrer damals schon exorbitanten Größe von neun Millionen Einwohnern einen irgendwie provinziellen Eindruck hinterließ." (89) Das Bild hat sich inzwischen völlig gewandelt: „Es sind nach wie vor nicht Glaspaläste, die die City von Moskau prägen, sondern sorgfältig restaurierte Häuser aus dem vergangenen und der ersten Hälfte dieses Jahrhunderts, (...) die wiedererstandene Erlöserkirche prägt die Stadtsilhouette an der Moskwa. Vor allem aber besticht die Sauberkeit der Innenstadt den Besucher, der die Stadt vor acht Jahren zum ersten Mal sah." (90)

Damals hieß Hans Ottowitsch noch Prof. Dr. Helmut Jochen Fischer. Oder Heinz Tabbert. Oder Hansjoachim Tiedge. Der beleibte Mann mit der russischen Schapka und der großen dunkel-gefaßten Brille ist der letzte deutsche Agent, den der Staatsanwalt noch wegen Landesverrats sucht.

Nach seinem Übertritt zur Stasi sind deren „Freunde" vom KGB auch seine Freunde. Noch vor dem endgültigen Ende der DDR haben sie ihn dort herausgeholt. Hansjoachim Tiedges Verrat hatte auch dazu beigetragen, etliche damals noch sowjetische Agenten in West-Europa vor der Enttarnung zu bewahren. Immerhin hatte der Spezialist für Spionageabwehr im Bundesamt für Verfassungsschutz seine Finger in rund 800 Fällen. Diese Rettungsaktion haben ihm „die Freunde" nach dem Zusammenbruch des Sowjetreichs nicht vergessen. In einer herrschaftlichen Geheimdienst-Villa irgendwo im Zentrum Moskaus, blaßrosa im alten Stil restauriert und mit einem respektablen Säulenportal als Eingang, genießt der Überläufer im Exil die unbegrenzte russische Gastfreundschaft.

Er kann sich völlig sicher fühlen: „Es gibt kein Auslieferungsgesuch der Bundesrepublik, und Rußland würde auch nicht ausliefern. Das ist bei politisch motivierten Straftaten weltweit Komment." (91) Sicher ist er auch vor den Geldforderungen seiner früheren Dienstherren. Nach der Einheit versuchen sie, per Gerichtsbeschluß 847 715 Mark von ihrem einstigen Regierungsdirektor einzutreiben – Kosten für umfängliche Sicherheitsmaßnahmen, die der Verfassungsschutz nach der Flucht seines Spitzenmannes hatte einleiten müssen. Weil die Schäden jedoch nicht detailliert genug aufgelistet sind, verliert das Kölner Bundesamt in zwei Instanzen und reduziert seine Forderungen nun auf 214 825,67 Mark. Die erkennt Hansjoachim Tiedge jedoch nicht an. Er meint, nur noch ein kleines Darlehen und ein paar Spesen-Vorschüsse schuldig zu sein. Vom Honorarvorschuß für sein Buch „Der Überläufer" überweist seine Rechtsanwältin Vera Vest-Linke knapp 7000 Mark auf ein Bundeskonto, und „Heinz Tabbert" konstatiert in Moskau zufrieden: „Jetzt sind das BfV und ich wieder bei Null." (92)

Tiedge-Tabbert-Fischer-Ottowitsch ist immer noch deutscher Staatsbürger, ausgewiesen durch einen blauen DDR-Reisepaß. Wieder in der Heimat leben will er aber auch dann nicht, wenn sein Landesverrat im August 2005 verjährt ist: „Dann bin ich 68. Soll ich dann freiwillig nach Deutschland zurückkehren, kein Stück Möbel dabei, keine Wohnung und völlig neu anfangen? Ich bin doch nicht verrückt." (93)

Die Töchter Martina und Andrea und die fünf Enkel besuchen, die jetzt hin und wieder nach Rußland kommen, mal wieder die alten Wege gehen und vielleicht sogar ein paar ehemalige Kollegen treffen – das kann sich Hansjoachim Tiedge schon vorstellen. Schließlich ist der kalte Krieg lange vorbei, und seine Flucht damals, das muß man doch verstehen: „Es begann ganz selbstverständlich mit Verrat, natürlich, was soll man denn machen. Man kann doch nicht in die DDR gehen, als Verfassungsschützer, und zu den DDR-Leuten sagen, ihr seid alles nette Kerle (...), aber ihr erfahrt von mir nichts. Das kann man doch nicht machen." (94) Das meint auch Spionagechef Markus Wolf: „So ein Vogel fliegt einem ja nicht jeden Tag zu." (95) Also gab's ein neues Leben nur gegen Informationen.

Für Hansjoachim Tiedge ist das alles Schnee von gestern. Natürlich würde er sich als alter Geheimdienstfuchs bei solch einer Besuchsreise absichern: „Meine Kölner Anwältin muß allerdings dann ein Papier des Generalbundesanwalts in der Hand haben, in dem drinsteht, Herr Tiedge sei außer Verfolgung gesetzt." (96) Doch wirklich wichtig ist Deutschland für den einstigen Regierungsdirektor im Bundesamt für Verfassungsschutz nur noch wegen der Rente. Da kennt sich der studierte Jurist aus: „Der Bund muß mich nachversichern von Beginn meiner beruflichen Tätigkeit an (...). Daran kommt der Bund nicht vorbei, egal, ob es sich bei dem Ex-Beamten um einen Totschläger oder einen Verräter und Überläufer wie mich handelt. Das steht so im Gesetz.“ (97)

„Hans Ottowitsch“ hat sich schon mal ausgerechnet, was die deutschen Steuerzahler noch für ihn löhnen müssen: „Über den Daumen gepeilt, ein Viertel dessen, was mir unter normalen Umständen zugestanden hätte – wohl knapp 1000 Mark. Das ist relativ wenig, in Rubel umgerechnet kann dieses Geld mir aber immer noch ein recht komfortables Leben bieten.“ (98)

Das hat er auch bisher, denn noch in der Auflösungsphase im Sommer 1990 stattete die HVA ihren Top-Informanten konspirativ mit 150 000 Mark Startgeld aus. Ein Zubrot fand sich auch in Moskau: „In den ersten Jahren meines Lebens in Rußland war mitunter mein Rat bei Firmen gefragt, die Geschäftsverbindungen in die Bundesrepublik aufnehmen wollten. Inzwischen unterhalten Kammern und Verbände Büros in Moskau, deren Rat viel aktueller und damit qualifizierter und befriedigender ist, als es der meine je war.“ (99)

So bleibt ein ruhiges Rentnerleben. „Wir haben uns einen kleinen Bekanntenkreis geschaffen, der überwiegend aus Rentnern besteht, zudem aus Rentnern, die etwas Deutsch sprechen, denn unsere Kenntnisse der russischen Sprache sind doch noch (...) recht mangelhaft, fast rudimentär. Ab einem bestimmten Alter erlernt man eine fremde Sprache nicht mehr so leicht wie als Kind oder auch noch als junger Mensch.“ (100) Da wird dann manches Gläschen „Moskowskaja“ geleert und über die russische Küche debattiert. Leckere gefüllte Blini oder Moosbeeren-Konfitüre zum Tee, reichlich „Maslo“, die Butter, die auch noch nach Butter schmeckt oder das pappsüße „Mischka“-Konfekt – Hansjoachim Tiedge muß auf seine Linie achten. Stolz schreibt er den Töchtern, wenn wieder einmal ein paar Kilo runter sind.

Die Briefe nach Deutschland laufen über den russischen Geheimdienst SWR. Aus „Sicherheitsgründen“ hat „Hans Ottowitsch“ keine Adresse in Moskau. Ansonsten lassen ihn die russischen Kollegen meist in Ruhe: „Ich kann mich völlig frei bewegen. Ich könnte mich heute ins Flugzeug nach Wladiwostok setzen. Es ist zwar eine Selbstverständlichkeit, daß ich meinen Gastgebern sage, ich fahre jetzt weg. Was ich tagsüber mache, ist denen völlig gleichgültig. Es sei denn, es geht über Nacht. Doch das kommt so gut wie nie vor." (101)

In Moskau fühlt sich Hansjoachim Tiedge rundherum wohl: „Das Leben in Rußland macht mir Spaß und Vergnügen, ich staune noch immer über die wie selbstverständlich gewährte Gastfreundschaft und über ihre grenzenlose Hilfsbereitschaft, ihre Freundlichkeit gegenüber Ausländern und ihre gelegentlich entwaffnende Unkompliziertheit." (102) Über Deutschland informiert er sich per Satelliten-Fernsehen. Eine Schüssel auf dem Dach bringt ihm regelmäßig das Programm der Deutschen Welle ins Wohnzimmer. Aus alter Anhänglichkeit liest der Regierungsdirektor a. D. immer noch den „Spiegel" und die „Zeit", und sogar deutsche Tageszeitungen gibt es inzwischen in Moskau noch am Tag ihres Erscheinens. Nur wenn dann dort mal wieder vom Abstieg des 1. FC Köln die Rede ist, kommt bei „Heinz Tabbert" doch ein wenig Heimweh auf. Aber das ist schnell vergessen, denn: „Wie sagt der Lateiner? Ubi bene, ibi patria – wo es mir gutgeht, da bin ich zu Hause." (103)

Ein solch unbeschwertes Leben, ohne materielle Sorgen und ohne jegliche Gewissensbisse haben andere Stasi-Spione nicht. Bevor sie im gemütlichen Heim das Rentnerdasein genießen oder über die Wiedergutmachung der mit ihrer Spionage angerichteten Schäden nachdenken können, ist meistens erst ein Strafprozeß zu überstehen. Da müssen sie dann über ihre Motive Auskunft geben und ihr Handeln bewerten. Das tut weh, denn immer stellt sich die Frage, ob die geheimen Jahre für die Stasi nicht Lebenszeit gekostet haben, die durch nichts wieder einzuholen ist. Beantworten kann diese Frage nur jeder ganz für sich allein.

Geld, Liebe oder Sozialismus – Die Motive der DDR-Spione

„Wer ist wer?" hieß die zentrale Ermittlungsfrage der Stasi gegen Feind und Freund. Wer hat welche Motive, fragen sich die Richter und Staatsanwälte, die nach der Wende das Spionagenetz Stück für Stück zerreißen.

Manchmal ist die Antwort einfach. Leute wie Klaus Kuron haben ihren Preis genannt und ihn auch kassiert. Geld regiert die Welt, und alles ist käuflich. Doch diese Weisheit stimmt nicht immer.

Als die Stasi-Leute Gabriele Gast anwerben wollen und ihr Bares gegen Informationen bieten, wird sie wütend: „Das Ansinnen, mich dafür zu bezahlen, beleidigte mich", erinnert sich die spätere Regierungsdirektorin im Bundesnachrichtendienst. Sie beschied den Werbern: „Was ich tue, tue ich freiwillig. Behaltet euer Geld für den Aufbau der DDR. Da wird es dringend gebraucht." (104)

Über den Aufbau der DDR macht sich Karl Gebauer keine Gedanken, aber bezahlen lassen will auch er sich nicht. Die Erstattung der Spesen, das ist in Ordnung, denn bei der Beschaffung von Unterlagen über ein geheimes Projekt der Bundesmarine in Glücksburg hat er einige Kosten. Doch mit Spionage etwas verdienen, der Gedanke liegt ihm fern. Da kann sich selbst sein Stasi-Kontaktmann „Winkler" ein Grinsen nicht verkneifen, und Karl Gebauer bemerkt: „Entweder hielt der mich für durchtrieben oder für bescheuert." (105)

Als „bescheuert" verspottet werden im internen Stasi-Kreis auch viele der „Spioninnen aus Liebe". Drei Dutzend sind es im Laufe der Jahre gewesen. Sie lassen sich immer wieder von ihren Stasi-„Romeos" über Wochen und Monate mit Zärtlichkeit auf Raten hinhalten und von falschen Küssen motivieren. Dafür halten sie fleißig „an der unsichtbaren Front" Augen und Ohren offen und füllen die präparierten Handtaschen mit geheimen Dokumenten.

Für das Motiv „Liebe" wird gelogen und betrogen. Und wenn es gar nicht anders geht, arrangiert die Stasi sogar eine getürkte Hochzeit, um die Dame bei Laune zu halten.

Das muß zum Beispiel Dagmar Kahlig-Scheffler erleben.

Die Sekretärin in der Abteilung II des Bundeskanzleramts, „Auswärtige und innerdeutsche Beziehungen", ist so glücklich, als sie am 26. Mai 1976 im Standesamt Berlin-Lichtenberg ihre Urlaubsliebe von der bulgarischen Schwarzmeerküste heiraten darf. Für Herbert Richter, der in Wirklichkeit Schröter heißt und der Stasi als „Kranz“ mehrere Damen zuführt, trägt sie als „Inge“ Akten aus dem Kanzleramt. Zur Hochzeit gibt's dafür von der HVA Meißner Porzellan, eine Brecht-Ausgabe und von Spionagechef Markus Wolf noch ein ganz besonderes Präsent: „Was sie nicht wußten, war, daß die Seite im Heiratsregister mit ihrem Eintrag nach der Veranstaltung entfernt und vernichtet wurde.“ (106) Erst als Dagmar Kahlig-Scheffler am 4. Mai 1977 in Bonn verhaftet und später zu viereinhalb Jahren Haft verurteilt wird, erfährt sie von der Schmierenkomödie. Die betrogene Frau bricht zusammen, wird so krank, daß sie nicht einmal mehr alleine essen kann. Nur ihr Glaube an ihren Stasi-Geliebten hält sie am Leben.

Der unerschüttliche Glaube an die DDR ist es dagegen, der Rüstungsspion Dieter W. Feuerstein zum „Kundschafter“ werden läßt: Schon seine Eltern arbeiten illegal für den Osten im Westen, der für ihn „Ausland“ ist: „Ich erfuhr, daß ich zwar im Ausland zur Welt gekommen, dennoch Bürger der DDR bin und daß bei meiner Geburt der Vorsitzende des Staatsrats der DDR Pate stand.“ (107) Das war damals SED-Chef Walter Ulbricht: „Seither führe ich mit Stolz das Initial meines zweiten Vornamens im Namen.“ (108) Dieter W. Feuerstein schätzt sich glücklich, seinem „Vaterland DDR“ so effektiv gedient zu haben: „Die Mühe hatte sich gelohnt, zwölf lange Jahre der Vorbereitung und Perspektivplanung waren nicht vergeblich. Sechs Jahre war ich dann an der Tornado- und Eurofighterentwicklung beteiligt, integrierte intelligente Raketen mit und wurde sogar Verantwortlicher für den materiellen Geheimschutz. Sechs operative Jahre, die in ihrer Produktivität seitens der BRD-Organe so erfolgreich eingeschätzt wurden, daß ein Strafmaß von acht Jahren verhängt wurde.“ (109)

Wieder andere, wie der Hauptmann im BND Alfred Spuhler, für die HVA als „Peter“ tätig und in der DDR als Oberstleutnant der Nationalen Volksarmee geführt, meinen, bei der Spionage ihren eigenen inneren Wertmaßstäben folgen zu müssen: „Die moralische Verpflichtung, für den Frieden und eine gerechtere Gesellschaftsordnung aktiv einzutreten, war schließlich so stark, daß ich alle diesem Ziel entgegenstehenden Argumente unterordnete.“ (110)

Solche Gedanken sind dem Überläufer Hansjoachim Tiedge völlig fremd. Er erklärt seinen Stasi-Partnern nach seiner Flucht in die DDR: „Ich bin aus rein persönlichen Gründen gekommen. Mich hat weder der Sozialismus als Idee noch die DDR als Staat fasziniert, ich bin auch nicht vom sogenannten Kapitalismus enttäuscht. Ich bin ganz einfach am Ende.“ (111)

So unterschiedlich diese Motive auch sein mögen, letztlich haben sie alle einen gemeinsamen Nenner: Immer verbergen sich Schicksale dahinter, oft sind sie spannend wie Shakespeares Dramen. Und immer sind es Geschichten von Liebe und Verrat, von Tränen und Tod und von Glaube und Hoffnung.

Die Söhne sollen's besser haben

Die Abwehr-Experten im Bundesamt für Verfassungsschutz wissen ganz genau, daß auch die wohlversorgten Beamten und Angestellten aus den eigenen Behörden nicht davor gefeit sind, den Weg zum Feind zu suchen: „Es gibt (...) Leute, die sich fremden Nachrichtendiensten freiwillig zur Verfügung stellen, sogenannte Selbstanbieter. Sie handeln meist aus Habgier, oft aus ideologischer Verblendung, manch einer auch aus Frustration am Arbeitsplatz.“ (112)

Mit Ideologie, etwa dem DDR-Sozialismus, hat Klaus Kuron nun gar nichts am Hut, aber Unzufriedenheit am Arbeitsplatz und das Gefühl, für den aufreibenden Job viel zu wenig Geld zu verdienen, das kennt er genau.

Als „Herr Kluge“ führt Klaus Kuron beim Kölner Bundesamt für Verfassungsschutz sogenannte Gegenoperationen, kurz G-Operationen. Sie dienen dazu, Stasi-Spione im Westen auszuschalten oder sogar zu eigenen Agenten zu machen. Das geschieht oft auf die harte Tour. Ein entdeckter HVA-Agent wird mit der Drohung seiner Verhaftung als Informant angeworben und so für die Informationsbeschaffung beim Gegner eingesetzt. Im Geheimdienstjargon West werden diese Leute als „CM“ – nach dem englischen Kunstwort „countermen“, Gegenmänner, das es so im Sprachgebrauch gar nicht gibt – geführt.

Nicht unüblich war es dabei im Dschungel der deutsch-deutschen Spionage, daß der „überworbene“ Spion von sich aus nun wieder seine eigentlichen Auftraggeber bei der Stasi über den neuen Job beim BfV informierte und so schließlich als „Dreifachagent“ agierte.

Solche Operationen sind ein gewagtes Spiel, und Klaus Kuron ist ein „Fallführer“, der es beherrscht. Das bringt hervorragende Beurteilungen seiner Vorgesetzten ein, jedoch kein besonders üppiges Gehalt. Er kann keinen akademischen Abschluß vorweisen, dadurch ist sein Aufstieg in höhere Besoldungsgruppen versperrt.

Anfang der achtziger Jahre – Klaus Kuron ist Mitte 40 – steht die Ausbildung seiner vier Söhne ins Haus. Sie sollen es mal besser haben, studieren und richtig Geld verdienen. Doch Klaus Kuron weiß nicht, wie er das teure Studium finanzieren soll. Seine 4200 Mark netto im Monat als „Regierungsoberamtsrat“ reichen vorne und hinten nicht. Er sucht einen zweiten „Arbeitgeber“.

Im Sommer 1981 wirft er heimlich einen Umschlag in den Briefkasten der „Ständigen Vertretung“ der DDR in Bonn. Darin befindet sich ein in großen Druckbuchstaben geschriebener Brief an den Chef der Abteilung IX der HVA, Äußere Abwehr, und ein grüner Zwanzigmarkschein, dessen Nummer sich als Code-Schlüssel für eine Kontaktaufnahme verwenden läßt.

Klaus Kuron geht die Sache professionell an. Er outet sich als Geheimdienstmann – natürlich ohne zunächst seinen Namen und Näheres zu seinem Job zu offenbaren – und bietet gegen eine Einmalzahlung von 150 000 Mark und ein monatliches Salär in doppelter Höhe seines Gehalts beim Verfassungsschutz an, für die Stasi als „Maulwurf“ aktiv zu werden. Als Köder und zum Beweis seiner Insider-Kenntnisse verrät er eine für die nächste Zeit geplante Aktion des Verfassungsschutzes gegen einen Offizier des „Sektors Wissenschaft und Technik“ in Wien.

Die in der Vertretung tätigen HVA-Bediensteten begreifen sofort, daß es sich bei dem Angebot um eine größere Sache handelt. Unter dem Schutz der diplomatischen Immunität nutzen sie von Anfang an die „Botschaft“ als geheimdienstlichen Vorposten im Feindesland.

HVA-Chef Werner Großmann erinnert sich an das Entstehen dieser bislang ungekannten Möglichkeiten: „Als die Ständige Vertretung der DDR in Bonn zu arbeiten beginnt, erlaubt man uns, dort hauptamtliche Mitarbeiter einzusetzen. Nun können wir aus einer legalen Position heraus operativ tätig werden." (113)

Ein Schwerpunkt der Spionage ist das Abhören, daß die Stasi auch aus der UdSSR-Botschaft in Bonn und den sowjetischen Handelsvertretungen in Düsseldorf und Köln betreibt. Ziel der Lauschangriffe sind vor allem das Bundesamt für Verfassungsschutz – Stasi-Deckname „Otto" – und der mit dem Tarnnamen „Beate" versehene Bundesnachrichtendienst. Um zu hören, was sich bei „Beate" so tut, sind in der Ständigen Vertretung der DDR in Bonn in einem abgeschirmten 30-m^2-Raum 35 UHER-Tonbandgeräte und 32 Empfänger rund um die Uhr einsatzbereit. Die Station trägt den Code-Namen „Steuerung 1". Ihre Aufgabe definiert die „Geheime Verschlußsache" des MfS o026-281/85: „Ziel ist es, durch die Arbeit mit operativen Zielkontrollen aktuelle und bedarfsgerechte politisch-operativ bedeutsame Informationen zu gewinnen." (114) Das ist ein mühseliges Unterfangen.

Nun scheint neben dem vielen so erspitzelten Kleinkram endlich einmal ein dicker Fisch an der Angel zu sein. Per diplomatischem Kurier geht das Angebot des Unbekannten in das HVA-Hauptquartier in Ost-Berlin.

Dort werden die Genossen stutzig, als sie den Brief sehen. Die Schrift kommt ihnen bekannt vor. Dafür hat solch ein „Dreifachagent" gesorgt.

Joachim Moitzheim ist Spion aus Überzeugung. Als HVA-IM „Wieland" will er etwas für den Sozialismus tun. Die Zentrale beauftragt ihn, Kontakt zu einem Mitarbeiter des Kölner Bundesamts für Verfassungsschutz herzustellen, um ihn als Spion zu werben. Der Kandidat bekommt jedoch kalte Füße und offenbart sich seinen Chefs.

Nun startet der Verfassungsschutz eine G-Operation. Eines Tages wird Joachim Moitzheim alias „Wieland" von zwei Herren in Köln angesprochen. Sie fordern ihn auf, mit ihnen in ein Hotel zu gehen. Dort stellen sie sich als „Kluge" und „Tabbert" vor, erklären ihm, daß sie über seine Stasi-Spionage Bescheid wüßten und drohen mit etlichen Jahren Knast.

Die beiden Männer sind im Bundesamt für Verfassungsschutz in der Abteilung IV unter Direktor Engelbert Rombach in der

Referatsgruppe IV/B für die „Nachrichtendienste der DDR" zuständig. Regierungsdirektor Hansjoachim Tiedge, Deckname „Tabbert", ist der Chef, Regierungsoberamtsrat Klaus Kuron, Deckname „Kluge", soll den zu werbenden Doppelagenten führen.

Joachim Moitzheim geht auf das Angebot ein und wird so für die Verfassungsschützer CM „Keil". Der Vorgang trägt künftig den Tarnnamen „Keilkissen".

Doch schon bei seinem nächsten Besuch in Ost-Berlin offenbart er sich seinem Stasi-Führungsoffizier, und nun beginnt eine höchst komplizierte Dreifachagenten-Aktion. Ein erstes Abfallprodukt ist dabei eine Schriftprobe des Verfassungsschützers „Kluge", die Moitzheim für die Stasi abgestaubt hat. Sie führt zur Enttarnung des geheimnisvollen Briefschreibers aus Bonn. Markus Wolf: „Wir verglichen die Schrift mit der auf einem Zettel, den ‚Wieland' uns nach einem Treffen mit seinem Westvorgesetzten ‚Kluge' übergeben hatte. Es bestand kein Zweifel, daß die Schrift die gleiche war. Klaus Kuron, der den Vorgang ‚Keil' beim Verfassungsschutz führte, hatte sich aus freien Stücken unserem Dienst angeboten." (115)

Rund ein Jahr dauern noch die Vorbereitungen, bis sich die Stasi-Obristen Karl-Christoph Großmann und Gunter Nehls zum ersten Mal mit Klaus Kuron in Wien treffen. Der Mann aus Köln stellt sich ohne große Umschweife als Verfassungsschützer vor und erläutert die Gründe für seinen Verrat: „Es war ein Motivbündel und keine spontane Entscheidung, sondern ein über Jahre dauernder klärender Prozeß. Ich war frustriert über inkompetente Vorgesetzte, kam als Nicht-Akademiker nicht mehr weiter und hatte als Beamter des gehobenen Dienstes erhebliche finanzielle Schwierigkeiten, meinen Kindern die gewünschte höhere Bildung einschließlich Studium zukommen zu lassen." (116)

Leuten, die ihre Dienste für Geld anbieten, tritt die HVA normalerweise nur mit äußerster Zurückhaltung entgegen. Klaus Kuron, zunächst als „Berger" bei der Stasi, später dann als „Stern" registriert, kann sich dagegen schnell das Vertrauen erwerben. Er berichtet über den für ihn als Doppelagenten agierenden „Wieland" respektive „Keil", der ja in Wirklichkeit ein Dreifachagent ist. So haben die Führungsoffiziere der HVA Gelegenheit, sich ein Bild von seiner „Aufrichtigkeit“ zu machen. Das Urteil ist positiv, und schon im Herbst 1982 wird „Stern“ von Markus Wolf persönlich konspirativ in einer Villa auf dem Weißen Hirsch in Dresden empfangen.

Der Spionagechef hat einen guten Eindruck: „Klaus Kuron gab sich frei von aller Wichtigtuerei oder Anbiederung. Das Gespräch mit ihm verlief locker und unkonventionell (...). In keinem Moment der Unterhaltung hatte ich den Eindruck, es mit einem habgierigen oder skrupellosen Menschen zu tun zu haben. Das große Risiko dessen, was er zu tun im Begriff stand, war ihm eindeutig bewußt.“ (117)

Darüber hatte Klaus Kuron auch zu Hause mit seiner Frau Agnes gesprochen und sie in seine Pläne eingeweiht. Sie teilt seinen Frust im Dienst, den er auch gegenüber Markus Wolf gleich beim ersten Gespräch abläßt: „Seine Position innerhalb der Verfassungsschutzbehörde empfand er als Ungerechtigkeit, ja als Demütigung. Seinen unmittelbaren Vorgesetzten, die seiner Ansicht nach allein durch Protektion der CSU an ihre Ämter gelangt waren, fühlte er sich weit überlegen. Tiedge, seinem Gruppenleiter, gestand er zwar eine abgeschlossene Juristenausbildung und Professionalität zu, doch stufte er ihn wegen seines Lebenswandels als längst nicht mehr tragbar für die Spionageabwehr ein.“ (118)

Damit findet die Stasi einen zweiten günstigen Ansatz, mit dem sie neben dem Geld ihren neuen Mann in Köln halten kann: seinen Ehrgeiz. Die Männer von der HVA bedienen ihn nach Kräften und voller Aufsteigerstolz, betont Klaus Kuron noch Jahre später: „Ich hatte die Bezahlung eines Oberst im operativen Einsatz.“ (119)

Von seinem „guten Griff“ mit dem neuen Arbeitgeber berichtet er auch zufrieden seiner Frau. Bei einem späteren Agententreff reist sie sogar mit in die DDR. Markus Wolf: „Ich erkannte schnell, daß sie sich mit eigenen Augen vergewissern wollte, ob ihr Mann bei uns in besseren Händen war als bei der Kölner Behörde, vor allem, ob er bei uns die gebührende Anerkennung fand oder wie ein x-beliebiger kleiner Agent behandelt wurde. Erleichtert sah ich, daß ihr anfängliches Mißtrauen einem Ausdruck von Zutrauen und Zufriedenheit wich, als sie feststellte, daß der Umgang zwischen uns freundschaftlich war." (120) Frau Agnes ist stolz auf ihren Klaus, den Tausendsassa. Das tut ihr später leid: „Die Tragweite seines Tuns war mir nicht bekannt. Ich dachte, was der Mann tut, ist richtig. Heute denke ich: Hätte ich doch mehr dagegengehalten." (121)

Nur die Söhne ahnen nichts vom Doppelspiel ihres Vaters. Und er hat kaum Angst, entdeckt zu werden: „Die in der Abwehr beim Verfassungsschutz waren doch Laienspieler im Gegensatz zu Wolf und seinen Leuten. Ich wäre nur durch Verrat oder durch Kommissar Zufall aufgeflogen." (122)

So liegt bis zum Ende der DDR der Verfassungsschutz wie ein offenes Buch vor der Stasi. Doch das hat seinen Preis. Im Gewirr des riskanten Spionage-Pokers mit Doppel- und Dreifachagenten bleibt 1988 ein Mann auf der Strecke, dessen Tod nie vollständig aufgeklärt wird.

Er heißt Horst Garau, ist Kreisschulrat in Calau und seit 1976 gleichzeitig inoffizieller Mitarbeiter „Günter" der HVA. Für sie hält er den Kontakt zu einem in England angesiedelten Stasi-Spion namens Rothe, Deckname „Herzberg". Bei einer seiner zahlreichen Westreisen bietet sich Horst Garau 1977 dem Berliner Landesamt für Verfassungsschutz als Informant an. Die Sache ist heiß und landet in Köln auf dem Schreibtisch von Hansjoachim Tiedge. Der gibt seinem neuen Doppelagenten den Decknamen „Schneider", benennt den Vorgang als „Schneiderwerkstatt" und beauftragt Klaus Kuron, den Fall zu führen.

„Stern" meldet das Doppelspiel nach seiner Arbeitsaufnahme für die Stasi 1982 nach Ost-Berlin. Nun ist die Stasi in der Zwickmühle. HVA-Chef Werner Großmann: „Wir können aber den Verräter nicht aus dem Verkehr ziehen, weil wir damit unsere Top-Quelle ‚Stern' gefährden würde. Also führen wir Garau an der langen Leine. Als sich der von ihm geführte IM ebenfalls von uns lossagt, ist Garau plötzlich ohne Aufgabe. Das könnte die Gegenseite mißtrauisch machen." (123)

Deshalb übergibt die Stasi 1985 an Horst Garau ihre Quelle „Ursula Richter". Sie liefert Informationen aus dem „Bund der Vertriebenen" und arbeitet mit ihrem Freund und Lebensgefährten zusammen, der als „Lorenz" ebenfalls für die HVA tätig ist. Er hat einen Job als Zivilangestellter in der Datenverarbeitung des Bundeswehrverwaltungsamts. Dort ist „Lorenz“ für die Vernichtung von vertraulichem Material zuständig. Doch statt damit die Reißwölfe zu füttern, packt er es in Säcke und wirft es regelmäßig über den Grenzzaun in die DDR.

„Ursula Richter“ und „Lorenz“ sind bereits ins Visier des Bundesverfassungsschutzes geraten. Indem die Stasi sie nun vom Doppelagenten Horst Garau führen läßt, gelingt ihr ein genialer Coup: Die beiden können nicht verhaftet werden, sonst wäre wiederum Garau für die Konkurrenz vom Verfassungsschutz „verbrannt“.

Der genießt derweil in Köln höchstes Vertrauen. Regierungsdirektor Hansjoachim Tiedge hat ihn überprüft: „Als Motiv für sein Selbstangebot gab er an, Kreisschulrat in Calau und stellvertretender Bezirksschulrat in Cottbus zu sein. Das MfS hintertreibe seine mögliche Ernennung zum Bezirksschulrat, da er dann, so das MfS, aufgrund seiner herausgehobenen Position für die Wahrnehmung nachrichtendienstlicher Aufgaben nicht mehr zur Verfügung stehen könne.“ (124)

Der Verfassungsschutz glaubt, endlich bei der HVA einen Fuß in der Tür zu haben. In Kopenhagen trifft sogar der Präsident des Amtes, Heribert Hellenbroich, Tarnname „Hagedorn“, mit dem neuen CM zusammen und ist begeistert.

Doch die Lage ändert sich völlig, als am 19. August 1985 Kurons Chef Hansjoachim Tiedge in die DDR übertritt. Er hat Skrupel, sein Wissen über Horst Garau zu offenbaren und weiß, daß der Mann für Jahre in Bautzen verschwinden wird. Doch der Regierungsdirektor entscheidet zum eigenen Vorteil: „Mein Wunsch, ein neues Leben aufzubauen, war jedoch stärker als meine Rücksichtnahme auf den mir persönlich sympathischen CM ‚Schneider‘. Ich kannte aus meiner eigenen Dienstzeit die Vorbehalte, die man unaufrichtigen Überläufern entgegenbringt. Sobald man vermutet, sie hielten Teile ihres Wissens, aus welchen Gründen auch immer, zurück, beginnt man, alle ihre Angaben skeptisch zu betrachten. Genau diesen Eindruck aber wollte ich, aus ganz vordergründigen, persönlichen Motiven, in der DDR vermeiden.“ (125)

Dieser Verrat ist Hansjoachim Tiedges Eintrittskarte bei der Stasi. Die Genossen bieten ihm das „Du“ an und haben vollstes

Vertauen, denn sie wissen ja bereits seit 1982 von Klaus Kuron, daß ihr IM „Günter“ auch für den Verfassungsschutz arbeitet. Aber jetzt können sie endlich handeln.

„Ursula Richter“ und „Lorenz“ werden in die DDR zurückgezogen, Horst Garau sofort verhaftet. Die Verfassungsschützer im Westen müssen das nun zwangsläufig ihrem geflohenen Gruppenleiter Tiedge anlasten, „Stern“ bleibt geschützt.

Wenig später wandert Horst Garau – zu lebenslanger Haft verurteilt – ins Zuchthaus Bautzen. Angeblich bietet ihn die Stasi zum Austausch gegen Ost-Spione an, doch der Westen reagiert nicht. 1988 erhängt sich der verzweifelte Mann mit Hilfe seines zusammengedrehten Hemdes in der Zelle.

Seine Frau wirft der Stasi später vor, ihn umgebracht zu haben. Das schließt auch der Bundesverfassungsschutz nicht aus, nur HVA-Chef Werner Großmann hält es für „völligen Irrsinn“. (126) Vollständig geklärt wird der Fall nie.

Bis heute streiten allerdings Klaus Kuron und sein ehemaliger Chef Hansjoachim Tiedge, die beide zu unterschiedlichen Zeitpunkten Horst Garau an die Stasi verraten haben, darüber, wer für seinen Tod verantwortlich ist. Wer dabei nun recht hat, ist letztlich unerheblich. Es bleibt die Tatsache, daß zwei Männer um ihres persönlichen Vorteils willen einen dritten, der ihnen vertraut hat, ans Messer geliefert haben. Mit romantischen Spionagegeschichten hat das nicht das Geringste zu tun.

Das sehen offenbar auch die Richter so, die Klaus Kuron 1992 wegen „Landesverrat im besonders schweren Fall“ zu der ungewöhnlich hohen Haftstrafe von zwölf Jahren verurteilen. Er muß die Prozeßkosten tragen und den erhaltenen Agentenlohn von 693 000 Mark zurückzahlen. Bis Anfang Oktober 1998 sitzt er in der „Stube 7“ des „weißen Hauses“ der Justizvollzugsanstalt Remscheid-Lüttringshausen seine Strafe ab und ist sauer: „Ich sitze hier zusammen mit Mördern und Räubern – richtiges Gesindel, Abschaum. Für Leute wie uns müßte es doch Extragefängnisse geben.“ (127)

Sein Traum vom besseren Leben für die Söhne ist geplatzt, auf dem Reihenhaus in der Kurfürstenstraße in Pulheim lastet eine Riesen-Hypothek: „Ich habe zwölf Jahre Freiheitsstrafe bekommen und meine wirtschaftliche Existenz verloren. Jetzt muß ich schwerbehinderter Rentner mit meiner Frau wegen Pfändungen des Staates auf Sozialhilfeniveau leben." (128)

Geblieben ist Klaus Kuron nur ein Exemplar des Buches „Die Troika" von seinem ehemaligen Zweit-Chef Markus Wolf. „Zur Erinnerung an bessere Zeiten der Zusammenarbeit" hat er seinem einstigen Spitzenmann im Kölner Amt für Verfassungsschutz feinfühlig hineingeschrieben. (129)

Der lebt inzwischen von seinen Erinnerungen an die wilden Zeiten zwischen den Fronten. Er hat dafür den Preis gezahlt und meint im Rückblick: „Trotzdem bereue ich meine frühere Tätigkeit nicht." (130)

Das sehen jene, deren Leben von der HVA unter schäbigster Ausnutzung ihrer intimsten Gefühle systematisch zerstört wurde, ganz anders. „Romeos", von der Stasi extra ausgebildete „Liebesagenten" haben sich an sie herangemacht und eines Tages brutal den Preis für ihre „Zuneigung" gefordert und kassiert. „Tipper" bereiteten die Aktion vor, und Psychologen im HVA-Hauptquartier und an der Juristischen Hochschule in Potsdam begleiteten sie. Die Opfer waren dabei stets nur das „Material", das es zu „bearbeiten" galt.

Unter fremder Flagge

Ihre hohe, piepsige Stimme, das ist es, worunter Gabriele Kliem am meisten leidet. Deshalb verliert sie sogar einmal ihren Job, wird bei Schering in West-Berlin auf einen Posten ohne Kundenkontakte versetzt. Die Anrufer hatten sich darüber beschwert, daß die Pharma-Firma angeblich Kinder beschäftige. Gabriele Kliem ist frustriert. Sie will zurück nach Kanada.

Dort ist 1971 ihre erste Ehe mit Clifford R. in die Brüche gegangen. Sie hatte den Mann mit den schönen Händen in einer privaten Suchtklinik kennengelernt. Er ist dort Patient, leidet unter paranoider Schizophrenie, sie arbeitet als medizinische Assistentin. Seit 1966 lebt Gabriele Kliem in Kanada. Auch sie ist in psychiatrischer Behandlung, schluckt regelmäßig die Beruhigungsmittel Valium und Librium. Ihre Depressionen hat sie aus Deutschland mitgebracht. (131)

Deutschland, das ist für Gabriele Kliem vor allem der emotional nie verwundene Verlust des Vaters. In den letzten Tagen des Krieges war er in russische Kriegsgefangenschaft geraten. Im Juli 1945 dann im Lager Trebbin verhungert. Seine kleine Gabi hat er nie gesehen.

Das Kind wird im Januar 1945 in Oberschlesien geboren. Bei einem Bombenalarm stürzt die Mutter auf der Kellertreppe. Das löst die Geburt aus. Gabriele ist ein Siebenmonatskind, fast nicht lebensfähig. Dennoch muß sie nur Tage später mit auf die Flucht. Die Russen kommen. Mutter und Großmutter verstecken sich im Wald, wenn die Kolonnen der Sieger vorbeiziehen. Sie fürchten Vergewaltigungen. Damit die wimmernde Gabi sie nicht verrät, legen sie ihr eine Decke aufs Gesicht. Später meinen Ärzte, das sei die Ursache für die viel zu hohe Stimme. Die Frauen sind mit dem Baby wochenlang unterwegs.

Die Kleine ist schwer krank. Als sie sich eines Tages gar nicht mehr bewegt, hebt die Großmutter am Straßenrand ein Kindergrab aus. Doch Gabriele atmet noch schwach, als Mutter und Oma sie beerdigen wollen.

Im August 1945 treffen die Frauen mit letzter Kraft in Berlin ein, erfahren dort vom Tod des Vaters.

Hunger, Typhus und Lungenentzündung überwindet Gabriele Kliem, den Tod des Vaters nicht. Für sie haben ihn die Russen umgebracht. Mit dreizehn Jahren hat sie ihre ersten schweren Depressionen, begeht sogar einen Selbstmordversuch. Die Mutter findet das Mädchen gerade noch rechtzeitig, doch viel mehr helfen kann sie ihr nicht. Gabriele fehlt der Vater. „Wenn mein Vater noch leben würde, dann wäre mein Leben vor allem innerlich total anders verlaufen“, schreibt sie später in einem Lebenslauf: „In meinem Vater hätte ich jemand gehabt, der mir innerlich ähnlich ist, der mich versteht und der mich beschützt.“ (132)

Erwachsen geworden, wird sie auch in ihren Partnern stets einen Vaterersatz suchen. Und sie sollen keinesfalls aus Deutschland sein. Gabriele Kliem will weit weg von den Russen, die ihr den Vater genommen haben. Amerika, das ist ihr Traum.

Ihre ersten Erfahrungen mit Männern sind enttäuschend. 1964, ein Jahr vor dem Abitur lernt sie einen Mitarbeiter der amerikanischen Botschaft in Bad Godesberg kennen. Sie verloben sich, obwohl der Mann Alkoholiker ist. Nach sechs Monaten zerbricht die Liaison. Ihr zweiter Mann ist Offizier der US-Army. Er vergewaltigt sie, und Gabriele wird schwanger. Ihre Anzeige bei den amerikanischen Militärbehörden führt nur zu weiteren Demütigungen. Illegal läßt sie ihr Kind in Berlin abtreiben.

Inzwischen absolviert die junge Frau die Handelsschule und wird Fremdsprachenkorrespondentin. Das bringt sie ihrem Traum von Amerika näher, und 1966 reist sie endlich nach Kanada. Bald trifft sie dort ihre erste große Liebe, doch der Mann ist verheiratet und hat drei Kinder. Als Gabriele davon erfährt, wird sie krank, magert ab und flieht schließlich von Toronto nach Vancouver.

In der quirligen Großstadt nimmt sie einen Job in der Suchtklinik an und lernt Cliff kennen. Wie zwei Ertrinkende klammern sich die beiden aneinander, beide belastet von Problemen und Angst vor dem Leben. Ihre Liebe wird schnell zum Alptraum. Nach Gewaltszenen und erneuten Selbstmordgedanken schafft Gabriele mit letzter Kraft die Scheidung.

Nun findet sie eine neue Arbeit und eine neue Beziehung in der Praxis eines Neurochirurgen und Psychiaters. Das nächste Desaster bahnt sich an. Der Mann, ein Inder mit kanadischer Staatsbürgerschaft, beschimpft die Frau, nennt sie wegen ihrer Piepsstimme „idiotisch" und macht sich über ihre Liebe lustig.

Dennoch bringt Gabriele Kliem nicht die Kraft auf, sich von dem Tyrannen zu trennen. Aber sie fährt im Frühjahr 1973 nach Berlin, um ihre Mutter zu besuchen.

Die beiden Frauen verstehen sich gut. Gabriele Kliem nimmt den Job bei Schering an. Sie will sich dort für Kanada qualifizieren.

Aber die geplante Rückkehr verschiebt sich Jahr um Jahr. Immer wieder beantragt die junge Frau die Papiere und läßt Flugtickets reservieren. Wirklich abzureisen, dafür fehlt ihr die Kraft. Sie ist wieder stark depressiv, greift zum Alkohol und macht wahllos Männerbekanntschaften.

In West-Berlin fühlt sich Gabriele Kliem unwohl. Sie hat Angst vor den nahen Russen, fürchtet die DDR-Soldaten mit ihren eisernen Gesichtern an der Mauer. Den Ostteil Berlins betritt sie niemals.

Doch die quirlige „Frontstadt" hat auch ihre Reize. Gabriele Kliem genießt den Tanz auf dem Vulkan. Sie versucht, ihre Abhängigkeit von Medikamenten loszuwerden und geht wieder öfters aus.

An einem Januarabend 1975 lernt sie dabei „Dr. Werner Koch" kennen. Angeblich ist er Sportarzt in Frankfurt am Main. Gabriele Kliem scheint in dem zwanzig Jahre älteren Mann endlich einen Vaterersatz gefunden zu haben. Ihr Verhältnis wird intim. Koch bedrängt sie nicht. Schon während ihrer Bekanntschaft hat sie eine Affäre mit einem anderen Mann. Wieder folgt eine Schwangerschaft, wieder eine Abtreibung. Gabriele Kliem hat wahnsinnige Schmerzen, erleidet einen hohen Blutverlust und stirbt fast daran. Ihr „Doktor" tröstet sie.

Daß er in Wirklichkeit nicht Sportarzt in Frankfurt am Main, sondern Sportlehrer in Rostock und inoffizieller Mitarbeiter der Stasi ist, ahnt sie nicht. Sein Job ist es, als Tipper im Westen Ausschau nach „operativem Ausgangsmaterial" zu halten. Führungsoffizier Kurt Zeichner alias Kurt Wieland von der Abteilung XI der HVA ist mit seinem Mann „an der unsichtbaren Front" hochzufrieden. Gabriele Kliem ist solch „Material"; Psychisch labil, leicht beeinflußbar, vom Leben gebeutelt und enttäuscht, auf der Suche nach einem Halt. Und: Sie spricht perfekt englisch, will am liebsten nach Amerika, aber mindestens doch mit Amerikanern zusammenarbeiten.

Für die Stasi ist von Anfang an klar, daß bei ihr ein „Romeo" die größten Chancen hätte, die Frau als Spionin zu rekrutieren.

Spionagechef Markus Wolf weiß schon lange, „daß die Verknüpfung von Spionage und Liebe naheliegend, ja zwangsläufig ist". (133) Er sieht das romantisch: „Zu den vielfältigen Ursprüngen, in denen die Motivation derer, die sich für meinen Dienst engagierten, gründete, gehört neben der politischen Überzeugung, dem Idealismus, den finanziellen Motiven und denen des unbefriedigten Ehrgeizes auch das der Liebe, der Zuneigung zu einem Mitarbeiter meines Dienstes." (134)

Selbst für seine ehemaligen Mitarbeiter ist das zumindest eine heuchlerische Darstellung. Für sie sind Westeinsätze im Bett schlicht „Pflaumen-Fälle". Auf der HVA-Schule in Belzig – im Stasi-Jargon als „Bullenkloster" bekannt – wird darauf vorbereitet. Zum Lehrmaterial gehören unter anderem auch die Liebesbriefe der getäuschten West-Frauen an ihre Stasi-„Romeos“, die ihren künftigen Einsatz „an der unsichtbaren Front“ brutal „Vögeln fürs Vaterland“ nennen.

Dahinter steckt eine Strategie, die Oberst Klaus Rösler 1972 in seiner Dissertation an der Juristischen Hochschule Potsdam wissenschaftlich erforscht hat. In der „Vertraulichen Verschlußsache“ über die „Psychologischen Bedingungen der inoffiziellen Arbeit in das und im Operationsgebiet“ schreibt er: „In privilegierten Zentren wird nicht selten die ‚in Ehren ergraute‘, dennoch betont ‚herausgeputzte Vorzimmerdame‘ angetroffen. Durch lange und eingespielte Zusammenarbeit trifft es oft zu, daß eine Sekretärin ‚genau wie der Chef denkt‘ und daher viele seiner voraussichtlichen Reaktionen und operativ interessanten Meinungen, Auffassungen und Stellungnahmen erahnen kann. Spontane Nachahmung oder bewußte Identifizierung der Verhaltensweisen des Chefs lassen sich auch im familiären und persönlichen Umgangskreis vielfach nachweisen.“ (135)

Auch wenn Gabriele Kliem noch keine solche „Vorzimmerdame“ ist, sie hat das Zeug dazu, eine zu werden. Als sie sich bei der amerikanischen Botschaft bewirbt und dort auch am 2. Juli 1975 einen Job als Übersetzerin in jener Abteilung antreten kann, die für die militärischen Beziehungen zwischen den USA und der Bundesrepublik zuständig ist, klingeln bei der Stasi alle Alarmglocken. Doch es gibt ein Problem. Die junge Frau, inzwischen Anfang dreißig, haßt die Russen, verabscheut den ganzen Osten. Das hat Tipper „Dr. Koch“ schnell herausgefunden und gemeldet. Und: Inzwischen hat sich Gabriele Kliem von ihm getrennt. Er ist ihr zu laut und zu lustig, sie fühlt sich nicht mehr wohl mit ihm.

Die Frau gerät wieder in ihren alten Trott. Männerbekanntschaften, Alkohol und psychische Abstürze lösen einander ab. Sie läßt sich sterilisieren, weil sie weiß: „Ich wollte keine Kinder, da ich selbst ein Kind bin und für den Mann wie ein Kind sein wollte.“ (136) Immer noch sucht Gabriele Kliem den Vater.

Bald glaubt sie, ihn in einem Amerikaner gefunden zu haben. Doch der Mann betrügt sie, auch diese Beziehung geht in die Brüche.

Nun bäumt sich Gabriele Kliem ein letztes Mal auf, will endgültig zurück nach Amerika. Sie gibt eine Heiratsannonce auf und bekommt 44 Zuschriften.

Die Stasi muß handeln. Die Genossen in der HVA wissen genau, daß sie die Frau nur durch Betrug in ihre Gewalt bekommen. Wie das gemacht wird, bestimmt eine Richtlinie: „Die Werbung unter fremder Flagge ist die Täuschung des Werbekandidaten über den Beziehungspartner (Auftraggeber) bei Ausnutzung und Anwendung imperialistischer Ideologien, Methoden und Mittel, materieller Faktoren und kompromittierender Umstände (...). In bestimmten Fällen ist die Werbung unter fremder Flagge die einzige Möglichkeit, den Werbekandidaten für eine operative Zusammenarbeit zu gewinnen." (137)

Für den Job steht Dr. Rudolf R. (138), Stasi-Deckname „Dahmer", bereit. Er ist Laborchef an der Rostocker Klinik für Orthopädie und dort auch frisch in zweiter Ehe verheiratet. Seine Frau wird erst nach der Wende von seinem Doppelleben erfahren. Das führt er unter dem Namen „Frank Dietzel", angeblich Physiker aus Norddeutschland.

Am 7. Juli 1977 spricht er auftragsgemäß Gabriele Kliem im „Rhein-Pavillon" in Königswinter bei Bonn an. Die Frau verliebt sich Hals über Kopf in den smarten „Naturwissenschaftler". Es folgen Wochen im Rausch. „Dietzel" ist ein phantastischer Liebhaber. Er lädt seine Geliebte in Hotels ein, wo sie nur zum Essen das Bett verlassen. Gabriele Kliem schwebt im siebten Himmel, wird sexuell völlig von dem Mann abhängig.

Doch der macht sich rar, taucht nur alle vier bis sechs Wochen bei ihr auf. Angeblich arbeitet er für ein „internationales Friedensforschungsinstitut", das dem Bundeskanzleramt angegliedert ist. Deshalb wäre er stets auf Reisen.

Gabriele Kliem hat weder eine Adresse noch eine Telefonnummer von ihm. Trotzdem freut sie sich auf jedes Wiedersehen. Andere Männer sind nun für sie tabu, „Frank" ist ihr Leben. Am 9. Juni 1978 verloben sich die beiden in Bournemouth in England. Später erinnert sie sich: „Ich war von diesem Mann absolut fasziniert. Er strahlte eine innere Stärke aus, nach der ich mich immer gesehnt habe (...)" (139)

Doch dann wird Frank plötzlich knauserig. Er klagt über die hohen Kosten für Hotel und Flüge, wenn sie sich sehen wollen, droht, nicht mehr so oft zu kommen. In Gabriele Kliem schießt die Angst hoch. Sie will ihren Geliebten nicht verlieren. Zum Glück weiß der Rat; sie könnte ja als „freie Mitarbeiterin" ein wenig für das Friedensinstitut arbeiten. Natürlich streng geheim, denn wenn auch das Institut am Bundeskanzleramt hänge, selbst die Verbündeten sagten sich nicht immer nur die Wahrheit. Natürlich gebe es dafür auch Geld, und das könne man dann ja mit den Flügen verrechnen.

Gabriele Kliem stimmt zu, ohne lange nachzudenken. In einer Tasche mit Geheimfach nimmt sie künftig Papiere aus der US-Botschaft mit, fotografiert sie zu Hause und gibt die Filme „Frank Dietzel" zur Weiterleitung an das „Institut". Er setzt sie dafür einem ständigen Wechselbad zwischen herzlicher Zuneigung und eiskalter Ablehnung aus. Sieben Jahre lang verspricht er ihr immer wieder die Ehe, ist dann aber wieder wochenlang verschwunden. Gabriele Kliem leidet furchtbar.

Die Stasi inszeniert eine Schmierenkomödie nach der anderen, um die Frau, die bei der HVA als „Gerhard" geführt wird, bei der Stange zu halten. Mal ist von einer Erbschaft die Rede, die noch abzuwarten sei, um genügend Geld für ein kuscheliges Nest zu haben, bei anderer Gelegenheit vom Verlust des sauer verdienten Startkapitals bei einem Spekulationsgeschäft in Saudi-Arabien, bei dem angeblich 600 000 Mark fürs gemeinsame Haus verlorengegangen sind.

Gabriele Kliem hält die Lügen und Ausflüchte bis zum 31. August 1984 aus. Als ihr an diesem Tag „Frank Dietzel" eiskalt sagt, daß er gar nicht daran denke, sie zu heiraten, bricht sie zusammen.

Mit letzter Kraft trennt sie sich von dem Mann, den sie immer noch über alles liebt. Wieder wird Gabriele Kliem schwer krank, dann stolpert sie 1986 erneut in eine Ehe mit einem Amerikaner, der schwerer Alkoholiker ist. Als er 1988 versucht, sie zu erwürgen, folgt die Scheidung.

Auch die Stasi versucht immer wieder, mit ihr in Kontakt zu kommen. „Frank Dietzel" ruft an, taucht sogar noch einmal in ihrem neuen Heimatort, einem Dorf bei Bonn, auf. Doch er hat seine Macht über die jahrelang gedemütigte Frau verloren. Für die Stasi ist „Gerhard“ verbrannt.

Im Januar 1990 kündigt Gabriele Kliem bei der amerikanischen Botschaft. Sie hat inzwischen ihr Talent zur Seidenmalerei entdeckt. Am 13. März 1991 wird sie verhaftet. Als ihr die BKA-Beamten vorhalten, für die Stasi spioniert zu haben, fällt sie aus allen Wolken. Sie, die die Russen und alles aus dem Osten haßt – Gabriele Kliem glaubt, den Verstand zu verlieren. Trotzdem sagt sie rückhaltlos aus, will wenigstens so versuchen, den entstandenen Schaden wieder gutzumachen.

Am gleichen Tag wird auch Rudolf R. alias „Frank Dietzel“ in Rostock vernommen. Er verrät seine „Geliebte“ ein letztes Mal und gibt zu Protokoll: „Nach meinem Eindruck ist Gabriele Kliem eine Person, die sehr hinter dem Geld her ist und wohl deshalb auch alle Bedenken zurückgestellt hat, um an das nachrichtendienstliche Entgeld zu kommen.“ (140) Als ihr diese Aussage später beim Prozeß vorgehalten wird, schreit die Frau mit ihrer dünnen Piepsstimme: „Ich bin keine Person, ich bin ein Mensch!“ (141) Dann bricht sie weinend zusammen.

Am 11. November 1993 wird Anklage gegen Gabriele Kliem und Rudolf R. erhoben. Panik erfaßt die Frau, sie fürchtet das Wiedersehen mit „Frank Dietzel“: „Jahrelang war sein Wort für mich Gesetz, sein Blick Befehl (...) Ich habe Angst, daß ich wieder wie erstarrt sein werde und mich nicht seiner Aussage widersetzen kann.“ (142)

Sie will sich umbringen, setzt sich ein Todesdatum und macht ihr Testament. Doch im Dezember 1995 erhält Gabriele Kliem die Nachricht, daß Rudolf R. bei einem Verkehrsunfall ums Leben gekommen ist. Nun wird sie allein vor dem Richter stehen.

Am 10. Juni 1996 beginnt der Prozeß vor dem Oberlandesgericht Düsseldorf. Acht Stasi-Mitarbeiter sind als Zeugen geladen. Sie belasten Gabriele Kliem nach Kräften, kassieren ihr Zeugengeld für ihre Auslagen und verlassen den abhörsicheren Saal A 01 wieder als freie Bürger der Bundesrepublik Deutschland.

Bezahlen muß das alles die Angeklagte Gabriele Kliem. Am 1. August 1996 wird sie wegen Landesverrats in Tateinheit mit dem Verrat eines militärischen Geheimnisses eines NATO-Vertragsstaates zu einer Freiheitsstrafe von zwei Jahren verurteilt.

Außerdem muß sie 30 000 Mark „Agentenlohn“ zurückzahlen und die Verfahrenskosten von 190 000 Mark tragen.

Ihr Anwalt will in Revision gehen, doch Gabriele Kliem lehnt ab. Sie hat keine Kraft mehr, zieht nach Holland und lebt dort mit ihren fünf Hunden als Stoffdesignerin. Von Männern will sie nichts mehr wissen, und dafür hat die geschundene Frau einen guten Grund: „Wenn ich nicht erkennen konnte, daß der Mann, den ich über alles geliebt habe, vom Staatssicherheitsdienst ist, dann wäre der nächste Mann vielleicht mein Mörder.“ (143)

Und auch mit Deutschland hat sie abgeschlossen. Es interessiert Gabriele Kliem nicht mehr, was dort passiert. Ihre Strafe empfindet sie als gerecht.

Das ist diesseits der deutsch-holländischen Grenze ganz anders. Besonders die ehemaligen Stasi-Spione, die in die Existenz der DDR auch ihre politischen Hoffnungen gesetzt hatten und mit ihrer „Arbeit“ dazu beitragen wollten, den Sozialismus zu stärken, empfinden sich als ungerecht behandelt. Dagegen protestieren sie bis heute.

Die DDR als Land der Träume

Die wilden sechziger Jahre, Rudi Dutschke spricht in Berlin, bei Springer splittern Fensterscheiben, und Studenten protestieren gegen den amerikanischen Krieg in Vietnam. Ihr „Ho-Ho-Ho-Chi-Minh“ schallt durch die Straßen vieler deutscher Städte. Das macht manchem biederen Michel Angst. Und wenn sich die Studenten dann auch noch unterhaken und mit kurzen Laufschritten die Straße für sich erobern, zischt schon mal der eine oder andere giftig: „Geht doch nach drüben!“

Doris und George sehen den Haß in den Augen der Leute, die die Protestler als Feinde empfinden. Sie sind oft mittendrin, und dann halten sich die deutsche Pfarrerstochter und der schwarze GI aus Amerika ganz fest an den Händen. Sie ist 20, er drei Jahre älter, als sie sich kennenlernen. Beide wollen die Welt verbessern, etwas tun, gegen den Rassismus, gegen die Beschneidung der Demokratie durch die Notstandsgesetze und vor allem gegen diesen schmutzigen Krieg im fernen Südostasien.

Dafür suchen sie ihren Platz auf der Welt. George Pumphrey scheint ihn fast schon gefunden zu haben. Er, der Sohn eines Landarbeiters und einer Lehrerin aus Washington D. C., will in der Army Gleichgesinnte im Kampf gegen den Vietnam-Krieg organisieren. Seit 1969 ist er in Nürnberg stationiert. Aufmerksam verfolgt George die Proteste der deutschen Studenten. Zu Hause hat er Dramaturgie und Sport studiert. Ihn interessiert, wie die Protestler hier denken. Darüber kann ihm Doris aus erster Hand Auskunft geben. Sie studiert Politologie und Soziologie, ist in der Protestbewegung engagiert.

Bald sind die beiden auch privat ein Paar. Die amerikanischen Militärbehörden interessiert das wenig. Für sie ist George Pumphrey wegen seiner politischen Aktivitäten eine „unerwünschte Person“. Sie schicken ihn in die USA zurück.

Doris folgt ihm, muß lange um ein Visum kämpfen. Doch dann ist es endlich soweit. Die beiden heiraten schnell. Sie wollen nicht nur zusammen leben, sondern auch gemeinsam politisch tätig sein.

Doris und George Pumphrey lernen Mitglieder der „Black Panther“-Partei kennen und arbeiten mit ihnen zusammen. George hat sich entschieden: „Die Ermordung von Martin Luther King war für viele in meiner Generation ein Wendepunkt. Es wurde uns klar, daß die Regierung den Krieg, den sie gegen Vietnam führte, nun auch nach Hause brachte und gegen all jene erklärte, die sich für Gerechtigkeit und Frieden einsetzten.“ (144) Er wundert sich kaum, daß er immer wieder verhaftet, angeklagt und von der Polizei bedroht wird.

Seine junge Frau Doris hält zu ihm: „In meinem Elternhaus lernte ich, für meine Überzeugung einzutreten und mich niemals zu verbiegen.“ (145) Sie hat früh versucht, sich mit Deutschlands Nazi-Vergangenheit auseinanderzusetzen und erkannt: „Ich bin Teil der Generation, der man während der schulischen Erziehung das Wesentliche der unmittelbaren deutschen Vergangenheit verschwieg.“ (146) Das führte sie wie Zehntausende andere zu den „68ern“. Proteste gegen Rassismus und Krieg in den Vereinigten Staaten scheinen ihr die logische Fortsetzung des eingeschlagenen Lebenswegs zu sein.

Doch ihr Leben im „Land der unbegrenzten Möglichkeiten“ wird immer komplizierter und gefährlicher. Es ist die Zeit, in der die Black Panther zum Staatsfeind Nr. 1 erklärt, viele von ihnen verhaftet und über 30 von der Polizei ermordet werden. Es ist die Zeit, in der Vietnamkriegsgegner nahezu hysterisch verfolgt und als „Vaterlandsverräter" diffamiert werden. Vier Studenten sterben im Kugelhagel der Polizei. Doris und George Pumphrey leben ständig in Gefahr. George wird immer wieder verhaftet und schließlich von der Polizei mit Erschießen bedroht.

Nach einer Odyssee durch mehrere US-Staaten fliehen sie 1972 über Kanada nach Frankreich. George wird dort als politischer Exilant toleriert.

Die beiden machen eine interessante Erfahrung: „Die Sicht auf die Welt von Frankreich aus war eine andere, als die aus der BRD. Die Menschen in Frankreich sahen die deutsche Zweistaatlichkeit anders als die meisten BRD-Bürger, vor allem unverkrampfter. Von hier aus hatte man das Gefühl, es war gut, daß es zwei deutsche Staaten gibt. Die DDR wurde mit weniger Überheblichkeit betrachtet, es war mehr wirkliche Neugier als die Sucht, das Schlechte und Böse zu finden. Es war kein Blick von Frontstaat zu Frontstaat." (147)

Und natürlich engagieren sich die beiden auch wieder politisch. Dabei kommen sie mit Vertretern afrikanischer und lateinamerikanischer Befreiungsbewegungen in Kontakt und machen eine weitere Entdeckung: „Von vielen Befreiungsbewegungen hatten wir erfahren, daß sie große Unterstützung und Solidarität, neben der Sowjetunion besonders von der DDR erhielten. Dieses kleine Land genoß bei vielen Menschen aus aller Welt, auch in Frankreich, große Sympathie." (148)

Doris und George Pumphrey beginnen sich mehr und mehr für die DDR zu interessieren. Sie besorgen sich Bücher und Broschüren, reden mit Freunden darüber.

Der Vietnam-Krieg ist lange vorbei. Anfang der achtziger Jahre erhitzt der NATO-Doppelbeschluß die Gemüter. Atomare Mittelstreckenraketen der USA sollen in Europa stationiert werden, um die sowjetischen SS 20 in Schach zu halten. Das macht vielen Menschen angst. Galt bisher das „Gleichgewicht des Schrekkens", sollten nun die tödlichen, auf Jahrhunderte alles Leben vernichtenden Waffen noch näher aneinanderrücken. Dagegen mußte etwas geschehen! Überall in West-Europa entsteht eine

Friedensbewegung in bisher nicht gekanntem Ausmaß. Doris und George Pumphrey sind von Anfang an dabei.

Besonders interessiert sie, was die DDR gegen die Bedrohung tut. Und von dort gibt es erstaunliche Töne. „Das Teufelszeug muß weg“, hat Staatschef Erich Honecker verkündet und nicht etwa nur von den Raketen des amerikanischen Klassenfeinds gesprochen. Doris Pumphrey: „Unser Engagement im Kampf gegen die Installierung amerikanischer nuklearer Erstschlagwaffen brachte uns der DDR näher. Durch die Rolle der DDR für Abrüstung und Entspannung wuchs unser Interesse an diesem Land.“ (149)

Gewiß, auch in der Bundesrepublik gibt es inzwischen eine Friedensbewegung. Aber was war denn damals, 1968, aus den Protesten geworden? Den „langen Marsch durch die Institutionen“ wollten die Pumphreys nicht mit antreten. Auf wohldotierte Jobs haben sie stets verzichtet. Nun sind sie Anfang dreißig, bereuen nichts und ziehen Bilanz: „Unsere eigenen Erfahrungen mit und im Kampf gegen Arbeitslosigkeit, Armut, Rassismus und der daraus resultierenden Verfolgung, unser Engagement gegen die atomare Aufrüstung und Krieg, brachten uns an die Seite der sozialistischen Staaten.“ (150)

Noch immer gellt ihnen die Pöbel-Parole von 1968 in den Ohren: „Geht doch nach drüben!“ Warum eigentlich nicht? Doris Pumphrey macht sich darüber Gedanken: „Dieses ‚Drüben‘ mußte also irgendwie auf unserer Seite stehen, wenn die, die gegen uns waren, uns dorthin schicken wollten.“ (151)

Als sich die beiden in den ersten Januartagen 1983 im Konsulat der DDR-Botschaft in der Pariser Rue Marbeau 24 vorstellen und um Genehmigung zur Übersiedlung in die DDR bitten, geht eine Meldung darüber postwendend in die HVA-Zentrale in der Ost-Berliner Normannenstraße.

Die Genossen in der Abteilung XI, USA, wittern ihre Chance. Sie sind mit „Kundschaftern“ in den Vereinigten Staaten außerordentlich dünn besetzt, und Doris und George Pumphrey haben jahrelang dort gelebt, könnten vielleicht wieder in die USA zurückkehren. Immerhin ist George noch amerikanischer Staatsbürger.

Das Paar wird konspirativ nach Ost-Berlin bestellt. Dafür benutzt die Stasi eine offizielle Einladung des Amtes für Paß- und

Meldewesen. Angeblich sollen die Möglichkeiten ihres Umzugs in die DDR erörtert werden.

Mit seiner Aufenthaltsgenehmigung für Frankreich darf George das Land nicht verlassen. Doris fährt allein in die „Hauptstadt der DDR“ auf Erkundungsreise.

Beim „Paß- und Meldewesen“ erwarten sie zwei Männer. Deren erster Wunsch ist es, das Gespräch außerhalb der Büroräume zu führen. Doris Pumphrey ist damit einverstanden. Sie erwartet ohnehin, daß die Stasi mit im Spiel ist und findet das auch ganz in Ordnung: „Ich vermutete, daß zumindest einer von ihnen zur Staatssicherheit gehörte. Wir hielten es für legitim, daß das MfS in die Prüfung von Übersiedlungsanliegen einbezogen wird. Eine solche Praxis war uns international bekannt.“ (152)

In Wirklichkeit kommen beide von der HVA. Sie erklären Doris Pumphrey, daß sie und ihr Mann zwar in der DDR willkommen seien, es aber doch viel besser wäre, für die DDR im Ausland zu arbeiten. Das sieht die engagierte Frau schnell ein, liegt sie doch politisch auf einer Linie mit den Genossen. Worte wie Spionage oder Kundschafter fallen in diesem Gespräch nicht: „Von Auslandsaufklärung und konspirativen Methoden wurde nicht gesprochen, wohl aber, daß die Politik immer die verschiedensten Methoden anwendet.“ (153)

Die Begegnung endet im besten Einvernehmen. Konkrete Festlegungen oder Vereinbarungen werden nicht getroffen. Doris will die ganze Sache mit George in Paris besprechen. Wehmütig verläßt sie Ost-Berlin: „Von dem Gedanken Abschied zu nehmen, nicht in der DDR zu leben, fiel mir nicht leicht.“ (154)

Auch den Offizieren in der HVA fällt es nicht leicht, eine Entscheidung zu treffen. Die Möglichkeit, ihre Spione in der Friedensbewegung zu etablieren, von der man im Osten viel zu wenig weiß, ist verlockend. Dort versammeln sich kritische Wissenschaftler, hohe Offiziere der Bundeswehr, politisch Engagierte, die sonst kaum einen gemeinsamen Nenner finden, und Aktivisten der aufstrebenden „Grünen“. Das ist aus geheimdienstlicher Sicht ein Jagdrevier, wie der Hühnerstall für den Fuchs. Doch immerhin geht die Initiative zur Kontaktaufnahme von den Pumphreys aus. Das könnte auch eine Falle sein. Als die Sicherheitsüberprüfungen schließlich die Bedenken zerstreuen, knallen bei der HVA die Sektkorken.

Jetzt kann konkret geplant werden. HVA-Chef Werner Großmann legt dabei auf Gründlichkeit wert: „Als wir das Gespräch in der Normannenstraße auswerten, wird schnell klar: Ein Einsatz in den USA kommt nicht in Frage. Die Abteilung II – Parteien und Organisationen in der BRD übernimmt den Vorgang. Doris und George eignen sich perfekt für die geheimdienstliche Arbeit in der Bundesrepublik.“ (155)

Die „Betreuung“ der beiden besorgt der HVA-Offizier Rolf Kessler. Er ist etwa gleichaltrig und paßt auch charakterlich zu Doris und George Pumphrey, die nun bei der Stasi zu „Dagmar“ und „Faber“ werden. Zwischen ihnen und dem Stasi-Mann entsteht eine herzliche Freundschaft. Doris Pumphrey erinnert sich: „Wir wußten damals jedoch nicht, daß er unser ‚Führungsoffizier‘ war. Rolf war eben der Genosse, mit dem wir am engsten arbeiteten, mit dem wir am ausführlichsten diskutierten. Und er war offensichtlich besonders verantwortlich für uns.“ (156)

Systematisch versucht Rolf Kessler, alles über seine künftigen „Kundschafter“ zu erfahren. Was er wenig später seinen Chefs in der Stasi-Spionageabteilung melden kann, ist vielversprechend: „Sie sind aktiv und kontaktfreudig, kennen viele Menschen, und ihre politischen Ansichten stimmen mit den unseren nahezu überein.“ (157)

Seine erste Aufgabe erledigt er mit Bravour. Doris Pumphrey: „Infolge der Gespräche mit unseren Genossen in Berlin entschieden wir uns, unseren Wohnsitz von Paris in die BRD zu verlegen, ohne daß es dazu einen konkreten nachrichtendienstlichen Auftrag gab.“ (158) Dennoch ist die Richtung abgesteckt: „Wir waren uns mit den Genossen darüber einig gewesen, daß wir uns in der BRD im Grün/Alternativen Spektrum orientieren, da uns dies zu jener Zeit am meisten entsprach.“ (159)

Für die HVA ist damit erst einmal eine wichtige Hürde genommen, und es gibt noch einen weiteren Vorteil. Für die Pumphreys braucht keine komplizierte Tarnung aufgebaut zu werden. Generaloberst Werner Großmann legt fest: „Eine Legendierung kommt nicht in Frage, weil Doris und George in der internationalen Friedens- und Antirassismusbewegung ziemlich bekannt sind.“ (160) Und für die chronisch devisenschwache DDR wird die Aktion nicht einmal teuer: „Finanzielle oder materielle Aspekte spielen in den Gesprächen keine Rolle." (161)

Die Hoffnungen der Geheimdienst-Offiziere im Osten werden nicht enttäuscht. Ganz ohne Auftrag und noch aus Paris bewirbt sich Doris Pumphrey nach der Bundestagswahl 1987 bei den Grünen. Sie bekommt einen Job als persönliche Mitarbeiterin Christa Vennegerts, die für Finanzpolitik zuständig ist. Ein Jahr später erhascht auch George eine Anstellung bei der für Friedens- und Außenpolitik zuständigen Grünen-Abgeordneten Gertrud Schilling. Die Partei unter der Sonnenblume ist nach der Wahl neu in den Bundestag eingezogen. Für die Stasi sind „Dagmar" und „Faber" nun ideal plaziert.

Ihre Arbeit für die Stasi sehen sie völlig unverkrampft und durchaus nicht als „Spionage". Doris Pumphrey fühlt sich in einer Reihe mit „genügend Politikern aller Parteien (...), die auf unterschiedlichen, doch diskreten Wegen Gespräche mit Politikern der DDR, darunter auch der Staatssicherheit führten, weil sie dies im Sinne einer Verbesserung der Beziehungen zwischen der BRD und der DDR für richtig hielten". (162) Sie melden Entwicklungstendenzen der Grünen, deren Parteiquerelen und Strategien an ihre Auftraggeber in der HVA und hoffen so, die Vorurteile der DDR gegen diese neue politische Strömung mit abzubauen. Dafür nehmen sie das geheimdienstliche Indianerspiel in Kauf: „Wir wollten die Gespräche mit den Genossen in der DDR führen und uns auch nicht durch die bundesdeutschen oder sonstigen Überwachungsbehörden daran hindern lassen. Die Vorsichtsmaßnahmen, die wir dazu trafen, waren deshalb in unserem Interesse." (163)

Daß ihre Informationen an den Vorbehalten der DDR-Führung gegenüber den Grünen auch nicht das Geringste ändern, nehmen die idealistischen Träumer nicht zur Kenntnis. Trotz der vertraulichen Informationen von „Dagmar" und „Faber", daß eigentlich alle ja nur das Beste wollten, überwacht die Stasi grüne Politiker bei DDR-Besuchen auf Schritt und Tritt, versucht sie – wie im Falle der Initiative „Generäle für den Frieden" – unerkannt zu bestechen und in ihre Propaganda einzuspannen. Sich anbahnende Kontakte zu DDR-Grünen werden mit Gewalt verhindert. Werner Großmann: „Die ergrauten DDR-Politiker halten diese bunte Truppe immer noch für einen chaotischen, politisch unberechenbaren Haufen, der die sogenannten DDR-Bürgerrechtler zur Opposition anstiftet." (164)

Auch nach dem Zusammenbruch der DDR stehen Doris und George Pumphrey zu ihrem Traum von einer besseren, sozialistischen Welt. In der Meinungsfreiheit der Bundesrepublik ist das nicht verboten. Und nicht dafür, sondern ausschließlich für die von ihnen begangene Straftat der Spionage werden beide am 15. Januar 1998 vom Oberlandesgericht Düsseldorf verurteilt. Je sieben Monate Haft, ausgesetzt auf drei Jahre Bewährung, und je 3000 Mark Geldstrafe scheinen den Richtern angemessen. Doris und George Pumphrey nehmen die Strafe an und setzen ihren Kampf gegen die vielen Schlechtigkeiten dieser Welt fort.

Diesmal geht es um das Unrecht, das ihrer Meinung nach den DDR-Spionen nach dem Zusammenbruch der DDR widerfahren ist. Doris Pumphrey: „Die Kundschafter sind Opfer der Siegerjustiz der Bundesrepublik geworden. Sie ist durch das Versagen der Politik erst möglich geworden. Richtern und Staatsanwälten ist kein Vorwurf zu machen. Sie haben sich im allgemeinen um faire Verfahren bemüht. Siegerjustiz, das sind für uns nicht die Prozesse, sondern die Tatsache, daß sie überhaupt stattfinden konnten. Für viele Kundschafter haben sie existenzbedrohende soziale Folgen erbracht – dagegen gilt es zu kämpfen." (165)

Wie sie und ihr Mann George bezweifeln inzwischen viele West-Spione der Stasi, daß ihre Urteile wirklich Wille des wiedervereinigten deutschen Volkes waren. Zu entscheiden hatten darüber letztlich die höchsten deutschen Richter am Bundesverfassungsgericht in Karlsruhe.

4. Kapitel

Im Namen des Volkes

Der 10. Juli 1991 ist einer der vielen Tage nach der Einheit Deutschlands, die Werner Großmann so richtig wütend machen. Vor mehr als neun Monaten sind die „Klassenfeinde" ungehindert in der „Hauptstadt der DDR" einmarschiert. Nun wollen sie Revanche für die Niederlagen der Vergangenheit. Ihre angeblich so unabhängigen Richter sollen nun die „Siegerjustiz" exekutieren, und der HVA-Chef wird einer derjenigen sein, die vor die Schranken des Gerichts zitiert werden. Am 10. Juli 1991 bekommt er seine Anklageschrift. Für ihn rundet sich nur das Bild, das er sich vom neuen Deutschland bislang gemacht hat.

Stocksauer blättert der Generaloberst die 195 Seiten durch, liest auch die 65 Seiten Anmerkungen und ärgert sich über die Beamten der Bundesanwaltschaft: „Was sie zum größten Teil mit Hilfe von Verrätern zusammentrugen, soll nun zur Anklage reichen, für Delikte bis hin zum Landesverrat. Welch eine Groteske!" (1)

Gemeinsam mit Werner Großmann werden sein Stellvertreter Ralf-Peter Devaux, der Abteilungsleiter Bernd Fischer, der stellvertretende Abteilungsleiter Bernhard Schorm und der Referatsleiter Siegfried Kern angeklagt. Der Generaloberst vermutet, dahinter stecke ein System: „Der Generalbundesanwalt will á tempo einen Pilotprozeß durchziehen, in welchem die ‚Verbrechen' der jeweiligen Leitungsebene sichtbar werden. Deshalb steht aus der HVA-Leitungshierarchie je ein Vertreter vor den Schranken des Gerichts – vom Referatsleiter bis zum Chef der Aufklärung." (2) Nach seiner Lageeinschätzung hat das ausgeklügelte politische Hintergründe: „Der gesamte Dienst soll juristisch delegitimiert werden. Klappt das, ist der Weg frei, jeden operativen Leiter zu bestrafen." (3)

Solcherart Taktik weist Bundesanwalt Joachim Lampe weit von sich. Den Ermittlern gehe es darum, das gesamte Spionagesystem der DDR aufzuklären. Deshalb habe es schon seinen

Sinn, die Verantwortlichkeiten auf allen Leitungsebenen kritisch zu durchleuchten. Dabei solle es nicht nur um die strafbare Spionage gehen. Die Ankläger wollen wissen, wie das System funktioniert hat, welche Kräfte es antrieben und wer wirklich das Sagen hatte. All diese Umstände möchten sie vor den Richtern ausbreiten. Ganz wichtig erscheint ihnen dabei auch die Einordnung der HVA in den gesamten Spitzel- und Überwachungsapparat der Stasi. Hier sehen die Staatsanwälte den Schlüssel für die Bewertung der Beweismittel. Er ist nötig, um sich ein Urteil über Rechtswidrigkeit, Schuld und Strafwürdigkeit der Stasi-Spionage zu bilden. Dieses wiederum ist nach Auffassung des Generalbundesanwalts für die Bewertung des öffentlichen Interesses an der Strafverfolgung und deren Verhältnismäßigkeit bedeutsam. (4) Anders gesagt: Vor Gericht soll nicht nur eine möglicherweise notwendige Strafe gefunden, sondern auch ein Stück deutsch-deutscher Geschichte aufgearbeitet werden. Da Richter nun aber mal keine Dozenten an Universitäten sind, geht das nur über eine strafrechtliche Bewertung der einzelnen Taten.

Vorgeworfen wird den Beschuldigten in jedem Fall „geheimdienstliche Agententätigkeit“ nach Paragraph 99 des Strafgesetzbuches (StGB). Bei Ralf-Peter Devaux und Bernhard Schorm geht der Staatsanwalt vom „besonders schweren Fall“ aus – sie waren direkt mit der „Aufklärung“ der Bundesrepublik beschäftigt – bei Werner Großmann und Bernhard Schorm kommen Landesverrat nach Paragraph 94 StGB und Bestechung nach Paragraph 334 StGB hinzu.

Das ist für die Betroffenen schockierend, denn aus ihrer Sicht haben sie nichts weiter getan, als ihren Beruf auszuüben.

Werner Großmann bereitet eine schriftliche Erklärung für den Prozeß vor. Er will nur dieses Papier verlesen und ansonsten vor Gericht schweigen. Deshalb hat sich der Generaloberst die Sache gründlich überlegt: „Ich habe als Bürger der DDR ebenso gehandelt, wie Andropow es als Bürger der UdSSR tat, als er den gesamten KGB leitete, wie es Präsident Bush als Bürger der USA tat, als er dem CIA vorstand, oder wie es Minister Kinkel tat, als er noch den BND leitete. Ich sehe in solchen Taten weder etwas Ehrenrühriges noch etwas Strafbares.“ (5) Er beruft sich auf seinen Fahneneid: „Aus meiner Sicht verletzt das gegen mich angestrengte Strafverfahren nicht nur Grundprinzipien des demokratischen Rechtsstaats, es verletzt auch die geschriebenen und ungeschriebenen soldatischen Regeln für den Umgang mit dem besiegten Gegner. Indem es mich wegen des Gehorsams gegenüber dem Fahneneid und wegen der Erfüllung meiner Pflichten als Offizier zum Verbrecher stempelt, verletzt es meine Ehre als Offizier." (6)

Damit weist der HVA-Chef auf ein Problem hin, das auch für die Juristen neu ist. Sie haben einen Straftatbestand zu bewerten, der von denjenigen, die ihn begangen haben, tatsächlich der tagtägliche Broterwerb war. Der Erfolg ihrer Arbeit hing sogar direkt von der Intensität ab, mit der sie die ihnen nun zur Last gelegten Straftaten ausführten.

Aus der Sicht der Beschuldigten hat das für sie Folgen, die sie nicht verstehen. Plötzlich müssen sie sich nach Gesetzen verantworten, die für sie während ihrer Tätigkeit gar nicht galten. Sie übersehen dabei – oder wollen es übersehen –, daß die nun entstandene Lage die rechtliche Konsequenz aus dem Beitritt der DDR zur Bundesrepublik ist. Dieser wiederum fußt auf der ersten demokratischen Wahl im Osten Deutschlands und entspricht so dem Willen der Mehrheit der ehemaligen DDR-Bürger. Sich solchen Mehrheitsmeinungen unterzuordnen, fällt den im Geiste der „Diktatur des Proletariats" erzogenen Genossen offenbar schwer.

Die Richter sehen das überhaupt nicht als Problem. Sie haben Taten von Bürgern ihres Landes – seit dem 3. Oktober 1990, 0 Uhr – im Lichte der geltenden Gesetze zu beurteilen, und genau das wollen sie auch tun.

In der Prozeßpraxis mutet das manchmal doch recht merkwürdig an, denn das Rad der Geschichte hat den Gang der Gesetze einfach überrollt. Daß hier Bürger eines versunkenen Staates vor Richtern eines anderen Staates stehen, ist einfach nicht vorgesehen.

Ein Beispiel: Völlig zu Recht stellen mehrere Gerichte in Prozessen gegen Spionage-Mitarbeiter der Stasi fest, daß diese am Verrat von Staatsgeheimnissen im Sinne des Paragraph 93 StGB mitgewirkt haben. Dadurch haben sie einen schweren Nachteil für die äußere Sicherheit der Bundesrepublik gemäß Paragraph 94, Absatz 1, Nr. 1 StGB verursacht, also „Landesverrat" begangen.

Für die Richter ist es völlig unerheblich, daß genau dieser „Verrat“ der Job der „Neu-Bundesbürger“ war, als diese noch ihrem Staat als DDR-Bürger dienten.

Sie müssen dagegen bewerten, ob die Angeklagten die Gefährlichkeit der von ihnen besorgten Informationen gekannt und somit den drohenden Nachteil für die Bundesrepublik gebilligt haben.

Natürlich war das der Fall. Ihr „Kampfziel“ bestand ja gerade darin, die ganz besonders geheimen Akten abzugreifen. Eben solche, die dem „Feindesland“ den größten Schaden hätten zufügen können!

Aus der Sicht des Strafrichters macht das die Sache nun nur noch schlimmer.

Was den erfolgreichen „Kundschaftern“ in der DDR für ihre gute Arbeit „an der unsichtbaren Front“ Orden und Prämien einbrachte, wirkt jetzt strafverschärfend.

Und hart zuzulangen, erlauben die Gesetze allemal. Der Tatbestand des Landesverrats setzt kein „Treueverhältnis“ des Täters zu dem von ihm dadurch in Gefahr gebrachten Staat Bundesrepublik Deutschland voraus. (7) Staatsgeheimnisse kann also auch jemand verraten, der nicht verpflichtet ist, sie zu hüten.

Wenn man solch einen Täter irgendwann schnappt, kann und muß er zur Verantwortung gezogen werden. So wollen es die Gesetze.

Doch die Beschuldigten beharren darauf: Zum Zeitpunkt der Tat waren sie Bürger eines anderen Staates. Sollte das wirklich keinerlei Rolle mehr spielen? Darf man sie überhaupt bestrafen? Was sagt das Grundgesetz dazu? Und ist das Interesse des Staates an Sanktionen gegen die Täter von damals tatsächlich so groß, daß nun eine ganze Gruppe von „Neu-Bürgern“ zu Verantwortung gezogen werden muß? – In den Prozessen wird sehr schnell deutlich, daß hier erst einmal Grundfragen geklärt werden müssen.

Das wissen auch die Anwälte Werner Großmanns. Bereits am 11. April 1991 schreibt Gunter Widmaier seinem Kollegen Friedrich Wolff: „Ich sehe jetzt einen Weg, mit neuer Argumentation unmittelbar das Bundesverfassungsgericht anzurufen und die Vorschriften des Einigungsvertrags unter verfassungsrechtlichen

Aspekten zu beanstanden, auf deren Grundlage überhaupt die Strafverfolgung erst möglich geworden ist." (8)

Rechtsanwalt Wolff hat da seine Zweifel. Er kennt die enge Verflechtung von Justiz und Politik aus seiner Praxis in der DDR, doch sein Kollege Widmaier verfolgt zielstrebig seine Linie. Unmittelbar nach Zustellung der Anklageschrift gegen Werner Großmann und Genossen, noch am 10. Juli 1991, stellt er den Antrag an das Berliner Kammergericht, das Verfahren bis zur Klärung solcher Grundsatzfragen durch die Verfassungsrichter auszusetzen. Und er macht die Richter des Ersten Strafsenats auf einen spektakulären Umstand aufmerksam: „Verurteilt heute ein deutsches Gericht einen Bürger der früheren DDR als damaligen Mitarbeiter der HVA des MfS wegen geheimdienstlicher Agententätigkeit oder wegen Landesverrats zum Nachteil der Bundesrepublik, so muß es sich – strenggenommen – des Urteilseingangs ‚Im Namen des Volkes' enthalten, oder es muß ihn reduzieren auf: ‚Im Namen des Volkes der elf alten Bundesländer der Bundesrepublik Deutschland'." (9)

Diesen Argumenten verschließt sich das Kammergericht nicht. Am 22. Juli 1991 beschließt es einstimmig: „Das Verfahren wird ausgesetzt. Das Bundesverfassungsgericht wird angerufen (...)". (10) Derweil ruhen sämtliche Spionage-Prozesse in Berlin und anderswo.

Werner Großmanns Rechtsanwalt Friedrich Wolff ist damit hochzufrieden: „Das war eine beeindruckende Entscheidung. Sie rückte im Gegensatz zu der Rechtssprechung des Bundesgerichtshofs die Herstellung der politischen Einheit Deutschlands in den Mittelpunkt der Überlegungen. Sie blieb nicht an der Rechtslage haften, die sie als ‚formal' treffend charakterisierte. Es war ein bundesdeutscher Gerichtsbeschluß von gesamtnationalem Charakter (...) Eine gute Entscheidung in einem schlechten politischen Verfahren." (11)

Daß es sich bei den Strafverfahren gegen die DDR-Spionagechefs um „politische Verfahren" handele, weisen die Bundesanwälte entrüstet von sich. Aber auch sie merken: Ohne die Hilfe des Bundesverfassungsgerichts läßt sich der Knoten nicht lösen. Ungeduldig warten sie auf das Signal aus Karlsruhe, denn die Verjährungsfrist läuft unerbittlich. Dennoch lassen sich die Richter in den roten Roben Zeit. Für sie zählt gründliches Arbeiten allemal mehr als Schnelligkeit. So vergeht Monat um Monat. Bis ins Frühjahr 1995.

Die Verfassungsrichter greifen ein

In klaren Septembernächten kann man sie vielleicht sogar sehen. Dann schaut Dike, die griechische Göttin des Rechts, aus dem Sternbild der Jungfrau auf Karlsruhe hinab. In ferne Gestirne hat sich die Tochter des Göttervaters Zeus, die die Römer später Justitia nennen, zurückgezogen, weil es unter den Menschen der Erde zu viel Ungerechtigkeit gibt. Seit 1951 sollen die deutschen Verfassungsrichter dafür sorgen, daß sie etwas weniger wird.

Im Mai 1995 entscheiden sie im Schatten des Schlosses der alten Residenzstadt endlich darüber, ob DDR-Spione nach der Einheit überhaupt verurteilt werden dürfen oder nicht. Die Lösung des Problems suchen sie im Grundgesetz.

Für das Bundesverfassungsgericht stehen dabei nicht die Spionage-Taten der DDR-„Kundschafter" im Mittelpunkt. Das höchste deutsche Gericht muß dazu nicht ermitteln, sondern lediglich feststellen, ob deren Bestrafung mit den Normen des Grundgesetzes übereinstimmt. Das ist die Eigenart einer verfassungsrechtlichen Prüfung, die sich wohl immer durch einen hohen Grad an Abstraktion auszeichnet. Deshalb ist sie in der Diskussion unter Juristen auch leicht angreifbar.

Die Generalbundesanwaltschaft hält im Falle der Spionage solches Herangehen von vornherein für falsch. Bundesanwalt Joachim Lampe: „Auf eine umfassende Feststellung des historischen Geschehens hat das Bundesverfassungsgericht verzichtet und die zum Zeitpunkt der Entscheidung am 15. Mai 1995 dazu getroffenen Feststellungen nicht zur Kenntnis genommen." (12) Diese „Feststellungen" betreffen im Kern die in den zahlreichen vorangegangenen Verfahren erarbeiteten Beweise dafür, daß die Spionage der Stasi mit der Spionage demokratischer Staaten nicht vergleichbar sei. Hier liegt für den Bundesanwalt der entscheidende Irrtum: „Es ist ein Denkfehler, von dem begrenzten Auftrag an Aufklärungsdienste in rechtsstaatlich verfaßten Demokratien auf einen entsprechend eingeschränkten Schutzzweck unserer Spionagestraftatbestände zu schließen." (13)

Das sehen die Bundesverfassungsrichter grundsätzlich anders. Sie gehen von der „Eigentümlichkeit" der Spionage als Delikt aus. Diese „Eigentümlichkeit" unterscheidet die Spionage von sämtlichen anderen Delikten; alle Staaten sehen in der Spionage ein legitimes Mittel zur Erlangung von Erkenntnissen, aber alle Staaten bestrafen auch gegen sie gerichtete Spionage. Deshalb meint das Bundesverfassungsgericht, daß ethische und moralische Gesichtspunkte bei der Bewertung von Spionagehandlungen keine Rolle spielen.

Bundesanwalt Joachim Lampe kritisiert eine solche Schlußfolgerung: „Diese sicherlich vorhandene Eigentümlichkeit der Strafverfolgung wegen Spionage setzt das Gericht in unschlüssiger Weise mit der Eigentümlichkeit der Spionagetätigkeit gleich." (14) Er bemängelt, daß die Richter daraus den für ihn unzutreffenden Schluß gezogen hätten, die „besonders aggressiven Methoden und Ziele der Spionage" durch die Stasi strafrechtlich wie die überall auf der Welt übliche Auslandsaufklärung zu bewerten. (15)

Doch eine Verhandlung vor dem Bundesverfassungsgericht ist keine juristische Diskussionsrunde. Die Verfassungsrichter haben das letzte Wort.

Und das lautet mit einem Stimmenverhältnis von 5 : 3, daß die Strafverfolgung von MfS-Offizieren, die nur vom Boden der DDR aus gehandelt haben, verfassungswidrig ist. (16)

Dazu haben sich die Verfassungsrichter unter anderem besonders mit dem Gleichheitsgrundsatz, dem Rückwirkungsverbot, dem Verhältnismäßigkeitsgrundsatz und dem Völkerrecht auseinandergesetzt.

Der Artikel 3 des Grundgesetzes (GG) legt im Absatz 1 fest: „Alle Menschen sind vor dem Gesetz gleich." (17) Dennoch sehen die höchsten deutschen Richter darin kein „Verfolgungshindernis" für die Spionage-Offiziere der Stasi. Sie stellen fest: „Art. 3, Abs. 1 GG gestattet es dem Gesetzgeber, Personengruppen ungleich zu behandeln, wenn zwischen ihnen Unterschiede von solcher Art und solchem Gewicht beständen, daß diese eine Ungleichbehandlung rechtfertigten." (18)

Auch die Bewertung des Artikels 103 des Grundgesetzes läßt die Stasi-Spionageoffiziere noch keineswegs aufatmen. Er bestimmt im Absatz 2: „Eine Tat kann nur bestraft werden, wenn die Strafbarkeit gesetzlich bestimmt war, bevor die Tat begangen wurde." (19) Auf dieses „Rückwirkungsverbot" spekulieren Angeklagte wie Anwälte, denn immerhin haben die Männer der HVA als DDR-Bürger mit ihrer Maulwurfsarbeit im Westen ja keine Gesetze der DDR verletzt. Doch das sehen die Verfassungsrichter ganz anders. Sie gehen davon aus, daß die Frage, ob die Strafbarkeit einer Tat gesetzlich bestimmt gewesen sei, nach dem des Strafrechts der Bundesrepublik zu beurteilen ist. Diese Sicht hat wieder einmal mit der Machart der deutschen Einheit zu tun. Die DDR ist dem Geltungsbereich des Grundgesetzes beigetreten. Soweit also nichts anderes vereinbart wurde – und das ist bei Spionage im Einigungsvertrag nicht geschehen –, müssen es sich ihre ehemaligen Bürger auch gefallen lassen, nachträglich mit dieser Elle gemessen zu werden. (20)

Der rettende Anker für die angeklagten Stasi-Offiziere findet sich schließlich im Fundament des Rechtsstaats, den gerade sie früher gern als „formal-juristisch" verlacht haben. Es ist der Grundsatz der Verhältnismäßigkeit. Er besagt, daß Grundrechte der Bürger nur im Rahmen der Verhältnismäßigkeit eingeschränkt werden dürfen. Beispiel: Nach Artikel 13 des Grundgesetzes darf in das Grundrecht auf Unverletzlichkeit der Wohnung eingegriffen werden, wenn der begründete Verdacht auf eine besonders schwere Straftat bestht. Das ist verhältnismäßig. Dasselbe jedoch ohne diese Voraussetzung zu tun, nur, um der Polizei die Arbeit zu erleichtern, wäre unverhältnismäßig.

Im Fall der MfS-Spione ist abzuwägen, ob das Interesse des Staates auf Strafverfolgung und Bestrafung schwerer wiegt, als die Einschränkung der Grundrechte der „Neu-Bürger", wenn sie beispielsweise für längere Zeit ins Gefängnis müßten. Und genau hier sehen die Verfassungsrichter Justitias Waage sich zu Ungunsten der Angeklagten neigen. Das darf nicht sein. Also stellen sie im Verhältnismäßigkeitsgrundsatz das von Angeklagten und Anwälten erhoffte „Verfolgungshindernis" bei der Bestrafung der Stasi-Offiziere fest. Im komplizierten Juristen-Deutsch hört sich das so an: „Die Bundesrepublik, die nun auch der Staat dieser

Täter sei, handele weiter als ‚fremde Macht‘, wenn sie ihre materiellen Straftatbestände auf die von diesen Tätern vor der Vereinigung verwirklichten Handlungen anwende.“ (21)

Dabei begeben sich Deutschlands höchste Richter auf dünnes Eis, denn solch ein Spruch ist im Strafrecht der Bundesrepublik einmalig. Bisher wurde der Verhältnismäßigkeitsgrundsatz, der bei allen Maßnahmen von Verfassungs wegen zu beachten ist, immer nur in Verbindung mit anderen Normen des Grundgesetzes berücksichtigt. Für sich allein wird er nun zum ersten Mal wirksam. Das ruft viel Urteilsschelte hervor, ändert aber nichts daran, daß sich viele Stasi-Offiziere erst einmal entspannt zurücklehnen können. Vor allem jene, die zwar IM im Westen geführt, aber die Spionage nicht als Hauptaufgabe betrieben haben, sind aus dem Schneider.

Etwas anders sieht es bei Abteilungsleitern und Führungsoffizieren der HVA aus. Fast alle waren im Rahmen ihres Stasi-Jobs auf „Dienstreisen“ im „Feindesland“. Damit gilt das vom Bundesverfassungsgericht festgestellte „Verfolgungshindernis“ für sie nicht – wenn diese Reisen beweisbar sind. Doch auch wenn dies nicht klappte, standen bei etlichen von ihnen einer Einstellung des Verfahrens Begleitdelikte wie Bestechung oder Urkundenfälschung entgegen. Sie sind nach Auffassung der Verfassungsrichter auch weiterhin uneingeschränkt verfolgbar.

Für die Staatsanwälte hat das eine unangenehme Nebenwirkung: Die Beschuldigten können sich so auch weiterhin auf ihr Aussageverweigerungsrecht berufen. Damit haben die Richter in den roten Roben der Ermittlungspraxis der Bundesanwaltschaft einen Bärendienst erwiesen. (22)

Dabei hatten die Stasi-Offiziere eigentlich auf Unmöglichkeit der Bestrafung aus einer ganz anderen Ecke gerechnet. Schließlich fühlten sich die Militärs im Ministerium für Staatssicherheit vierzig Jahre lang im Krieg mit dem „Klassenfeind“. Und das sehen sie auch noch im nachhinein so. „Spionagechef im geheimen Krieg“ betitelt Generaloberst Markus Wolf seine Memoiren, vom „kalten Krieg“ ist auch vor Gericht immer wieder die Rede, wenn die Offiziere ihre Tätigkeit für die Hauptverwaltung Aufklärung, die anderen agentenführenden Abteilungen der Stasi oder den militärischen Nachrichtendienst der NVA zu erklären versuchen.

Und am Ende eines Krieges stehen Sieger und Besiegte, Kriegsgefangene und besetzte Gebiete. Für den Umgang mit all diesen Dingen gibt es seit langem völkerrechtliche Normen, auf die sich gern auch die ehemaligen DDR-Militärs berufen hätten. Das Bundesverfassungsgericht hat sie gründlich geprüft und als nicht anwendbar bewertet.

Das ist vielleicht ein bis heute relativ wenig beachtetes Ergebnis der rechtlichen Auseinandersetzung um die DDR-Spionage, das viel zum behutsamen Zusammenwachsen der beiden Teile Deutschlands beigetragen hat.

Kriegsrecht auch im kalten Krieg?

Von der „Reichshauptstadt" ist im Stasi-Kameradenkreis schon mal die Rede, wenn sich die Genossen insgeheim an Glanz und Gloria der Vergangenheit erinnern. Daß sie eines Tages das „Reichsgesetzblatt" des Jahrgangs 1910 zu ihrer Verteidigung vor dem Gericht des „Klassenfeindes" heranziehen müssen, ahnt niemand.

Dort steht auf Seite 107 die „Haager Landkriegsordnung". Das Abkommen vom 18. Oktober 1907 regelt die Gesetze und Gebräuche des Kriegs. Sie definiert, wer zum Heer und wer zur „kämpfenden Bevölkerung" gehört, welches die „zulässigen Mittel zur Schädigung des Feindes" sind und wie ein Feindgebiet zu besetzen ist.

Für die HVA-Offiziere ist der zweite Abschnitt besonders wichtig. Er regelt im Artikel 31 den Umgang mit Spionen. Danach ist „ein Spion, welcher zu dem Heere, dem er anghört, zurückgekehrt ist und später vom Feinde gefangengenommen wird, (...) als Kriegsgefangener zu behandeln und kann für früher begangene Spionage nicht verantwortlich gemacht werden". (23)

Auf diesen Paragraphen berufen sich nun die Stasi-Offiziere. Das provoziert einen heftigen Juristen-Streit über die Frage, ob Kriegsrecht auch im kalten Krieg gelte.

Das Berliner Kammergericht ist geneigt, dies anzunehmen. Im Prozeß gegen Generaloberst Werner Großmann und die Obristen Ralf-Peter Devaux, Bernd Fischer, Bernhard Schorm und Oberstleutnant Siegfried Kern stellt es fest: „Es trifft zu, daß die Vorschrift ihrem Wortlaut nach nur den Kriegsfall betrifft. Nach Auffassung des Senats ist ihr jedoch ein übergeordneter Gedanke zu entnehmen, der auch für den friedlichen und vertraglichen Beitritt des einen Staates zu einem anderen Staat Geltung beansprucht. Der Senat beabsichtigt daher, die Vorschrift des Art. 31 der Haager Landkriegsordnung auf den hier zu beurteilenden Sachverhalt entsprechend anzuwenden und die Angeschuldigten von der Verfolgung wegen ihrer nachrichtendienstlichen Tätigkeit freizustellen." (24)

Das sieht der Generalbundesanwalt ganz anders. Auch er weiß, daß die Bestimmungen der Haager Landkriegsordnung unabhängig vom Beitritt einzelner Staaten zu diesem Abkommen inzwischen Völkergewohnheitsrecht geworden sind. Nach Artikel 25 des Grundgesetzes hat das unmittelbare Auswirkungen auf die Bürger, denn dort steht, daß „allgemeine Regeln des Völkerrechts (...) Bestandteil des Bundesrechts" (25) sind. Doch dieses Recht sieht der Generalstaatsanwalt im Falle der „Neubürger" nicht. Das begründet er mit der friedlichen Vereinigung der beiden deutschen Staaten: „Die Anwendung des Abkommens scheide hier jedoch schon deswegen aus, weil es nicht zur Vornahme von Kriegshandlungen gekommen sei. Nur für diesen Fall wolle die Haager Landkriegsordnung ein Mindestmaß an humanitärem Völkerrecht verwirklichen, weil Staaten gerade im Kriege dazu neigten, die volle Freiheit des Handelns für sich in Anspruch zu nehmen." (26) Die Bundesanwälte sehen auch keinen Grund für den Umgang mit Spionen im Sinne der Haager Landkriegsordnung, weil deren Artikel 31 vor allem die Hinrichtung ertappter Späher ohne Gerichtsverfahren verhindern sollte. In Friedenszeiten seien Spione schon immer dem innerstaatlichen Strafrecht unterworfen gewesen. Deshalb gelten die nationalen Bestimmungen nun auch für die ehemaligen DDR-Bürger. (27)

Damit stehen sich auch in dieser Frage zwei völlig konträre Rechtsauffassungen gegenüber, die die Berliner Richter allein nicht unter einen Hut bringen können. Deshalb verlassen sie sich auch dabei auf die obersten deutschen Richter.

Eine Entscheidung darüber, ob Kriegsrecht auch im kalten Krieg gilt, mußten die Verfassungsrichter in Karlsruhe noch niemals treffen. Deshalb versichern sie sich des Rats von Experten.

Sie geben ein Gutachten bei der Max-Planck-Gesellschaft in Auftrag.

Am 1. Juli 1994 liegt es vor. Ein Knackpunkt zur Entscheidung der Frage, ob denn nun die Haager Landkriegsordnung gilt oder nicht, ist die Art und Weise der Wiedervereinigung: „Regelungen für den Kriegsfall sind, da die DDR der Bundesrepublik freiwillig beigetreten ist, nicht entscheidungserheblich." (28)

Vor diesem Hintergrund stellen die Juristen fest:

- „(a) Die Spionage ist völkerrechtlich zwar eine ‚legale Handlung'; dennoch verwehrt es das Völkerrecht den Staaten nicht, gegen sie gerichtete nachrichtendienstliche Tätigkeiten unter Strafe zu stellen.
- (b) Art. 31 der Haager Landkriegsordnung ist in Friedenszeiten nicht entsprechend anzuwenden.
- (c) Im Recht der Staatennachfolge hat sich kein Völkergewohnheitsrechtssatz des Inhalts gebildet, daß der aufnehmende Staat Personen, die gegen ihn für den beitretenden Staat Spionage betrieben haben, nicht bestrafen dürfte.
- (d) Aus dem Grundgesetz folgt nicht, daß die Bundesrepublik Deutschland Personen, die gegen sie für die frühere DDR Spionage betrieben haben, strafrechtlich nicht verfolgen darf." (29)

Dafür, daß die ganze Sache nicht längst vom Tisch ist, machen die Experten den Einigungsvertrag verantwortlich: „Der beitretende Staat kann Regelungen aushandeln, um den Schutz derjenigen Personen zu erreichen, die Staatsaufgaben wahrgenommen und aus der Sicht des (untergehenden) Staates legitim gehandelt haben. Die eingehenden und umfassenden Regelungen des Einigungsvertrags zeigen auch, daß beim Beitritt der DDR zur Bundesrepublik solche Verhandlungen geführt wurden. Die Probleme der Spionagetätigkeit von Personen, die aus der Sicht des früheren Staates DDR eine legitime Tätigkeit für diesen Staat ausgeübt haben, sind freilich nicht geregelt worden, obwohl sich dies angeboten hätte. Vieles spricht dafür, daß von der früheren DDR eine entsprechende Regelung nicht gewollt oder nicht durchsetzbar war und deshalb auf eine vertragliche Regelung verzichtet wurde." (30)

Für Werner Großmann und Genossen würde es damit eng werden, wenn das Verfassungsgericht nicht ohnehin die Verhältnismäßigkeit in den Mittelpunkt seiner Überlegungen gestellt hätte. Auch seinem Verteidiger Friedrich Wolff vernichtet das Gutachten manche Hoffnung: „Ich war deprimiert und sah den Kammergerichtsprozeß auf uns zukommen, von dem ich mich innerlich schon verabschiedet hatte. Sein negativer Ausgang schien mir unvermeidlich." (31) Doch sein Kollege Gunter Widmaier tröstet ihn: „Wir haben ja nicht nur völkerrechtliche, sondern in erster Linie verfassungsrechtliche Argumente, die sich auf die Wertvorstellungen des Grundgesetzes stützen." (32)

Und genau da hatten ja die Verfassungsrichter das Signal für die Bundesanwälte bereits auf Rot gestellt, wenn es um die Verfolgung von Spionage gehen soll, die vom Boden der DDR aus betrieben wurde.

Der Rückzug der Staatsanwälte

Als die Generalbundesanwaltschaft im Vorfeld der deutschen Einheit ihre Ermittlungen zur DDR-Spionage aufnimmt, ist sie in einer Zwickmühle. Allein durch die Stück für Stück öffentlich werdenden Strukturen der Stasi liegt der vom Gesetz geforderte „Anfangsverdacht" auf der Hand. Die Bundesanwälte müssen aktiv werden, ob sie wollen oder nicht. Doch das ist kompliziert, denn noch wissen sie wenig von den verschlungenen Wegen zwischen der Stasi-Zentrale in Ost-Berlin und deren „Quellen im Operationsgebiet", sie kennen kaum die Verantwortlichkeiten im konspirativen Geflecht aus Kommandierenden, Führungsoffizieren, Kurieren, Funkern und Agenten und können den Tatbeitrag einzelner überhaupt nicht bewerten.

Die Verlockung liegt nahe, Straffreiheit gegen Informationen anzubieten, um so Einblicke in den internen Dienstbetrieb des MfS zu erlangen. Dennoch halten sich die Bundesanwälte dabei zurück. Sie wollen offenbar eine zu große Differenzierung in der Behandlung der Stasi-Offiziere nur durch deren unterschiedliche Aussagebereitschaft vermeiden und bauen zunächst auf eigene Ermittlungen. Das bringt gleichermaßen Erfolge wie Mißerfolge und führt zu einer ersten Welle von Einstellungen der Ermittlungsverfahren.

Ohne Probleme werden sie ad acta gelegt, wenn Tatverdächtige nicht ermittelt werden können. Auch wenn die Beweise zu deren Überführung nicht ausreichen oder die Taten bereits verjährt sind, muß die Generalbundesanwaltschaft ihre Ermittlungen einstellen. (33)

Komplizierter wird's, wenn die Ankläger sich eine Meinung darüber bilden müssen, ob eine Einstellung des Ermittlungsverfahrens wegen Geringfügigkeit erfolgen könnte. Das macht die Strafprozeßordnung mit Paragraph 153 Absatz 1 Satz 1 möglich: „Hat das Verfahren ein Vergehen zum Gegenstand, so kann die Staatsanwaltschaft mit Zustimmung des für die Eröffnung des Hauptverfahrens zuständigen Gerichts von der Verfolgung absehen, wenn die Schuld des Täters als gering anzusehen wäre und kein öffentliches Interesse an der Verfolgung besteht." (34) Voraussetzung dafür ist stets die genaue Prüfung der individuellen Schuld, des Unwerts der Tat und des öffentlichen Interesses an deren Strafverfolgung.

Die Bundesanwälte haben sich dabei weitestgehend an der Hierarchie des Ministeriums für Staatssicherheit orientiert. Bei niedrigen Dienstgraden, untergeordneten Mitarbeitern der einzelnen Referate und einfachen inoffiziellen Mitarbeitern gehen sie davon aus, daß keine „herausgehobene Schuld" besteht. Ermittlungen gegen sie werden ohne besondere Anforderungen an das Verhalten nach der Tat eingestellt. (35)

Ganz anders sieht es bei Offizieren aus. Sie sollen grundsätzlich angeklagt werden, dennoch öffnen ihnen die ermittelnden Staatsanwälte ein Hintertürchen. In den Vernehmungen stellen sie ihnen die Möglichkeit in Aussicht, nicht vor Gericht erscheinen zu müssen. Doch dafür sollen sie vorher plaudern. Und zwar nicht irgendwas. Ihre Aussagen müssen „über das bisherige Ermittlungsergebnis hinausgehende Erkenntnisse zur gegen die Bundesrepublik gerichteten Tätigkeit der DDR-Nachrichtendienste und zu deren Einbindung in den Repressionsmechanismus des MfS" (36) enthalten. Wenn dies geschieht, würden die Ankläger „Mitwirkung an der Schadensbegrenzung" (37) feststellen und auf den Prozeß verzichten können.

Das ist für viele Betroffene problematisch. Manche fürchten, von den Bundesanwälten über den Tisch gezogen zu werden, denn sie kennen deren bisheriges Ermittlungsergebnis nicht. Daraus resultiert die Furcht, nach einer eventuellen Aussage vielleicht noch einen herzlichen Dank, aber kein eingestelltes Ermittlungsverfahren zu bekommen. Deshalb beteuern etliche Spionage-Offiziere zwar ihre generelle Aussagebereitschaft, tatsächlich reden wollen sie aber erst dann, wenn das Bundesverfassungsgericht die anstehenden Grundfragen ihrer eventuellen Bestrafung geklärt hat. Das führt dazu, daß bis zum Mai 1995 noch gut 6000 Ermittlungsverfahren offen sind.

Eine weitere Möglichkeit, ohne eine Gerichtsverhandlung davonzukommen, eröffnet der Paragraph 153a der Strafprozeßordnung. Er erlaubt es, gegen Auflagen an den Beschuldigten von einer Klage abzusehen, „wenn diese geeignet sind, das öffentliche Interesse an der Strafverfolgung zu beseitigen, und die Schwere der Schuld nicht entgegensteht". (38) Solche „Auflagen" sind zum Beispiel die Wiedergutmachung der Tat durch eine bestimmte Leistung oder das Zahlen eines Geldbetrags an eine gemeinnützige Einrichtung. (39)

HVA-Chef Werner Großmann vermutet darin eine „böse Falle". (40) Er sieht das Angebot so: „Ich müßte dann an eine gemeinnützige Institution eine bestimmte Summe zahlen, hätte aber damit ein Schuldbekenntnis unterschrieben. Das lehne ich ab." (41) Das sehen etliche seiner früheren Genossen genauso.

Nach dem Urteil des Bundesverfassungsgerichts vom Mai 1995 können viele von ihnen dann tatsächlich aufatmen, denn nun stellen die Staatsanwälte immer mehr Verfahren aus rechtlichen Gründen ein. Im Gegensatz zur bisherigen Praxis wird das Strafrecht nicht mehr allein deshalb angewandt, weil die Beschuldigten innerhalb der Stasi-Struktur für nachrichtendienstliche Operationen verantwortlich waren.

Allerdings sitzen bis zu diesem Zeitpunkt einige führende Geheimdienstler bereits ein Jahr in Untersuchungshaft, wie der Chef der Hauptabteilung II, Spionageabwehr, Generalleutnant Günther Kratsch, und der Leiter der Abteilung M, Postkontrolle, Generalmajor Rudi Strobel. Eine Strafhaft haben sie jedoch nicht mehr zu fürchten, weil sie ihren „Kampf gegen den Klassenfeind" vom Boden der DDR aus erledigt hatten.

Neben dem Wegfall dieser „Organisationsverantwortlichkeit" verschwindet eine große Zahl von Ermittlungsverfahren auch in den Akten, weil die verdächtigen Personen nicht mehr festzustellen sind, die Tat inzwischen verjährt oder die bisherige Verfahrensdauer bereits zu lang ist. (42)

Darüber hinaus wird die gesamte Einstellungspraxis der Bundesanwaltschaft von den Überlegungen des Bundesverfassungsgerichts beeinflußt. Obwohl Stasi-Offiziere, die im Westen agiert haben, eigentlich weiter uneingeschränkt verfolgt werden könnten, berücksichtigen die Ankläger im Rahmen der gebotenen Einzelentscheidungen nun verstärkt, daß diese Leute ja die Aussicht darauf gehabt hätten, durch einen Agentenaustausch langfristig verhängte Strafen wesentlich zu verkürzen. Mit dem Zusammenbruch der DDR ist diese Möglichkeit nicht mehr gegeben. Zum anderen beachten sie die Tatsache, daß auch diese Täter ihr Rechtsbewußtsein an der völlig anderen Rechtsordnung der DDR ausgerichtet hatten. Das macht insgesamt „besondere Umstände" aus, die wiederum ins Verhältnis zu dem öffentlichen Interesse an der Strafverfolgung zu setzen sind. Wägt man beide Faktoren gegeneinander ab, kann zum Beispiel auch durch Zahlung eines Geldbetrags, der sich an der Höhe der Einkommen der Beschuldigten orientiert, eine gerechte Lösung gefunden werden. Damit erweitern sich die bereits vorher genutzten Möglichkeiten der Verfahrenseinstellung nach Paragraph 153a der Strafprozeßordnung noch einmal ganz beträchtlich. (43)

Aus dieser Praxis ergibt sich eine merkwürdige Situation: Obwohl die Staatsanwälte mit einer riesigen Kraftanstrengung in den letzten Tagen der DDR Tausende von Ermittlungsverfahren angeschoben haben – HVA-Chef Werner Großmann meint, daß faktisch jeder Mitarbeiter seines Dienstes davon betroffen war –, kommt es bis zum Spruch des Bundesverfassungsgerichts nur zur Anklageerhebung gegen etwa 20 hohe Stasi-Offiziere. Bundesanwalt Joachim Lampe setzt diese Zahl ins Verhältnis zu den weit mehr als 10 000 Offizieren, die in der DDR in der Stasi-Zentrale, den Abteilungen XV der Stasi-Bezirksverwaltungen und im militärischen Nachrichtendienst aktiv mit Spionage befaßt waren und schlußfolgert: „Die Zahlen sind Beweis genug, daß in den ersten und wichtigen viereinhalb Jahren nach der Wende niemand bei der Strafverfolgung wegen aus der DDR betriebenen Spionage Schaum vor dem Mund hatte." (44)

Auch wenn das die Genossen aus dem Ministerium für Staatssicherheit ganz anders sehen, kommt ihnen doch ein Grundsatz des Rechtsstaates zugute, nach dem bei einer nicht beweisbaren Tat „im Zweifel für den Angeklagten" zu entscheiden ist.

In dubio pro reo

Noch zwanzig Schritte. Vielleicht zweiundzwanzig oder dreiundzwanzig. Dort vorn an der Ecke, da an dem Fleckchen Grün würde es geschehen. Wie ein Gewitter wird es losbrechen. Die Blitzlichter, die Kameras, die fellummantelten Mikrofone vor dem Gesicht...

Gabriele Gast dreht ihre Runden im Hof des Gefängnisses München-Neudeck. Nur eine Wachtmeisterin ist zu sehen. Die Untersuchungsgefangene strafft sich, läuft ohne mit der Wimper zu zucken an den strubbeligen Grasfleckchen vorbei. Ihr Schritt wird keinen Deut schneller. Die Regierungsdirektorin aus dem BND ist mit sich zufrieden.

In wenigen Tagen, am 25. November 1991 wird ihr Prozeß in der bayrischen Landeshauptstadt München beginnen. Vierzehn Monate des Alleinseins liegen hinter ihr. Der Rechtsanwalt hat die Frau darauf vorbereitet, daß sie die Pressemeute hetzen würde: „Bertram hatte mir gesagt, daß ich auf dem Flur vor dem Gerichtssaal eine Reihe von Pressefotografen passieren müßte, und so hatte ich mir auf meinen einsamen Hofgängen ein imaginäres Spalier von Fotografen vorzustellen und zu üben versucht, daran unbeirrt vorbeizugehen." (45)

Als es wenige Tage später dann wirklich zum Prozeß geht, ist alles noch viel schlimmer: „Schon vor der Vollzugsanstalt waren an jenem Morgen Fernsehübertragungswagen in Stellung gegangen, um meine Abfahrt zum Gericht zu filmen." (46) Die Stimmung im Gericht ist hysterisch: „Gleich am Eingang stürzte sich eine Horde von Kameraleuten und Fotografen auf mich, blendete mich mit ihren Scheinwerfern und Blitzlichtern, fuchtelte mit ihren Objektiven vor meinem Gesicht herum, als gälte es, die noch so verborgenste Zuckung abzubilden. Später, im Gerichtssaal sollte sich das makabre Spiel wiederholen." (47)

Gabriele Gast empfindet das alles als brutalen Überfall. Sie mag an das Spektakel von Hexenprozessen in grauen Vorzeiten denken – dennoch ist das alles sehr typisch für den Umgang mit den West-Spionen der Stasi Anfang der neunziger Jahre.

Der späte „Sieg" über die Stasi wird gefeiert, das Schutzbedürfnis des Staates gegen die Verräter exekutiert. Kaum öffentliche Beachtung findet die Tatsache, daß es sich eigentlich um längst geschlagene Schlachten handelt. Der kalte Krieg ist vorbei, die einstmals feindlichen Brüder sind vereint.

Schon das Strafmaß – bei Gabriele Gast ist es eine Verurteilung zu sechs Jahren und neun Monaten Haft – erfreut sich kaum noch des öffentlichen Interesses, bei der Abwicklung der verhängten Strafen geht dieses dann vollends gegen null. So findet sich zum Beispiel im Archiv von Europas größter Tageszeitung keine einzige Pressemeldung, die das genaue Datum ihrer Haftentlassung im Februar 1994 mitteilt. Als Karl Gebauer am 27. Januar 1994 zu zwölf Jahren Haft verurteilt wird, interessiert nur noch das „Jeversche Wochenblatt", weshalb seine Kontakte zu Geheimdiensten West vor Gericht keine Rolle spielten (48), und als Klaus Kuron Anfang Oktober 1998 freigelassen wird, würdigt dies eine Woche später gerade einmal das Nischenblatt „Neues Deutschland" mit einem Interview. (49)

Arbeitslosenzahlen in Millionenhöhe, Streit um Geld aus dem Westen für den Osten, Wahlgetöse oder Parteienfilz beherrschen inzwischen die Schlagzeilen. Das Kapitel der deutsch-deutschen Spionage ist längst vom Rad der Geschichte überrollt.

Das mögen auch die Richter geahnt haben, als sie die Urteile sprachen. Sie sind in der merkwürdigen und einmaligen Lage, ihren Staat vor etwas schützen zu müssen, das gar nicht mehr als Bedrohung existiert. Deshalb entscheiden sie in fast allen Haftangelegenheiten der verurteilten West-Spione der Stasi nach dem Grundsatz: „Im Zweifel für den Angeklagten."

Vielen von ihnen – darunter all jene „Kundschafter", die vom Dritten Strafsenat des Bayrischen Obersten Landesgerichts verurteilt worden waren – wird die sogenannte „Halbstrafe" gewährt. Das macht das Strafgesetzbuch möglich, wenn die Gesamtwürdigung von Tat, Persönlichkeit des Verurteilten und seiner Entwicklung im Strafvollzug „besondere Umstände" erkennen läßt. (50) Solche „besonderen Umstände" sehen die Richter vor allem durch die 1990 hergestellte deutsche Einheit als gegeben an.

Dies hat die Festlegung der Strafhöhe zunächst nicht beeinflußt, wirkt aber später bei der Verbüßung der Haft ganz entscheidend. Das belegen unter anderem auch die relativ hohen Urteile von zwölf Jahren Haft für Rainer Rupp, Klaus Kuron und Karl Gebauer. Zum Vergleich: Kanzleramtsspion Günter Guillaume wurde im Dezember 1975 zu 13 Jahren verurteilt.

Während der Zeit dieser Verurteilungen ist es unter den Juristen noch umstritten, wie mit den Stasi-Spionen aus Ost und West umgegangen werden soll. Es ist wieder das Dilemma zwischen dem gesetzlichen Auftrag der Strafverfolgung und dem rasanten Verlauf der Geschichte, das die Suche nach Gerechtigkeit so schwer macht. So begründen einige Gerichte beispielsweise ihre drakonischen Urteile mit dem Strafbeschwerungsgrund der „Generalprävention". Diese Vorbeugung ist aber nach dem Ende der DDR gar nicht mehr relevant; in späteren Verfahren wird sie dann auch verworfen.

Praktisch wird die Berücksichtigung der historischen Ereignisse seit 1989/90 erst möglich, nachdem dem Gesetz Genüge getan wurde. Für die Betroffenen ergeben sich daraus aber immerhin noch erhebliche Hafterleichterungen, die durch die in Aussicht genommene Halbstrafenregelung wesentlich früher wirksam werden, als dies im normalen Rhythmus des Strafablaufs der Fall gewesen wäre.

Im April 1992 wird Gabriele Gast in die Justizvollzugsanstalt Aichach verlegt, das einzige Frauengefängnis in Bayern. Schon drei Monate später – also nur sieben Monate nach ihrer Urteilsverkündung – darf sie die Anstalt als Freigängerin für 14 Stunden am Tag verlassen. Jeden Morgen um sechs Uhr fährt sie von nun an mit dem Zug zu einer Vollzeit-Ausbildung in EDV nach München. Gabriele Gast: „Dazu hatte es der Zustimmung des Tatgerichts und der Bundesanwaltschaft sowie der Kostenzusage durch das Arbeitsamt bedurft." (51)

Auch Karl Gebauer findet mit Billigung seiner Richter einen Weg, die Justizvollzugsanstalt Meppen zu verlassen, wenn ihn nicht gerade schwere Krankheiten ans Bett fesseln: „Aline Kühnl, meine Lebendgefährtin, hatte in der Garage an unserem Haus ein Keramikstübchen eingerichtet. Sie stellte mich als Former und Gestalter an – dreimal in der Woche fuhr ich mit meinem Wagen von Meppen nach Jever, um dort Kacheln, Vasen, Nippes und andere hübsche Dinge aus Ton zu formen, zu bemalen und zu brennen." (52)

Für NATO-Spion Rainer Rupp läuft es nicht ganz so glatt. Ende Dezember 1998 wird er in den offenen Vollzug nach Saarlouis verlegt. Die PDS-Bundestagsfraktion in Bonn möchte ihn gern als freien Mitarbeiter beschäftigen. In der PDS-Landesgeschäftsstelle Saarbrücken soll er für sie täglich internationale Zeitungen auswerten und seine Analysen per Fax schicken. Doch dagegen bricht ein Proteststurm aus allen anderen Parteien los. Bundestagspräsident Wolfgang Thierse (SPD) erteilt Rainer Rupp vorsorglich ein Hausverbot für die Räume des Parlaments. Im Januar 1999 sagt „Topas" den Job ab. Er schreibt den Genossen, daß seine Familie durch die öffentliche Diskussion über die geplante Tätigkeit „in unerträglicher Weise" (53) belastet werde.

Diese Gefahr scheint es einige Jahre später nicht mehr zu geben. In Vorbereitung der Bundestagswahl im September 2002 bewirbt sich Rainer Rupp auf dem Landesparteitag der PDS Mecklenburg-Vorpommern sogar um den Spitzenplatz auf der Landesliste der Partei. Er will für die „Kommunistische Plattform" in den Bundestag einziehen und bekommt 25 der 110 Delegiertenstimmen. (54)

Mit der schnellen Genehmigung des offenen Strafvollzugs für die verurteilten West-Spione der Stasi und der Gewährung der „Halbstrafe" soll deren Wiedereingliederung in das normale Leben nach der Haft erleichtert werden. Das nehmen die Kundschafter emotionslos als gegeben hin, denn schließlich fühlen sie sich ohnehin ungerecht behandelt. Dieter W. Feuerstein: „Am 7. Oktober 1994 wurde ich aus der Gefangenschaft entlassen. Das Urteil lautete über acht Jahre, und ich mußte nur die Hälfte davon verbüßen. Wie sich im übrigen gezeigt hat, eine gängige Praxis des Bayrischen Obersten Landesgerichts, im Gegensatz zu den Oberlandesgerichten in anderen Bundesländern. Zum Ende meiner Gefangenschaft schulte ich zum Redakteur um, fand kurzzeitig Arbeit und war bis Anfang 1998 arbeitslos." (55)

Trotz vorzeitiger Entlassung fühlen sich die inoffiziellen Mitarbeiter der Stasi im Westen auch weiterhin als Opfer der Justiz. Die kollektive Meinung der ehemaligen Spione beschreibt Monika Windhorn, selbst in der Initiative „Kundschafter des Friedens fordern Recht" engagiert: „So konnte das Zweiklassen-Strafrecht, die völkerrechtswidrige Praxis der Ungleichbehandlung und die soziale Abstrafung nach der Haft ungehindert in voller Härte durch die BRD-Justiz angewendet werden; wohl wissend, daß von den Linken der Alt-BRD kaum Proteste zu erwarten waren. Sie überließen widerspruchslos diese Menschen den Repressalien der bundesdeutschen Klassenjustiz." (56)

Diese harsche Einschätzung wird von der tatsächlich stattgefundenen Anklagepraxis nicht bestätigt. Dennoch bestimmt sie die grundsätzliche persönliche Haltung fast aller westdeutschen Stasi-Spione vor Gericht.

Wer noch vor den Richter muß

Die bunten Schaufenster im Westen, die erste Bustour nach Amsterdam, der blaue Hunderter Begrüßungsgeld und jeden Tag Bananen und Apfelsinen in der heimischen Kaufhalle lassen viele Stasi-Offiziere ihre martialischen Vokabeln vom „Kampf an der unsichtbaren Front", „Schild und Schwert der Partei" und „Klassenfeind" schnell vergessen.

Solcherart „einseitige Abrüstung" bleibt auf den Osten beschränkt. Die „Kundschafter" im Westen sind von den Segnungen des Kapitalismus überhaupt nicht zu beeindrucken. Schließlich haben sich die meisten von ihnen ja gerade deshalb mit der Stasi eingelassen, weil sie all den bunten Schnickschnack für nichts anderes als dicke Schminke auf der häßlichen Fratze dahinter halten. Für sie beginnt die bessere Welt in der DDR. Daß diese für immer erhalten bleibt und vielleicht sogar einmal so stark wird, um auch die im Wohlstand lebenden Arbeiter zu Hause zu beeindrucken, dazu wollten sie ihr Scherflein beitragen.

Daß diese Leute nun die Spionage- und Verratsprozesse als Vergeltung der Feinde von gestern werten, liegt auf der Hand. Karl

Gebauer alias „Claus Reuter“, erinnert sich, wie nach gut 18 Monaten Untersuchungshaft am 9. Dezember 1993 sein Verfahren vor dem Zweiten Strafsenat des Berliner Kammergerichts begann: „Der Vorsitzende Richter Wolfgang Paetzelt war ein ehrenwerter Mann, er bemühte sich erkennbar um Fairneß, aber der Zeitgeist, der nach Rache rief, beeinflußte auch ihn. Die Verhandlung fand unter Ausschluß der Öffentlichkeit statt. Beweise lagen nicht vor, die Gutachter waren nicht neutral, meine Verteidiger dem Verfahren – freundlich formuliert – nicht gewachsen. Oberstaatsanwalt Dr. Wilhelm Schmidt forderte dreizehn Jahre, mein Verteidiger plädierte für sieben, weil inzwischen viel Zeit ins Land gegangen sei und das gelieferte Material technisch längst überholt wäre.“ (57) Die Richter brauchen bis zum 27. Januar 1994, um das Urteil zu sprechen: Zwölf Jahre Haft. Karl Gebauer fühlt sich hart betroffen, „aber nicht unbedingt niedergestreckt“. (58)

Diese Betroffenheit ist es vor allem, unter der auch viele andere Stasi-Spione im Westen leiden. Sie empfinden sich zu Unrecht kriminalisiert und von ihren DDR-Genossen verraten. Dieter Popp, für den militärischen Nachrichtendienst der NVA als „Asriel“ auf der Bonner Hardthöhe aktiv: „Die stärksten Eindrücke waren für mich bei den belastenden Aussagen das ‚Auge in Auge‘ Gegenüberstehen. Menschen, denen ich vertraute und die ich als Mitkämpfer geschätzt und geliebt hatte, wurden plötzlich willfährige Hilfswillige der ‚Vollstrecker‘ – Es war nie Haß, aber es tat sehr weh (...).“ (59) Er wirft dem Oberlandesgericht Düsseldorf sogar vor, den Prozeß manipuliert zu haben: „Im Verlauf des Verfahrens bzw. während der Hauptverhandlung traten Belastungszeugen wie die ‚Orgelpfeifen‘ auf. Ihnen wurde versprochen, wenn sie mich belasten, wird das Verfahren gegen sie selbst eingestellt. Einige waren auch ‚Zeugen‘, die mich nie gesehen und mit mir nie etwas zu tun hatten. Entsprechend abenteuerlich waren auch deren Aussagen.“ (60)

Solcherart Eindrücke mögen auch manch andere Angeklagte gehabt haben. Sie belegen die Wunden des Verrats, den Schmerz der mit der DDR zerbrochenen Hoffnungen und die ohnmächtige Wut über die Differenzierung zwischen ehemaligen Bundes- und DDR-Bürgern – typisch für die tatsächliche Aufarbeitung der Stasi-Spionage sind sie nicht.

Nach der Entscheidung des Bundesverfassungsgerichts im Mai 1995 werden frühere DDR-Bürger nur noch in Ausnahmefällen angeklagt. Darüber entschieden wird nach ihren Taten. Nur wenn diese nach Art und Umfang außergewöhnlich verwerflich waren – die Juristen sagen, einen „besonderen Unwert aufweisen" –, werden die Beschuldigten vor die Schranken des Gerichtes zitiert.

Dadurch wird zum Beispiel die Zahl der Reisen in den Westen zum Maßstab für eine eventuelle Verurteilung. Davon sind nicht nur die Mitarbeiter der HVA und der „Linie XV" der Stasi-Bezirksverwaltungen betroffen, sondern auch all jene, die ihre eigenen IM im Westen führten, wie die Spionageabwehr, die Observierung und die mit wirtschaftlichen Fragen beschäftigten Diensteinheiten.

Sehr genau achten die Ermittler auch auf den Umgang der Führungsoffiziere mit „ihren" IM. Stellen die Ermittler hier einen besonderen Mißbrauch fest, müssen sich die Stasi-Männer nun dafür verantworten. Prozesse, die aus solchen Gründen geführt werden müssen, zeigen besonders drastisch, wie schmal der Grat zwischen Tätern und Opfern im Spionagegeschäft ist. Da erfahren vor Gericht plötzlich verliebte Sekretärinnen, daß ihr Schwarm auf einmal einen ganz anderen Namen hat, in der DDR seit Jahren verheiratet ist und ihre heißen Liebesbriefe als Studienmaterial an der Stasi-Schule gelandet sind.

Ein entscheidender Punkt ist auch das Verhalten der Beschuldigten. Zeigen sie keinerlei Unrechtsbewußtsein oder verweigern jegliche Sachangaben, können sie nicht auf Milde bauen. Die Staatsanwälte meinen, wer sich so verhält, darf sich nicht auf der anderen Seite so ohne weiteres auf das im Rechtsstaatsprinzip wurzelnde Verfolgungshindernis berufen. (61)

Führen diese Faktoren zu einem Verfahren, werden verschieden Tatumstände als strafverschärfend gewertet. Dazu gehört an erster Stelle die Dauer der nachrichtendienstlichen Tätigkeit. Mit harter Strafe müssen aber auch solche Stasi-Offiziere rechnen, die ihre inoffiziellen Mitarbeiter mit Zwang und Nötigung „geworben" haben. Als besonders verwerflich sehen es die Richter an, wenn zum Beispiel Liebe vorgespiegelt oder andere menschlichen Gefühle schamlos ausgenutzt wurden. Ebenfalls strafverschärfend ins Gewicht fällt die Übergabe von ehemaligen Stasi-Agenten nach dem Ende der DDR an das KGB. Obwohl eine solche Übergabe kaum nachzuweisen ist, spielt die Annahme, daß dadurch eine bis in die Gegenwart fortbestehende Bedrohung der äußeren Sicherheit der Bundesrepublik erfolgt sein könnte, immer wieder eine Rolle.

Wesentlich breiter als dieses Spektrum strafverschärfender Gründe ist das der strafmildernden Faktoren. Hier findet die sozialistische Motivation der Angeklagten ebenso Berücksichtigung, wie die Tatsache, daß ihre Verhaftung erst durch das Ende der Ost-West-Konfrontation möglich wurde. Die den Stasi-Leuten in der DDR anerzogenen Haltungen gegenüber der Bundesrepublik werden als Motiv akzeptiert, die laschen Sicherheitsmaßnahmen des Westens zu ihren Gunsten bewertet. Daß mit der deutschen Einheit kein fortdauernder oder bleibender Schaden mehr besteht, schlägt auch strafmildernd zu Buche. Sogar die persönliche Belastung der Angeklagten durch das starke öffentliche Interesse an ihren Taten läßt die Strafe schrumpfen, und schließlich kann völlig auf Prävention verzichtet werden, weil ja durch das Ende der DDR die Wiederholung der Tat ausgeschlossen und Abschreckung für Nachahmungstäter nun wirklich nicht mehr nötig ist. (62)

Konsequenzen hat der Spruch der Verfassungsrichter natürlich auch für die bisherige Einstellungspraxis. Wer bereits auferlegte Zahlungen nach Paragraph 153a der Strafprozeßordnung nicht leistet, wird angeklagt. Glück haben jene, die erst Teilbeträge überwiesen haben. Ihnen werden die noch ausstehenden Raten erlassen. Ganz anders dagegen, wenn das Verfahren gegen Zahlung bereits eingestellt wurde und die vormals Beschuldigten nun Wiederaufnahme beantragen, um ihr Geld zurückzubekommen. Dieses Ansinnen wird durchweg abgelehnt. (63)

Insgesamt führt das Zusammenspiel all dieser Faktoren zu einer relativ geringen Zahl von Spionageprozessen. Dabei entsteht zunächst vordergründig der Eindruck, daß es die früheren Bürger West „schlimmer“ als die ehemaligen Bürger Ost getroffen habe. Dabei werden die vielen Verfahrenseinstellungen aus Opportunitätsgründen gegen einstige Bundesbürger übersehen. Sie erfolgen zum einen, wenn sich der von den Spionen angerichtete Schaden in Grenzen hält, zum anderen, wenn die nun straffreien Führungsoffiziere und Instrukteure so viel Schuld auf sich geladen hatten, daß nur die Bestrafung ihrer Gefolgsleute nun zu hart erschien. Bundesanwalt Joachim Lampe: „In vielen Fällen war es ungerecht, den IM-West allein die schweren Folgen der nachrichtendienstlichen Verstrickung tragen zu lassen.“ (64) So profitieren also auch die Täter West auf dem Umweg über die Täter Ost von der Entscheidung des Bundesverfassungsgerichts.

Damit geht die Aufarbeitung der deutsch-deutschen Spionage insgesamt mit viel Fingerspitzengefühl zu Ende. Das belegen die Zahlen von den einstmals eingeleiteten Ermittlungsverfahren bis hin zu den letztlich daraus folgenden Verurteilungen.

Die Bilanz

Mattes Licht, von ein paar schmutzigweißen Glasziegeln anstelle eines Fensters gefiltert, fällt in die Zelle. Die Einrichtung ist karg. Rechts hinter der Tür ein Sprelacart-Hängeschränkchen, dahinter die Holzpritsche mit ihrer Drei-Zentimeter-Schaumgummiauflage und der blaukarierten Bettwäsche. Gleich links die Toilette, daneben ein Waschbecken mit einem kleinen, von ein paar Fliesen umgebenen Spiegel und schließlich ein Klapptischchen an der Wand mit einem Hocker. Der Steinfußboden und die gestrichenen Wände atmen Kühle, der trichterförmige Spion in der grauen Tür suggeriert ständige Überwachung.

Als Stasi-Chef Erich Mielke im Dezember 1989 die ersten Tage seiner Untersuchungshaft in Berlin-Hohenschönhausen einsitzt, beschwert er sich bei Kriminalkommissar Konrad Neugebauer über die schlechten Haftbedingungen. Dabei war für ihn die zentrale U-Haftanstalt der Stasi sogar extra noch ein bißchen modernisiert worden. Beim nächsten Mal, ab 26. Juli 1990 kommt er dann nach einem Krankenhausaufenthalt gleich ins komfortablere Gefängnis Moabit, ehemals West-Berlin.

Den meisten seiner Genossen bleiben solcherart Erfahrungen ohnehin erspart.

Bis zum 31. Juli 1997 sind die Ermittlungsverfahren und Gerichtsverhandlungen gegen die DDR-Spione im wesentlichen abgeschlossen. Bundesanwalt Joachim Lampe: „Offene Verfahren, in denen noch mit Freiheitsstrafe zu rechnen ist, gibt es nicht mehr. Die Strafverfolgung wegen Spionage ist absolut verjährt – egal ob Bundesbürger oder Bürger der DDR betroffen sind.“ (65)

Deshalb erfaßt die Statistik des Generalbundesanwalts auch nur Verfahren bis zu diesem Zeitpunkt. Danach gibt es noch einige Dutzend Ermittlungsverfahren wegen Landesverrat, die nicht mehr gesondert ausgewiesen werden.

Im Zusammenhang mit der Verurteilung einer 69jährigen Berliner Rentnerin zu zwei Jahren Haft auf Bewährung wegen Landesverrats am 25. Februar 2002 äußert Bundesanwalt Joachim Lampe, daß dies das letzte Verfahren sei und auch die nach 1997 noch laufenden Ermittlungsverfahren zu keinen bedeutsamen Verhandlungen mehr geführt hätten.

Die Frau hatte unter dem Decknamen „Jutta“ von 1969 bis 1989 als Mitarbeiterin im Berliner Finanzsenat unter anderem Protokolle des Bundestags-Haushaltsausschusses über militärische Beschaffungsvorhaben an die Stasi geliefert. Ihr Motiv dafür war zum einen die Zuneigung zu ihrem ebenfalls in die Spionage verstrickten Ehemann, zum anderen ihr politisches Bestreben, etwas zum Gleichgewicht der Machtblöcke in Ost und West beizutragen. (66)

Offenbar rechnet der Generalbundesanwalt inzwischen nicht mehr damit, des Überläufers Hansjoachim Tiedge vor Verjährung seines Landesverrats im Sommer 2005 habhaft zu werden.

Damit kann die juristische Aufarbeitung der deutsch-deutschen Spionage durchaus an der zum 31. Juli 1997 Gesamtbilanz bewertet werden. Die wenigen nachträglichen Verfahren ändern nichts mehr an der Tendenz des juristischen Umgangs mit der DDR-Spionage durch die Bundesrepublik.

Deren Staatsanwälte leiteten bis zum 31. Juli 1997 insgesamt 5636 Ermittlungsverfahren ein. Davon waren 7099 Beschuldigte betroffen. Aus der früheren DDR kamen 4171 von ihnen.

Diese Zahl wird immer dann genannt, wenn bewiesen werden soll, daß faktisch der gesamte HVA-Spionageapparat juristisch belangt wurde. Diese Behauptung gerät jedoch bereits durch die Art und Weise des Umgangs mit den Ermittlungsverfahren ins Wanken.

Per 31. Juli 1997 sind von den 4171 Ermittlungsverfahren 4079 erledigt. Bei 3812 Verfahren erfolgte dies durch Einstellung.

Das entspricht 93,3%. Der überwiegende Teil, genau 52,2% oder 1988 Verfahren, verschwindet in den Akten, weil aus tatsächlichen oder rechtlichen Gründen keine Anklage möglich ist. (67)

Weitere 1757 Ermittlungsverfahren, 46,1%, werden wegen Geringfügigkeit, zum Teil gegen Auflagen, eingestellt. (68) Und schließlich landen 67 Verfahren, das sind noch einmal 1,8%, wegen Todes, dauernder Verhandlungsunfähigkeit oder ähnlichen Gründen in den Schubladen.

In nur zwei Prozent der Fälle, davon sind 82 ehemalige DDR-Bürger betroffen, wird bis Ende Juli 1997 Anklage erhoben. 92 Ermittlungsverfahren sind zu diesem Zeitpunkt noch offen, führen aber auch in den Folgejahren zu keinen bemerkenswerten Urteilen mehr.

Von den 82 erhobenen Anklagen gegen Bürger der früheren DDR werden 43,4% – das sind 33 Anklagen – durch Beschluß oder Urteil eingestellt und 23,7% – weitere 18 Anklagen – durch Rücknahme erledigt. (69)

Insgesamt sprechen die deutschen Gerichte 23 Strafen aus. Darunter gibt es eine Verwarnung mit Strafvorbehalt und 22 Freiheitsstrafen. Von den Freiheitsstrafen liegen 20 im Strafmaß von unter zwei Jahren. Sie werden auf Bewährung ausgesetzt. Einbezogen in diese Bilanz sind bereits Verurteilungen von Personen aus der früheren DDR, die ursprünglich wegen Landesverrats oder geheimdienstlicher Agententätigkeit angeklagt waren, aber nach der Entscheidung des Bundesverfassungsgerichts vom Mai 1995 nur noch wegen einer damit im Zusammenhang stehenden Straftat aus der allgemeinen Kriminalität – wie Freiheitsberaubung, Bestechung oder ähnliches – verurteilt worden sind. (70)

Ein etwas anderes Bild zeigt sich bei der Anzahl der verhängten Strafen gegen ehemalige Bundesbürger.

Auch hier ist zunächst eine hohe Zahl von eingestellten Ermittlungsverfahren festzustellen. Die Gründe entsprechen denen der Einstellung von Verfahren gegen die ehemaligen DDR-Bürger. Von insgesamt 2928 Verfahren gegen Westdeutsche führen bis zum 31. Juli 1997 lediglich 253 zu rechtskräftigen Verurteilungen. Es werden acht Geldstrafen und 245 Freiheitsstrafen ausgesprochen. Im Bereich möglicher Bewährungsaussetzungen, also unter zwei Jahre, liegen dabei 194 Strafen. Bei dem Rest von 51 Strafen beträgt das Strafmaß zwischen zwei und zwölf Jahren, was zur Haft für die Betroffenen führt. (71) Sie können frühestens nach Verbüßung der Hälfte ihrer Strafe auf freien Fuß gesetzt werden.

Der Grund für diese ungleich erscheinende Behandlung liegt in der Rechtsprechung des Bundesverfassungsgerichts. Die Betroffenen sehen darin jedoch bis heute ausschließlich eine politische Motivation. Als sich die westdeutschen „Kundschafter an der unsichtbaren Front“ 1995 das erste Mal treffen, stellt Gabriele Gast fest: „Niemand hatte die eklatante Ungleichbehandlung der deutsch-deutschen Spionage nach der Vereinigung von BRD und DDR auch nur im entferntesten akzeptiert, gab es hierfür doch keine rechtliche, sondern nur eine politische Begründung.“ (72) Trotz der umfänglichen Auseinandersetzung der Verfassungsrichter mit dem Grundgesetz folgen die verurteilten West-Spione offenbar nicht deren Auffassungen: „Es fand sich auch niemand unter uns, der nicht die fortgesetzte Strafverfolgung der DDR-Kundschafter im vereinten Deutschland als bedeutsame Verletzung des Grundrechts auf Gleichheit vor dem Gesetz empfunden hätte. Waren doch mit der deutschen Vereinigung nicht nur die Agenten des BND in der DDR, sondern auch die anderer westlicher Geheimdienste automatisch von jeglicher Strafverfolgung freigestellt worden.“ (73)

Mit dem Abschluß der juristischen Aufarbeitung der Spionagegeschichte zwischen den beiden deutschen Staaten ist es nicht gelungen, diese Diskussion zu beenden. Über den Kreis juristischer Fachdispute hinaus hat sie inzwischen ein Eigenleben angenommen, das von völlig verhärteten Fronten und der Diktion des kalten Krieges beherrscht wird. Der wurde auf beiden Seiten des Eisernen Vorhangs geführt. Im Osten brachte er Rechtsauffassungen hervor, die heutige Vorwürfe von „Siegerjustiz“ geradezu lächerlich erscheinen lassen.

Siegerjustiz oder Gerechtigkeit?

An diesem Freitag, es ist der 19. Februar 1982, schäumt Erich Mielke schon am frühen Morgen vor Wut. Das von der Sekretärin gekochte Frühstücksei ist zu weich, der „Mocca-fix“

zu stark, und der Volvo hat wieder mal weiße Salzspuren am schwarzen Blech. Als der Minister zur Kollegiumssitzung eilt, ahnen die aufspringenden Generäle, daß ein Donnerwetter ins Haus steht. Und es folgt sofort. Erich Mielke wettert über einen Verräter aus den eigenen Reihen, Hauptmann Werner Teske. Er ist längst zum Tode verurteilt und seit mehr als acht Monaten hingerichtet, aber offenbar halten das einige seiner Leute für ein zu hartes Urteil. Jetzt nimmt der Minister den wankelmütigen Genossen so richtig Maß: „Genossen, wir sind nicht davor gefeit, einen Schuft unter uns zu haben. Wenn ich das schon jetzt wüßte, würde er ab morgen schon nicht mehr leben. Kurzer Prozeß. Weil ich Humanist bin, deshalb habe ich solche Auffassung. Lieber Millionen Menschen vom Tode retten, als einen Banditen leben lassen, der uns die Toten bringt. Ich habe das mal richtig erklärt, warum man so hart sein muß. Das ganze Geschwafel, von wegen nicht hinrichten und nicht Todesurteil – alles Käse, Genossen; Hinrichten, wenn notwendig auch ohne Gerichtsurteil." (74)

An dieser „Rechtsauffassung" hat sich auch Jahre später nichts geändert. Auf einer Dienstbesprechung mit seinen Offizieren wertet Erich Mielke im Frühjahr 1989 einen „Grenzdurchbruch" aus. Am 5. Februar war der 20jährige Chris Gueffroy im Kugelhagel an der Berliner Mauer tödlich getroffen zusammengebrochen. Sein Freund konnte fliehen. Das macht Mielke wütend: „Wenn man schon schießt, dann muß man es so machen, daß nicht der Betreffende noch rüberkommt, sondern dann muß er eben dableiben bei uns. Ja, so ist die Sache. Was ist denn das, 70 Schuß loszuballern, und der rennt nach drüben, und die machen eine Riesenkampagne." (75)

Solch „kurzem Prozeß" steht der lange Prozeß der Bemühungen um die Aufarbeitung der Spionage gegenüber. Die Bundesrepublik hat darin ihre Schutz- und Abwehrmaßnahmen gegen die ehemalige DDR-Spionage auf ein Mindestmaß beschränkt. Diese Beschränkung ist nicht nur an Zahl und Umfang der verhängten Strafen, sondern auch an der Struktur der Verfahren erkennbar. Von Anfang an bestand die Absicht, vor allem die Leitung der Stasi-Spionage und einige wichtige Führungsoffiziere zur Verantwortung zu ziehen. Obwohl mehr als die Hälfte der eingeleiteten Verfahren vom Generalbundesanwalt an die zuständigen Gerichte der Bundesländer abgegeben wurden, per 31. Oktober 1996 waren das 3926 von 6641 Verfahren (76), wird dieser „Beispielcharakter“ bis zum Schluß gewahrt. So klagt der Bundesanwalt am 14. Dezember 1992 einen Führungsoffizier der Hauptabteilung VIII an, der an einem Tötungsdelikt beteiligt ist. Am 4. Mai 1994 folgt ein „Offizier im besonderen Einsatz“ der Abteilung I der HVA wegen seiner herausgehobenen Bedeutung als langjähriger Instrukteur des früheren Bundesgeschäftsführers der SPD, Karl Wienand, und am 7. November 1995 wird Anklage erhoben gegen einen hauptamtlichen inoffiziellen Mitarbeiter, der sich wegen des besonderen Mißbrauchs einer inoffiziellen Mitarbeiterin West verantworten muß.

Demgegenüber ist aber auch die große Zahl der Verfahrenseinstellungen von früheren DDR- und Bundesbürgern aus Opportunitätsgründen bemerkenswert. Allein vor diesem Hintergrund scheint der Vorwurf von Siegerjustiz zumindest in der Bilanz der juristischen Aufarbeitung dieses Kapitels der deutschen Geschichte nicht gerechtfertigt. Die Gründe dafür, daß dies vor allem Betroffene anders empfinden, aber auch Juristen und Politiker immer noch kontrovers diskutieren, liegen tiefer: Die Justiz sollte ein Problem lösen, dessen allseits befriedigende Regelung nur auf politischem Wege möglich gewesen wäre. Dazu bestand vor der Einheit eine parteiübergreifende Bereitschaft, die aus Opportunismus – ein Amnestiegesetz für Stasi-Spione hätte den rechtzeitigen Abschluß des Einigungsvertrags gefährdet – aufgegeben wurde. Es ist ein Armutszeugnis für die Politik, daß sie in dieser Frage ihre Verantwortung nicht wahrgenommen und auf die Justiz delegiert hat.

Dies ist um so mehr der Fall, weil Staatsschutzdelikte immer auch eine politische Dimension haben. Sie liegt im Grundkonsens des Staates über die Verteidigung seiner Werte. Dennoch dürfen tagespolitische oder gar parteipolitische Erwägungen Richter bei der Beurteilung solcher Delikte nicht beeinflussen. Denn nach Artikel 97, Absatz 1 des Grundgesetzes sind sie unabhängig und nur dem Gesetz unterworfen.

In der juristischen Bewertung der deutsch-deutschen Spionage war die Wahrung der Unabhängigkeit nicht immer einfach. Trotzdem scheint der Balanceakt zwischen Recht und Politik durch die aufwendige Arbeit der Juristen geglückt. Die relativ geringe Zahl von Verurteilungen von Spionen aus Ost und West spricht dafür.

Daß solche Prozesse trotz aller richterlichen Unabhängigkeit trotz allem nie ganz frei von politischen Erwägungen sind, zeigt das Vorgehen der Bundesanwaltschaft gegen Markus Wolf. Als nach dem Spruch der Verfassungsrichter die Verfolgung seiner Spionagestraftaten unmöglich wird, lehnt es der Generalbundesanwalt dennoch ab, auch sein Verfahren einzustellen. Das bewertet der Berliner Jurist Ivo Thiemrodt, der über „Strafjustiz und DDR-Spionage“ promoviert hat, so: „Die Ursache dafür wird weniger in rechtlichen als in sonstigen Besonderheiten seines Falls zu finden sein. Wolf hatte im Gegensatz zu den anderen Angeklagten immer die Öffentlichkeit und den Konflikt mit der Justiz gesucht. Er beharrte kompromißlos auf einem formalen Sieg. Ein solcher sollte ihm nicht gelingen. So wurde er wegen fast schon vergessener Begleitdelikte, sogenannter ‚systemtypischer Mittel zur Erreichung operativer Ziele‘, im Mai 1997 schließlich rechtskräftig zu einer Freiheitsstrafe verurteilt.“ (77)

Das hat seine Vorgeschichte.

Markus Wolf ist ein Straftäter

„Mein Name ist Wolf, Markus Wolf.“ Zugegeben, die letzten beiden Wörter sind hinzugedichtet, aber ansonsten hat sich die Ankunft des bis dahin flüchtigen Generaloberst am 24. September 1991 um 8.32 Uhr am Grenzübergang Bayrisch Gmain genauso zugetragen, wie bei James Bond. Der Spionagechef der DDR stellt sich, und Bundesanwalt Joachim Lampe ist quer durch die Republik gereist, um ihn in Empfang zu nehmen. Auch das übrige Ambiente stimmt mit dem Klischee vom Super-Agenten überein. Die elegant gekleideten Herren nehmen in einem Mercedes der S-Klasse Platz, und in rasender Fahrt geht es nach Karlsruhe. Zunächst wird Markus Wolf als Zeuge gebraucht. Das bringt zwar wenig neue Erkenntnisse, ihm dafür aber allerhand ein. So macht er zum Beispiel im Prozeß gegen Klaus Kuron von seinem Zeugnisverweigerungsrecht Gebrauch, sagt einmal „Nein“ und einmal „Ja“ und kassiert dafür 1500 Mark Spesen. Wenig erfährt das auch der Schalck-Untersuchungsausschuß des

Bundestags. Im September 1992 erklärt Markus Wolf innerhalb seiner 85minütigen Befragung 89mal: „Keine Antwort." (78)

Schweigsam läßt der Generaloberst auch seinen Prozeß wegen Landesverrats vor dem Oberlandesgericht Düsseldorf über sich ergehen. Als ihn die Richter Ende 1993 deshalb zu sechs Jahren Haft verurteilen, fragt er nach: „Welches Land soll ich verraten haben?" (79)

Eine endgültige Antwort darauf findet nicht einmal das Bundesverfassungsgericht. Sein Spruch vom Mai 1995 veranlaßt aber schließlich den Bundesgerichtshof, das Urteil gegen Markus Wolf wieder aufzuheben und das Verfahren zur erneuten Verhandlung nach Düsseldorf zurückzuverweisen.

Nun ist in der Bundesanwaltschaft gründliches Aktenstudium angesagt. Strafbar bleiben nach der Entscheidung der Richter in den roten Roben ja noch Spionage aus anderen Staaten gegen die Bundesrepublik und kriminelle Delikte jenseits der geheimdienstlichen Agententätigkeit. Immerhin ist Markus Wolf als „Dr. Cremer" bei einem Agententreff in Stockholm einmal fotografiert worden, aber die Ermittler wollen auf Nummer sicher gehen und konzentrieren sich eher auf die Begleittaten. Dazu gehört vor allem der Menschenraub durch die Stasi.

Zwischen 1949 und 1964 fielen ihm rund 400 namentlich bekannte Menschen zum Opfer. Gelingt es den Staatsanwälten, dem Spionagechef eine Tatbeteiligung an nur einem dieser Fälle nachzuweisen, kann er verurteilt werden.

Fündig werden sie schließlich in einem Fall, der am 5. September 1962 in einem Steinbruch bei Linz in Österreich spielt.

Am Abend dieses Tages steigen der Stasi-Hauptmann Walter Thräne und seine Freundin Ursula Schöne am Bahnhof Kremsmünster in das Auto des Kraftfahrzeugmeisters Gottfried Schreiber. Dieser will die beiden nach Wien bringen. Als der Wagen gegen Mitternacht bei Linz auf die Straße 125 Richtung tschechische Grenze abbiegt, bleibt Walter Thräne arglos. Schreiber hatte ihm versprochen, ihn vor der Stasi in Sicherheit zu schaffen. Darauf vertraut er auch noch, als das Auto plötzlich in einen verlassenen Steinbruch einbiegt und von gegenüber kurz Scheinwerfer aufblinken.

Walter Thräne ist am 11. August 1962 über eine Agentenschleuse im Berliner Bahnhof Friedrichstraße nach West-Berlin geflohen. Der damals 36-jährige Hauptmann hatte gerade seinen Job als stellvertretender Chef der Arbeitsgruppe Wissenschaftlich-Technische Auswertung (WTA) verloren, die Informationen aus der Bundesrepublik analysierte. Der Grund dafür war eine Liebschaft des verheirateten Mannes mit der 22jährigen Krankenschwester Ursula Schöne. Das verstieß in den Augen der Genossen gegen die sozialistische Moral und gefährdete überdies die Konspiration und Geheimhaltung. Deshalb wird Walter Thräne Ende Juni 1962 zum Oberleutnant degradiert und versetzt.

Nun soll er die Binnenreederei „Weiße Flotte" bearbeiten. Der Stasi-Mann fühlt sich ungerecht behandelt. Seine neue Arbeit, Spitzelberichte schreiben und inoffizielle Mitarbeiter führen, ist ihm zuwider. Walter Thräne sucht nach einem Ausweg. Der scheint ihm in der Flucht in den Westen zu liegen.

Der Insider weiß, daß es mit einem tödlichen Risiko verbunden wäre, wenn er in West-Berlin bei den Geheimdiensten auspackt. Der lange Arm der Stasi reicht in jeden Winkel der „Frontstadt". Walter Thräne will für sich und seine Freundin deshalb möglichst schnell westdeutsche Papiere beschaffen und irgendwo unauffällig untertauchen.

Dabei soll ihm der West-Berliner Manfred Homann helfen. Thräne kennt ihn, weil der Handelsvertreter gleichzeitig geheimer Mitarbeiter der WTA ist. Er vertraut seinem Stasi-Kollegen mehr als den zahlreichen westlichen Geheimdiensten und hofft, mit dessen Hilfe geräuschlos verschwinden zu können.

Manfred Homann verspricht Walter Thräne Unterstützung, doch die kann er nicht allein leisten. Er macht den Flüchtling mit dem Kaufmann im Ost-West-Geschäft Arthur Tyroller, dessen Frau Anna-Maria und Gottfried Schreiber bekannt und besorgt neue Papiere. Was Walter Thräne nicht ahnt: Alle arbeiten als IM für die Stasi.

Die wird von Manfred Homann umgehend von der Kontaktaufnahme Walter Thränes informiert. Der IM fürchtet, der geflohene Offizier aus Ost-Berlin könnte ihn und seine Stasi-Kollegen enttarnen. Deshalb reisen er, Arthur Tyroller und Gottfried Schreiber mehrfach nach Ost-Berlin und erstatten Paul Bilke, Thränes Stasi-Vorgesetztem, Bericht. Nun werden im Hauptquartier in der Normannenstraße Pläne geschmiedet, den Verräter zurückzuholen.

Der Boden in West-Berlin, kurze Zeit nach dem Mauerbau, scheint zu heiß. Hier tummeln sich die Alliierten. Eine Entführung ist schwierig geworden, seit die Sektorengrenze nicht mehr offen ist. Aber das neutrale Österreich bietet sich an. HVA-Kommandos reisen dorthin und nach Prag und sondieren das Terrain.

Walter Thräne, inzwischen in Heidelberg, fürchtet immer noch die Vollstrecker der Stasi. Sein „Freund“ Manfred Homann schürt die Angst, aber schließlich weiß er auch einen Ausweg: Thräne soll sich in die Obhut von Kontaktleuten in Österreich begeben, dort würde er auch Arbeit finden und unbehelligt bleiben.

Der Flüchtling und seine Freundin vertrauen ihm, bis an jenem Abend im Steinbruch bei Linz plötzlich die Autotüren aufgerissen werden und er in eine Pistolenmündung blickt. Zwei Männer zerren ihn aus dem Wagen, schleifen ihn zu einer nahen Baubude. Ursula Schöne rennt schreiend hinterher. Er kurzer, harter Schlag auf den Hinterkopf läßt sie verstummen.

Walter Thräne und Ursula Schöne wachen erst am nächsten Tag in einem Prager Gefängnis wieder auf. Auf dem Flugplatz steht eine TU-134 der DDR-Regierungsstaffel bereit. Die beiden landen wenig später in der Stasi-Haftanstalt Berlin-Hohenschönhausen.

Gottfried Schreiber fliegt nach Ost-Berlin und erstattet Major Bilke Bericht. Er und Arthur Tyroller kassieren für die erfolgreiche Aktion 10 000 Mark Prämie. Als Anerkennung bekommen sie noch eine Kiste Zigarren. Bei diesem Gespräch taucht plötzlich ein Stasi-Offizier auf, den Schreiber später als „der Elegante“ beschreibt. Er erklärt, Walter Thräne sei in sicherer Verwahrung, und seine Freundin werde wohl drei Jahre Haft bekommen. Als IM Schreiber daraufhin meint, Thräne könne dann ja wohl mal eine Postkarte schreiben, sagt „der Elegante“ nebenbei: „Der schreibt keine Postkarten mehr“ und geht. (80) Später wird vermutet, „der Elegante“ sei Markus Wolf gewesen. Nach heutiger Kenntnis war es aber wohl Oberst Folk, der zusammen mit Oberst Weiberg die Aktion geleitet hat. Beide sind Abteilungsleiter in der HVA, deren Chef Markus Wolf damit letztlich die Verantwortung für das Kidnapping trägt.

Im Westen glaubt man wegen der Postkarten-Bemerkung bis zum Ende der DDR, Walter Thräne sei hingerichtet worden. Erst nach der Wende stellt sich heraus, daß er in einem zehnminütigen Prozeß zu fünfzehn Jahren Zuchthaus verurteilt worden ist. Zehn Jahre davon sitzt er in strenger Isolationshaft ab, dann wird er bei einer Amnestie entlassen. Walter Thräne erlebt es noch, daß sein Urteil aufgehoben und in einen Freispruch umgewandelt wird. Im Jahr 1993 stirbt er.

Seine Freundin Ursula Schöne wird zu vier Jahren Haft verurteilt, von denen sie drei Jahre und vier Monate absitzt. Auch ihr Urteil wird nach dem Ende der DDR aufgehoben. Sie lebt danach schwer krank in Chemnitz.

Markus Wolf bestreitet vor Gericht, daß sich die Entführung – er nennt sie „Rückführung" – so abgespielt hat, wie sie Gottfried Schreiber, das Ehepaar Tyroller und die Entführten beschreiben. Für ihn gehören solche Aktionen „zum Alltag der Dienste" (81), und man versuche jetzt, ihn in einem politischen Verfahren „als ordinären Kriminellen hinzustellen". (82)

Nach seiner Darstellung seien Walter Thräne und Ursula Schöne freiwillig in das Stasi-Auto eingestiegen, weil sie vermuteten, dort Beamte eines westdeutschen Dienstes zu treffen. Zu dem Zwischenfall im Steinbruch sei es nur gekommen, weil Thräne fliehen wollte.

Für die Richter ist die Suche nach der Wahrheit schwierig. Gottfried Schreiber und Arthur und Anna-Maria Tyroller – 1968 vom Bundesgerichtshof wegen ihrer Tatbeteiligung an der Entführung zu mehrjährigen Haftstrafen verurteilt – sind inzwischen tot. Nur noch ihre damaligen Aussagen liegen vor. Auch das Opfer Walter Thräne lebt nicht mehr.

Dennoch glauben die Richter des Vierten Strafsenats am Oberlandesgericht Düsseldorf an die Schuld des Angeklagten in den Fällen Walter Thräne und Ursula Schöne. Außerdem legen sie Markus Wolf zwei weitere Taten zur Last.

Mitte 1955 wurden die Sekretärin Christa Trapp und ihre Mutter von West- nach Ost-Berlin entführt. Die Frau arbeitete damals als Übersetzerin beim amerikanischen Hohen Kommissar und sollte mit Drohungen gegen ihre Mutter zur Spitzelei für die Stasi gezwungen werden. Sie ging zum Schein auf den Erpressungsversuch ein und brach den Kontakt zur HVA nach ihrer Rückkehr in den Westteil der Stadt rigoros ab. Heute lebt Christa Trapp in den USA. Markus Wolf soll diese Stasi-Aktion seinerzeit gebilligt haben. (83)

Ebenfalls weit zurück liegt der Fall des Schriftsetzers Georg Angerer. Er hatte während des Kriegs in Oslo als Gestapo-Dolmetscher gearbeitet und war mit dem in norwegischer Emigration unter dem Namen „Frahm“ lebenden Willy Brandt bekannt. Die Stasi wollte gegen den damaligen Regierenden Bürgermeister West-Berlins Erpressungsmaterial in die Hand bekommen, das bei Bedarf nutzbar gewesen wäre. Solches versuchte sic durch Aussagen Georg Angerers zu erlangen, der behaupten sollte, Brandt alias Frahm habe während seiner Emigration mit den Nazis kollaboriert. Allerdings bot das DDR-Strafrecht keinerlei Handhabe gegen den Schriftsetzer; er hatte sich einfach nichts zuschulden kommen lassen. Deshalb mußte die Stasi ran. Markus Wolf soll die „politisch operative“ Verhaftung Angerers angeordnet haben. (84) Er saß mehrere Monate in Haft und wurde erst entlassen, nachdem er „eine Reihe kompromittierender Tatsachen über den Regierenden Bürgermeister von West-Berlin, Willy Brandt“ (85), mitgeteilt hatte, „die zur publizistisch-agitatorischen Auswertung geeignet“ (86) erschienen. Georg Angerer hat durch die Stasi-Haft schwere psychische Schäden erlitten.

Markus Wolf lehnt vor den fünf Düsseldorfer Richtern die Verantwortung für alle diese Fälle rundweg ab. In seinem Schlußwort stellt er fest, „im Geiste des kalten Krieges“ solle „an einem ehemaligen Gegner ein Exempel statuiert werden“. (87) Und dann beruft er sich auf den einstigen „Klassenfeind“ und zitiert den früheren CIA-Agenten Jack Robins, der acht Jahre lang in Berlin „operativ tätig“ war: „Die Anklage wegen Entführung, wie sie von den Behörden erhoben wird, ist lachhaft – jeder von uns, der während des kalten Krieges in Spionage engagiert war, könnte genauso lächerlich beschuldigt werden.“ (88) Sein Rechtsanwalt Johann Schwenn stützt den eher emotional geprägten Vortrag mit dem Hinweis: „Die herausgehobene Stellung im MfS ist keine hinreichende Grundlage dafür, daß Wolf Einfluß genommen hat.“ (89)

Dennoch wird Markus Wolf am 27. Mai 1997 wegen Freiheitsberaubung, Nötigung und Körperverletzung zu zwei Jahren Haft und einer Geldstrafe von 50 000 Mark verurteilt. Die Richter am Oberlandesgericht Düsseldorf bewerten „die Planbeteiligung des Angeklagten an den Taten als Mittäterschaft im Sinne des Paragraph 25 Abs. 2 StGB". (90) Verfassungsrechtlich sehen sie sich an der Verurteilung von Markus Wolf nicht gehindert. Die Haft wird auf Bewährung ausgesetzt, die Zahlung der Geldstrafe erfolgt an das „SOS Kinderdorf".

Der einstige Spionagechef, zum Zeitpunkt seiner Urteilsverkündung 74 Jahre alt, empfindet das alles als Schikane. Im fensterlosen Gerichtssaal A 01 liest er – auch im Namen seiner dritten Frau Andrea – seine bittere Klage vom Blatt: Die Zeit der Prozesse –1993 sieben Monate, diesmal fünf – „wird uns niemand zurückgeben können". (91) Dann strafft sich der hochgewachsene Generaloberst a. D. und bricht zum letzten Mal vor den „Organen des Klassenfeinds" mit fester Stimme eine Lanze für seine früheren „Kundschafter": „Das Los dieser Frauen und Männer belastet mich sehr. Ich stehe in ihrer Schuld, sie motiviert zu haben, die Freiheit zu riskieren, auch dann noch, als ich nicht mehr daran glaubte, mit dieser Tätigkeit noch Positives bewirken zu können." (92)

Viele der Zuschauer im Saal quittieren diese Worte mit Beifall. Nur die direkt Betroffenen, die einstigen „Kundschafter des Friedens an der unsichtbaren Front" empfinden sie als bitteren Hohn.

Gräben zwischen Ost und West

Die erste Nacht in einer Zelle des Münchner Polizeipräsidiums in der Ettstraße ist für Regierungsdirektorin Gabriele Gast schockierend. „Mich ekelte vor der Zelle und vor den grölenden, lallenden Stimmen, die von fern in mein Verlies drangen." (93) Zögernd setzt sie sich auf die Kante der mit einem polizeigrünen Plastiküberzug bespannten Pritsche. Im trüben Funzellicht erkennt sie: „In dem Raum gab es keinen Tisch. Es gab auch keinen Stuhl, keinen Schrank oder Kleiderhaken. Und kein Waschbecken." (94) Gabriele Gast stellt ihren Becher mit heißem Tee auf den Fußboden. Der Dampf hat die von einer Polizeibeamtin auf die Öffnung des Teebechers gelegte Brotscheibe durchweicht. Doch die Stasi-Spionin „Gisela“ hat ohnehin keinen Hunger. Für sie ist der „Ernstfall“ eingetreten.

Am 30. September 1991, einem sonnigen Herbstsonntag, ist Gabriele Gast an der Grenze zu Österreich auf dem Weg zu einem Treffen mit ihrem Stasi-Führungsoffizier Karl-Heinz Schneider in Innsbruck verhaftet worden. Am nächsten Morgen wird die Nachricht wie ein Lauffeuer durch das BND-Camp in Pullach fegen: Unsere „Frau Dr. Leinfelder“ soll für die DDR spioniert haben!

An diesem Abend ist ihr das ganz egal. Das Ritual der Einweisung in die Zelle kennt Gabriele Gast bisher nur aus dem Kino: Schnürsenkel abgeben, die Bindeschnüre aus dem Anorak ziehen und sämtliche persönliche Sachen bei den Polizeibeamten deponieren. Nicht einmal Waschlappen und Zahnbürste darf sie behalten. In ihrem Gepäck für den geplanten Kurzurlaub hat sie alles dabei.

Unter die kratzige Wolldecke will Gabriele Gast nicht schlüpfen. Die ganze Nacht kauert die Frau auf der harten Pritsche. Sie wickelt sich in ihren Anorak und fühlt die triste Atmosphäre der Zelle bis in die Haarwurzeln. Der Gedanke, in solch einer Umgebung die nächsten Jahre verbringen zu müssen, schnürt ihr die Kehle zu: „Mich ekelte es auch vor der Kloschüssel, deren weitgeöffnetes, stinkendes Maul mir aus der Ecke neben der Zellentür entgegenstarrte.“ (95) Gabriele Gast ist allein. Ganz allein.

Sie hofft inständig, daß das nicht so bleibt. Natürlich weiß die Frau, daß auch den einstigen Genossen in Ost-Berlin inzwischen das Wasser bis zum Hals steht, aber moralischen Zuspruch, den können sie doch allemal noch leisten.

Neun Monate später – Gabriele Gast sitzt inzwischen in einer Acht-Quadratmeter-Zelle in der Frauenabteilung der Haftanstalt München-Neudeck – ist es endlich so weit. Sie bekommt eine Nachricht von Markus Wolf. „Mir fiel eine zentnerschwere Last von der Seele, als ich seinen Brief in den Händen hielt. Endlich war die Verlassenheit durchbrochen, endlich hatte ich Kontakt zu einem Mitstreiter früherer Tage.“ (96) Der Spionagechef im Ruhestand verspricht, sich für alle inhaftierten „Kundschafter“ zu verwenden.

Seine einstige Top-Agentin „Gisela“ antwortet umgehend, bittet vor allem darum, die Verbindung aufrechtzuerhalten. Sie sitzt in Einzelhaft und braucht die Solidarität der Genossen von der „unsichtbaren Front“, an die sie 17 Jahre geglaubt hat. Doch Gabriele Gast wird bitter enttäuscht: „Seine Antwort, knapp und hastig geschrieben, machte die Hoffnung auf eine kontinuierliche Verständigung zunichte. Im Unterschied zu mir fehle ihm die Zeit zum Nachdenken und Schreiben. Ich werde das sicher verstehen und möge seine Zeilen als ein Zeichen werten, daß sie nicht der letzte Gruß seien.“ (97)

Eine professionelle Analyse von Schriftstücken ist die frühere Auswerterin beim BND gewöhnt. Deshalb fällt ihr Urteil über das Schreiben ihres geheimen Chefs wohl auch so bitter aus: „Makabrer hätte Wolf nicht formulieren können. Dieser ‚letzte Gruß‘ war vernichtender noch, als gar keine Antwort zu erhalten.“ (98) Die kühl, fast unterkühlt wirkende Frau ist von der kaltschnäuzigen Ablehnung tief erschüttert: „Ich fühlte mich wie auf einer Guillotine, deren Fallbeil soeben in Gang gesetzt worden war.“ (99)

Dieses Gefühl bestätigt sich, als Gabriele Gast fast zwei Jahre später Markus Wolf in dessen Prozeß vor dem Oberlandesgericht Düsseldorf wiederbegegnet. Aus der Haft wird sie als Zeugin der Anklage vorgeführt: „Für die Enttäuschung, die Bitterkeit, die mich ihm gegenüber erfüllte, war er blind.“ (100) Innerlich zerrissen stellt sie fest: „Aber es war auch erkennbar, daß er nur noch mit sich selbst beschäftigt war.“ (101)

Als ein halbes Jahr später das richterliche Kontaktverbot aufgehoben wird, kommt endlich wieder ein Brief von Markus Wolf. Pathetisch zitiert der Generaloberst a.D. sich selbst, wiederholt noch einmal den letzten Satz seines Schlußworts vor den Düsseldorfer Richtern: „Die Solidarität lassen wir uns nicht nehmen!“ (102) Das ist zu viel für Gabriele Gast: „Ich war außer mir vor Empörung. Wo, bitte schön, war die Solidarität der Mitstreiter in der HVA, der Genossen, geblieben, als ich zwischen die Mühlsteine der Justiz geraten war? Man hatte geschwiegen, ängstlich, betreten, eisig, hatte mich gar an die Barmherzigkeit der Kirche verwiesen. Zweieinhalb lange Haftjahre hatte Wolf mir das Gespräch verweigert. Und nun predigte er mir den Glauben an eine sozialistische Tugend, die sich als Einbahnstraße erwiesen hatte.“ (103)

Die Frau quält der Gedanke, daß sie auch für den von ihr verehrten und bewunderten Spionagechef der DDR nie mehr als eine Schachfigur im geheimen Krieg der Dienste gewesen sein könnte. Kein Bauer oder Läufer, vielleicht sogar eine Dame, aber doch eben nur eine Figur, die man nach Belieben bewegen, aber auch opfern oder tauschen kann. Sie hatte sich gleichberechtigt, ebenbürtig, gefühlt, doch sie war es nie. Deshalb will „Gisela“ nach der Haft endlich wissen, was wirklich gespielt wurde. Markus Wolf spricht mit ihr darüber. Die Verletzungen ihrer Persönlichkeit durch die Stasi-Genossen brechen dabei wieder auf und werden noch tiefer. Markus Wolf tut betroffen: „Nach ihrer Rückkehr schrieb sie mir, daß unsere Gespräche die Aufarbeitung der Vergangenheit für sie erträglicher machen würden, obschon sie auch neue Verwundungen erlitten habe.“ (104)

Die schmerzhaftesten Stunden muß Gabriele Gast dabei vor dem bayrischen Oberlandesgericht in München erleben. Dort beginnt am 25. November 1991 ihr Prozeß, und wenig später wird ihr einstiger Führungsoffizier, Geliebter und Freund, Karl-Heinz Schneider, vernommen. Auch gegen ihn läuft ein Ermittlungsverfahren, aber als ehemaliger DDR-Bürger ist er die ganze Zeit auf freiem Fuß. Auf die flehentlichen Briefe seiner einstigen Agentin, sich ihres behinderten Sohnes anzunehmen, antwortet er nicht. Es ist ihm nicht einmal peinlich, die Frau, die durch die Haft zu ihrem Leidwesen den Kontakt zu ihrem Adoptivkind fast völlig verloren hat, scheinheilig nach dessen Befinden zu fragen. Gabriele Gast reagiert barsch: Das „erschien mir der Gipfel der Heuchelei. Ich ließ ihn stehen“. (105)

Sie sieht ihren seit Jahren abgetauchten „Karlicek“ jetzt sehr kühl: „Während meiner ganzen Haftzeit, weder vor noch nach dem Prozeß, habe ich je ein Zeichen des Mitgefühls und der Solidarität von Karl-Heinz erhalten, keinen Brief, keine Ansichtskarte, nicht einmal zu Weihnachten oder zu meinem Geburtstag einen Gruß. Das war bitter, gab es mir doch das Gefühl, nach den vielen Jahren kameradschaftlicher Verbundenheit eine mit meiner Enttarnung und Verhaftung höchst unangenehme Sache geworden zu sein, mit der man besser nichts zu tun hatte.“ (106)

Diese Einsicht trifft Gabriele Gast tief, weil gerade sie sich ganz anders verhalten hatte, als er in Schwierigkeiten steckte. Anfang 1990 war Gabriele Gast noch wohlbestallte und gut verdienende Regierungsdirektorin beim BND in München-Pullach. Karl-Heinz Schneider trug damals schon den blauen Brief in der Tasche; die Stasi war am Ende. Doch um Geld brauchte er sich nicht zu sorgen, „Gisela" bot ohne Hintergedanken ihre Notgroschen an. Der Dank dafür bleibt ihr versagt: „Karl-Heinz' Verhalten war um so charakterloser, als ich ihn in den Monaten des Niedergangs der DDR finanziell unterstützt und er nicht gezögert hatte, meine Hilfe anzunehmen." (107) Zur Erinnerung: Das geschah zu einer Zeit, als in der DDR eine „West-Mark" zehn „Ost-Mark" wert war. Schon mit 2000 DM hätte man beispielsweise ein Grundstück erwerben können, das heute mehrere hunderttausend Euro wert ist. Die gesetzlichen Grundlagen dafür hat der vorletzte DDR-Ministerpräsident Hans Modrow rechtzeitig vor der Wirtschafts-, Währungs- und Sozialunion am 1. Juni 1990 geschaffen.

Das Wohl der ehemaligen DDR-Agenten lag ihm offenbar nicht so am Herzen, wie die Versorgung treuer Genossen auf den letzten Drücker. Gabriele Gast schreibt auch ihm einen Brief. Sie meint, daß er als früherer Regierungschef des Landes, dem sie im geheimen fast ihr ganzes Berufsleben lang gedient hat, Verantwortung für sie habe. Der Versuch wird zu einer weiteren Enttäuschung und Verletzung für sie: „Zunächst antwortet er nicht. Dann ließ er mir mitteilen, ich möge mich doch um Hilfe und Unterstützung an die Kirche als karitative Organisation wenden." (108)

Daß es der Frau nicht um ein Freßpaket in den Knast geht, scheint Hans Modrow nicht begreifen zu wollen. Doch damit steht er nicht allein. Erschüttert muß Gabriele Gast nach ihrer Haftentlassung auch die Haltung der SED-Nachfolger in der PDS zur Kenntnis nehmen. Eiskalt fragt Gregor Gysi die einstige Genossin – „Gisela" war während ihrer Spionagetätigkeit aus Überzeugung Mitglied der SED geworden –, was sie denn eigentlich von ihm wolle. Schließlich habe sie doch gegen Gesetze ihres Staates verstoßen! (109)

Solch herzlose Ablehnung erfahren auch andere „Kundschafter" im Westen.

Besonders schmerzlich und entwürdigend ist es für sie dabei, daß das persönliche Verleugnen der einstigen Kameradschaft oft vom Führungsoffizier bis in die Generalität des MfS reicht.

Hier tut sich der eigentliche Graben zwischen Ost und West auf, der vordergründig durch die Rechtsprechung des Bundesverfassungsgerichts vom Mai 1995 aufgerissen zu sein scheint. Es geht gar nicht so sehr um die Schieflage bei den Verurteilungen, wo nun plötzlich der einstige Wohnort das Neigen von Justitias Waage bestimmt. Strafen werden verbüßt, Wunden heilen. Viel tiefer sitzt die gegenseitige moralische Enttäuschung. Die deutsch-deutsche Spionage lebte von Deutschen beiderseits des „Eisernen Vorhangs". Zu Ende geht sie so, als sei eben dieser Vorhang für die damals Beteiligten wieder heruntergerasselt.

Der Vollständigkeit halber sei angemerkt, daß natürlich auch dabei Ausnahmen die Regel bestätigen. Für Gabriele Gast war eine solche Ausnahme Wolfs Nachfolger Werner Großmann. Als sie ihm schreibt und sich nach eventueller Hilfe erkundigt, kommt postwendend Antwort: „Seine Möglichkeiten waren denkbar gering. Doch das Wenige bot er ohne Zögern an." (110)

Viel schwerer als diese solidarische Geste wiegt für die „Kundschafter außer Dienst" der Verrat hoher Stasi-Offiziere und die pflaumenweiche Haltung der SED-Nachfolger in der PDS. Etliche frühere Spione haben sich nach Verbüßung ihrer Haft in einer Interessengemeinschaft organisiert, Gabriele Gast ist deren Vorsitzende.

Am 25. März 1995 hält sie eine Rede zu der damals laufenden Amnestiedebatte bei einer Anhörung der PDS-Bundestagsgruppe, die im Berliner Abgeordnetenhaus tagt. Sie ist ausdrücklich dazu ermächtigt, im Namen aller Spione aus dem Westen zu sprechen. Dabei nimmt sie kein Blatt vor den Mund: „Ich frage Sie, meine Damen und Herren Amtsträger der PDS: Wie wollen Sie für eine ganze Gesellschaft Verantwortung tragen, wenn Sie nicht einmal willens sind, Ihrer ererbten Verantwortung für eine Gruppe von Menschen nachzukommen, deren jahrzehntelanges Handeln von Solidarität mit Ihrem früheren Staat und dessen Menschen bestimmt war? Oder sollten Sie etwa das Grundprinzip des Erbrechts nicht kennen, wonach man ein Erbe nur vollständig, nämlich unter Annahme auch der hinterlassenen Schulden, antreten kann und sich nicht lediglich die Rosinen herauspicken darf. Solange sie sich um diese Wahrheit herumdrücken, meine Damen und Herren, ist Ihre Politik eine Mogelpackung!“ (111)

An dieser Feststellung hat sich bis heute nichts geändert. Auch wenn die PDS mit Aktionen wie einem Job für Rainer Rupp bei der Bundestagsfraktion oder einer Solidaritätsadresse für Henning Nase immer mal wieder versucht, Verantwortung zu demonstrieren, bleibt ihre Haltung zu diesem Kapitel deutsch-deutscher Geschichte insgesamt gespalten. Sie reicht von aktivem Engagement für diese Leute und parlamentarischen Initiativen, um deren „gerechtere Behandlung“ zu erreichen, bis hin zur völligen Ablehnung, das Problem überhaupt nur zur Kenntnis zu nehmen.

Für die Betroffenen hat diese emotionale Ablehnung durch die einstigen Genossen Auswirkungen, von denen jene nichts ahnen. Sie macht die Rückkehr ins normale Leben, in den Alltag nach der Haft unsäglich schwer. Gabriele Gast: „Ich brauche rund zwei Jahre, um die innere Anspannung und eine reflexhafte Unterwürfigkeit loszuwerden, die Unsicherheit zu überwinden und wieder Selbstvertrauen zu gewinnen.“ (112)

Ob sie inzwischen einen Schlußstrich unter dieses Kapitel ihres Lebens ziehen kann, bleibt zu bezweifeln. Fast schon verständlich scheint es dagegen, wenn Leute wie Gabriele Gast auf ihre damals für die Stasi geleistete Spionage trotz Strafe heute noch stolz sind. Als Strandgut des kalten Kriegs brauchen sie auch im nachhinein die Gewißheit, wenigstens ihren Überzeugungen treu geblieben zu sein und eine „sinnvolle Arbeit“ geleistet zu haben.

Deren Ergebnisse für die DDR zeigen sich erst nach dem Zusammenbruch des “ersten Arbeiter- und Bauernstaates auf deutschem Boden“ aus den vielen kleinen Mosaiksteinchen, die sich im Laufe der Prozesse ansammeln.

Epilog

Bonn im Blick oder im Griff?

Sommer 1990, kurz nach den Wahlen vom 18. März. Ein Oberst im Feldgrau der NVA klopft an eine Bürotür im DDR-Verteidigungsministerium in Strausberg. Er ist aufgeregt, weiß nicht so recht, wie er sich verhalten soll. Sein neuer Minister heißt Rainer Eppelmann, und in dem Büro sitzt der SPD-Ostpolitiker Egon Bahr. Den hat sich der gelernte Pfarrer und überzeugte Wehrdienstverweigerer Eppelmann aus Bonn als Berater kommen lassen.

Der Oberst meldet sich preußisch-zackig, rutscht dann unsicher auf dem Stuhl hin und her. Er sei stellvertretender Chef des militärischen Geheimdienstes der NVA, teilt er dem verdutzten Egon Bahr mit. Sein Dienst hätte keine schlechte Arbeit geleistet, doch jetzt wüßte niemand, wie es weitergehen solle.

Egon Bahr hält sich bedeckt. Um über das Personal zu sprechen, müsse man erst einmal wissen, was die Leute so könnten. Wenig später besucht der SPD-Politiker den Komplex des MilND in der Berliner Oberspreestraße. Dort sackt er zwei großformatige Bände ein, in denen angeblich das Wichtigste steht, was die NVA-Offiziere über den potentiellen Feind im Westen ausgeforscht haben. Egon Bahr erinnert sich: „Ich nahm sie mit nach Bonn, bat den General, der für den BND im Verteidigungsministerium sitzt, in mein Büro und erlebte einen Mann, dessen Gesichtsfarbe schneller rot wurde, als es eine halbe Flasche Whisky geschafft hätte." (1) Bundeswehr und BND ahnten vage, daß die Nationale Volksarmee der DDR einen eigenen Aufklärungsapparat unterhielt, von dessen Erkenntnissen hatten sie kaum Vorstellungen.

Die Folianten aus Ost-Berlin jagen dem BND-General einen Schauer nach dem anderen über den Rücken: „Weit über 100 000 Angaben, Daten, Namen, Waffen, Ausstattungstypen und mehr erwiesen sich als exakt; sie gingen bei den Streitkräften der Verbündeten über das hinaus, was wir wußten (...) Weniger als hundert ‚Erkundungs-Ergebnisse' stimmten nicht, zum Teil durch Krankenstand oder Versetzungen erklärlich. Die westliche Verteidigung barg keine Geheimnisse für den Osten, sie lag wörtlich in einem offenen Buch vor seinen Augen." (2)

Hätte die DDR also doch im Ernstfall nicht nur Bonn im Blick – so der Titel der Memoiren des letzten HVA-Chefs Werner Großmann – sondern im Griff gehabt?

Das Besatzungsgeld war gedruckt, 8000 „Scharnhorst-Orden" für Heldentaten beim Einmarsch lagen bereit, sogar die Kader für die ersten Stasi-Dienststellen im Westen standen namentlich fest. An konkreten Planungen gab es keinen Mangel. Sie blieben in den Schubladen, aber ist dadurch auch die jahrzehntelange Stasi-Spionage sinnlos gewesen?

Das klägliche Ende der DDR als Beweis dafür heranzuziehen, greift zu kurz. Damit würde nachträglich der gesamte kalte Krieg zur Schimäre erklärt. Das war er nicht. Im deutsch-deutschen Geheimdienstdschungel wurde auf Situationen hingearbeitet, die glücklicherweise nicht eingetreten sind. Nur sie hätten letztlich belegen können, wer wo handgreifliche Vorteile aus der geheimen Tätigkeit seiner Dienste hätte ziehen können.

Die West-Politiker waren da offenbar nicht so gut gerüstet. Für Egon Bahr boten die Erkenntnisse des BND während seiner Zeit im Kanzleramt bei Willy Brandt wenig Sensationelles: „Wenn General Wessel, Nachfolger Gehlens, einmal wöchentlich an der Lagebesprechung mit dem Bundeskanzler teilnahm, so erinnere ich mich an die große Spannung am Anfang, nun etwas Neues, Verborgenes, Wichtiges zu erfahren, was über die Meldungen und Beurteilungen hinausging, die täglich kamen, an die sich einstellende Langeweile, weil da nichts kam und sogar an den Verdacht, ob der BND vielleicht den neuen Leuten im Kanzleramt etwas vorenthielt, bis schließlich zu der Überzeugung: Die hatten wirklich nicht mehr zu bieten. Ich kenne keine einzige Meldung, die eine politische Entscheidung beeinflußt oder auch nur Anlaß gewesen wäre, sie ernsthaft mit dem Kanzler zu besprechen. Die Papiere des BND liefen halt so mit, und ich ertappte mich dabei, sie aus Zeitmangel erst einmal beiseite zu legen und nach ein paar Tagen festzustellen, daß mit da nichts Besonderes entgangen war." (3)

Auch von den Nachfolgern, von Schmidt, SPD, bis Kohl, CDU, ist überliefert, daß sie den Rat des Geheimdienstes nicht suchten.

Das mag bei den Führungsetagen der DDR anders gewesen sein. Der Grund dafür liegt im Umgang mit der Macht. Sie wird nicht als durch demokratische Wahlen auf Zeit übertragen, sondern als durch Revolution erkämpft und deshalb ständig bedroht betrachtet. Daraus erklärt sich der für die DDR-Wirtschaft unangemessene, nahezu grenzenlose Aufwand für den „Sicherheitsapparat“, das Fehlen jeglicher rechtsstaatlicher Beschränkung und die enge Verflechtung zwischen äußerer Aufklärung und innerer Repression. Vor diesem Hintergrund sind Ergebnisse der Stasi immer nur insoweit von Bedeutung, wie sie helfen, die Macht zu sichern.

So legen die heute weitgehend bekannten Spionageerkenntnisse der Stasi zwar die Vermutung nahe, daß die DDR in einer militärischen Auseinandersetzung mit der Bundesrepublik durch die Arbeit ihrer Geheimdienste bestens gerüstet gewesen wäre, gesammelt wurden diese Informationen jedoch nicht, weil sich der kleinere deutsche Staat auf einen Krieg mit dem großen Bruder vorbereitete, sondern lediglich als Herrschaftswissen gegen den überall vermuteten Feind.

Von ihrer Verantwortung bei der Machtsicherung sprechen die Spionagechefs nicht, vielleicht, weil sie sie nicht sehen wollen. Statt dessen wundert sich Markus Wolf am 16. Oktober 1974, daß viele der von seinen Leuten besorgten Papiere offenbar nicht die nötige Aufmerksamkeit finden. Enttäuscht vertraut er seinem Tagebuch an: „Fast alles Papier, das die NATO produziert, mit Stempeln Geheim u. Cosmic versieht und das wir mit hohem Aufwand beschaffen, ist bei näherem Hinsehen nicht einmal gut, um an einem stillen Örtchen nutzbringend verwandt zu werden.“ (4) Offenbar ist er sauer darüber, daß gerade solche Papiere bestenfalls für die Propaganda gegen den „Klassenfeind“ taugen, aber politisch nichts bewirken. Mit seinen „Kundschaftern an der unsichtbaren Front“ kann er darüber nicht sprechen. Für sie ist kämpferischer Optimismus angesagt. Die Genossen in Berlin würden dann schon herausfinden, was aus ihren Meldungen auf die Schreibtische von Honecker und Genossen wanderte.

Dieser Auftrag wird offenbar bis zum Schluß befolgt. So hat Top-Spion Rainer Rupp die Stasi bis kurz vor Weihnachten 1989 mit Interna aus dem NATO-Hauptquartier in Brüssel beliefert, weil er meinte, damit der DDR zu dienen: „Ich habe alle Informationen gesammelt, derer ich habhaft werden konnte, damit die neue Regierung der DDR ein klares Bild über die Haltung der Nato und der Bundesrepublik zur Wende bekam." (5) Nur, interessiert hat das damals niemanden mehr, denn seit Wochen stand der „Feind" nicht mehr im Westen, sondern im eigenen Land. Unkenntnis der Machtstruktur der DDR und eine gute Portion idealistischer Optimismus ist es wohl auch, wenn „Topas" im Rückblick auf seine Spionage für die Stasi meint: „Es ist wohl gelungen, zur Stabilität beizutragen und auch die Verschwendung knapper Ressourcen an so manch unnötige Rüstungsprojekte zu verhindern, zumal diese bereits erdrückend schwer auf der östlichen Wirtschaft lasteten." (6) Die Zahlen belegen das nicht. So stiegen die Ausgaben für Verteidigung der DDR von 1980 bis 1988 von 9,403 Milliarden Mark auf 15,654 Milliarden Mark, die für Volksbildung aber nur von 7,361 Milliarden auf 10,418 Milliarden Mark (7)

Dennoch blicken die Spionagechefs heute mit Stolz auf ihre „Erfolge" zurück. Markus Wolf: „Es gelang uns sogar, im Privathaus Egon Bahrs Abhöranlagen zu installieren. Wir belauschten ihn dort bei ebenso geheimen wie freimütigen und oft auch fröhlichen Gesprächen mit seinen sowjetischen Partnern. So wußte ich bisweilen wahrscheinlich vor dem Bundeskanzler, mit wieviel Geschick der Unterhändler über seine konspirativen Kanäle die Verhandlungen vorantrieb." (8) Und Werner Großmann: „Erstaunlich, wie leichtfertig hohe Funktionsträger der BRD Interna ausplaudern, sich spreizen und dabei geheime Informationen weitergeben, politische Gegenspieler niedermachen, um sich zu erhöhen. Solche menschlichen Schwächen bescheren uns eine Informationsflut. Neben verwertbaren Faktoren aus dem jeweiligen Fachgebiet des Gesprächspartners häufen sich natürlich viele Kenntnisse des Intimlebens von Politikern und anderen Funktionsträgern." (9)

Nur, wichtig für die Macht der Altherren-Riege im SED-Politbüro war das alles offenbar nicht, also wanderten viele Erkenntnisse in die Akten. So mögen sich die Spionage-Offiziere zwar mit Genugtuung daran erinnern, was sie alles wußten; Nutzen aus DDR-Sicht oder Schaden aus der Sicht der Bundesrepublik hat es wohl immer nur im eng begrenzten Zeitrahmen und auf abgesteckten, kleinen Politikfeldern gebracht. Zu einer entscheidenden „Produktivkraft" hat es die Stasi-Spionage nicht einmal durch den geistigen Diebstahl von Milliardenwerten in der Wirtschaft gebracht.

Der Grund ist simpel: Es gehört einfach nicht zum Charakter von Diktatoren, das eigene Weltbild in Frage zu stellen, Ratschläge zur Kenntnis zu nehmen oder Standpunkte und Meinungen weiterzuentwickeln.

Die sich daraus ergebende Grenze für die Wirksamkeit der Spionage betrifft letztlich kleine Spitzeleien von Hotel-Portiers oder Taxi-Fahrern im Westen ebenso wie Spitzen-Spionagefälle, wie den Günter Guillaumes.

Wichtig waren weniger die Fakten, sondern eigentlich eher die Stimmungen, die Markus Wolfs Spitzenmann im Kanzleramt erschnüffelte: Von Günter Guillaume erfuhr die Stasi, „daß es sich bei Brandts neuer Ostpolitik um einen zwar widersprüchlichen, aber dennoch echten Kurswechsel in der bundesdeutschen Außenpolitik handelte". (10)

Daß damit letztlich die Tür zur deutschen Einheit und somit zum Ende der DDR geöffnet wird, findet sich bereits wenige Jahre später zwar in streng vertraulichen Analysen der sowjetischen Deutschland-Experten, nicht aber in denen der DDR. Der Mythos von der „Allwissenheit" der Stasi hat auch in der Analyse stets seine Grenze gehabt, wo deren Ergebnisse ungeliebte Einsichten an den Tag gebracht hätten und nicht sein konnte, was nicht sein durfte.

Damit wird ein weiteres Dilemma der Spionage-Informationen sichtbar. Passen sie nicht ins festgefügte Weltbild der Auftraggeber, werden sie nicht wahrgenommen oder so lange hin und her interpretiert, bis sie passen. Auf dieser Ebene beginnt dann die Spionage, sich vorwiegend mit sich selbst zu beschäftigen.

Natürlich richtet Spionage auch meßbare Schäden an. Dafür haben sich die „Kundschafter an der unsichtbaren Front" vor Gericht zu verantworten. In der Wirtschaft lassen sich diese Schäden in Euro und Cent beziffern, in der Politik steht ihre Brisanz im umgekehrt proportionalen Verhältnis zum Zeitpunkt des Verrats.

Letztlich nützt aber das beste Spionage-Know-how nichts, wenn das System, dem es dient, nicht langfristig überlebensfähig ist. Selbst wenn die IM der Stasi die Mehrheit im Bundestag gehabt hätten – Markus Wolf hat einmal erklärt, zu einer eigenen „HVA-Fraktion", das sind 25 Leute, hätte es zu besten Zeiten ausgereicht –, wäre das Ergebnis das gleiche geblieben: Die graue DDR war für den ganz überwiegenden Teil der Bundesbürger stets ohne Reiz. Selbst das von Marx und Lenin herbeigesehnte „revolutionäre Potential" der „Arbeiterklasse" konzentrierte sich im Westen stets mehr auf das Warten auf Feierabend und Rente, denn auf den Wunsch nach den „sozialistischen Errungenschaften der DDR". Und das „Proletariat" hatte neben seinen Ketten eben auch noch den Opel, das Reihenhäuschen auf Abzahlung und die jährliche Urlaubsreise nach Mallorca zu verlieren.

Damit bleibt das so oft als „zweitältestes Gewerbe der Welt" apostrophierte geheime Geschäft der Spione zu allen Zeiten und in jedem System am Ende doch nur immer eine Fußnote der Geschichte. Vielleicht kann es Kriege vorbereiten, vielleicht kann es sogar dazu beitragen, sie zu verhindern. Ob das jedoch im rechten Verhältnis zu dem vielen Gift, das es in die Beziehungen zwischen den Staaten träufelt, zu den menschlichen Zerstörungen, die es anrichtet, und zu dem Mißtrauen, das es zwischen den Nationalitäten sät, steht, bleibt zu bezweifeln. Diese Faktoren wirken lange über das Ende der aktiven Spionage hinaus und bereiten den Boden für den immer wieder neu beginnenden Kreislauf von Verrat, dessen Entdeckung und neuem Verrat.

Und ganz vergessen wird oft, daß sich so manche Aktion der „Kämpfer an der unsichtbaren Front" fast unbemerkt ins Bewußtsein schleicht und dort festsetzt. Da hat man doch mal irgendwas gehört, von jemandem, der es ganz genau weiß, oder stand's nicht doch in einem Buch ... Manche solcher Geschichten leben heute noch. Daß sie, oft vor Jahrzehnten, von der Stasi in die Welt gesetzt wurden, weiß kaum noch einer.

Lügen haben lange Beine

Manche sehen es als Strafe Gottes, andere als neue Pest, als 1979 in der New Yorker Homosexuellen-Szene eine bisher ungekannte Krankheit auftaucht. Plötzlich sterben Menschen an eigentlich harmlosen Infektionen. Ihr Immunsystem versagt aus unerklärlichen Gründen. „Immunschwäche-Krankheit" – englisch „Acquired Immune Deficiency Syndrome", abgekürzt AIDS – wird das Leiden dann auch genannt. Bald sind die ersten Heterosexuellen davon betroffen, und AIDS verbreitet sich wie ein Lauffeuer um die ganze Welt.

Doch niemand weiß, woher die neue Seuche kommt.

Das bringt die Offiziere der Abteilung X, Desinformation, der Hauptverwaltung Aufklärung des Ministeriums für Staatssicherheit auf eine Idee. Man könnte doch die Sache den Amerikanern in die Schuhe schieben. Schließlich forschen die in Fort Detrick in Frederick, Maryland, mit Hochdruck an biologischen Waffen. Aber wie soll die Geschichte glaubwürdig in die Öffentlichkeit gebracht werden?

Dabei helfen die Telefon-Lauscher der Hauptabteilung III unter Generalmajor Horst Männchen. Sie schneiden zufällig ein Gespräch mit, in dem der Name Simmel fällt. Das Abhörprotokoll darüber landet auf dem Schreibtisch von Oberstleutnant Günter Bohnsack. Er erinnert sich: „Per Telefon hörten wir davon, daß Johannes Mario Simmel ein Buch über bakteriologische Waffen schreiben will. Das ist unsere Chance. Wir spielen ihm Material über das AIDS-Virus zu. Ein DDR-Forscher namens Professor Dr. Jakob Segal – unser IM – liefert ein Gutachten dazu. Ergebnis: In seinem Buch „Mit den Clowns kamen die Tränen" wird millionenfach die Legende verbreitet, das AIDS-Virus sei aus US-Waffenlabors entwichen. Damit wollten wir damals die Afrikaner gegen die USA aufbringen, weil die Seuche in Afrika am heftigsten verbreitet ist." (11)

Der Plan gelingt. Johannes Mario Simmel merkt nichts von dem Schwindel, und 1987 erscheint sein Biowaffen-Thriller mit der Stasi-Lüge. Für die Offiziere in der „Desinformation" ist das ein Riesenerfolg, denn das Buch wird – wie alle Simmel-Werke mit einer weltweiten Auflage von über 72 Millionen Exemplaren

– rasend schnell zum Bestseller. Der Gedanke, daß das AIDS-Virus von den Amerikanern in die Welt gesetzt worden ist, beißt sich in den Köpfen der Menschen fest.

Und auch bei Professor Dr. Segal, dem inoffiziellen Stasi-Mitarbeiter, ist die Theorie der Geheimdienstler auf fruchtbaren Boden gefallen. Zusammen mit seiner Frau, Dr. Lilli Segal, veröffentlicht er das Buch: „AIDS, die Spur führt ins Pentagon". Darin findet sich die ganze Mischung von Tatsachen, Vermutungen, Thesen und Verdächtigungen, die die wichtigsten Zutaten für eine wirksame Desinformationskampagne sind. Damit wird der Stasi-Ente noch einmal kräftig Leben eingehaucht, denn plötzlich scheint alles perfekt zueinander zu passen.

Schon 1969 kündigt der stellvertretende Direktor für Forschung und Technik des US-Verteidigungsministeriums, Donald MacArthur, auf einem Kongreß an: „In den nächsten fünf bis zehn Jahren würde es wahrscheinlich möglich sein, einen neuen infektiösen Mikroorganismus zu synthetisieren. Dieser Erreger könnte sich in sehr wichtigen Eigenschaften von allen bisher bekannten Organismen unterscheiden. Wichtig wäre dabei, daß er gegenüber allen immunologischen und therapeutischen Abwehrmaßnahmen unempfindlich sei." (12)

Als zehn Jahre später tatsächlich das AIDS-Virus auftaucht, sieht Professor Segal Zusammenhänge. Die Stasi bestärkt ihn darin. Sie hat für ihn auch Material darüber, daß die US-Regierung die Forschungen MacArthurs mit zehn Millionen Dollar unterstützt und auch insgeheim fortführt, nachdem die USA 1975 das internationale Abkommen über ein Verbot biologischer Waffen unterzeichnet haben. Die entsprechende Forschungsabteilung in Fort Detrick wird dazu einfach in „Frederick Krebsforschungslabor" umbenannt und dem „National Cancer Institute" in Bethesda unterstellt.

Mit solchen „Informationen aus Geheimdienstkreisen" spinnt der Professor seine Theorie weiter. Bis 1969 werden in Fort Detrick 423 Freiwillige, meist Häftlinge, zur klinischen Erprobung mit dem Virus infiziert. Überleben sie, sind sie frei und bekommen eine neue Identität. Damals rechnete man mit einer Inkubationszeit von 12 bis 24 Monaten. Daß sie bei AIDS mehrere Jahre dauern kann, ahnte niemand. So konnten die unerkannt infizierten Häftlinge in der New Yorker Unterwelt untertauchen, und das Unheil nahm seinen Lauf.

Für die Stasi ist die AIDS-Ente damit ideal plaziert. Dafür haben sich die Genossen in der Ost-Berliner Normannenstraße große Mühe gegeben. Günter Bohnsack: „Wir hatten IBM-Kugelkopfmaschinen und Papier aus dem Westen. Für jede Aktion wurden andere Maschinen verwendet. Selbst mit kriminaltechnischen Untersuchungen hätte niemand herausgefunden, daß alle Papiere aus einer Quelle – nämlich von uns – stammen." (13) Auch beim Versand gingen die HVA-Offiziere auf Nummer sicher: „Briefmarken wurden mit Wasser aus der Stadt aufgeklebt, die auch auf dem Absender erschien. So etwas kann man nämlich chemisch analysieren. Spucke war streng verboten. Beim Füllen der Umschläge haben wir weiße Parade-Handschuhe getragen. Und natürlich wurden die Briefe auch im Westen eingeworfen. Das besorgten unsere Agenten nebenbei." (14)

Der Aufwand hat sich gelohnt. Die Geschichte lebt bis heute, obwohl die Stasi seit über 12 Jahren tot ist. Wissenschaftler streiten auf Kongressen darüber, Millionen von Menschen haben irgendwo mal davon gehört, und es gibt Dutzende von Büchern, die sie zitieren.

Und es ist lange nicht die einzige Stasi-Lüge, deren lange Beine sie bis heute marschieren lassen.

Am 2. Mai 2001 meldet die „Deutsche Presseagentur" (dpa): „Im Streit um ein Buch über die Stasi und Westmedien ist der Autor Hubertus Knabe am Mittwoch vor dem Hamburger Landgericht dem Verlag Gruner + Jahr unterlegen. Knabe darf künftig nicht mehr behaupten, daß die DDR bei einem ‚Stern'-Artikel gegen den Verleger Axel Springer ihre Finger im Spiel hatte. (...) Die Knabe-Äußerung, der ‚Stern' habe ‚propagandistisch aufbereitete Materialien' aus der DDR gegen den früheren Bundespräsidenten Lübke verwendet, ist als Meinungsäußerung dagegen weiter zulässig." (15)

Der Historiker Hubertus Knabe hat Glück, daß die Richter sehr sorgfältig mit der deutschen Sprache umgehen; für sie muß „aufbereitet" nicht unbedingt mit „manipuliert" identisch sein. Denn genau darum geht es im Fall Heinrich Lübke.

Der frühere Bundespräsident war im Krieg als Bauingenieur tätig. Unter anderem hatte er auch mit dem Bau von Baracken zu tun. Akten darüber lagen bei der Stasi, und die machte daraus in den sechziger Jahren den „KZ-Baumeister Lübke". Das paßte ins politische Bild, denn die DDR wollte sich damals – Jahre vor ihrer weltweiten Anerkennung – als der bessere deutsche Staat präsentieren. Deshalb wurde die Bundesrepublik als Hort von Nazis denunziert.

Obwohl inzwischen die damals zuständigen HVA-Offiziere öffentlich beschrieben haben, wie sie die Akten verfälschten, ziehen bis heute die vor Jahren beteiligten West-Journalisten vor Gericht, wenn jemand behauptet, sie seien auf die Stasi Lügen hereingefallen. Hubertus Knabe sieht in solchen Gerichtsverfahren einen „Einschüchterungsversuch" gegenüber seinen Bemühungen, „ein häßliches Kapitel des westdeutschen Journalismus historisch aufzuarbeiten". (16)

Das kann man auch anders bewerten: Wenn viele Jahre nach der deutschen Einheit noch immer Gerichte mit inzwischen 40 Jahre alten Stasi-Stories befaßt sind, ist das ein Beleg dafür, wie perfekt das Lügengespinst damals geflochten wurde.

Die Geschichte beginnt mit einer Hausmitteilung im Zentralkomitee der SED. Propaganda-Chef Albert Norden schreibt am 11. Januar 1965 an seinen Chef Walter Ulbricht: „Über die Tätigkeit Lübkes während der Nazizeit liegen nunmehr zwei neue Aktenbände vor. Sie ergeben weit über das hinaus, was wir bisher wußten und bekanntgaben, wirklich sensationell neu, den Bundespräsidenten schwer belastende Tatsachen. Sie müssen so enthüllt werden, daß es wirklich Weltaufmerksamkeit erregt." (17) Damit ist SED-Chef Ulbricht einverstanden.

Nun wird die Stasi mit Hochdruck aktiv. Oberstleutnant Halle, Leiter der Abteilung Agitation, informiert seinen Minister, Erich Mielke, unter der Überschrift „Kampagne gegen Lübke": „Am Mittwoch, den 2. 2. 1966 fand beim Genossen Albert Norden eine Beratung über die Weiterführung der Kampagne gegen Lübke statt (...) Im Anschluß an die Sitzung bat mich Genosse Norden unter vier Augen, ob es dem MfS nicht möglich sei, die Kampagne gegen Lübke durch spezielle aktive Maßnahmen in Westdeutschland zu unterstützen. Er hatte dabei insbesondere folgende Vorstellungen: a) Lancierung des Lübke-Materials in westlichen Presseorganen; b) Maßnahmen, um den Differenzierungsprozeß um Lübke zu fördern, wobei die sich durch die Koalitionsfrage gebildeten Fraktionen innerhalb der CDU/CSU ausgenutzt werden könnten (...)" (18)

Erledigt wird der Auftrag von der Abteilung Desinformation. Oberstleutnant Günter Bohnsack, damals als „Günter Grünwald" an der Aktion beteiligt: „Über Lübke fanden sich im Archiv der Abteilung IX/11 Akten, die seine Tätigkeit in einer Baugruppe namens Schlempp während der Nazizeit dokumentierten. Es gab auch Baupläne für Baracken, aber daß diese für Gefangene in KZs gedacht waren, ging aus den Zeichnungen nicht hervor. Auch aus jenen nicht, an denen Lübke mitgearbeitet hatte. So konnte nur unterstellt werden, daß er von der späteren Nutzung wußte. Beweisen ließ sich diese Behauptung mit den Akten nicht. Deshalb mußten wir ran, um diese ‚Beweise' zu schaffen. Das wurde so sorgfältig gemacht, daß nicht einmal die Kriminalisten von der Berliner Humboldt-Universität an den Deckblättern etwas merkten." (19)

Die Geschichte schlägt die erwarteten Wellen und wird für die Stasi zum Dauerbrenner. Am 19. August 1985 hält Stasi-Oberst Miermeister von der „Zentralen Auswertungs- und Informationsgruppe", Bereich 6, in einem Aktenvermerk fest, was er gerade mit dem Desinformations-Chef, Oberst Wagenbreth, besprochen hat: „Gen. Wagenbreth darüber informiert, daß HA/IX den Vorgang ‚Lübke' wieder aktiviert hat und mit unserer Unterstützung über die Verbindung – Generalstaatsanwalt – ehem. Anwaltsbüro Kaul – den Informationsbedarf für die Rechtsanwälte der BRD-Illustrierten ‚Stern' abdecken will." (20)

Das ist offenbar erfolgt, und so wirkt die alte Stasi-Geschichte noch fast 40 Jahre, nachdem sie in die Welt gesetzt worden ist. Gerichte werden bemüht, Kosten entstehen, und Urteile mit sechsstelligen Strafandrohungen werden gesprochen. Und alles geht auf die längst nicht mehr bestehende Stasi zurück.

Wenn solch ein riesiger Apparat viele Jahre auf Hochtouren läuft, ist er nicht einfach zu stoppen. Das wissen nicht nur frühere Stasiopfer, die lange nach dem Aufhören der Bedrohung ihre Angst und Hilflosigkeit von damals nicht vergessen können, sondern auch jene, denen eigentlich gar nichts passiert ist, außer, daß ihr Name irgendwann einmal aufgefallen und in einer der vielen Karteien gelandet ist. Das kann Folgen bis heute haben.

Der Krieg der Spione geht weiter

Sommerschwüle drückt schwer auf Berlin. Die Bäume in der Stadt sind vom Staub grau gepudert. Regen fehlt. Wenn der schmutziggrüne Trabi-Kübel über den Plattenweg im Todesstreifen an der Wollankstraße prescht, wirbelt Sand auf.

Drüben, auf der Westseite, sitzt eine junge Frau auf einem Balkon. DDR-Grenzer Christian John, im Zivilleben Elektromonteur in Sachsen, richtet seinen Feldstecher ins Feindesland. Die schwarzen, offenen Haare über den nackten Schultern regen seine Phantasie an. Erst als das Mädchen aufspringt und ein weißes Blatt Richtung Wachturm hält, sieht er, daß sie ein schulterfreies T-Shirt trägt. „Paß auf, daß dir nicht die Linse platzt!" steht auf dem Zettel in dicker roter Schrift. (21) Der Grenzer schüttelt sich vor Lachen. Als wenig später ein weiteres Blatt mit einer Adresse hochgehalten wird, notiert er sie und stopft seine Beute in die Uniform. Ariane Damerow heißt die Schöne. Er will ihr schreiben. Heimlich, versteht sich, denn Kontakte in den Westen sind streng verboten.

Das hochgewachsene Mädchen aus West-Berlin ist unglücklich verliebt. Beim Umsteigen am Bahnhof Friedrichstraße hat sich die damals 21jährige 1985 in einen DDR-Grenzer verguckt. Ein Reichsbahner machte den Liebesboten, und so erfährt sie, daß ihr Schwarm Stefan heißt. Sie „verliert" ihren Studentenausweis vor seinen Augen, und tatsächlich kommt, nachdem Stefan seinen Grenzdienst fast zwei Jahre später beendet hat, auch der Vorschlag zu einem Treffen in Ost-Berlin. Aber der Termin ist bereits verstrichen. Frustriert schreibt Stefan einen Abschiedsgruß. Ohne Absender.

Ariane ist verzweifelt. Bis ihr die Idee mit dem Zettel über die Grenze kommt. Sie hofft, über Christian Kontakt zu Stefan herstellen zu können.

Der harmlose Flirt ist weder im Westen noch im Osten verborgen geblieben. Ariane Damerow wird vom Staatschutz verhört, und als sie sich das erste Mal mit Christian trifft, hat den bereits die Stasi zur „Mitarbeit“ erpreßt. In der Normannenstraße wird der operative Vorgang „Sweety“ eröffnet. Ab jetzt überwacht die Stasi jeden Schritt des Mädchens in Ost-Berlin. Ihre Schwester ist nämlich mit einem französischen Berufsunteroffizier liiert. Deshalb schaltet sich nun auch die französische Abwehr in die „verdächtigen“ Ost-Kontakte Arianes ein. Weil damit wiederum die Alliierten an der ganzen Sache beteiligt sind, macht die Stasi das KGB in Moskau auf den „Fall“ aufmerksam. Ariane Damerow wird im nachrichtlichen Verbundsystem des Ostblocks „SOUD“ als „gegnerische Agentin“ gespeichert. Dort dürfte sie bis heute verzeichnet sein.

Das „System der vereinigten Erfassung von Daten über den Gegner“ – nach der russischen Bezeichnung (22) „SOUD“ genannt – ist ein streng geheimer Informationsverbund der Sicherheitsdienste der sechs Warschauer Vertragsstaaten und der Mongolei, Kubas und Vietnams. Er entsteht seit Anfang der siebziger Jahre und umfaßt Angaben von durchschnittlich 1000 Zeichen zu Personen in 15 verschiedenen Kategorien: „*Mitarbeiter und Agenten gegnerischer Geheimdienste, *Mitarbeiter von Zentren ideologischer Diversion, *Mitglieder von Terrororganisationen; *Mitglieder subversiver Organisationen, *Beauftragte von Geheimdiensten, *Anschleusungen, *Falsch-Informanten, *Provokateure, *ausgewiesene und unerwünschte Personen, *Staatsverbrecher, *feindliche Diplomaten, *feindliche Korrespondenten, *Mitarbeiter feindlicher Wirtschaftsvertretungen und Kulturzentren, *Schmuggler, *Wirtschaftsschädlinge.“ (23) Der Betrieb des Systems beginnt Ende der siebziger Jahre. Alle Ostblock-Geheimdienste geben Daten ein, und alle haben über die Zentrale beim KGB in Moskau auch Zugriff darauf. In Ihren Planungen rechnet die Stasi mit 175 000 Erfassungsbelegen, die die Teilnehmer als „Grundstock“ nach Moskau weiterleiten. Jährlich sollen dann etwa 10 000 bis 15 000 neuen Einträge dazukommen. Aus diesem Datenbestand werden monatlich zwischen 12 000 und 20 000 Überprüfungsanfragen erwartet. (24)

Zuarbeiten müssen alle Stasi-Diensteinheiten, und die sind auch fleißig dabei. Zwischen 1979 und November 1989 werden 74 884 Erfassungen im SOUD veranlaßt. Bis Ende 1989 weist die

MfS-Statistik 65 556 Personendossiers aus, davon zum Beispiel 20 669 zu „ausgewiesenen oder unerwünschten Personen“ und 8019 zu „Beauftragten von Geheimdiensten“ – also Kategorien für Leute, die lediglich durch irgendeinen Verdacht ins Visier der Stasi geraten sind. (25)

All diese Daten haben das Ende der Stasi in Moskau überlebt. Der Bundestagsabgeordnete Werner Schulz (Bündnis 90/Die Grünen) sieht darin eine „gewaltige Gefährdung des Persönlichkeitsrechts der Betroffenen“. (26) Experten schätzen, daß von den SOUD-Daten insgesamt etwa eine Million Bundesbürger tangiert sein könnten. (27)

Doch das ist nicht das einzige Einfallstor für die Fortsetzung der Spionage nach dem Ende des kalten Kriegs. In der DDR durfte das KGB schalten und walten, wie es ihm beliebte. Das ist im Artikel VII der „Vereinbarung über die Zusammenarbeit zwischen dem Ministerium für Staatssicherheit der DDR und dem Komitee für Staatssicherheit beim Ministerrat der Union der sozialistischen Sowjetrepubliken“ vom 6. Dezember 1973 ausdrücklich vereinbart: „Die Vertretung des KfS beim MfS kann im Rahmen der bestehenden Praxis und nach entsprechender Übereinkunft mit der Leitung des MfS DDR-Bürger in den Fällen zur geheimen Mitarbeit heranziehen, wenn es im Interesse der staatlichen Sicherheit der UdSSR und der DDR zu Aufklärungs- und Abwehrzwecken im Kampf gegen die Geheimdienste des Gegners erforderlich ist.“ (28)

Dadurch sind im Laufe der Jahre geheime KGB-Strukturen in Ostdeutschland entstanden, die zumindest teilweise den Zusammenbruch der DDR überlebt haben dürften. Ihre konspirative Tätigkeit wurde bisher von deutschen Behörden nicht aufgeklärt. Das macht die Stasi-Topspionin Gabriele Gast wütend: „Der neue gesamtdeutsche Staat hatte nicht einmal Anstalten gemacht, jene DDR-Bürger, die für den sowjetischen Geheimdienst KGB gearbeitet hatten, zu ermitteln und strafrechtlich zu belangen, obwohl er aus Unterlagen der Gauck-Behörde von dieser Praxis wußte.“ (29) Den Grund dafür sieht die ehemalige Analytikerin im Sowjetunion-Referat des BND im Gekungel zwischen deutschen und russischen Diensten: „Vielmehr schien es, als müsse die strafrechtliche Tabuisierung der früheren DDR-internen Aktivitäten des neuen sowjetisch-russischen Partnerdienstes des BND durch eine um so verbissenere Jagd auf die DDR-Kundschafter kompensiert werden." (30)

Doch trotz der neuen deutsch-russischen Freundschaft weiß auch das Bundesamt für Verfassungsschutz, daß die Spionage keinesfalls aufgehört hat. In seiner Einschätzung Anfang des Jahres 2001 stellt es fest: „Ungeachtet der Veränderungen der letzten Jahre und der partiellen Zusammenarbeit mit Nachrichtendiensten ehemaliger Ostblockstaaten ist Deutschland auch weiterhin ein bevorzugtes Aufklärungsziel fremder Nachrichtendienste geblieben." (31)

Auch wenn sich die Aufklärungsziele inzwischen aus dem politischen mehr in den wirtschaftlichen Bereich verschoben haben dürften, könnte personelles Potential für die Fortsetzung der Spionage durchaus aus dem Stasi-Erbe der DDR kommen.

In Moskau haben die Umwälzungen der letzten Jahre zwar einige Verschiebungen in der Struktur der Sicherheitsorgane ergeben, die Spionage – in der Ersten Hauptverwaltung des KGB angesiedelt – ist davon jedoch weitestgehend unberührt geblieben. Im Gegensatz zur DDR, wo die Ende 1989 angestrebte Bildung eines von der Stasi unabhängigen Aufklärungsapparates dank der starken Bürgerbewegung nicht geklappt hat, funktionierte sie in der Sowjetunion ohne Probleme. Am 11. Oktober 1991 beschloß der sowjetische Staatsrat die Auflösung des KGB und die Bildung von drei unabhängigen, selbständigen Geheimdiensten, darunter des „Zentralen Aufklärungsdienstes der UdSSR", im Westen ZAD genannt. (32) Mit dem Zerfall der Sowjetunion und der Bildung der „Gemeinschaft unabhängiger Staaten" (GUS) wird daraus der bis heute weltweit agierende „Dienst für Auslandsaufklärung", abgekürzt SWR. (33) Bereits Ende Dezember 1991 stellt ihn der damalige Präsident, Boris Jelzin, unter die alleinige Kontrolle Rußlands. Damit hat faktisch die ehemalige Erste Hauptverwaltung des KGB mit ihren offiziellen und inoffiziellen Verbindungen zur Stasi, ihrem eigenen Agentennetz in Deutschland und dem bis heute in Umfang und Qualität unbekannten Wissen, das mit dem Zusammenbruch der DDR gen Osten floß, als eigenständiger russischer Aufklärungsdienst überlebt.

Welche Bedrohung sich daraus für das vereinte Deutschland ergibt, vermag niemand einzuschätzen. Am 9. April 1992 schreibt Bundeskanzler Helmut Kohl einen Brief an die Moskauer Regierung und schlägt vor, die gegenseitige Aufklärungstätigkeit einzustellen oder wenigstens zu reduzieren. Eine Antwort darauf hat es offenbar nicht gegeben. Deshalb reist der Geheimdienstkoordinator im Bundeskanzleramt, Bernd Schmidtbauer, vom 24. bis 26. August und dann noch einmal vom 15. bis 16. Oktober 1992 in die russische Hauptstadt. Eine „wesentliche Reduzierung" der Spionage wird zugesagt, von Einstellung ist nicht die Rede, und schriftlich gib's schon gar nichts.

Dafür muß Bonn vier Tage nach Schmidtbauers Rückkehr bestätigen, daß in der deutschen Botschaft in Moskau Wanzen entdeckt wurden ... (34)

Der „Kampf an der unsichtbaren Front" geht also wohl auch nach dem Ende des kalten Krieges weiter. Inzwischen ist Spionage kein Thema mehr für Schlagzeilen – weniger gefährlich, menschenverachtend und Mißtrauen säend dürfte sie damit kaum geworden sein.

Deutscher Bundestag
11. Wahlperiode

Drucksache 11/7762 (neu)
02.09.90
Sachgebiet 450

Gesetzentwurf der Fraktionen der CDU/CSU und FDP

Entwurf eines Gesetzes über Straffreiheit bei Straftaten des Landesverrats und der Gefährdung der äußeren Sicherheit

A. Problem

Mit dem Zusammenwachsen der beiden deutschen Staaten hat die gegenseitige nachrichtendienstliche Aufklärung aufgehört. Sie war stark geprägt von der Teilung Deutschlands und der Frontstellung der beiden deutschen Staaten. Für den Rechtsfrieden und damit für die Zukunft des geeinten Deutschlands erscheint es sinnvoll, unter die damit verbundenen Straftaten einen befriedenden Schlußstrich zu ziehen und mit Wirksamwerden des Beitritts in begrenzter Weise Straffreiheit zu gewähren.

B. Lösung

Der Entwurf sieht Straffreiheit für die typischen Taten der Angehörigen der Auslandsnachrichtendienste der Deutschen Demokratischen Republik und ihrer Agenten vor, nämlich für Taten nach den §§ 94 bis 100a StGB (Landesverrat und Gefährdung der äußeren Sicherheit) und ihre Begleitdelikte. Er unterscheidet drei Fallgruppen:

- Einwohner der Deutschen Demokratischen Republik sollen grundsätzlich ohne Einschränkungen straffrei gestellt werden;
- für nicht entdeckte Einwohner der Bundesrepublik Deutschland soll es Straffreiheit bei Offenbarung ihrer Tat geben;
- in abgeschlossenen oder anhängigen Verfahren soll Straffreiheit nur bei niedrigerer, noch nicht vollständig verbüßter Strafe oder niedrigerer Straferwartung gewährt werden, nämlich bei Freiheitsstrafe bis zu drei Jahren.

C. Alternativen
Keine

D. Kosten
Es ergeben sich keine Auswirkungen auf die öffentlichen Haushalte und das Preisgefüge.

Entwurf eines Gesetzes über Straffreiheit bei Straftaten des Landesverrats und der Gefährdung der äußeren Sicherheit

Der Bundestag hat das folgende Gesetz beschlossen:

§ 1
Anwendungsbereich

Wegen Straftaten nach den §§ 94 bis 100a des Strafgesetzbuchs, die vor dem Wirksamwerden des Beitritts für einen Geheimdienst oder eine andere amtliche Stelle der Deutschen Demokratischen Republik zum Nachteil der Bundesrepublik Deutschland begangen wurden, wird nach Maßgabe der folgenden Bestimmungen Straffreiheit gewährt.

§ 2
Straffreiheit für Einwohner der Deutschen Demokratischen Republik

Straffreiheit wird dem Täter oder Teilnehmer einer Tat nach den §§ 94 bis 100a des Strafgesetzbuchs gewährt, der bei Beginn der Tat seine Lebensgrundlage in der Deutschen Demokratischen Republik hatte. Dies gilt nicht für den

1. der seine Lebensgrundlage im zeitlichen Zusammenhang mit der Begehung einer solchen Tat im Gebiet der Deutschen Demokratischen Republik geschaffen hat oder
2. gegen den vor dem Wirksamwerden des Beitritts wegen einer solchen Tat eine Strafe rechtskräftig verhängt wurde oder ein Verfahren bei einem Gericht oder einer Staatsanwaltschaft anhängig ist.

§ 3

Straffreiheit für Einwohner der Bundesrepublik Deutschland

Straffreiheit wird auch dem Täter oder Teilnehmer einer Tat nach den §§ 94 bis 100a des Strafgesetzbuchs gewährt, der bei Beginn der Tat seine Lebensgrundlage in der Bundesrepublik Deutschland hatte, wenn er bis zum Ablauf eines Jahres nach dem Wirksamwerden des Beitritts sein Wissen einer Dienststelle der Bundesrepublik Deutschland offenbart.

§ 4

Straffreiheit in abgeschlossenen oder anhängigen Verfahren

Straffreiheit wird auch dem Täter oder Teilnehmer einer Tat nach den §§ 94 bis 100a des Strafgesetzbuchs gewährt, gegen den vor dem Wirksamwerden des Beitritts wegen einer solchen Tat eine Strafe rechtskräftig verhängt wurde oder ein Verfahren bei einem Gericht oder einer Staatsanwaltschaft anhängig ist, wenn keine schwerere Strafe als Freiheitsstrafe bis zu drei Jahren oder Geldstrafe, allein oder nebeneinander, verhängt wurde oder zu erwarten ist.

§ 5

Erstreckung und Ausschluß der Straffreiheit

(1) Soweit Straffreiheit gewährt wird, erstreckt sie sich auf Straftaten, die die in § 1 genannten Taten vorbereiten, fördern, sichern oder decken sollten.

(2) Straffreiheit nach Absatz 1 ist ausgeschlossen bei Verbrechen sowie bei Vergehen nach den §§ 239, 241 und 241a des Strafgesetzbuches.

§ 6

Auswirkungen der Straffreiheit

(1) Die Straffreiheit erfaßt rechtskräftig verhängte Strafen, soweit sie noch nicht vollstreckt sind, sowie zu erwartende Strafen. Strafen werden erlassen, soweit sie noch nicht vollstreckt sind. Anhängige Verfahren werden eingestellt, neue nicht eingeleitet.

(2) Soweit Straffreiheit nach Maßgabe des § 3 gewährt wird, wird das Verfahren eingestellt.

§ 7

Weitere Erstreckung der Straffreiheit

Die Straffreiheit erstreckt sich auf die Anordnung von Verfall und Einziehung, soweit sie noch nicht vollzogen ist, Nebenfolgen sowie auf rückständige Bußen und Kosten, auch wenn die Strafe bei Wirksamwerden des Beitritts bereits vollstreckt war.

§ 8

Anwendung weiterer Bestimmungen

Die §§ 5 bis 9 und 11 des Straffreiheitsgesetzes 1970 vom 20. Mai 1970 (BGBl. I S. 509) finden entsprechende Anwendung.

§ 9

Berlin-Klausel

Dieses Gesetz gilt nach Maßgabe des § 13 Abs. 1 des Dritten Überleitungsgesetzes auch im Land Berlin.

§ 10

Inkrafttreten

Dieses Gesetz tritt am 3. Oktober 1990 in Kraft.

Bonn, den 2. September 1990

Dr. Dregger, Dr. Bötsch und Fraktion

Mischnick und Fraktion

Begründung

A. Allgemeines

I. Mit dem Zusammenwachsen der beiden deutschen Staaten hat die gegenseitige nachrichtendienstliche Aufklärung aufgehört. Es erscheint sinnvoll und liegt im Interesse des geeinten Deutschlands, unter die damit verbundenen Straftaten einen befriedenden Schlußstrich zu ziehen und mit Wirksamwerden des Beitritts in begrenzter Weise Straffreiheit zu gewähren. Dabei sind insbesondere folgende Erwägungen von Bedeutung:

- Die gegenseitige nachrichtendienstliche Aufklärung war stark geprägt von der Teilung Deutschlands, insbesondere von der Einbindung der beiden deutschen Staaten einerseits in das westliche und andererseits in das östliche Sicherheitssystem und der dadurch bedingten Frontstellung. Dies gehört der Vergangenheit an.
- Für den Rechtsfrieden und damit für die Zukunft des geeinten Deutschlands ist eine breite Akzeptanz der Rechtsordnung von erhöhter Bedeutung, auch soweit es um die Verfolgung von Straftaten geht, die stark teilungsgeprägt sind.
- Die nachrichtendienstliche Auslandsaufklärung ist in rechtlicher Hinsicht ambivalent. Einerseits ist sie für den aufklärenden Staat ein legitimes Mittel zur Erlangung von Erkenntnissen für die Lagebeurteilung und die Entscheidungsfindung im politischen Bereich. Andererseits handelt es sich bei ihr im fremden Staat in der Regel um strafbare Spionage.
- Nach Wirksamwerden des Beitritts unterliegen die Angehörigen und Agenten der Auslandsnachrichtendienste der Deutschen Demokratischen Republik uneingeschränkt unserer Strafgewalt. Ihre bisher in der Deutschen Demokratischen Republik legitime Tätigkeit wird ohne Änderung ihres Charakters auch dort strafbar.

Der Entwurf regelt zunächst den Anwendungsbereich der vorgesehenen Straffreiheit (§ 1) und sodann drei verschiedene Fallgruppen, nämlich Straffreiheit für Einwohner der Deutschen Demokratischen Republik (§ 2), für Einwohner der Bundesrepublik Deutschland (§ 3) und in abgeschlossenen und anhängigen Verfahren (§ 4). Die Straffreiheit ist in den einzelnen Fallgruppen unter Berücksichtigung ihrer Besonderheiten an unterschiedliche Voraussetzungen geknüpft.

II. Die Haushalte des Bundes und der Länder werden mit Kosten nicht belastet. Auswirkungen auf die Einzelpreise und das allgemeine Preisniveau sind ebenfalls nicht zu erwarten.

B. Die einzelnen Vorschriften

Zu § 1 (Anwendungsbereich)

Die Regelung erfaßt die für die Deutsche Demokratische Republik und zum Nachteil der Bundesrepublik Deutschland begangenen Straftaten nach den §§ 94 bis 100a StGB (Landesverrat und Gefährdung der äußeren Sicherheit), also die typischen Taten der hauptberuflichen und nebenberuflichen Angehörigen der Hauptverwaltung Aufklärung des ehemaligen Ministeriums für Staatssicherheit (MfS) und der Verwaltung Aufklärung im Verteidigungsministerium der Deutschen Demokratischen Republik sowie ihrer Agenten. Sie bezieht wegen der engen Verflechtung im nachrichtendienstlichen Bereich auch Taten ein, die sich neben der Bundesrepublik Deutschland gegen einen dritten Staat richten oder die die Deutsche Demokratische Republik zwar ausgeführt hat, die letztlich aber – etwa im Wege der Arbeitsteilung – von einem dritten Staat veranlaßt sind oder deren Erkenntnisse ihm zugute kommen, nicht indessen Taten, die ausschließlich dritte Staaten betreffen.

Zu § 2 (Straffreiheit für Einwohner der Deutschen Demokratischen Republik)

Unter Berücksichtigung der ambivalenten Natur der nachrichtendienstlichen Auslandsaufklärung unterscheidet die Regelung zwischen Einwohnern der Deutschen Demokratischen Republik – sie haben für ihren Staat gearbeitet – und der Bundesrepublik Deutschland – sie haben gegen ihren Staat gearbeitet.

Einwohner der Deutschen Demokratischen Republik (Täter oder Teilnehmer mit Lebensgrundlage in ihrem Gebiet zu Beginn der Tat) werden grundsätzlich ohne Einschränkungen straffrei gestellt. Das bedeutet, daß gegen sie neue Verfahren nicht eingeleitet werden (vgl. § 6 Abs. 1 Satz 3, 2. Altern.). Auf eine Offenbarung kommt es – im Unterschied zur Regelung des § 3 für Einwohner der Bundesrepublik Deutschland – nicht an. Die Namen der verantwortlichen Angehörigen der Auslandsnachrichtendienste der Deutschen Demokratischen Republik sind zumeist bekannt.

Die Lebensgrundlage befindet sich in der Regel in der Deutschen Demokratischen Republik, wenn dort der ausschließliche Wohnsitz oder ständige Aufenthalt ist. Ausnahmen sind möglich bei Angehörigen der Auslandsvertretungen, Auslandskorrespondenten oder Personen in vergleichbaren Fällen. Von Bedeutung sind – wie in § 5 Nr. 3 und 5 StGB – Herkunft, Wohnsitz der Familie, Beruf und ähnliche Gesichtspunkte.

In Fällen der Einschleusung von Agenten ist maßgeblich, ob sie – was regelmäßig der Fall sein dürfte – bei Beginn der Tat, also etwa ihrer nachrichtendienstlichen Verpflichtung, ihre Lebensgrundlage in der Deutschen Demokratischen Republik hatten. Eine später begründete Lebensgrundlage in der Bundesrepublik Deutschland steht der Anwendbarkeit des § 2 nicht entgegen.

Die Regelung gilt nicht für Überläufer aus der Bundesrepublik Deutschland, die erst in der Deutschen Demokratischen Republik nachrichtendienstlich tätig wurden, etwa durch Preisgabe ihres Präsenzwissens aus den Nachrichtendiensten oder aus der Bundeswehr. Gegen sie ist bei uns bereits ein Strafverfahren eingeleitet worden, und es ist kein überzeugender Grund ersichtlich, sie anders zu behandeln als die hier wohnhaften Beschuldigten. Dasselbe gilt für Einwohner der Deutschen Demokratischen Republik, die bei uns rechtskräftig verurteilt sind oder gegen die ein Verfahren anhängig ist. In diesen Fällen findet jeweils § 4 Anwendung mit der Folge, daß Straffreiheit nur bei niedrigerer Strafe oder Straferwartung gewährt wird. Bei erkannter schwerer nachrichtendienstlicher Verstrickung soll dem Täter oder Teilnehmer keine Amnestie zugute kommen.

Zu § 3 (Straffreiheit für Einwohner der Bundesrepublik Deutschland)

Einwohner der Bundesrepublik Deutschland (Täter oder Teilnehmer mit Lebensgrundlage in ihrem Gebiet zu Beginn der Tat), deren Tat noch nicht entdeckt ist, werden straffrei gestellt, wenn sie ihr Wissen innerhalb eines Jahres offenbaren. Dazu ist – wie in § 98 Abs. 2 StGB – erforderlich, daß sie einer Dienststelle ihr gesamtes einschlägiges Wissen mitteilen, also all das, was mit ihrer Tat zusammenhängt, insbesondere, was ihre Mittelsmänner und die Beziehungen zu ihnen sowie ihre eigene Tätigkeit angeht.

Als Dienststelle kann nur die amtliche Stelle gelten, von der die Weitergabe der offenbarten Tatsachen an eine zuständige Dienststelle (Strafverfolgungsbehörden, Verfassungsschutz, Bundesnachrichtendienst, Militärischer Abschirmdienst) erwartet werden kann.

Die Regelung beruht auf Gründen der Schadensaufdeckung und Schadensbegrenzung. Den bei uns bisher nicht entdeckten Agenten wird ein Anreiz gegeben, von sich aus einen Schlußstrich unter ihre bisherige Tätigkeit zu ziehen. Gleichzeitig wird der Gefahr einer künftigen Tätigkeit für einen anderen Staat entgegengewirkt.

Zu § 4 (Straffreiheit in abgeschlossenen oder anhängigen Verfahren)

In rechtskräftig abgeschlossenen oder bei Gericht oder der Staatsanwaltschaft anhängigen Verfahren wird Straffreiheit nur bei niedrigerer Strafe oder Straferwartung gewährt. Es handelt sich gleichsam um eine Übergangslösung, da die Verurteilten und Beschuldigten – soweit es um Einwohner der Deutschen Demokratischen Republik geht – nicht in den Genuß der Straffreiheit ohne Einschränkungen nach § 2 kommen (vgl. die Einschränkung in § 2 Nr. 1 und 2) oder – soweit es um Einwohner der Bundesrepublik Deutschland geht – nicht mehr die Möglichkeit einer Offenbarung und damit die Straffreiheit nach § 3 haben. Voraussetzung ist, daß keine schwerere Strafe als Freiheitsstrafe bis zu drei Jahren oder Geldstrafe, allein oder nebeneinander, verhängt wurde oder zu erwarten ist. Bei schwererer Strafe gibt es aus dem oben zu § 2 genannten Gesichtspunkt der erheblicheren nachrichtendienstlichen Verstrickung keine Straffreiheit, auch nicht durch Herabsetzung der Strafe.

Zu § 5 (Erstreckung und Ausschluß der Straffreiheit)

Die Straffreiheit erstreckt sich auf Taten, die Straftaten nach den §§ 94 bis 100a StGB vorbereiten, fördern, sichern oder decken sollten, also auf typische Begleitdelikte. Dies sind etwa Urkundenfälschung durch Herstellen oder Gebrauch unechter oder verfälschter Ausweispapiere (Vorbereiten oder Fördern) oder Steuerhinterziehung durch Verschweigen des Agentenlohns bei der

Steuererklärung (Sichern oder Decken). In Fällen des illegalen Technologietransfers wird § 34 AWG nicht erfaßt. Ansonsten würde der Täter bessergestellt, der solche Geschäfte in geheimdienstlicher Weise abgewickelt hat: Er würde in den Genuß der Straffreiheit kommen, während eine nicht geheimdienstliche Tat nicht erfaßt würde. Für eine solche Besserstellung besteht kein Grund.

Ausgenommen von der Erstreckung sind alle Verbrechen, also etwa Mord, Totschlag oder Verschleppung, sowie Vergehen nach den §§ 239, 241 und 241a StGB (Freiheitsberaubung, Bedrohung und politische Verdächtigung).

Zu §§ 6 bis 9

Die Vorschriften regeln die Auswirkungen der Straffreiheit hinsichtlich der Strafe und des Verfahrens (§ 6), Fragen im Zusammenhang mit Verfall und Einziehung, Nebenfolgen sowie rückständigen Bußen und Kosten (§ 7). Sie klären Einzelheiten, u. a. beim Zusammentreffen mehrerer Taten und die Zuständigkeiten, und zwar durch Verweisung auf die entsprechenden Regelungen des Straffreiheitsgesetzes 1970 (§ 8). § 9 erhält die übliche Berlin-Klausel. Das Inkrafttreten (§ 10) erfolgt mit Wirksamwerden des Beitritts am 3. Oktober 1990.

Deutscher Bundestag
14. Wahlperiode

Drucksache 14/4201
04.10.2000

Antwort der Bundesregierung

auf die Kleine Anfrage der Abgeordneten Dr. Evelyn Kenzler, Wolfgang Gehrcke, Ulla Jelpke, weiterer Abgeordneter und der Fraktion der PDS

– Drucksache 14/4074 –

Zehnjahres-Bilanz des Umgangs mit der deutsch-deutschen Spionage

Zehn Jahre nach der friedlichen Vereinigung der beiden deutschen Staaten ist es an der Zeit, auch hinsichtlich des Umgangs der Bundesrepublik Deutschland mit der deutsch-deutschen Spionage Bilanz zu ziehen.

Entgegen dem Gebot, auf eine nur noch einseitig mögliche strafrechtliche Verfolgung von Spionagetätigkeit zu verzichten, die allein der Bestrafung Einzelner und nicht mehr dem Schutz eines Staates dient, wurden seit der Vereinigung Spione der Auslandsnachrichtendienste der DDR in der Bundesrepublik Deutschland strafrechtlich verfolgt und verurteilt. In der DDR verurteilte Spione bundesdeutscher Geheimdienste werden hingegen als „politisch Verfolgte“ behandelt, rehabilitiert und entschädigt. Das Gut-Böse-Schema, wonach die einen für den „richtigen“ und die anderen für den „falschen“ Staat spioniert hätten, kann schon deshalb nicht tragen, weil die Spione beider Seiten subjektiv dies für sich in Anspruch nahmen.

Der Gleichheitsgrundsatz des Grundgesetzes im Umgang mit den Spionen der beiden deutschen Staaten kam offensichtlich nicht zur Geltung.

Zehn Jahre nach der friedlichen Vereinigung der beiden deutschen Staaten ist es an der Zeit, auf jeden Fall die strafrechtliche Ahndung der deutsch-deutschen Spionage, auch soweit es die DDR betrifft, zu beenden.

Die Antwort wurde namens der Bundesregierung mit Schreiben des Bundesministeriums der Justiz vom 29. September 2000 übermittelt.
Die Drucksache enthält zusätzlich – in kleinerer Schrifttype – den Fragetext.

1. Wie viele Verfahren wurden vom Generalbundesanwalt wegen Spionage zu Gunsten der DDR seit der Wiedervereinigung eingeleitet, und wie viele Verfahren wurden an die Landesstaatsanwaltschaften abgegeben? Wie viele DDR-Bürger und wie viele Bürger der Bundesrepublik Deutschland waren bzw. sind davon betroffen (alle Angaben bitte aufgeschlüsselt nach Jahren und Ländern)?

Im Zeitraum vom 1. Januar 1991 bis zum 31. Juli 1997 – darüber hinaus liegen keine statistischen Auswertungen vor – wurden bei der Bundesanwaltschaft 5636 Verfahren eingeleitet.

Jahr	**Verfahren**	**Beschuldigte**
1991	1200	1631
1992	1576	2098
1993	1515	1825
1994	1197	1388
1995	139	148
1996	9	9
1997	kein Verfahren	0
Gesamt	5636 Verfahren	7099

4358 der Verfahren wurden an die Staatsanwaltschaften der Länder abgegeben. Von den 7099 Beschuldigten waren 4171 Personen Bürger der ehemaligen DDR und 2928 Personen Bundesbürger.

2. Wie viele Ermittlungsverfahren des Generalbundesanwalts wegen Spionage zu Gunsten der DDR endeten durch
- Einstellung,
- Anklage,
- aus sonstigen Gründen?

Wie viele Verfahren wurden auf Grund des einschlägigen Beschlusses des Bundesverfassungsgerichts vom 15. Mai 1995 (Az.: 2 BvL 19/91 u. a.) eingestellt (alle Angaben bitte aufgeschlüsselt nach Jahren und bezogen auf beschuldigte DDR-Bürger sowie Bürger der Bundesrepublik Deutschland)?

Es wird auf die nachfolgende Tabelle verwiesen.

Mit aufgeführt sind die Verfahren, die von der Bundesanwaltschaft wegen Spionage gegen Bürger der ehemaligen DDR eingeleitet worden waren, nach der Entscheidung des Bundesverfassungsgerichts vom 15. Mai 1995 aber nur noch wegen „Begleitdelikten" (Freiheitsberaubung, versuchte Beihilfe zum Mord) fortgeführt wurden.

Bei der Bundesanwaltschaft sind alle vor dem 31. Juli 1997 erhobenen Anklagen erledigt. Nach diesem Zeitpunkt sind noch 7 Bundesbürger zu Freiheitsstrafen bis zu zwei Jahren auf Bewährung verurteilt worden. Ein Offizier des MfS erhielt wegen versuchter Beihilfe zum Mord eine Freiheitsstrafe unter zwei Jahren, nachdem die zuvor erfolgte Verurteilung wegen Spionage aufgehoben worden war.

Über die Erledigung der nach dem 31. Juli 1997 in den Ländern noch offenen Anklagen ist den Registern der Bundesanwaltschaft nichts zu entnehmen.

Verfahren beim Generalbundesanwalt	**Einstellung**	**Anklagen**	**Sonstiges**
Bürger der Bundesrepublik Deutschland	a) § 170 Abs. 2 StPO: 633 b) §§ 153, 153a StPO: 77 c) §§ 153d, 153e StPO: 1	64	19*
Bürger der ehemaligen DDR	a) § 170 Abs. 2 StPO: 930 b) §§ 153, 153a StPO: 657 c) §§ 153d, 153e StPO: 31	14	30*

Verfahren bei den Staatsanwaltschaften der Länder	**Einstellung**	**Anklagen**	**Sonstiges**
Bürger der Bundesrepublik Deutschland	a) § 170 Abs. 2 StPO: 894 b) §§ 153, 153a StPO: 554 c) §§ 153d, 153e StPO: 0	324	62*
Bürger der ehemaligen DDR	a) § 170 Abs. 2 StPO: 1058 b) §§ 153, 153a StPO: 1069 c) §§ 153d, 153e StPO: 0	64	86*

* Verbindungen, §§ 153b, 153c, 154, 154a StPO, Tod des Beschuldigten

3. Wie verteilen sich die Einstellungsgründe
- nach § 170 Abs. 2 StPO,
- nach den §§ 153 und 153a StPO,
- nach den §§ 153d und 153e StPO,
- wegen dauernder Verhandlungsunfähigkeit,
- wegen Todes,
- aus sonstigen Gründen

(alle Angaben bitte aufgeschlüsselt nach Jahren und bezogen auf beschuldigte DDR-Bürger sowie Bürger der Bundesrepublik Deutschland)?

Auf die Tabelle in der Antwort zu Frage 2 wird verwiesen.

4. Wie viele Ermittlungsverfahren wegen Spionage zu Gunsten der DDR sind noch offen (bitte unterschieden zwischen beschuldigten DDR-Bürgern sowie Bürgern der Bundesrepublik Deutschland)?

Das Vergehen der geheimdienstlichen Agententätigkeit für einen Nachrichtendienst der DDR ist verjährt. Das Verbrechen des Landesverrats verjährt dagegen in 20 Jahren, so daß noch mit derartigen Strafverfahren zu rechnen ist. Die Auswertung der Datenbank SIRA der Hauptverwaltung A des MfS hat zur Einleitung von etwa 20 Ermittlungsverfahren wegen des Verdachts eines Landesverrats geführt, in einem Fall wurde Anklage erhoben.

5. Rechnet die Bundesregierung mit weiteren Ermittlungsverfahren wegen Spionage zu Gunsten der DDR?

Es wird auf die Antwort zu Frage 4 verwiesen.

6. Welche Auflagen oder Weisungen bei Einstellungen nach § 153a StPO wurden erteilt?
In welcher Höhe bewegten sich die Geldbeträge zu deren Zahlung die Beschuldigten verpflichtet wurden?

Dazu hat die Bundesregierung keine Erkenntnisse.

7. Wie viele Anklagen mit wie vielen Angeklagten wurden seit der Wiedervereinigung wegen Spionage zu Gunsten der DDR erhoben (alle Angaben bitte aufgeschlüsselt nach Jahren und bezogen auf beschuldigte DDR-Bürger sowie Bürger der Bundesrepublik Deutschland)?

Es wird auf die Antwort zu Frage 2 verwiesen.

8. Wie verteilt sich die Erledigung der Anklagen des Generalbundesanwalts wegen Spionage zu Gunsten der DDR nach
- Anklagerücknahme,
- Ablehnung der Eröffnung,
- Einstellung (durch Beschluß oder Urteile),
- rechtskräftiges Sachurteil (unterschieden nach Verurteilung und Freispruch),
- aus sonstigen Gründen

(alle Angaben bitte aufgeschlüsselt nach Jahren und bezogen auf beschuldigte DDR-Bürger sowie Bürger der Bundesrepublik Deutschland)?

Verfahren beim Generalbundesanwalt	**Anlagerücknahmen**	**Ablehnung der Eröffnung**	**Einstellung durch Beschluß oder Urteil**	**offen am 1. Juli 97**
Bürger der Bundesrepublik Deutschland	0	2	11	13
Bürger der ehemaligen DDR	4	0	4	1

Verfahren bei den Staats-anwaltschaften der Länder	Anlage-rück-nahmen	Ablehnung der Eröffnung	Einstellung durch Beschluß oder Urteil	offen am 1. Juli 97
Bürger der Bundesrepublik Deutschland	7	3	59	38
Bürger der ehemaligen DDR	14	0	31	5

9. Wie viele Anklagen wegen Spionage zu Gunsten der DDR sind noch offen (bitte unterschieden zwischen beschuldigten DDR-Bürgern sowie Bürgern der Bundesrepublik Deutschland)?

Soweit Verfahren in Rede stehen, die vor dem 1. Juli 1997 angeklagt waren, wird auf die Übersicht zu Frage 8 verwiesen. Nach Auswertung der SIRA-Unterlage ist bisher eine Anklage wegen Landesverrats erhoben, deren Ausgang noch offen ist.

10. Wie verteilt sich die Verurteilung wegen Spionage zu Gunsten der DDR nach
- Verwarnung mit Strafvorbehalt,
- Geldstrafe,
- Freiheitsstrafe

(alle Angaben bitte aufgeschlüsselt nach Jahren und bezogen auf beschuldigte DDR-Bürger sowie Bürger der Bundesrepublik Deutschland)?

Verurteilungen wegen Spionage für die DDR

Verfahren beim Generalbundesanwalt	Verurteilungen	Freiheitsstrafen über zwei Jahre	Freiheitsstrafe bis zwei Jahre	Geldstrafe	Sonstiges
Bürger der Bundesrepublik Deutschland	38	27	11	0	
Bürger der ehemaligen DDR	5	0	4	0	1

** Verwarnung mit Strafvorbehalt.

Verfahren bei den Staatsanwaltschaften der Länder	Verurteilungen	Freiheitsstrafen über zwei Jahre	Freiheitsstrafe bis zwei Jahre	Geldstrafe	Sonstiges
Bürger der Bundesrepublik Deutschland	215	24	183	8	
Bürger der ehemaligen DDR	18	2	16	0	0

11. Wie verteilt sich der Ausspruch von Freiheitsstrafen wegen Spionage zu Gunsten der DDR nach
- bis zu zwei Jahren,
- über zwei Jahren?

Welches war die Höchststrafe (alle Angaben bitte aufgeschlüsselt nach Jahren und bezogen auf beschuldigte DDR-Bürger sowie Bürger der Bundesrepublik Deutschland)?

Auf die Antwort zu Frage 10 wird verwiesen.

12. Wie verteilt sich der Ausspruch von Geldstrafen wegen Spionage zu Gunsten der DDR nach Beträgen

- bis 5000 DM,
- zwischen 5000 und 10 000 DM,
- über 10 000 DM?

Welches war die Höchststrafe
(alle Angaben bitte aufgeschlüsselt nach Jahren und bezogen auf beschuldigte DDR-Bürger sowie Bürger der Bundesrepublik Deutschland)?

Den Registern der Bundesanwaltschaft ist eine Antwort auf die Frage nicht zu entnehmen. Geldstrafen haben indes bei der strafrechtlichen Aufarbeitung der aus der DDR betriebenen Spionage keine nennenswerte Rolle gespielt.

13. Ist der Bundesregierung bekannt, bis zu welcher Höhe sich die Verfahrenskosten, Anwaltskosten, der Einzug von Privatvermögen, Verdienstausfall, Verlust von Rentenansprüchen bei den Verurteilten belaufen?

Dazu liegen der Bundesregierung keine Erkenntnisse vor.

14. Welche Personen befinden sich wegen Spionage zu Gunsten der DDR gegenwärtig noch im Strafvollzug?

Keine.

15. Wie viele Spione der Bundesrepublik Deutschland in der DDR wurden rehabilitiert und entschädigt?

Dazu liegen der Bundesregierung keine Erkenntnisse vor.

16. Wann dürfte aus Sicht der Bundesregierung die Strafverfolgung wegen Spionage zu Gunsten der DDR beendet sein?

Die Strafverfolgung wegen Spionage zu Gunsten der DDR ist beendet. Zur Verfolgung von Landesverrat wird auf die Antwort zu Frage 4 verwiesen.

17. Welche Erkenntnisse hat die Bundesregierung darüber, wie in der Öffentlichkeit die einseitige Strafverfolgung der Spione im vereinten Deutschland reflektiert wird?

Dazu liegen der Bundesregierung keine Erkenntnisse vor.

18. Beabsichtigt die Bundesregierung eine Amnestie für Spione der Auslandsnachrichtendienste der DDR zu initiieren?
Wenn nein, warum nicht?

Die Bundesregierung beabsichtigt nicht, eine solche Initiative zu ergreifen.

Durch die Entscheidung des Bundesverfassungsgerichts vom 15. Mai 1995 (BVerfGE 92, 277ff.) ist der Kreis derjenigen ehemaligen DDR-Bürger, die wegen einschlägiger Spionagedelikte zur Verantwortung gezogen werden können, erheblich verkleinert worden. In einzelnen wohlbegründeten Ausnahmefällen können für Täter von DDR-Spionage Vollstreckungserleichterungen gewährt werden. Solche Überlegungen werden jedoch von Fall zu Fall in einem Gnadenverfahren zu prüfen sein. Für eine Amnestie sieht die Bundesregierung daher keinen Anlaß.

Wortlaut des Briefes der früheren Leiter der Nachrichtendienste der DDR, Markus Wolf, Werner Großmann und Alfred Krause an den Bundespräsidenten Johannes Rau vom August 2000:

Sehr geehrter Herr Bundespräsident,
anläßlich des Jahrestages der Wiedervereinigung der beiden deutschen Staaten bitten wir Sie, dafür einzutreten, daß nach nun zehn Jahren alle Personen, die vormals in der gegenseitigen Spionage der deutschen Nachrichtendienste tätig waren, in den Genuß der vom Grundgesetz der Bundesrepublik bestimmten Gleichbehandlung kommen.

Wir möchten in Erinnerung rufen, daß schon seinerzeit und später noch häufiger prominente Persönlichkeiten bekundeten, dem Jahrhundertereignis der deutschen Einheit sei historische Generosität gegenüber den „teilungsbedingten Delikten" angemessen und auch zu erwarten. So hatte Herr Dr. Schäuble, Verhandlungsführer zum Einigungsvertrag, geäußert: „Ich kann mir nicht vorstellen, daß wir im vereinigten Deutschland die jeweiligen Agenten (der anderen Seite) ins Gefängnis stecken. Was ich mir auch nicht vorstellen kann, ist, daß wir die Mitarbeiter der DDR ins Gefängnis stecken und das umgekehrt nicht tun. Es handelt sich um teilungsbedingte Straftaten, die außer Verfolgung gestellt werden müssen". Ganz ähnlich äußerte sich Ihr Vorgänger, Richard von Weizsäcker: „In den Fällen, wo es… um reine Spionage geht, muß man darauf achten, daß sie hinüber und herüber betrieben worden ist und infolgedessen parallel behandelt werden muß." Wolfgang Thierse sprach sich für eine Amnestie aus: Er sei „seit der Vereinigung dafür, die Agenten der DDR, ob sie nun aus dem Osten oder aus dem Westen stammten, nicht weiter zu verfolgen. Ihre Tätigkeit war Teil der Systemauseinandersetzung und ist mit dieser erledigt."

Als erledigt zeigt sich indessen nur die früher gegen die DDR eingesetzte bundesdeutsche Spionage: Deren Ausführenden – ob Bundes- oder DDR-Bürger – wurden (noch von der DDR-Regierung eingeleitet) Reststrafen erlassen. Später wurden sie sogar rehabilitiert und entschädigt. Strafverfolgung und soziale Ausgrenzung ehemaliger Agenten der DDR aber halten an. Angesichts der untergegangenen DDR – auch hinsichtlich des Wegfalls der vormaligen subjektiven politischen Motive für Spionagehandlungen – hat die heutige Strafverfolgungspraxis gegen die Agenten der DDR keine präventive Wirkung mehr zu erfüllen.

Die DDR und die Bundesrepublik hatten sich, im Grundlagenvertrag, gegenseitig als Völkerrechtssubjekte anerkannt. Niemals hatten sie in juristischer Hinsicht der jeweils anderen Seite das bestritten, was der frühere Staatsminister und Geheimdienstkoordinator im Kanzleramt, Stavenhagen, so charakterisierte: „Zu wissen, was ein anderer Staat kann und macht oder machen will, ist das legitime Interesse eines auf seine Sicherheit und die Erhaltung des Friedens bedachten Staates. Die Nachrichtendienste eines Staates sind Ausdruck seiner Souveränität."

Vor der Vereinigung war es üblich, gefaßte Agenten der anderen Seite auszutauschen. Der eine Austauschpartner existiert nicht mehr – das läßt die Praxis der Ungleichbehandlung noch deutlicher erkennen. Wir verstehen, daß emotionale Einflüsse, die von Medien zusätzlich geschürt wurden, es vor Jahren noch sehr erschwerten, das mit der Vereinigung abgeschlossene historische Geschehen der gegenseitigen Spionage mit Abgewogenheit zu betrachten. Die verinnerlichten Positionen des kalten Krieges wirkten nach. Inzwischen besteht einige historische Distanz. Sollte es deshalb nicht möglich sein, sowohl wertend als auch juristisch prüfend, zu einer neuen Sicht und Regelung zu kommen? Heute, nach zehn Jahren, könnte eine Rückbesinnung darauf erfolgen, daß ehemals beide deutsche Staaten – jeder für sich und seine Interessen – ein Souveränitätsrecht in Anspruch genommen hatten, welches jedem Staat zukommt. Heute, frei von propagandistischen Attacken, kann wohl auch eingeräumt werden, daß die gegenseitige Spionage beiden Staaten half, sich ein realistisches Bild von der Gegenseite zu schaffen. Sie wirkte so auch irrationalen, somit friedensgefährdenden politischen Vorstellungen und Vorurteilen entgegen. Sie trug bei, die Konfrontation durch Entspannung zu mildern und Kooperation zu ermöglichen.

Nach Beschlüssen des Bundesverfassungsgerichtes sind von der strafrechtlichen Ungleichbehandlung heute wesentlich nur noch Bürger der alten Bundesrepublik betroffen. Könnte nicht angesichts der geschichtlichen Wurzeln des Gegeneinanders der beiden Deutschlands sowie des beendeten Ost-West-Gegensatzes durch eine politische Geste ein Schlußstrich unter Strafverfolgung und soziale Ausgrenzung gezogen und einem Geist der Aussöhnung Raum geschaffen werden?

Wir bitten Sie, sehr geehrter Herr Bundespräsident, Ihr hohes Amt dafür einzusetzen.

Mit vorzüglicher Hochachtung
Markus Wolf, ehemaliger Leiter der Hauptverwaltung Aufklärung der MfS
Werner Großmann, ehemaliger Leiter der Hauptverwaltung Aufklärung des MfS
Alfred Krause, ehemaliger Chef der Militär-Aufklärung der NVA
Berlin, den 15. 8. 2000
(Quelle: „junge welt", Berlin, 10. 10. 2000,
Internet: http://www.jungewelt.de/2000/10-10/019/shtml)

DER CHEF
DES BUNDESPRÄSIDIALAMTS Berlin, 24. Oktober 2000

Herrn Werner Großmann
Herrn Markus Wolf
Herrn Alfred Krause
Konrad-Wolf-Straße 12 D

13055 Berlin

Sehr geehrte Herren,
der Bundespräsident hat mich gebeten, Ihnen für den Brief vom 15. August 2000 zu danken und Ihnen zu antworten. Ich bitte um Verständnis, dass das erst heute möglich ist.

Sie plädieren dafür, dass alle ehemaligen Mitarbeiter der Nachrichtendienste der DDR „in den Genuss der vom Grundgesetz der Bundesrepublik Deutschland bestimmten Gleichbehandlung kommen“ und dass „ein Schlussstrich unter Strafverfolgung und soziale Ausgrenzung gezogen“ wird. Sie weisen darauf hin, dass aufgrund der Rechtsprechung des Bundesverfassungsgerichts „heute wesentlich nur noch Bürger der alten Bundesrepublik“ von Strafverfolgung wegen Spionage gegen die Bundesrepublik Deutschland im Auftrag der DDR betroffen sind.

Sie wissen, dass sich das Bundesverfassungsgericht sehr grundsätzlich mit diesem Problem beschäftigt hat. In seinem Beschluss vom 15. Mai 1995 hat das Bundesverfassungsgericht herausgearbeitet, dass der Rechtsstaat des Grundgesetzes die Loyalität von DDR-Bürgern zu ihrem Staat und ihr Vertrauen darauf, auf dem Territorium der DDR und mancher Drittstaaten keine Strafverfolgung wegen Spionage gegen die Bundesrepublik gewärtigen zu müssen, als Strafverfolgungshindernis berücksichtigt. Die Lektüre dieser Entscheidung zur Bedeutung des Verhältnismäßigkeitsgrundsatzes und des Artikel 2 des Grundgesetzes kann übrigens allen nur empfohlen werden, die den Vorwurf der „Siegerjustiz“ erheben.

Aber die Fälle, für die Sie nun „Gleichbehandlung“ fordern, sehen ganz anders aus. Meist geht es um Bürger der Bundesrepublik, die in ihrer Heimat für die DDR spioniert haben. Sie haben sich bewusst dem Risiko der Strafverfolgung ausgesetzt und sind nicht etwa der DDR durch staatsbürgerliche Loyalität verbunden gewesen, sondern der Bundesrepublik. Damit fehlen in diesen Fällen die Voraussetzungen, aus denen das Bundesverfassungsgericht für DDR-Bürger ein Strafverfolgungshindernis abgeleitet hat. Statt dessen geht es um Straftaten, deren Verfolgung auch nach dem Wegfall der Block-Konfrontation wichtige präventive Wirkung hat, zumal nicht wenige der Täter keineswegs aus innerer Überzeugung, sondern aus materiellen oder anderen privaten Gründen gehandelt haben.

Der Deutsche Bundestag hat auf Antrag der PDS-Fraktion Anfang Juli dieses Jahres zum wiederholten Male die Frage behandelt, ob die von Ihnen angesprochenen Fälle straffrei gestellt werden sollten. Dabei haben sich Redner aller Fraktionen außer der PDS mit Nachdruck gegen ein Straffreiheitsgesetz gewandt, weil eine Amnestie in diesem Falle den Unterschied zwischen Recht und Unrecht zu verwischen drohe und den Opfern Hohn spräche. In der parlamentarischen Beratung wurde darauf hingewiesen, dass nur wenige Westdeutsche wegen Spionage für die DDR verurteilt worden seien, dass in lediglich rund fünfzig Fällen das Strafmaß über zwei Jahren Freiheitsentzug gelegen habe und dass die Freiheitsstrafen mittlerweile sämtlich verbüßt sein dürften.

Der Bundespräsident verfügt nicht über ein Gesetzesinitiativrecht. Das Begnadigungsrecht nach Art. 60 Absatz 2 des Grundgesetzes kann er allein im konkreten Einzelfall, nicht aber abstrakt zugunsten ganzer Tätergruppen ausüben.

Im übrigen mangelt es meines Erachtens auch an einem triftigen Anlass für die von Ihnen geforderte Geste: Sie erwähnen in Ihrem Brief zwar eingangs den „Jahrestag(es) der Wiedervereinigung“, aber die Spionage Westdeutscher gegen die Bundesrepublik steht in keinem konstruktiven Zusammenhang mit der friedlichen Revolution in der DDR und dem Wunsch der Deutschen nach staatlicher Einheit. Es wäre ungereimt, einen der Jahrestage dieser Ereignisse ausgerechnet mit Erleichterungen für jene Tätergruppe zu verknüpfen. Im Gegenteil gibt es über die Angemessenheit ihrer Strafverfolgung, soweit ich sehe, in der Bevölkerung gar keine Kontroverse, die durch eine Amnestie befriedet werden müsste. Und gegen den von Ihnen genannten „Schlussstrich“ spricht, dass, wie erwähnt, die fraglichen Taten gutteils aus materiellen Gründen begangen wurden und insoweit vom Bestehen oder Untergang der DDR unberührt wirken.

Ich respektiere, dass Sie für die von Ihnen geführten Westdeutschen eine nachwirkende Fürsorgepflicht empfinden. Doch zähle ich auch darauf, dass Sie die sachlichen Gründe für die geltende Rechtslage verstehen.

Mit freundlichen Grüßen

Quellen und Anmerkungen

Prolog
Ein Tag im November

1 „Für unser Land“ in „Neues Deutschland“, Berlin, 9. 11. 1989
2 Krenz, Egon: „Herbst ’89“, Verlag Neues Leben, Berlin 1994, Seite 237
3 ebenda
4 Gast, Gabriele: „Kundschafterin des Friedens – 17 Jahre Topspionin der DDR beim BND“, Eichborn, Frankfurt am Main 1999, Seite 302
5 Gespräch des Autors mit einem Informanten
6 „Für unser Land“, a. o. O.
7 Krenz, Egon: „Herbst ’89“, a. o. O., Seite 237
8 alle Zahlen nach: Giesecke, Jens: „Mielke-Konzern – die Geschichte der Stasi 1945 – 1990“, Deutsche Verlags-Anstalt, Stuttgart und München 2001, (2. Auflage), Seite 201
9 nach Gebauer, Karl: „Doppelagent – Erinnerungen“, edition ost, Berlin 1999, Seite 208 ff.
10 Krenz, Egon: „Herbst ’89“, a. o. O., Seite 238
11 Tiedge, Hansjoachim: „Der Überläufer – Eine Lebensbeichte“, Das Neue Berlin, Berlin 2000, Seite 450
12 nach ebenda, Seite 450 ff.
13 ebenda, Seite 454
14 Zu den Stasi-Spionen im Westen wichtige Details bei: Müller-Enbergs, Helmut (Hrsg.): „Inoffizielle Mitarbeiter des Ministeriums für Staatssicherheit – Teil 2: Anleitungen für die Arbeit mit Agenten, Kundschaftern und Spionen in der Bundesrepublik Deutschland“, Ch. Links Verlag, Berlin 1998
15 Giesecke, Jens: „Mielke-Konzern ...“, a. o. O., Seite 203
16 Krenz, Egon: „Herbst ’89“, a. o. O., Seite 239
17 ebenda, Seite 240

18 ebenda, Seite 241

19 „Zwischen Gulaschsuppe und Kartoffelschalen“ in „Neues Deutschland“, Berlin, 10. 8. 1996

20 Krenz, Egon: „Herbst ’89“, a. o. O., Seite 242

21 ebenda, Seite 243

22 ebenda, Seite 244

23 ebenda, Seite 245

24 Schabowski, Günter: „Der Absturz“, Berlin 1991, Seite 307

25 Krenz, Egon: „Herbst ’89“, a. o. O., Seite 245

26 ebenda

27 Großmann, Werner: „Bonn im Blick – Die DDR-Aufklärung aus der Sicht ihres letzten Chefs“, Das Neue Berlin, Berlin 2001, Seite 173

28 ebenda

29 Wolf, Markus: „Spionagechef im geheimen Krieg – Erinnerungen“, Econ, München 1998, Seite 444

30 Krenz, Egon: „Herbst ’89“, a. o. O., Seite 246

31 ebenda, Seite 247

32 Flemming, Thomas und Koch, Hagen: „Die Berliner Mauer – Geschichte eines politischen Bauwerks“, Berlin 1999, Seite 118

33 Gespräch des Autors

34 Modrow, Hans: „Aufbruch und Ende“ (2. Auflage), Konkret Literaturverlag Hamburg 1992, Seite 26

35 Flemming, Thomas und Koch, Hagen: „Die Berliner Mauer ...“, a. o. O., Seite 123

36 Schabowski, Günter: „Der Absturz“, a. o. O., Seite 309

37 Flemming, Thomas und Koch, Hagen: „Die Berliner Mauer ...“, a. o. O., Seite 123

1. Kapitel
Rette sich, wer kann

1 Großmann, Werner: „Bonn im Blick – Die DDR-Aufklärung aus der Sicht ihres letzten Chefs“, Das Neue Berlin, Berlin 2001, Seite 180

2 ebenda, Seite 181

3 Ronneberger, Gerhard: „Deckname ‚Saale' – High-Tech-Schmuggler unter Schalck-Golodkowski", Karl-Dietz-Verlag, Berlin 1999, Seite 8
4 Großmann, Bonn..., a. o. O., Seite 181
5 Bahrmann, Hannes und Links, Christoph: „Chronik der Wende – die DDR zwischen 7. Oktober und 18. Dezember 1989", Ch. Links Verlag, Berlin 1994, Seite 174 (im folgenden „Chronik 1")
6 Großmann, Bonn..., a. o. O. , Seite 181
7 Bahrmann, Hannes und Links, Christoph: „Chronik der Wende – Stationen der Einheit, die letzten Monate der DDR", Ch. Links Verlag, Berlin 1995, Seite 10 (im folgenden „Chronik 2")
8 Großmann, Bonn..., a. o. O., Seite 181
9 ebenda
10 Chronik 2, Seite 25
11 Großmann, Bonn..., a. o. O., Seite 183
12 Chronik 2, Seite 21
13 ebenda, Seite 40
14 ebenda, Seite 9
15 Großmann, Bonn..., a. o. O., Seite 184
16 ebenda
17 Chronik 2, Seite 46
18 „Mielke hat sich selber mißtraut" in „Der Spiegel", Hamburg, Nr. 36/1990 vom 3. 9. 1990
19 „Der Agent in der Gefängnisbibliothek" in „Süddeutsche Zeitung", München, 12. 6. 1998
20 ebenda
21 Richter, Peter und Rösler, Klaus: „Wolf's Westspione – Ein Insider-Report", Elefantenpress, Berlin 1992, Seite 158 f.
22 ebenda, Seite 158
Andere Quellen geben die Zahlung mit 30 000 Mark an, z. B. Schlomann, Friedrich W.: „Die Maulwürfe – Noch sind sie unter uns, die Helfer der Stasi im Westen", Universitas, München 1993, Seite 144
23 Großmann, Bonn..., a. o. O., Seite 192 f.

24 Gast, Gabriele: „Kundschafterin des Friedens – 17 Jahre Topspionin der DDR beim BND“, Eichborn, Frankfurt am Main 1999, Seite 311

25 ebenda, Seite 312

26 ebenda, Seite 313

27 ebenda

28 Hans Schwenke: „Mielkes Befehl 6/86 und die Überlebensordnung des MfS“ in „Neues Deutschland“, Berlin, 9./10. 6. 1990

29 ebenda

30 ebenda

31 Süß, Walter: „Staatssicherheit am Ende – Warum es den Mächtigen nicht gelang, 1989 eine Revolution zu verhindern“, Ch. Links Verlag, Berlin 1999, Seite 50

32 Gieseke, Jens: „Die hauptamtlichen Mitarbeiter des MfS – Anatomie der Staatssicherheit, Geschichte, Struktur, Methoden“, Der Bundesbeauftragte für die Unterlagen des Staatssicherheitsdienstes der ehemaligen Deutschen Demokratischen Republik, MfS-Handbuch, Teil IV/1, Berlin 1995, Seite 25–26 und 100 f.

33 „Start in ein besseres Leben“ in „Der Spiegel“, Hamburg, Nr. 33/1992, 10. 8. 1992

34 Kabus, Andreas: „Auftrag Windrose – Der militärische Geheimdienst der DDR“, Verlag Neues Leben, Berlin 1993, Seite 188

35 „Auch die NVA hatte einen Nachrichtendienst“ in „Junge Welt“, Berlin, 25. 7. 1997

36 Kabus, Windrose..., a. o. O., Seite 183 ff.

37 „Start in ein besseres...“, a. o. O.

38 Kabus, Windrose..., a. o. O., Seite 182

39 ebenda, Seite 188

40 ebenda, Seite 190 ff.

41 ebenda, Seite 191 und 201

42 ebenda, Seite 202

43 „Start in ein besseres...“, a. o. O.

44 ebenda

45 „Ohne das Archiv der PDS ist eine Aufarbeitung des SED-Regimes nicht denkbar“ Redaktionsbesuch Gerhard Boeden in „Die Welt“, Hamburg, 19. 11. 1990
46 ebenda
47 „Mielke hat sich selber mißtraut“, a. o. O.
48 Großmann, Bonn..., a. o. O., Seite 206
49 ebenda, Seite 208
50 ebenda
51 ebenda
52 ebenda
53 ebenda, Seite 209
54 Gast, Kundschafterin, a. o. O., Seite 315
55 Die Analyse des BfV gliedert sich in drei Teile: „1. Vorbemerkung, 2. Die geheime KGB-Residentur: die Gruppe ‚Luch‘ (russ. für Strahl). 3. Aktueller Stand und Ausblick.“ Datum und Hauptüberschrift sind aus Quellenschutzgründen geschwärzt. Das Papier mit kleinem Verteiler stammt vom Frühjahr 1992 – nach Reuth, Ralf Georg und Bönte, Andreas: „Das Komplott – Wie es wirklich zur deutschen Einheit kam“, Piper, München und Zürich 1995
56 Reuth/Bönte, Komplott..., a. o. O., Seite 210
57 „Putins Spionage-Pleite“ in „Focus“, Nr. 14/2000, München 3. 4. 2000
58 „Putin verpatzte letzten Spionage-Auftrag“ in „Süddeutsche Zeitung“, München, 27. 5. 2000, Seite 6
59 Popp, Dieter / Spuhler, Alfred / Feuerstein, Dieter W. / Gast, Dr. Gabriele: „Wir alle werden unseren Auftrag erfüllen“, Verein Initiativgruppe Kundschafter des Friedens fordern Recht, Bonn, ohne Datum, Internet-URL: http://people.freenet.de/IKF/
60 Großmann, Bonn..., a. o. O., Seite 99
61 Popp, Kundschafter..., a. o. O., ohne Seitenangabe
62 ebenda
63 Großmann, Bonn..., a. o. O., Seite 99
64 Popp, Kundschafter..., a. o. O., ohne Seitenangabe
65 „Wir verraten keinen“, Spiegel-Gespräch in „Der Spiegel“, Hamburg, Nr. 6/2001, 5. 2. 2001

66 „Das Ende einer Legende“ in „Der Spiegel“, Hamburg, Nr. 3/1999, 18. 1. 1999 (Titel)
67 „Wir verraten keinen“, a. o. O.
68 Großmann, Bonn..., a. o. O., Seite 180
69 „Das Ende einer Legende“, a. o. O.
70 Großmann, Bonn..., a. o. O., Seite 180
71 Eltgen, Hans: „Ohne Chance – Erinnerungen eines HVA-Offiziers“, edition ost, Berlin 1999, Seite 209
72 Großmann, Bonn..., a. o. O., Seite 197
73 ebenda
74 Bohnsack, Günter: „Die Legende stirbt“, edition ost, Berlin 1997, Seite 148
75 ebenda
76 Richter/Rösler, Westspione..., a. o. O., Seite 155 f.
77 zitiert nach: Sélitrenny, Rita und Weichert, Thilo: „Das unheimliche Erbe – Die Spionageabteilung der Stasi“, Forum Verlag, Leipzig 1991
78 Eltgen, Ohne Chance, a. o. O., Seite 210
79 Bohnsack, Legende..., a. o. O., Seite 149
80 Richter/Rösler, Westspione..., a. o. O., Seite 159
81 ebenda, Seite 156
82 Großmann, Bonn..., a. o. O., Seite 210
83 „Das Ende einer Legende“, a. o. O.
84 ebenda
85 Großmann, Bonn..., a. o. O., Seite 193 f.
86 Kabus, Windrose..., a. o. O., Anhang
87 Worst, Anne: „Das Ende eines Geheimdienstes – Oder: Wie lebendig ist die Stasi?“, Linksdruck, Berlin 1991, Seite 214
88 Bohnsack, Legende..., a. o. O., Seite 146
89 Großmann, Bonn..., a. o. O., Seite 197
90 „Das Ende einer Legende“, a. o. O.
91 Eichner, Klaus und Dobbert, Andreas: „Headquarters Germany“, edition ost/Das Neue Berlin, Berlin 2001 (2. Auflage), Seite 276
92 „Das Ende einer Legende“, a. o. O.
93 Eichner/Dobbert, Headquarters..., a. o. O., Seite 277 f.
94 ebenda, Seite 277

95 „Das Pharaonengrab der Stasi“ in „Der Spiegel“, Hamburg, Nr. 3/1999, 18. 1. 1999
96 „Das Ende einer Legende“, a. o. O.
97 Bergner, Paul: „Befehl ‚Filigran‘ – Die Bunker der DDR-Führung für den Ernstfall“, FB-Verlag, Basdorf 2000 (2. Auflage), Seite 63
98 „Das Ende einer Legende“, a. o. O.
99 „Das Pharaonengrab...“, a. o. O.
100 „Wie konnte der Westen an die SIRA-Dateien kommen?“ in „Junge Welt“, Berlin, 10. 1. 2001
101 Großmann, Bonn..., a. o. O., Seite 200
102 „Wie konnte der Westen...“, a. o. O.
103 Wagner, Matthias: „Das Stasi-Syndrom – Über den Umgang mit den Akten des MfS“, edition ost/Das Neue Berlin, Berlin 2001, Seite 89
104 ebenda
105 ebenda, Seite 89 f.
106 ebenda, Seite 90
107 „Wie konnte der Westen...“, a. o. O.
108 „Das Ende einer Legende“, a. o. O.
109 ebenda
110 Großmann, Bonn..., a. o. O., Seite 199
111 ebenda
112 „Das Ende einer Legende“, a. o. O.
113 „Stasi, deine Zeit ist um“ in „Der Spiegel“, Hamburg, Nr. 49/1999, 6. 12. 1999 und „Geheimdienst und Spionage“, ebenda, Nr. 8/1999, 22. 2. 1999
114 „Stasi, deine Zeit ...“ a. o. O.
115 Großmann, Bonn ..., a. o. O., Seite 199
116 „Zwischen Gulaschsuppe und Kartoffelschalen – „Topas“ im ND-Exklusivinterview“ in „Neues Deutschland“, Berlin, 10. 8. 1996
117 „Die Beichte des ‚Kardinals‘“ in „Der Tagesspiegel“, Berlin, 16. 2. 1999
118 „Das Ende einer Legende“, a. o. O.
119 Großmann, Bonn ..., a. o. O., Seite 186 f.
120 ebenda, Seite 187 und „Das Ende einer Legende“, a. o. O.
121 Großmann, Bonn ..., a. o. O., Seite 187

122 „Das Ende einer Legende“, a. o. O.
123 Gast, Kundschafterin ..., a. o. O., Seite 303
124 Großmann, Bonn ..., a. o. O., Seite 189
125 ebenda
126 „Das Ende einer Legende“, a. o. O.
127 ebenda
128 „Verrat ist kein Kavaliersdelikt“ in „Neues Deutschland“, Berlin, 22. 2. 2001
129 Lampe, Joachim: „Juristische Aufarbeitung der Westspionage des MfS – Eine vorläufige Bilanz“, Der Bundesbeauftragte für die Unterlagen des Staatssicherheitsdienstes der ehemaligen Deutschen Demokratischen Republik, BF informiert Nr. 24, Berlin 1999, Seite 16
130 Großmann, Bonn ..., a. o. O., Seite 229
131 ebenda, Seite 250
132 ebenda, Seite 231
133 ebenda
134 Gieseke, Jens: „Mielke-Konzern – Die Geschichte der Stasi 1945 – 1990“ Deutsche Verlags-Anstalt, Stuttgart und München 2001 (2. Auflage), Seite 214
135 Kabus, Windrose..., a. o. O., Seite 42 und 177
136 Wagner, Helmut: „Schöne Grüße aus Pullach – Operationen des BND gegen die DDR“ edition ost/Das Neue Berlin, Berlin 2001, Seite 177
137 „Auch die NVA hatte einen Nachrichtendienst“, a. o. O.
138 „Im Dienst des BND“ in „Welt am Sonntag“, Berlin, 25. 10. 1998
139 „Die Beichte des ‚Kardinals‘“, a. o. O.
140 Wagner, Schöne Grüße..., a. o. O., Seite 173 f.
141 ebenda, Seite 175
142 nach Gebauer, Karl: „Doppelagent – Erinnerungen“, edition ost, Berlin 1999
143 Gast, Kundschafterin..., a. o. O., Seite 304
144 Tiedge, Hansjoachim: „Der Überläufer – Eine Lebensbeichte“, Das Neue Berlin, Berlin 2000, Seite 444
145 ebenda, Seite 433
146 Gast, Kundschafterin..., a. o. O., Seite 351
147 „Die Beichte des ‚Kardinals‘“, a. o. O.

148 ebenda
149 ebenda
150 Wolf, Markus: „Spionagechef im geheimen Krieg – Erinnerungen", Econ Taschenbuch Verlag, München 1998, Seite 316
151 ebenda
152 nach „Die Beichte des ‚Kardinals'", a. o. O.
153 „Dos(s)ierte Quellenkunde" in „Freitag", Berlin, Nr. 6/1999, 5. 2. 1999
154 Wolf, Quellenkunde..., a. o. O., Seite 18
155 ebenda
156 ebenda, Seite 21
157 „Das Ende einer Legende", a. o. O.
158 ebenda
159 ebenda
160 ebenda
161 Wagner, Schöne Grüße..., a. o. O., Seite 202

2. Kapitel
Die Generäle konspirieren weiter

1 Bahrmann, Hannes und Links, Christoph: „Chronik der Wende – Stationen der Einheit, die letzten Monate der DDR", Ch. Links Verlag, Berlin 1995, Seite 182 (im folgenden „Chronik 2")
2 Großmann, Werner: „Bonn im Blick – Die DDR-Aufklärung aus der Sicht ihres letzten Chefs" Das Neue Berlin, Berlin 2001, Seite 211
3 ebenda, Seite 211 f.
4 ebenda, Seite 210
5 ebenda, Seite 212
6 Richter, Peter und Rösler, Klaus: „Wolfs Westspione – Ein Insider-Report", Elefantenpress, Berlin 1992, Seite 166
7 Großmann, Bonn..., a. o. O., Seite 210
8 Richter/Rösler, Westspione..., a. o. O., Seite 166
9 ebenda

10 Roßberg, Klaus und Richter, Peter: „Das Kreuz mit dem Kreuz – Ein Leben zwischen Staatssicherheit und Kirche", edition ost, Berlin 1996, Anhang, Dokument 1

11 „Dos(s)ierte Quellenkunde" in „Freitag", Berlin, Nr. 6/1999 vom 5. 2. 1999

12 Tiedge, Hansjoachim: „Der Überläufer – eine Lebensbeichte", Das Neue Berlin, Berlin 2000, Seite 453

13 ebenda, Seite 454

14 ebenda

15 „Ein Top-Spion im Knast – Er hat sogar den Schlüssel" in „Bild am Sonntag", Hamburg, 9. 2. 1997

16 ebenda

17 „Bleibt ruhig, habt Vertrauen" in „Der Spiegel", Hamburg, Nr. 16/1991 vom 15. 4. 1991

18 ebenda

19 Großmann, Bonn..., a. o. O., Seite 247

20 ebenda, Seite 247 f.

21 ebenda, Seite 248

22 „Mielke hat sich selber mißtraut" in „Der Spiegel", Hamburg, Nr. 36/1990 vom 3. 9. 1990

23 ebenda

24 „Bleibt ruhig, habt Vertrauen", a. o. O.

25 ebenda

26 ebenda

27 „Ohne das Archiv der PDS ist eine Aufarbeitung des SED-Regimes nicht denkbar", Redaktionsbesuch Gerhard Boeden in „Die Welt", Hamburg, 19. 11. 1990

28 Großmann, Bonn..., a. o. O., Seite 301

29 „Ohne das Archiv...", a. o. O.
Großmann zitiert den Satz Boedens aus der gleichen Quelle in seinem Buch „Bonn im Blick" mit einer veränderten Kommasetzung: „Da gibt es noch Seilschaften in bestimmten Bereichen, sogar noch Weisungsabhängigkeiten." Dadurch verändert sich der Sinn dieser Aussage dahingehend, daß der Vorwurf Boedens noch verstärkt wird. Er hatte die „Weisungsabhängigkeiten" auf die „bestimmten Bereiche" bezogen.

30 „Ohne das Archiv...", a. o. O.

31 ebenda
32 Großmann, Bonn..., a. o. O., Seite 301 f.
33 „Ohne das Archiv...“, a. o. O.
34 Meier, Richard: „Geheimdienst ohne Maske – Der ehemalige Präsident des Bundesverfassungsschutzes über Agenten, Spione und einen gewissen Herrn Wolf“, Gustav Lübbe Verlag, Bergisch Gladbach 1992, Seite 155
35 „Wird die Staatssicherheit zum Freiwild, wächst die Gefahr“ in „Neues Deutschland“, Berlin, 22. 4. 1991
36 ebenda
37 ebenda
38 „Bleibt ruhig, habt Vertrauen“, a. o. O.
39 ebenda
40 ebenda
41 nach ebenda.
Bei Großmann, „Bonn im Blick“, Seite 302, fehlt der Hinweis auf Niebling.
42 Großmann, Bonn..., a. o. O., Seite 302
43 „Bleibt ruhig, habt Vertrauen“, a. o. O.
44 Großmann, Bonn..., a. o. O., Seite 302
45 ebenda
46 ebenda
47 Richter/Rösler, Westspione..., a. o. O., Seite 169
48 ebenda
49 ebenda
50 Bahrmann/Links, Chronik 2, Seite 19
51 Bahrmann, Hannes und Links, Christoph: „Chronik der Wende – Die DDR zwischen 7. Oktober und 18. Dezember 1989“, Ch. Links Verlag, Berlin 1994, Seite 202
52 Großmann, Bonn..., a. o. O., Seite 184
53 Ministerium der Justiz (Hrsg.): „Strafgesetzbuch – StGB – sowie angrenzende Gesetze und Bestimmungen“, Staatsverlag der DDR, Berlin 1981, § 97, Absatz 3
54 Strafgesetzbuch, 32. Auflage 1998, Beck-Texte im dtv, Deutscher Taschenbuch Verlag, § 99 und § 94
55 StGB der DDR, a. o. O., § 99

56 Wagner, Helmut: „Schöne Grüße aus Pullach – Operationen des BND gegen die DDR“, edition ost/Das Neue Berlin, Berlin 2001, Seite 127 ff.
57 Erstes Gesetz zur Bereinigung von SED-Unrecht – 1. SED-UnBerG – vom 29. Oktober 1992, BGBI 1992 1 S. 1814
58 Schäuble, Wolfgang: „Der Vertrag – Wie ich über die deutsche Einheit verhandelte“, Deutsche Verlags-Anstalt, Stuttgart 1991, Seite 268
59 ebenda, Seite 269
60 ebenda, Seite 270
61 ebenda
62 Deutscher Bundestag, Drucksache 11/7762 (neu) vom 2. 9. 1990
63 ebenda
64 Schäuble, Vertrag..., a. o. O., Seite 270
65 Hannover, Heinrich: „Die Republik vor Gericht 1975 – 1995 – Erinnerungen eines unbequemen Rechtsanwalts“, Aufbau-Verlag, Berlin 1999, Seite 456
66 Schäuble, Vertrag..., a. o. O., Seite 271
67 ebenda, Seite 272
68 ebenda
69 Kabus, Andreas: „Auftrag Windrose – Der militärische Geheimdienst der DDR“, Verlag Neues Leben, Berlin 1993, Anlage
70 Hannover, Die Republik..., a. o. O., Seite 458
71 „Im Dienst des BND“ in „Welt am Sonntag“, Hamburg, 25. 10. 1998
72 Großmann, Bonn..., a. o. O., Seite 251
73 „Im Dienst des BND“, a. o. O.
74 Großmann, Bonn..., a. o. O., Seite 251
75 ebenda, Seite 252
76 ebenda, Seite 253
77 ebenda, Seite 257
78 ebenda, Seite 253
79 ebenda, Seite 254
80 ebenda
81 ebenda

82 nach „Tipps von Rübezahl“ in „Der Spiegel“, Hamburg, Nr. 7/2001 vom 12. 2. 2001
83 „Im Dienst des BND“, a. o. O.
84 nach „Tipps von Rübezahl“, a. o. O.
85 Großmann, Bonn..., a. o. O., Seite 256
86 „Stasi mit weißer (?) Weste stellen sich ihren Opfern“ in „Berliner Morgenpost“, Berlin, 24. 9. 1992
87 „Stasi-Mitarbeiter gründeten ‚Insider-Komitee‘“ DPA, Berlin, 14. 5. 1992
88 ebenda
89 „Komitee von Ex-MfSlern bietet Verfassungsschützern Aussprache über seine Absichten“ in „Junge Welt“, Berlin, 4. 6. 1992
90 „Zwischen Fata Morgana und Vereinsregister“ in „Süddeutsche Zeitung“, München, 13. 7. 1992, zit. nach „MfS-Insider“, Internet http://www.mfs-insider.de/Presse.htm
91 ebenda
92 „Wir lassen uns nicht ständig demütigen“, taz, Berlin, 1. 6. 1992
93 ebenda
94 „Zwischen Fata Morgana....“, a. o. O.
95 „Rentenansprüche und alte Kameraderie“ in „Berliner Morgenpost, Berlin, 31. 5. 1995
96 ebenda
97 ebenda
98 „Mielke hat sich selber mißtraut“, a. o. O.
99 ebenda
100 ebenda
101 Statistisches Amt der DDR (Hrsg.): „Statistisches Jahrbuch der Deutschen Demokratischen Republik ’90“, Rudolf Haufe Verlag, Berlin 1990
102 Bundesverfassungsgericht, Karlsruhe, Pressemitteilung Nr. 51 vom 28. 4. 1999
103 BVerfG, 1 BvL 11/94 vom 28. 4. 1999, Absatz Nr. (1 – 205), Internet http://www.bverfg.de/
104 ebenda

105 nach: „BfA darf ‚Stasi-Rente' kürzen" in „Berliner Morgenpost", Berlin, 25. 1. 2002 und „Gericht lehnt höhere Stasi-Renten ab" in „Berliner Zeitung", Berlin, 25. 1. 2002
106 „Die Beerdigung als ‚Betriebsausflug' der Spione" in „Berliner Morgenpost", Berlin, 20. 4. 1995
107 Wolf, Markus: „Spionagechef im geheimen Krieg – Erinnerungen", Econ Taschenbuch Verlag, München 1998, Seite 281
108 ebenda
109 Brandt, Willy: „Erinnerungen", Ullstein Buchverlage GmbH, Berlin 1997 (Neuausgabe von UB 22977), Seite 277
110 Wolf, Spionagechef..., a. o. O., Seite 282
111 Brandt, Erinnerungen, a. o. O., Seite 277
112 Falin, Valentin: „Politische Erinnerungen", Droemer Knaur, München 1993, Seite 265
113 ebenda, Seite 266
114 Wolf, Spionagechef..., a. o. O., Seite 286 f.
115 Meier, Geheimdienst..., a. o. O., Seite 144
116 Wolf, Spionagechef..., a. o. O., Seite 281
117 Guillaume, Günter: „Die Aussage – Wie es wirklich war", Universitas, München 1990, Seite 7
118 „Bleibt ruhig, habt Vertrauen", a. o. O.
119 „Ältere Herren mit Blumensträußen" in „Der Tagesspiegel", Berlin, 20. 4. 1995
120 Meier, Geheimdienst..., a. o. O., Seite 144
121 Popp, Dieter / Spuhler, Alfred / Feuerstein, Dieter W. / Gast, Dr. Gabriele: „Wir alle werden unseren Auftrag erfüllen", Verein Initiativgruppe Kundschafter des Friedens fordern Recht, Bonn, ohne Datum, Internet-URL: http://people.freenet.de/IKF/
122 ebenda
123 ebenda
124 Monika Windhorn: „Warum jetzt das Thema Kundschafter" in Popp u. a., „Wir werden alle unseren Auftrag erfüllen" a. o. O.
125 „Wo die DDR beatmet wird" in „Berliner Morgenpost", Berlin, 12. 4. 1999
126 ebenda

127 „Kundschafter in eigener Sache“ in „Süddeutsche Zeitung“, München, 4. 7. 1998
128 ebenda
129 ebenda
130 „Säure ins Gesicht“ in „Der Spiegel“, Hamburg, Nr. 13/1991 vom 25. 3. 1991
131 ebenda
132 ebenda
133 ebenda
134 „Wenn die Stasi zum Freiwild wird, wächst die Gefahr“ in „Neues Deutschland“, Berlin 22 4. 1991
135 ebenda
136 „Säure ins Gesicht“, a. o. O.
137 ebenda
138 ebenda

3. Kapitel
Das Netz wird zerrissen

1 Großmann, Werner: „Bonn im Blick – Die DDR-Aufklärung aus der Sicht ihres letzten Chefs“, Das Neue Berlin, Berlin 2001, Seite 260
2 ebenda, Seite 259
3 ebenda, Seite 260
4 ebenda, Seite 265
5 ebenda, Seite 266
6 ebenda, Seite 268
7 Wolff, Friedrich: „Verlorene Prozesse 1953 – 1998 – Meine Verteidigungen in politischen Verfahren“, Nomos Verlagsgesellschaft, Baden-Baden 1999, Seite 368
8 ebenda, Seite 368 f.
9 ebenda, Seite 369
10 Großmann, Bonn..., a. o. O., Seite 262
11 Lampe, Joachim: „Juristische Aufarbeitung der Westspionage des MfS – Eine vorläufige Bilanz“, Der Bundesbeauftragte für die Unterlagen des Staatssicherheitsdienstes der ehe-

maligen Deutschen Demokratischen Republik, BF informiert Nr. 24, Berlin 1999, Seite 10
12 „Heißen Krieg verhindert, im kalten Krieg besiegt“ in „Neues Deutschland“, Berlin, 8. 8. 1996
13 „Interview: Siegerjustiz – Klaus von Raussendorff über die Verfolgung ehemaliger Mitarbeiter der DDR-Auslandsnachrichtendienste“ in „rote hilfe zeitung“ Nr. 1/1998, Internet: http://www.nadir.org/nadir/periodika/rhz/rhz 199801/rhz 198004.html
14 Robers, Norbert: „Joachim Gauck – Die Biografie einer Institution“, Henschel, Berlin 2000, Seite 132
15 Lampe, Juristische Aufarbeitung, a. o. O., Seite 6
16 nach Großmann, Bonn..., a. o. O., Seite 246 f.
17 nach ebenda, Seite 246
18 ebenda, Seite 247
19 nach Lampe, Juristische Aufarbeitung, a. o. O., Seite 13
20 Wagner Helmut: „Schöne Grüße aus Pullach – Operationen des BND gegen die DDR“, edition ost/Das Neue Berlin, Berlin 2001, Seite 205
21 nach Thiemrodt, Ivo: „Strafjustiz und DDR-Spionage – Zur Strafverfolgung ehemaliger DDR-Bürger wegen Spionage gegen die Bundesrepublik“, Berlin Verlag Arno Spitz GmbH, Berlin 2000, Seite 42 ff.
22 „Irgendwie ermächtigt“ in „Der Spiegel“, Hamburg, Nr. 26/1998 vom 22. 6. 1998
23 „Codename ‚Rosenholz‘“ in „Der Spiegel“, Hamburg, Nr. 51/1998 vom 14. 12. 1998
24 „Jetzt sind auch die Wessis dran“ in „Die Zeit“, Hamburg, Nr. 22/2001 23. 5. 2001
25 „Wir verraten keinen“ in „Der Spiegel“, Hamburg, Nr. 6/2001 vom 5. 2. 2001
26 „Pretiosen mit kleinem Makel“ in „Der Spiegel“, Hamburg, Nr. 47/2000 vom 20. 11. 2000
27 Gespräch des Autors
28 Gespräch des Autors
29 Beschreibung und Zitat nach „Das Pharaonengrab der Stasi“ in „Der Spiegel“, Hamburg, Nr. 3/1999 vom 18. 1. 1999

30 „Wie konnte der Westen an die SIRA-Dateien kommen“ in „Junge Welt“, Berlin, 10. 1. 2001
31 BStU-online: HVA-SIRA, Internet: http://www.bstu.de/hva-sira/anlage 2-4 htm
32 „Der Agent in der Gefängnisbibliothek“ in „Süddeutsche Zeitung“, München, 12. 6. 1998
33 nach „Dorn im Rosenholz“ in „Der Spiegel“, Hamburg, Nr. 11/1999 vom 15. 3. 1999
34 „Positionen: Zur Festnahme ihres Mitarbeiters Henning Nase“ Internet: http://www.pds-europa.de/position/0005/00051001.shtm
35 „Henning Nase gesteht Spionage für die Stasi“ in „BILD“ (BB), 9. 6. 2001
36 „Warum haben Sie Landesverrat gestanden?“ in „Junge Welt“, Berlin, 30. 6. 2001
37 „Wie konnte der Westen an die SIRA-Dateien kommen“, a. o. O.
38 ebenda
39 „Warum haben Sie Landesverrat gestanden?“, a. o. O.
40 Thiemrodt, Strafjustiz, a. o. O., Seite 44
41 ebenda, Seite 82 ff.
42 Wolf, Markus: „Spionagechef im geheimen Krieg – Erinnerungen“, Econ Taschenbuchverlag, München 1998, Seite 484
43 Wolff, Friedrich, Verlorene Prozesse, a. o. O., Seite 374
44 ebenda, Seite 375
45 ebenda
46 gesamte Darstellung des Aussageverhaltens (außer Zitate) nach: Thiemrodt, Strafjustiz, a. o. O., Seite 113 ff.
47 Lampe, Juristische Aufarbeitung, a. o. O., Seite 9
48 Schreiben XVIII/8/16644/82 vom 3. 8. 1982: „Einsatz konspirativer Mittel zur Personenidentifizierung“, Kopie BStU, Archiv des Autors
49 Schreiben XVIII/8/5618/84 vom 6. 3. 1984: „Einsatz von Markierungsmitteln im Operationsgebiet“, Kopie BStU, Archiv des Autors
50 ebenda
51 ebenda

52 Lampe, Juristische Aufarbeitung, a. o. O., Seite 17
53 Großmann, Bonn..., a. o. O., Seite 279
54 ebenda
55 Lampe, Juristische Aufarbeitung, a. o. O., Seite 22
56 ebenda, Seite 21
57 ebenda, Seite 16
58 nach Gieseke, Jens: „Mielke-Konzern – Die Geschichte der Stasi 1945 – 1990", Deutsche Verlagsanstalt, Stuttgart und München 2001, (2. Auflage), Seite 217
59 ebenda, Seite 219
60 Da die Beschuldigten im Prozeß wegen Mangel an Beweisen freigesprochen wurden, gelten sie nicht als relative Personen der Zeitgeschichte. Deshalb werden ihre Namen anonymisiert. Nichtsdestotrotz nennen einige Zeitungen in ihrer Berichterstattung auch die vollen Namen, wie z. B. die „Berliner Zeitung" vom 19. 11. 1999 und die „Süddeutsche Zeitung" vom 19. 5. 2001
61 Darstellung nach Welsch, Wolfgang: „Ich war Staatsfeind Nr. 1 – Fluchthelfer auf der Todesliste der Stasi", Eichborn, Frankfurt am Main 2001, Zitat ebenda, Seite 342
62 „Der erste Schuß" in „Frankfurter Allgemeine Zeitung", Frankfurt am Main, 12. 8. 2000
63 Rede Erich Mielkes auf der Delegiertenkonferenz der SED-Grundorganisation der Bezirksverwaltung Cottbus 1979, zit. nach: Auerbach, Thomas: „Einsatzkommandos an der unsichtbaren Front – Terror- und Sabotagevorbereitungen des MfS gegen die Bundesrepublik Deutschland", Ch. Links Verlag, Berlin 1999 (3. Auflage), Seite 24
64 „Die Einsatz- und Kampfgrundsätze tschekistischer Eisatzkader bei der Durchführung offensiver tschekistischer Kampfhandlungen im Operationsgebiet" vom 9. 1. 1974, zit: ebenda, Seite 27
65 „Er lebt noch", in „Berliner Zeitung", Berlin, 19. 11. 1999
66 „Kaltblütig liquidiert" in „Süddeutsche Zeitung", München, 19. 5. 2001
67 Welsch, Staatsfeind, a. o. O., Seite 293
68 Grenztruppen der Deutschen Demokratischen Republik, Stellvertreter des Chefs und Chef Technik und Bewaffnung,

Geheime Verschlußsache G 692 297, Az. 52 03 00, Ort und Datum: „O. U., den 12. 1983“, Archiv des Autors
69 ebenda
70 ebenda
71 Welsch, Staatsfeind, a. o. O., Seite 404
72 ebenda, Seite 441
73 ebenda, Seite 439
74 Lampe, Juristische Aufarbeitung, a. o. O., Seite 16
75 Großmann, Bonn..., a. o. O., Seite 239
76 ebenda
77 Hannover, Heinrich: „Die Republik vor Gericht 1975 – 1995 – Erinnerungen eines unbequemen Rechtsanwalts“, Aufbau-Verlag, Berlin 1999, Seite 455
78 ebenda, Seite 456
79 Richter, Peter und Rösler, Klaus: „Wolfs Westspione – ein Insider-Report“, Elefantenpress, Berlin 1992, Seite 171
80 Hannover, Republik vor Gericht, a. o. O., Seite 462
81 ebenda
82 ebenda
83 Minister Bangemann: „Ja, der Anfangsverdacht ist begründet“ in „Bild am Sonntag“ 11. 8. 1985
84 Großmann, Bonn..., a. o. O., Seite 82
85 Landesamt für Verfassungsschutz NRW: „Jahresbericht 1987“, Teil 5 „Spionageabwehr“, Internet: www.verfassungsschutz.nrw.de
86 „Aus Überzeugung spitzelte ‚Sonja Lüneburg‘ zwanzig Jahre für die Stasi“ in „Berliner Morgenpost“, Berlin, 22. 2. 1994
87 unter Verwendung von „Spionage: Das gestohlene Leben der Sonja L.“ in „BILD“ (BB), 4. 4. 1996 und Quoirin, Marianne: „Agentinnen aus Liebe – Warum Frauen für den Osten spionierten“, Eichborn, Frankfurt am Main 1999
88 „Bewährungsstrafe für Agentin“ in „Die Welt“, Berlin, 17. 1. 1996
89 Tiedge, Hansjoachim: „Der Überläufer – eine Lebensbeichte“, Das Neue Berlin, Berlin 2000, Seite 454
90 ebenda

91 „Ich bleibe Deutscher“ in „Der Spiegel“, Hamburg, Nr. 37/1998 vom 7. 9. 1998
92 ebenda
93 ebenda
94 Jörg Hafkemeyer: „Der Verräter – Der Fall des Hansjoachim Tiedge“ (TV-Film), Mitteldeutscher Rundfunk 1999
95 ebenda
96 „Ich bleibe Deutscher“, a. o. O.
97 ebenda
98 ebenda
99 Tiedge, Überläufer, a. o. O., Seite 455
100 ebenda
101 „Ich bleibe Deutscher“, a. o. O.
102 Tiedge, Überläufer, a. o. O., Seite 456
103 ebenda
104 Gast, Gabriele: „Kundschafterin des Friedens – 17 Jahre Topspionin der DDR beim BND“, Eichborn, Frankfurt am Main 1999, Seite 204
105 Gebauer, Karl: „Doppelagent – Erinnerungen“, edition ost, Berlin 1999, Seite 46
106 Wolf, Spionagechef, a. o. O., Seite 156
107 Popp, Dieter / Spuhler, Alfred / Feuerstein, Dieter W. / Gast, Dr. Gabriele: „Wir alle werden unseren Auftrag erfüllen“, Verein Initiativgruppe Kundschafter des Friedens fordern Recht, Bonn, ohne Datum, Internet: http://people.freenet.de/IKF/
108 ebenda
109 ebenda
110 ebenda
111 Tiedge, Überläufer, a. o. O., Seite 429
112 Bundesamt für Verfassungsschutz, Stichwort Spionageabwehr, Internet: www.verfassungsschutz.de
113 Großmann, Bonn..., a. o. O., Seite 69
114 Gespräche des Autors und „Enthüllt: Die letzten Abhör-Zentralen der Stasi“ in „BILD, (BB), 20. 6. 2000
115 Wolf, Spionagechef, a. o. O., Seite 308
116 „Gleiches Recht für alle Ex-Spione“ in „Neues Deutschland“, Berlin, 9. 10. 1998

117 Wolf, Spionagechef, a. o. O., Seite 309
118 ebenda
119 „Ein Top-Spion im Knast: Er hat sogar den Schlüssel" in „Bild am Sonntag", Hamburg, 9. 2. 1997
120 Wolf, Spionagechef, a. o. O., Seite 311
121 „Ein Top-Spion im Knast...", a. o. O.
122 ebenda
123 Großmann, Bonn..., a. o. O., Seite 101 f.
124 Tiedge, Überläufer, a. o. O., Seite 268
125 ebenda, Seite 429 f.
126 Großmann, Bonn..., a. o. O., Seite 108
127 „Ein Top-Spion im Knast...", a. o. O.
128 „Gleiches Recht für alle Ex-Spione", a. o. O.
129 „Ein Top-Spion im Knast...", a. o. O.
130 „Gleiches Recht für alle Ex-Spione", a. o. O.
131 Die folgende Darstellung nach: Pfister, Elisabeth: „Unternehmen Romeo – die Liebeskommandos der Stasi", Aufbau-Verlag, Berlin 1999
132 ebenda, Seite 52
133 Wolf, Spionagechef, a. o. O., Seite 150
134 ebenda
135 zit. nach Pfister, Unternehmen Romeo, a. o. O„ Seite 28
136 zit. ebenda, Seite 74
137 Müller-Enbergs, Helmut (Hrsg.): „Inoffizielle Mitarbeiter des Ministeriums für Staatssicherheit – Teil 2: Anleitungen für die Arbeit mit Agenten, Kundschaftern und Spionen in der Bundesrepublik Deutschland", Ch. Links Verlag, Berlin 1998, Seite 361 f.
138 Da der Beschuldigte Rudolf R. vor Prozeßbeginn tödlich verunglückt ist, und deshalb kein Urteil gesprochen wurde, gilt er nicht als relative Person der Zeitgeschichte. Aus diesem Grund wird der Name anonymisiert.
139 zit. nach Pfister, Unternehmen Romeo, a. o. O., Seite 80
140 zit. ebenda, Seite 120
141 ebenda, Seite 141
142 Quoirin, Agentinnen, a. o. O., Seite 148
143 ebenda, Seite 235

144 „Angeklagt der ‚geheimdienstlichen Agententätigkeit für eine fremde Macht'" in „Geheim", Internet: http://www.infolinks.de/medien/geheim/1998/01/004.htr
145 ebenda
146 ebenda
147 ebenda
148 ebenda
149 ebenda
150 ebenda
151 ebenda
152 ebenda
153 ebenda
154 ebenda
155 Großmann, Bonn..., a. o. O., Seite 93
156 „Angeklagt...", a. o. O.
157 Großmann, Bonn..., Seite 93
158 „Angeklagt...", a. o. O.
159 ebenda
160 Großmann, Bonn..., Seite 93
161 ebenda
162 „Angeklagt...", a. o. O.
163 ebenda
164 Großmann, Bonn..., a. o. O., Seite 94
165 Gespräch des Autors

4. Kapitel
Im Namen des Volkes

1 Großmann, Werner: „Bonn im Blick – Die DDR-Aufklärung aus der Sicht ihres letzten Chefs", Das Neue Berlin, Berlin 2001, Seite 279
2 ebenda, Seite 278 f.
3 ebenda
4 Lampe, Joachim: „Die strafrechtliche Aufarbeitung der DDR-Spionage" in „Festschrift aus Anlaß des fünfzigjährigen Bestehens von Bundesgerichtshof, Bundesanwaltschaft und Rechtsanwaltschaft beim Bundesgerichtshof", Carl

Heymanns Verlag KG, Köln – Berlin – München, (Sonderdruck ohne Datum), Seite 449 f.

5 Wolff, Friedrich: „Verlorene Prozesse 1953 – 1998 – Meine Verteidigungen in politischen Verfahren“, Nomos Verlagsgesellschaft, Baden-Baden 1999, Seite 373

6 ebenda

7 nach Thiemrodt, Ivo: „Strafjustiz und DDR-Spionage – Zur Strafverfolgung ehemaliger DDR-Bürger wegen Spionage gegen die Bundesrepublik“, Berlin Verlag Arno Spitz GmbH, Berlin 2000, Seite 166

8 Wolff, Verlorene Prozesse, a. o. O., Seite 373

9 zit. nach Wolff, Verlorene Prozesse, a. o. O., Seite 377

10 zit. nach Großmann, Bonn..., a. o. O., Seite 280

11 Wolff, Verlorene Prozesse, a. o. O., Seite 379

12 Lampe, Joachim: „Juristische Aufarbeitung der Westspionage des MfS – Eine vorläufige Bilanz“, Der Bundesbeauftragte für die Unterlagen des Staatssicherheitsdienstes der ehemaligen Deutschen Demokratischen Republik, BF informiert Nr. 24, Berlin 1999, Seite 28

13 ebenda, Seite 26

14 ebenda

15 ebenda

16 Bundesverfassungsgericht, Beschluß vom 15. 5. 1995 – 2 BvL 19/91 u.a., BVerfGE 92, 277

17 Grundgesetz, Artikel 3 (Abs. 1)

18 Thiemrodt, Strafjustiz..., a. o. O., Seite 146

19 Grundgesetz, Artikel 103 (Abs. 2)

20 Thiemrodt, Strafjustiz..., a. o. O., Seite 149

21 ebenda, Seite 154

22 ebenda, Seite 90

23 Haager Landkriegsordnung (IV. Haager Abkommen) vom 18. 10. 1907, RGBl 1910, Seite 107 ff.

24 zit. nach Großmann, Bonn..., a. o. O., Seite 282 f.

25 Grundgesetz, Artikel 25

26 zit. nach Thiemrodt, Strafjustiz..., a. o. O., Seite 75

27 nach ebenda, Seite 75 f.

28 Max Planck Society: „Deutsche Rechtssprechung zum Völkerrecht und Europarecht 1986 – 1993 – 475. Verantwort-

lichkeit von Einzelpersonen“ Internet: http://www.virtual-institute.de/en/t

29 ebenda

30 ebenda

31 Wolff, Verlorene Prozesse, a. o. O., Seite 383

32 zit. nach ebenda

33 siehe § 170 StPO

34 § 153 StPO

35 nach Thiemrodt, Strafjustiz..., a. o. O., Seite 46

36 zit. nach ebenda

37 ebenda

38 § 153a (Abs. 1) StPO

39 ebenda

40 Großmann, Bonn..., a. o. O., Seite 297

41 ebenda

42 nach Thiemrodt, Strafjustiz..., a. o. O., Seite 89 f.

43 nach ebenda, Seite 101

44 Lampe, Juristische Aufarbeitung..., a. o. O., Seite 25

45 Gast, Gabriele: „Kundschafterin des Friedens – 17 Jahre Top-Spionin der DDR im BND“, Eichborn, Frankfurt am Main 1999, Seite 329

46 ebenda

47 ebenda

48 „Einseitig Recht gesprochen?“ in „Jeversches Wochenblatt“, Jever, 28. 1. 1994

49 „Gleiches Recht für alle Ex-Spione“ in „Neues Deutschland“, Berlin, 9. 10. 1998

50 § 57, Abs. 2, Nr. 2 StGB

51 Gast, Kundschafterin..., a. o. O., Seite 335

52 Gebauer, Karl: „Doppelagent – Erinnerungen“, edition ost, Berlin 1999, Seite 223

53 „‚Topas‘ will nicht für die PDS-Fraktion arbeiten“ in „Süddeutsche Zeitung“, München, 26. 1. 1999

54 „Ex-Spion ‚Topas‘ will in den Bundestag“ in „Hamburger Abendblatt“, Hamburg, 12. 3. 2002

55 Popp, Dieter / Spuhler, Alfred / Feuerstein, Dieter W. / Gast, Dr. Gabriele: „Wir alle werden unseren Auftrag erfüllen“, Verein Initiativgruppe Kundschafter des Friedens fordern

Recht, Bonn, ohne Datum, Internet-URL: http://people.freenet.de/IKF/
56 ebenda
57 Gebauer, Doppelagent..., a. o. O., Seite 220
58 ebenda, Seite 221
59 Popp u. a., Wir alle werden unseren Auftrag erfüllen, a. o. O.
60 ebenda
61 nach Thiemrodt, Strafjustiz..., a. o. O., Seite 105 f.
62 nach ebenda, Seite 175 ff.
63 nach ebenda, Seite 106 f.
64 Lampe, Juristische Aufarbeitung..., a. o. O., Seite 29
65 ebenda, Seite 31
66 „Ex-Angestellte beim Finanzsenator gesteht Stasi-Spionage" in „Die Welt", Berlin, nach 6. 2. 2002 und „Berlinerin wegen Spionage für die DDR verurteilt", ebenda, 26. 2. 2002
67 § 170, Abs. 2 StPO
68 §§ 153, 153 a, 153 d, 153 e StPO
69 alle Zahlen nach Thiemrodt, Strafjustiz..., a. o. O., Seite 349 f.
70 nach Lampe, Juristische Aufarbeitung..., a. o. O., Seite 31
71 nach ebenda
72 Gast, Kundschafterin..., a. o. O., Seite 341
73 ebenda, Seite 342
74 zit. nach Thiemrodt, Strafjustiz..., a. o. O., Seite 327
75 Otto, Wilfriede: „Erich Mielke – Biographie", Karl Dietz Verlag, Berlin 2000, Seite 452
76 Thiemrodt, Strafjustiz..., a. o. O., Seite 350
77 ebenda, Seite 328
78 Schlomann, Friedrich W.: „Die Maulwürfe – Noch sind sie unter uns, die Helfer der Stasi im Westen", Universitas, München 1993, Seite 236 f.
79 „Zigarren für die Menschenräuber" in „Die Zeit", Hamburg, 7. 7. 1997
80 Darstellung nach ebenda
81 ebenda
82 ebenda

83 „Und wieder steht der Wolf vor Gericht“ in „Berliner Morgenpost“, Berlin, 4. 1. 1997
84 Lampe, Juristische Aufarbeitung..., a. o. O., Seite 22
85 ebenda, Seite 22 f.
86 ebenda
87 „Markus Wolf schlüpft in die Rolle des Opfers“ in „Die Welt“, Hamburg, 21. 5. 1997
88 ebenda
89 ebenda
90 Thiemrodt, Strafjustiz..., a. o. O., Seite 182
91 „Markus Wolf schlüpft in die Rolle des Opfers“, a. o. O.
92 ebenda
93 Gast, Kundschafterin..., a. o. O., Seite 26
94 ebenda
95 ebenda
96 ebenda, Seite 324
97 ebenda
98 ebenda
99 ebenda
100 ebenda
101 ebenda
102 zit. nach ebenda, Seite 325
103 ebenda
104 Wolf, Markus: „Spionagechef im geheimen Krieg – Erinnerungen“, Econ Taschenbuch Verlag, München 1998, Seite 472 f.
105 Gast, Kundschafterin..., a. o. O., Seite 323
106 ebenda
107 ebenda
108 ebenda, Seite 323 f.
109 ebenda, Seite 324
110 ebenda, Seite 323
111 Popp u. a., Wir alle werden unseren Auftrag erfüllen, a. o. O.
112 Gast, Kundschafterin..., a. o. O., Seite 389

Epilog
Bonn im Blick oder im Griff?

1 Bahr, Egon: „Zu meiner Zeit“, Karl Blessing Verlag, München 1996, Seite 265

2 ebenda, Seite 266

3 ebenda, Seite 258

4 Wolf, Markus: „Spionagechef im geheimen Krieg – Erinnerungen“, Econ Taschenbuch Verlag, München 1998, Seite 497 f.

5 „Ich war Topas“ in „Stern“, Hamburg, Nr. 46/2001 vom 8. 11. 2001

6 „Zwischen Gulaschsuppe und Kartoffelschalen“ in „Neues Deutschland“, Berlin, 10. 8. 1996

7 Statistisches Amt der DDR (Hrsg.): „Statistisches Jahrbuch der Deutschen Demokratischen Republik ’90“, Rudolf Haufe Verlag, Berlin 1990, Seite 301

8 Wolf, Spionagechef..., a. o. O., Seite 245

9 Großmann, Werner: „Bonn im Blick – Die DDR-Aufklärung aus der Sicht ihres letzten Chefs“, Das Neue Berlin, Berlin 2001, Seite 123 f.

10 Wolf, Spionagechef..., a. o. O., Seite 167 f.

11 Gespräche des Autors und „Stasi-Lauscher: Die Aids-Lüge und der mißbrauchte Simmel“ in „Bild“ (BB), Berlin, 8. 4. 2000

12 „AIDS – Waffe aus dem Pentagon“, Internet: http://www.uni-muenster.de/PeaCon/s-eliten/methode/aids.htn

13 Gespräche des Autors und „Stasi-Lauscher: Die Aids-Lüge und der mißbrauchte Simmel“ in „Bild“ (BB), Berlin, 8. 4. 2000

14 ebenda

15 „Prozeß um Buch über Stasi und Westmedien: Autor Knabe unterlegen“, Deutsche Presseagentur (dpa/BB) 2. 5. 2001

16 ebenda

17 „Der gute Stern der Stasi“ in „Welt am Sonntag“, Berlin, 29. 4. 2001

18 zit. nach Bohnsack, Günter: „Die Legende stirbt“, edition ost/Das Neue Berlin, Berlin 1997, Anhang, Dokument 6

19 Gespräch des Autors
20 zit. nach Bohnsack, Legende..., a. o. O., Anhang, Dokument 1
21 Darstellung und Zitat nach „Die Liebenden vom Bahnhof Friedrichstraße" in „Der Tagesspiegel", Berlin, 27. 2. 2002
22 russ. „Sistema objedinnjonnogo utschjota dannych o protiwnike"
23 Wegmann, Bodo und Tantzscher, Monika: „SOUD – Das geheimdienstliche Datennetz des östlichen Bündnissystems", Der Bundesbeauftragte für die Unterlagen des Staatssicherheitsdienstes der ehemaligen Deutschen Demokratischen Republik, Reihe B: Analysen und Berichte Nr. 1/1996, Berlin 1996, Seite 47 f.
24 ebenda, Seite 31
25 ebenda, Seite 48 – die Differenz zur Gesamtzahl der Erfassungen erklärt sich daraus, daß im Zuge der Aktualisierung des Systems auch Datensätze gelöscht wurden.
26 Antwort der Bundesregierung auf eine kleine Anfrage, Deutscher Bundestag, Drucksache 12/1088, Seite 1 – 5
27 Wegmann u. a., SOUD..., a. o. O., Seite 4
28 zit. nach Gast, Gabriele: „Kundschafterin des Friedens – 17 Jahre Topspionin der DDR beim BND", Eichborn, Frankfurt am Main 1999, Seite 342
29 ebenda
30 ebenda
31 „Experten vermuten: Frühere DDR-Agenten sind bis heute aktiv" in „Die Welt", Berlin, 24. 8. 2001
32 russ. eigentlich CSR: „Centralnaja sluschba raswedki"
33 russ. „Sluschba wneschnig raswedki"
34 nach Schlomann, Friedrich W.: „Die Maulwürfe – Noch sind sie unter uns, die Helfer der Stasi im Westen", Universitas, München 1993, Seite 298 f.

Literatur

Andert, Reinhold und Herzberg, Wolfgang: „Der Sturz – Honecker im Kreuzverhör“, Aufbau-Verlag, Berlin und Weimar 1991 (3. Auflage)

Auerbach, Thomas: „Einsatzkommandos an der unsichtbaren Front – Terror- und Sabotagevorbereitungen des MfS gegen die Bundesrepublik Deutschland“, Ch. Links Verlag, Berlin 1999 (3. Auflage)

Bahr, Egon: „Zu meiner Zeit“, Karl Blessing Verlag, München 1996

Bahrmann, Hannes und Links, Christoph: „Chronik der Wende – Die DDR zwischen 7. Oktober und 18. Dezember 1989“, Ch. Links Verlag, Berlin 1994

Bahrmann, Hannes und Links, Christoph: „Chronik der Wende – Stationen der Einheit, die letzten Monate der DDR“, Ch. Links Verlag, Berlin 1995

Bergner, Paul: „Befehl ‚Filigran‘- Die Bunker der DDR-Führung für den Ernstfall“, FB-Verlag, Basdorf 2000 (2. Auflage)

Berliner, Kurt: „Der Resident – Ein Diplomat im Dienst der HVA erinnert sich“, edition ost/Das Neue Berlin, Berlin 2001

Bohnsack, Günter: „Die Legende stirbt“, edition ost/Das Neue Berlin, Berlin 1997

Brandt, Willy: „Erinnerungen“, Ullstein Buchverlage GmbH, Berlin 1997 (Neuausgabe von UB 22977)

Brinkmann, Peter: „Schlagzeilenjagd – Chefreporter Peter Brinkmann berichtet von den Brennpunkten des Weltgeschehens“, Bastei-Lübbe, Bergisch Gladbach 1993

Eichner, Klaus und Dobbert, Andreas: „Headquarters Germany“, edition ost/Das Neue Berlin, Berlin 2001 (2. Auflage)

Eltgen, Hans: „Ohne Chance – Erinnerungen eines HVA-Offiziers“, edition ost, Berlin 1999

Falin, Valentin: „Politische Erinnerungen“, Droemer Knaur, München 1993

Fingerle, Stephan und Gieseke, Jens: „Partisanen des Kalten Krieges – Die Untergrundtruppen der Nationalen Volksarmee 1957 bis 1962 und ihre Übernahme durch die Staatssicherheit“, Der Bundesbeauftragte für die Unterlagen des Staatssicherheitsdienstes der ehemaligen Deutschen Demokratischen Republik, BF informiert Nr. 14, Berlin 1996

Flemming, Thomas und Koch, Hagen: „Die Berliner Mauer – Geschichte eines politischen Bauwerks“, be.bra Verlag, Berlin 1999

Gast, Gabriele: „Kundschafterin des Friedens – 17 Jahre Topspionin der DDR beim BND“, Eichborn, Frankfurt am Main 1999

Gebauer, Karl: „Doppelagent – Erinnerungen“, edition ost, Berlin 1999

Gieseke, Jens: „Mielke-Konzern – Die Geschichte der Stasi 1945 – 1990“, Deutsche Verlags-Anstalt, Stuttgart und München 2001 (2. Auflage)

Gieseke, Jens (Hrsg.): „Wer war wer im Ministerium für Staatssicherheit – Kurzbiografien des MfS-Leitungspersonals 1950 bis 1989“, Der Bundesbeauftragte für die Unterlagen des Staatssicherheitsdienstes der ehemaligen Deutschen Demokratischen Republik, MfS-Handbuch, Teil V/4, Berlin 1998

Gorbatschow, Michail: „Wie es war – Die deutsche Wiedervereinigung“, Ullstein, Berlin 1999

Grashoff, Eberhard / Muth, Rolf: „Drinnen vor der Tür“, edition ost/Das Neue Berlin, Berlin 2000

Großmann, Werner: „Bonn im Blick – Die DDR-Aufklärung aus der Sicht ihres letzten Chefs“, Das Neue Berlin, Berlin 2001

Guillaume, Günter: „Die Aussage – Wie es wirklich war“, Universitas, München 1990

Hannover, Heinrich: „Die Republik vor Gericht 1975 – 1995 – Erinnerungen eines unbequemen Rechtsanwalts“, Aufbau-Verlag, Berlin 1999

Henke, Klaus-Dietmar und Engelmann, Roger (Hrsg.): „Aktenlage – die Bedeutung der Unterlagen des Staatssicherheitsdienstes für die Zeitgeschichtsforschung“, Ch. Links Verlag, Berlin 1995 (2. Auflage)

Kabus, Andreas: „Auftrag Windrose – Der militärische Geheimdienst der DDR“, Verlag Neues Leben, Berlin 1993

Knabe, Hubertus: „Die unterwanderte Republik – Stasi im Westen“, Propyläen, Berlin 1999

Knabe, Hubertus: „Der diskrete Charme der DDR – Stasi und Westmedien“, Propyläen, Berlin – München 2001
Krenz, Egon: „Herbst ‘89“, Verlag Neues Leben, Berlin 1994
Labrenz-Weiß, Hanna: „Die Hauptabteilung II: Spionageabwehr“ Der Bundesbeauftragte für die Unterlagen des Staatssicherheitsdienstes der ehemaligen Deutschen Demokratischen Republik“, MfS-Handbuch, Teil III/7, Berlin 2001 (2. durchgesehene Auflage)
Lampe, Joachim: „Juristische Aufarbeitung der Westspionage des MfS – Eine vorläufige Bilanz“, Der Bundesbeauftragte für die Unterlagen des Staatssicherheitsdienstes der ehemaligen Deutschen Demokratischen Republik, BF informiert Nr. 24, Berlin 1999
Lüderssen, Klaus: „Der Staat geht unter, das Unrecht bleibt? – Regierungskriminalität in der ehemaligen DDR“, edition suhrkamp, es 1810, Frankfurt a. M. 1992
Meier, Richard: „Geheimdienst ohne Maske – Der ehemalige Präsident des Bundesverfassungsschutzes über Agenten, Spione und einen gewissen Herrn Wolf“, Gustav Lübbe Verlag, Bergisch Gladbach 1992
Ministerium der Justiz (Hrsg): „Strafgesetzbuch – StGB – sowie angrenzende Gesetze und Bestimmungen“, Staatsverlag der Deutschen Demokratischen Republik, Berlin 1981
Modrow, Hans: „Aufbruch und Ende“ (2. Auflage), Konkret Literaturverlag, Hamburg 1992
Müller-Enbergs, Helmut (Hrsg.): „Inoffizielle Mitarbeiter des Ministeriums für Staatssicherheit – Teil 2: Anleitungen für die Arbeit mit Agenten, Kundschaftern und Spionen in der Bundesrepublik Deutschland“, Ch. Links Verlag, Berlin 1998
Neubert, Erhart und Eisenfeld, Bernd (Hrsg.): „Macht Ohnmacht Gegenmacht – Grundfragen zur politischen Gegnerschaft in der DDR“, edition Temmen, Bremen 2001
Nitsche, Rudolf: „Diplomat im besonderen Einsatz – Eine DDR-Biographie“, GNN-Verlag, Schkeuditz 1994
Nitz, Jürgen (Hrsg.): „Lauschangriff“, edition ost, Berlin 1995
Otto, Wilfriede: „Erich Mielke – Biographie“, Karl Dietz Verlag, Berlin 2000

Pfister, Elisabeth: „Unternehmen Romeo – Die Liebeskommandos der Stasi“, Aufbau-Verlag, Berlin 1999

Popp, Dieter / Spuhler, Alfred / Feuerstein, Dieter W. / Gast, Dr. Gabriele: „Wir alle werden unseren Auftrag erfüllen“, Verein Initiativgruppe Kundschafter des Friedens fordern Recht, Bonn, ohne Datum, Internet-URL: http://people.freenet.de/IKF/

Quoirin, Marianne: „Agentinnen aus Liebe – Warum Frauen für den Osten spionierten“, Eichborn, Frankfurt am Main 1999

Rahr, Alexander: „Wladimir Putin – Der ‚Deutsche‘ im Kreml“, Universitas, München 2000

Reuth, Ralf Georg und Bönte, Andreas: „Das Komplott – Wie es wirklich zur deutschen Einheit kam“, Piper, München und Zürich 1995

Reuth, Ralf Georg (Hrsg.): „Joseph Goebbels' Tagebücher“, Band 1, 1924 – 1929 (Einführung), Piper, München, Zürich (erweiterte Sonderausgabe 1999 / 2. Auflage 2000)

Richter, Peter und Rösler, Klaus: „Wolfs Westspione – Ein Insider-Report“, Elefantenpress, Berlin 1992

Robers, Norbert: „Joachim Gauck – Die Biografie einer Institution“, Henschel, Berlin 2000

Ronneberger, Gerhardt: „Deckname ‚Saale‘ – High-Tech-Schmuggler unter Schalck-Golodkowski“, Karl Dietz Verlag, Berlin 1999

Roßberg, Klaus und Richter, Peter: „Das Kreuz mit dem Kreuz – Ein Leben zwischen Staatssicherheit und Kirche“, edition ost, Berlin 1996

Schabowski, Günter: „Der Absturz“, Rowohlt, Berlin 1991

Schachnasarow, Georgi (Hrsg: Frank Brandenburg): „Preis der Freiheit – Eine Bilanz von Gorbatschows Berater“, Bouvier Verlag, Bonn 1996

Schäuble, Wolfgang: „Der Vertrag – Wie ich über die deutsche Einheit verhandelte“, Deutsche Verlags-Anstalt, Stuttgart 1991

Schalck-Golodkowski, Alexander: „Deutsch-deutsche Erinnerungen“, Rowohlt, Reinbek b. Hamburg 2000

Schlomann, Friedrich W.: „Die Maulwürfe – Noch sind sie unter uns, die Helfer der Stasi im Westen“, Universitas, München 1993

Schmidt, Hagen: „Spion unter Spitzeln – Tatsachenthriller aus dem realen Sozialismus“, Claassen, Hildesheim 1997

Schwarz, Josef: „Bis zum bitteren Ende – 35 Jahre im Dienste des Ministeriums für Staatssicherheit – eine DDR-Biographie“, GNN-Verlag, Schkeuditz 1994

Sélitrenny, Rita und Weichert, Thilo: „Das unheimliche Erbe – die Spionageabteilung der Stasi“, Forum Verlag, Leipzig 1991

Statistisches Amt der DDR (Hrsg.): „Statistisches Jahrbuch der Deutschen Demokratischen Republik ’90“, Rudolf Haufe Verlag, Berlin 1990

Stiller, Werner: „Im Zentrum der Spionage – Der Top-Agent des BND berichtet rückhaltlos über die Industrie-Spionage der DDR“, Bastei-Lübbe, Bergisch Gladbach 1989 (2. Auflage)

Strafgesetzbuch, 32. Auflage 1998, Beck-Texte im dtv, Deutscher Taschenbuchverlag

Süß, Walter: „Staatssicherheit am Ende – Warum es den Mächtigen nicht gelang,1989 eine Revolution zu verhindern“, Ch. Links Verlag, Berlin 1999

Tantzscher, Monika: „Die verlängerte Mauer – Die Zusammenarbeit der Sicherheitsdienste der Warschauer-Pakt Staaten bei der Verhinderung von ‚Republikfluchten‘“, Der Bundesbeauftragte für die Unterlagen des Staatssicherheitsdienstes der ehemaligen Deutschen Demokratischen Republik, Reihe B: Analysen und Berichte Nr. 1/1998, Berlin 1998

Thiemrodt, Ivo: „Strafjustiz und DDR-Spionage – Zur Strafverfolgung ehemaliger DDR-Bürger wegen Spionage gegen die Bundesrepublik“, Berlin Verlag Arno Spitz GmbH, Berlin 2000

Tiedge, Hansjoachim: „Der Überläufer – Eine Lebensbeichte“, Das Neue Berlin, Berlin 2000

Vielain, Heinz und Schell, Manfred: „Verrat in Bonn“, Ullstein, Berlin-Frankfurt/Main-Wien 1978

Wagner, Helmut: „Schöne Grüße aus Pullach – Operationen des BND gegen die DDR“, edition ost/Das Neue Berlin, Berlin 2001

Wagner, Matthias: „Das Stasi-Syndrom – Über den Umgang mit den Akten des MfS“, edition ost/Das Neue Berlin, Berlin 2001
Wegmann, Bodo und Tantzscher, Monika: „SOUD – Das geheimdienstliche Datennetz des östlichen Bündnissystems“, Der Bundesbeauftragte für die Unterlagen des Staatssicherheitsdienstes der ehemaligen Deutschen Demokratischen Republik, Reihe B: Analysen und Berichte Nr. 1/1996, Berlin 1996
Weidenfeld, Werner und Korte, Karl-Rudolf (Hrsg.): „Handbuch zur deutschen Einheit 1949 – 1989 – 1999“ Bundeszentrale für politische Bildung, Bonn 1999
Welsch, Wolfgang: „Ich war Staatsfeind Nr. 1 – Fluchthelfer auf der Todesliste der Stasi“, Eichborn, Frankfurt am Main 2001
Wendt, Gerhard und Curth, Roland: „Fluchtziel Berlin – die Geschichte des Notaufnahmelagers Berlin-Marienfelde“, Erinnerungsstätte Notaufnahmelager Marienfelde e. V., Berlin 2000
Wolf, Markus: „Spionagechef im geheimen Krieg – Erinnerungen“, Econ Taschenbuch Verlag, München 1998
Wolff, Friedrich: „Verlorene Prozesse 1953 – 1998 – Meine Verteidigungen in politischen Verfahren“, Nomos Verlagsgesellschaft, Baden-Baden 1999
Worst, Anne: „Das Ende eines Geheimdienstes – Oder: Wie lebendig ist die Stasi?“, LinksDruck, Berlin 1991
Veen, Hans-Joachim u. a. (Hrsg.): „Opposition und Widerstand in der SED-Diktatur – Lexikon“, Propyläen, Berlin – München, ohne Datum

Personenregister